SUPER ENGLISH GRAMMAR
无敌英语语法
全范围
外文出版社

序言

英语法的出现和发展至今已经历了百年的历史，在这漫长的过程中，语法学家们对繁复变化的语言材料进行了锲而不舍的研究和总结，也才有今天令我们受益匪浅的理念和成果。

然而，对于更多在校学习的大学生，对于更多把语言作为交际工具的学习者，对于更多只是想添补知识空白的英文爱好者而言，他们所需要的已不再是更高更新的理论，而是一本〝新颖而实用〞的英语语法工具书。

本书正是针对这一点，从前人浩瀚的语法材料中集萃精华、化繁为简编纂而成，她之所以定位为〝全范围〞，正是期待具备这样的切实功用。

有别于坊间常见的语法书，本书通过全彩色的呈现方式完成了对下面几个编纂宗旨的实现：

【扩展各项内容的涵盖面】在尊重系统性的基础上，增加实用却较少被论及到的知识，使读者不但能通过本书解疑，更能扩展知识面。

【通过比较和辨异进行讲解】借由科学方法，力求使本书的读者在对众多的表达法进行比较的基础上，了解它们之间的异同，达到对知识更深层次的理解。

【对理论阐述的扼要】简化复杂的论述，使读者能够一目了然，并着重提出语法中的特别注意事项及陷井。

【对例句的高要求】在选择例句上努力达到〝别有用心〞，使之对所有程度不一的读者而言，能达到各取所需，同时兼具浅显易懂、重点突出的特质。

本书努力达到这样的水准，无非是希望在〝语法功能〞之外，还能够对读者提升阅读、口语方面的能力也有一定的帮助；对读者在日复一日变得迫切的应考、留学、求职、就职中产生无可言喻的价值！

2002年5月于北京

第一章

句子的基本结构

练习与答案 → P. 593

第二章

主语和谓语的一致

练习与答案 → P. 594

第三章

名词

练习与答案 → P. 597

第四章

冠词

练习与答案 → P. 599

第五章

代词

练习与答案 → P. 601

第六章

数词

练习与答案 → P. 602

第七章
形容词和副词
练习与答案 → P. 605

第八章
动词，动词时态和语态
练习与答案 → P. 611

第九章

助动词

练习与答案 → P. 616

第十章

动词不定式

练习与答案 → P. 619

第十一章
动名词
练习与答案 → P. 621

第十二章
分词
练习与答案 → P. 622

第十三章
介词
练习与答案 → P. 624

第十四章

简单句

练习与答案 → P. 626

第十五章

倒装和强调

练习与答案 → P. 631

第十六章

复合句

练习与答案 → P. 634

SUPER·ENGLISH·STRUCTURE·

第一章 句子的基本结构

句子的基本结构

在英语学习中，我们会发现英语句子的结构是千变万化的。但是，如果掌握了由单词组成句子的规律，你就能用学过的单词（哪怕是数量不多的单词）说出或写出完整、正确的句子，进而再由句子到文章，也就不是什么太困难的事情了。

学习本章的时候，一定要特别注意构成句子的一个至关重要的成分——谓语动词。在大多数情况下，都是由于这个成分用法的改变而导致句子结构的变化。

1 句子的构成

英语并不是一种屈折变化非常丰富的语言，因此，英语词语在句子中的排列顺序就成为组成句子、理解句子的关键。

一个完整的英语句子，至少是由主语和谓语两个主要部分组成。

主语是所谈及的人或事物，是句子叙述的主题，一般位于谓语动词之前（疑问句、祈使句和**there be**句型除外）。

谓语是与主语密切相关的动作或状态，是对主语的叙述，其形式（如单复数、人称等）要由主语决定，与主语保持一致。

主语	谓语	译文	说明
The sun	**was shining.**	太阳照耀着。	
The boy	**hit the cat.**	男孩打了猫。	**hit**为及物动词，因此，需要加上动作的承受者(**the cat**)，即宾语，句意才完整。

1-1 简单句的类型

简单句只包含一个主谓结构，是具有主语部分和谓语部分并有完整意义的可以独立的一组词，是最基本的句子单位，也是构成复杂的句子的基础。由于用作简单句的谓语动词用法的不同，简单句的结构也会有所变化。因此我们可以根据动词的不同类别和用法，将这些简单句的变化归纳为五种类型，具体如下表所示：

	主语部分	谓语部分	句子类型
1	Time	flies.	主语+不及物动词
2	Unity	is strength.	主语+连系动词+表语
3	They	made contribution.	主语+及物动词+宾语
4	We	wished him success / wished success to him.	主语+及物动词+间接宾语+直接宾语 / 主语+及物动词+直接宾语+介词+间接宾语
5	She	saw the thief running away.	主语+及物动词+宾语+宾语补语

1-2 连系动词和表语

表语也称为补足语，是指在一些本身虽有一定词汇意义但却不能单独表达完整概念的动词(如**be**)之后所必须添加的词或短语。这种添加部分不是该动词的动作承受者，而只是对其表意的一种必不可少的补充，是对主语的一种说明或描述。有一类动词，其后必须要跟表语，通常就把这类动词叫做连系动词或系动词。

常作连系动词用的动词

表示特征或状态存在的	appear, be, feel, look, ring, seem, smell, sound, stand, taste 等
表示特征或状态持续的	continue, keep, prove, remain, rest, stay, turn [out] 等
表示特征或状态转化的	become, come, fall, get, grow, go, make, run, turn, wear 等

能作表语用的成分可能是一个词、一个短语或是一个句子(表语从句)

(例) **The girl will make a nurse.**（名词作表语）

那女孩将成为一名护士。

That must be somebody important.（代词作表语）

那想必是位要人。

Who is the first?（数词作表语）

谁是第一位？

The leaves are turning brown.（形容词作表语）

叶子在变黄。

The storm was over.（副词作表语）

暴风雨过去了。

Time is pressing.（分词作表语）

时间紧迫。

(例) **This matter appears to be complicated.** (不定式作表语)

这事看来很复杂。

Seeing is believing. (动名词作表语)

眼见为实。

Unemployment is on the increase. (介词短语作表语)

失业人数在增加。

That is not what I want. (从句作表语)

那不是我想要的。

由上面的例子可以看出，表语要放在系动词之后，而且要尽量靠近系动词。

1-3 直接宾语和间接宾语

1 直接宾语

宾语可分为直接宾语和间接宾语。直接宾语通常是指及物动词动作的承受者，或者说，是动作所涉及的人或物。许多的词类或句子(宾语从句)都可用作直接宾语。直接宾语在一般情况下应尽量靠近及物动词。一个动词之后，接何种类型的直接宾语往往取决于动词的用法。

(例) **He doesn't like cold weather.** (名词作直接宾语)

他不喜欢冷天气。

The news surprised us. (代词作直接宾语)

这消息令我们吃惊。

A baby cannot dress itself. (反身代词作直接宾语)

婴儿不能自己穿衣服。

I like reading. (动名词作直接宾语)

我喜欢读书。

I want five. (数词作直接宾语)

我要五个。

He promised to help me. (不定式作直接宾语)

他曾答应帮助我。

I wonder how to do it. (疑问词+不定式作直接宾语)

我不知如何做这事。

I hope that you'll enjoy yourself. (从句作直接宾语)

我希望你过得快乐。

2 间接宾语

某些及物动词后，有时还需要有一个间接宾语。间接宾语一般是指动作的对象或受益者，也就是说间接宾语表示动作是对谁或为谁做的。

主语	谓语动词	间接宾语	直接宾语	译文
He	offered	Peter	the job.	他把那份工作给了彼得。
I	must give	the room	a good airing.	我得让房间好好地通通风。

3 两种宾语在句子中的位置

间接宾语与直接宾语在句子中的顺序通常为"间接宾语＋直接宾语"。如果两种宾语都是代词，在大多数情况下，其顺序也是"间接宾语＋直接宾语"，但偶尔也可能遇到相反的情况。

(例) **He doesn't owe me anything.**

间接宾语＋直接宾语

他不欠我什么。

She asked me whether I had ever been there before.

间接宾语＋直接宾语(wh- 从句)

她问我从前是否到过那里。

I warned you [that] he would be late.

间接宾语＋直接宾语（that 从句)

我曾警告你说他会迟到。

Give me it. / Give it to me.

间接宾语(代词)＋直接宾语(代词)

把它给我。

They told us where to shop cheaply.

间接宾语＋直接宾语(疑问词 +to do)

他们告诉我们在哪儿买东西便宜。

但是在下列情况下，应把间接宾语移到直接宾语之后去：*a.* 直接宾语为代词；*b.* 直接宾语比间接宾语短小；*c.* 对直接宾语加以强调。将间接宾语移到直接宾语之后时，间接宾语要用 **to** 或 **for** 引出：**to** 指动作的对象，即"对谁做的"；**for** 指动作的受益者，或"为谁做的"。

(例) **They gave it to John.**

直接宾语(代词)+to+ 间接宾语

他们把它给了约翰。

He sold his old car to one of his neighbours.

较短的直接宾语 +to+ 较长的间接宾语

他把自己的旧车卖给了一位邻居。

I have bought some chocolate for you.

直接宾语 +for+ 间接宾语

我给你买了一些巧克力。

Give the dictionary to me, please.

直接宾语 +to+ 间接宾语(强调代词)

请把字典给我。

间接宾语可用介词 to 引出的常用动词有：

allow, award, bring, do, give, grant, hand, lend, leave, make, offer, pay, pass, play, post, promise, put, read, recommend, return, sell, send, serve, show, sing, take, teach, tell, throw, wish, write 等。

间接宾语可用介词 for 引出的常用动词有：

boil, bring, build, buy, call, cash, choose, cook, cut, do, fetch, find, fix, get, grow, keep, leave, make, order, paint, play, prepare, reach, reserve, save, sing, write 等。

关于将间接宾语移至直接宾语之后还有下面几点需要注意：

个别动词的间接宾语在后移时，需要与其它的介词连用。

V+ 间接宾语 ＋直接宾语	V+ 直接宾语＋介词＋间接宾语	译文
They bear me a grudge.	**They bear a grudge against me.**	他们对我怀恨在心。
Will you play me a game of chess?	**Will you play a game of chess with me?**	你想和我下盘棋吗?
May I ask you a favour?	**May I ask a favour of you?**	请你帮个忙好吗?

为了形成对照或是为突出重点，“介词＋间接宾语”也可移至主语的前面去。

(例) **To his daughter he sent a cheque for £50, but to his son he sent only a cheap pen.**

他给女儿寄去了一张五十英镑的支票，可却只给儿子寄去了一支廉价的钢笔。

如果“介词＋间接宾语”比直接宾语短，也可以直接放在谓语动词之后。

(例) **He gave to his friends much of the time he should have given to his wife and children .**

他把本该用在妻儿身上的很多时间花在了朋友身上。

一些句子中，“间接宾语＋直接宾语”不能变为“直接宾语＋介词＋间接宾语”。

(例) **He gave the door a hard kick.**

他狠狠地踢了一下门。

I never gave the matter a thought.

我从未想过这件事。

She gave him a warm smile.

她对他热情地笑了笑。

This heroic deed cost him his life.

他为这一英雄壮举付出了自己的生命。

不能转换为“直接宾语＋介词＋间接宾语”形式的句子的间接宾语大多数是表示无生命的名词（如左面的前两个例句）。

1-4 宾语补语

在有些及物词的后面，不仅需要加上宾语，有时还需要加上一个宾语补语。宾语补语（也称宾语补足语）与宾语之间保持着逻辑上的主－谓关系，也就是说，宾语补语是宾语所做的动作，或者是与宾语保持着一种没有系词的“主语＋系词＋表语”的关系。

（例）**They persuaded me to go with them.**（不定式作宾语补语）

他们劝我与他们一起去。

I should guess her to be about fifty.（不定式作宾语补语）

我猜她50岁左右。

We felt the house shake.（无 to 不定式作宾语补语）

我们感觉到房子在震动。

I can smell something burning.（现在分词作宾语补语）

我闻到有东西烧焦了。

He couldn't make himself heard.（过去分词作宾语补语）

他无法让人听清他的声音。

I found the book tedious.（形容词作宾语补语）

我发现那本书冗长乏味。

The team have voted me their captain.（名词作宾语补语）

队友们推选我当他们的队长。

They found her in.（副词作宾语补语）

他们发现她在家。

I can't see myself as a singer.（as 引导的短语作宾语补语）

我不能把自己看作是歌手。

He considered himself above others.（介词短语作宾语补语）

他以为自己高人一等。

一个动词的后面，可用哪类词作宾语补语，取决于动词本身的用法。有很多词由于表意的不同，可与多种形式的宾语补语连用。

常见的以“带 to 的不定式”作宾语补语的动词
advise, allow, ask, beg, cause, challenge, command, compel, enable, encourage, expect,
force, get, hate, intend, invite, like, oblige, order, permit, persuade, prefer, press,
promise, recommend, remind, request, tell, urge, want, warn, wish 等

常见的以"to be+形容词"作宾语补语的动词
believe, consider, declare, feel（认为）, find, guess, know, presume, report, suppose, take, think, understand 等

常见的以"不带 to 的不定式"作宾语补语的动词
bid, feel (感觉到), have, hear, help, let, listen to, look at, make, notice, see, watch 等

此类多为知觉动词和使役动词，注意，这类动词变为被动语态时 to 要恢复。

能用"分词"作宾语补语的动词
acknowledge, catch, declare, feel, find, get, have, hear, keep, make, mean, notice, see, send, set, smell, want, watch 等

能用"名词"作宾语补语的动词
appoint, call, choose, consider, declare, elect, find, judge, label, leave, make, name, nominate, proclaim, pronounce, term, vote 等

可用"形容词"作宾语补语的动词
beat, believe, boil, consider, cut, drink, drive, dye, fancy, find, fling, get, have, hold, hammer, imagine, keep, leave, let, like, make, open, paint, prove, push, set, shout, suppose, sweep, think, turn, want, wash, wipe, wish 等

可用"as"作宾语补语的动词
acknowledge, accept, class, characterize, consider, describe, hire, imagine, know, recognize, regard, see, take, treat, use 等

可用"介词或副词"作宾语补语的动词
consider, find, hear, let, make 等

2 基本句型的扩展

主语和谓语作为基本句型中的两大核心部分，并不总是由一个词来充当。正如在前文中已看到的那样，谓语动词因其本身的用法不同，其后可以跟有宾语或宾语补语。除此之外，还可以给谓语增添一定的修饰语——状语，使其进一步扩展。句中的主语也可以通过添加修饰语——定语的方式，进一步扩展成为一个以名词或代词为中心的短语。总之，一些表意更为精确、内容更为丰富、结构更为复杂的句子，多是通过这种方式在前述五种基本句型的基础上扩展而成的。

2-1 名词的扩展

增加描述或说明名词或代词的修饰语——定语，可将其扩展成为以名词或代词为中心的短语。定语因其位置不同而分为前置定语与后置定语。

1 前置定语

名词的定语通常都位于被修饰的名词之前，即前置定语。

(例) **He is a hardworking student.**（形容词作前置定语）

他是一个勤奋的学生。

He will stick to his own opinion.（物主代词作前置定语）

他将坚持自己的意见。

The first problem was solved.（数词作前置定语）

第一个问题已经解决了。

Traffic accidents often occur during rush hours.（名词作前置定语）

交通事故往往发生在交通高峰时间。

Today's paper says that the weather will be fair tomorrow.

今天的报纸预报说明天天气晴朗。（名词所有格作前置定语）

This is indeed a pressing task.（分词作前置定语）

这的确是一项紧急任务。

There is a swimming pool in the small town.（动名词作前置定语）

这个小镇上有一个游泳池。

2 后置定语

如果用副词、介词短语、形容词短语、分词短语、动词不定式(短语)，或是句子(定语从句)作定语，一般都置于被修饰的名词之后，作后置定语。有时，个别的单个形容词或分词也可用作后置定语。

(例) **Anybody volunteering will be cited for merit.**（分词作后置定语）

任何一个志愿者都将因功受奖。

They are the most common mistakes made by beginners.

这些是初学者最常犯的错误。（分词短语作后置定语）

In the summer months they work from sunrise to sunset in fields high on the mountain slopes. （形容词短语作后置定语）

夏日里，他们从早到晚都在高山坡上的田里干活。

The white house there was built in 1800. （副词作后置定语）

那边那座白色房子是1800年建造的。

He lived in a village two miles away from here. （副词短语作后置定语）

他住在离这儿两英里远的一个村子里。

He is wearing an overcoat with large pockets. （介词短语作后置定语）

他穿着一件衣兜很大的外衣。

He is a nice person to work with. （不定式作后置定语）

他是一位很好共事的人。

They built more houses in the fields where corn and pumpkins had been.

他们在原来种植玉米和南瓜的田地里盖起了更多的房子。（定语从句作后置定语）

2-2 形容词和副词的扩展

形容词和副词也常带有修饰语——状语，从而使形容词和副词扩展成为一个以形容词或副词为中心的短语。形容词和副词的状语一般都是副词，副词用作状语修饰形容词和其它副词时，一般皆前置，但副词**enough**用作状语时须后置。除副词之外，介词短语、动词不定式、名词（短语）、从句等也都可以用来修饰形容词和副词。

（例）**The weather is fairly warm.** （副词修饰形容词）

天气相当暖和。

The hat is somewhat expensive.（副词修饰形容词）

这顶帽子有点贵。

He was quick in reaction.（介词短语修饰形容词）

他的反应很快。

The roads are clear of snow.（介词短语修饰形容词）

路上没有雪了。

I am glad to see you.（动词不定式修饰形容词）

我很高兴见到你。

He was furious to hear the news.（动词不定式修饰形容词）

他听到这个消息很气愤。

It feels a bit cold outside.（名词短语修饰形容词）

外面有点冷。

The tree is five meters high .（名词短语修饰形容词）

这棵树有五米高。

The case is so light that a child can carry it.（从句修饰形容词）

这只箱子很轻，小孩也能搬得动。

Tom is not so old as he looks.（从句修饰形容词）

汤姆没有看上去那么老。

Don't speak so fast.（副词修饰副词）

不要说得那么快。

You know perfectly well that he was right.（副词修饰副词）

你完全知道他是对的。

The frontier's only a hundred yards away.（名词短语修饰副词）

离国境线仅有100码。

The wedding is only a week away.（名词短语修饰副词）

距婚礼只有一周了。

The rain cleared more quickly than I expected.（比较从句修饰副词）

雨停得比我预想的要快。

enough 用作形容词修饰名词时，可置于名词前或名词后。enough 用作副词修饰其他副词或形容词时，必须放在被修饰词之后。"形容词／副词+enough"之后，可用动词不定式或 for 引导的介词短语修饰。

(例) **I was fool enough to believe him.**（enough 修饰形容词）

我竟愚蠢到听信了他的话。

That's good enough for me.（enough 修饰形容词）

这对我已经够好了。

I wish you'd write clearly enough for us to read it.（enough 修饰副词）

我希望你写得清楚点，好让我们能读懂。

2-3 动词的扩展

通过增加动词的修饰语——状语，可以将其扩展为一个以动词为中心的短语。状语可用来说明动作发生的时间、地点、方式、目的、原因、结果、条件等。很多成分都能作动词状语，如：副词或副词短语、形容词或形容词短语、介词短语、名词或名词短语、不定式或不定式短语、分词或分词短语、乃至句子(状语从句)等。

(例) **He has looked for it up and down.**

他到处都找过了。 副词短语作地点状语

The party lasted all night.

晚会持续了整整一夜。 名词短语作时间状语

Despite his broken leg, Alan can walk well enough to get around.

尽管艾兰腿部骨折，但仍能到处走动。 介词短语作让步状语

To succeed in a scientific research project, one needs to be persistent.

要想获得科研项目的成功，一个人需要持之以恒。 不定式短语作目的状语

United, we stand; devided, we fall.

团结一致，我们巍然屹立；离心离德，我们一事无成。 分词作条件状语

She was a bit dizzy as she hadn't had enough sleep.

她因睡眠不足，感到有点儿头晕。 从句作原因状语

2-4 修饰谓语动词的状语在句子中的位置

修饰谓语动词的状语可能出现在句子中的三个位置：

- 首位——句子的开头或主语之前
- 中位——主语之后，谓语动词(+宾语)之前
- 末位——谓语动词(+宾语或宾语补语)之后

1 首位状语

将状语放在句首，主要是表示强调或形成对比，特别是当句末不只有一个状语时，常把其中的一个移到句首，以保持句子平衡或避免产生歧义。能置于句首的状语很多，如时间、频率、地点、方式、程度、目的，以及表示说话者的观点、态度或者说明全句的状语等都可能出现在句首。当然，其中有许多也可以放在句子的其它位置上。

(例) **Last summer we went to Hawaii; this summer we're going to Scotland.**

去年夏天我们去了夏威夷，今年夏天我们要去苏格兰。(状语表示时间)

Eventually it stopped snowing. (状语表示时间)

雪终于停了。

In the early afternoon, he knocked on Catherine's front door.

刚过中午，他敲响了凯瑟琳的前门。(状语表示时间)

Often he took exercise.（状语表示频率）

他经常进行体育锻炼。

Slowly, we approached the top of the hill.（状语表示方式）

我们慢慢地向山顶靠近。

Surely you don't believe it.（状语表示程度）

你肯定不相信此事。

Here, one of the guerrillas was to meet them.（状语表示地点）

在这里，将有一位游击队员来接应他们。

Away it flew!（状语表示地点）

它飞走了！

Certainly the book is a very good one. However, I do not want to read it.

这确实是一本好书，但是，我不想读它。（状语起连接作用）

Actually, it was more complicated than that.（状语说明全句）

实际上，此事更加复杂。

Luckily, she wasn't injured.（状语表示说话者的观点）

所幸她没有受伤。

Frankly speaking, I didn't expect to win.（状语表示说话者的态度）

老实说，我没想到会赢。

2 中位状语

能够作中位状语的，绝大多数都是副词，很少使用短语。中位状语的确切位置取决于谓语动词的性质，也取决于副词本身的种类。常用的中位状语有时间状语、频率状语、方式状语、程度状语以及表示强调、引起注意或表示可能性的状语等等。下面将根据谓语动词的不同性质，分别列出状语在句中可能出现的位置。

A 谓语为简单谓语

主语＋状语＋简单谓语

（例）**He never showed any antagonism to the idea.**（状语表示频率）

他对此意见从未表示过反对。

Victory certainly belongs to the people.（状语表示肯定）

胜利一定属于人民。

He hurriedly finished his supper.（状语表示方式）

他匆匆忙忙地吃完晚饭。

B 谓语为 to be

主语＋ be ＋状语＋……

（例） **He is seldom late for work .**（状语表示频率）

他上班很少迟到。

It is now just after one o'clock.（状语表示时间）

现在刚过一点钟。

The story was angrily denied by the dead man's family.

死者家属愤怒地否认了这一传言。（状语表示方式）

（特别强调时）主语＋状语＋ be ＋……

（例） **I usually am here on Mondays.**（状语表示频率）

(I'm usually here on Mondays.)

一般情况下，每星期一我都在这儿。

C 谓语为复合谓语

主语＋（第一）助动词＋状语＋……

（例） **Such problems have never been dealt with.**（状语表示频率）

从未处理过这样的问题。

They will surely succeed.（状语表示程度）

他们一定会成功。

（特别强调时）主语＋状语＋（第一）助动词＋……

（例） **He never has done such a thing.**（状语表示频率）

他从未做过这种事。

He recently has been doing better work.（状语表示时间）

近来他一直工作得很好。

（特别强调时）主语＋所有助动词＋状语＋……

（例） **Sowing has been properly done.**（状语表示方式）

播种工作已经顺利完成。

D 谓语为不及物动词＋介词＋宾语

主语＋谓语＋状语＋介词＋宾语

（例） **He looked curiously at me.**（状语表示方式）

他好奇地看着我。

Newt looked closely at Catherine's face.（状语表示方式）

纽特仔细地看着凯瑟琳的脸。

主语 + 谓语 + 介词 + 宾语 + 状语(句末)

(例) **He looked at me curiously.**（状语表示方式）

他好奇地看着我。

E 谓语中包括 used to, have to 或 ought to

主语 + 状语 +used 等 +to(do)……

(例) **I often have to work over time.**（状语表示频率）

我经常要加班。

主语 +used 等 + 状语 + to + (do)……

(例) **You ought always to obey your reason.**（状语表示频率）

你要永远按理智行事。

主语 +used 等 +to+ 状语 + (do)……(少用)

(例) **You used to always help me.**（状语表示频率）

(=You used always to help me. /

You always used to help me.)

你过去总是帮助我。

F 谓语中包括情态助动词

主语 + 情态助动词 + 状语 +……

(例) **They can seldom find time for reading.**（状语表示频率）

他们很少有时间读书。

（特别强调时）主语 + 状语 + 情态助动词 +……

(例) **She always can find time for a friendly chat.**（状语表示频率）

她总能找出时间亲切地聊天。

主语 + 情态助动词 + have + 状语 +……

(例) **She could have easily been killed.**（状语表示方式）

她(那时)真可能很轻易就被杀害了。

G 谓语为否定式或省略语

主语 + 助动词 + not+ 状语 +……

(例) **I don't much care for sweets.**（状语表示程度）

我并不十分喜欢糖果。

主语 + 助动词 + 状语 + not+……

(例) **He is sometimes not punctual paying his rent.**（状语表示时间）

他有时不能准时交房租。

主语 + 状语 + 助动词 +not ……

(例) **He still hasn't finished the book.**（状语表示时间）

他还没读完这本书。

在省略句中：主语 + 状语 + 助动词

(例) **— Don't trust his words.**

— I never have.（状语表示频率）

不要信他的话。

我从来没有信过。

3 末位状语

除了强调句子某一成分的状语和一些表示可能性的状语外，大多数状语均可置于句末。如果句末有几个状语，通常要遵循一定的排列顺序。

A 句末只有一个状语

主语 + 谓语 + 状语

(例) **They parted in the booking hall.**（状语表示地点）

他们在售票大厅分了手。

He will be there perhaps.（状语说明全句）

也许他会到那里去。

主语 + 谓语 + 宾语 + 状语

(例) **He speaks English fluently.**（状语表示程度）

他英语说得很流利。

He visited us quite unexpectedly.（状语表示方式）

没想到他来探望我们。

We saw them once in a while.（状语表示频率）

我们时而见到他们。

主语 + 谓语 + 介词 + 宾语 + 状语

(例) **No matter what happens, I'll stand by you firmly.**（状语表示方式）

无论发生什么事，我都坚定地支持你。

I write to her occasionally.（状语表示频率）

我偶尔给他写信。

主语 + 谓语 + 宾语 + 小品词 + 状语

(例) **I must pay the money back immediately.**（状语表示时间）

我必须马上把钱还回去。

B 句末有两个以上的时间状语

主语＋谓语(＋宾语)＋具体时间＋一般时间＋星期几＋日期＋年份

(例) **We left Cairo on Saturday, January 15, 2000.**

星期几＋日期＋年份

我们于 2000 年 1 月 15 日星期六离开开罗。

We arrived at four o'clock yesterday afternoon.

具体时间＋一般时间

我们是昨天下午 4 点钟到达的。

如果为了强调或对比，也可把一般时间提至具体时间之前或句首

(例) **Yesterday afternoon,we arrived at four o'clock.**

一般时间＋具体时间

我们是昨天下午 4 点钟到达的。

We arrived yesterday afternoon, at four o'clock.

一般时间＋具体时间

我们是昨天下午 4 点钟到达的。

C 句末有两个以上的地点状语

主语＋谓语＋(宾语)＋小地点＋大地点或大地点＋小地点

(例) **We spent the holidays in a disused forester's hut in the woods.**

小地点＋大地点

我们在林中的一个废弃的守林员小屋度了假。

We spent the holidays in the woods, in a disused forester's hut.

大地点＋小地点

我们在林中的一个废弃的守林员小屋度了假。

主语＋谓语(＋宾语)＋方向＋位置

(例) **You ought to escort this officer to the frontier near Tilburg.**

方向＋地点

你应该把这位军官护送到蒂尔堡附近的边境去。

D 句末有两个以上不同种类的状语

主语＋谓语(＋宾语)＋地点＋方式＋频率＋时间＋目的＋原因(或短状语＋长状语)

(例) **They waited in silence for another five minutes.**

方式＋时间

他们又默默地等了五分钟。

I expect to be back home by Tuesday.

地点＋时间

我预计星期二前到家。

You have to return the books to the library before Tuesday.

方向＋时间

你必须在星期二之前把书还回图书馆。

John was working quietly in his room yesterday.

方式＋地点＋时间

昨天约翰一直在自己房里静静地工作。

John was working in his room quietly yesterday.

地点＋方式＋时间

昨天约翰一直在自己房里静静地工作。

I have been to Japan several times this year.

今年我到日本去过几次。 地点＋频率＋时间

He was walking along a path in the orchard slowly.

他慢慢地沿着果园中的一条小径走着。 方向＋位置＋方式

He was walking slowly along a path in the orchard.

他慢慢地沿着果园中的一条小径走着。 方式＋方向＋位置

The children ran over to welcome us.

孩子们跑过来欢迎我们。 方向＋目的

Mr. Green was unable to come here yesterday because of his illness.

格林先生因为生病昨天没能来这儿。 地点＋时间＋原因

John could not come here promptly at 8:00 every day because of his wife's being ill. 地点＋方式＋时间＋频率＋原因

约翰因为妻子生病不能每天八点准时来这儿。

状语在句中的位置是多变的，影响它的因素很多，如：状语的长短、性质、谓语动词的形式、句子的节奏、对一些信息的强调或对比，都可改变状语的位置。正因为有了这种变化，才使句子表意更生动、准确，句子的结构更丰富多彩。状语位置的变化通常不会造成太大差别，但有时却会使句子、甚至使充当状语的副词本身的含意产生不可忽视的改变。

状语可能出现的位置	对比译文的不同含义
They secretly decided to get married.	他们秘密决定结婚。
They decided to get married secretly.	他们决定秘密结婚。
Only he can solve this problem.	只有他能解决这一问题。
He can solve only this problem.	他能解决的只有这一问题。
He can only solve this problem.	他只能解决这个问题了。(不能再拖)
Prices were not so high then.	当时物价没有这么高。
He went to a village school, then to a university.	他上了所乡村学校，接着上了大学。
Then you don't approve of the plan?	那么你是不赞成这项计划啦?
The noise stopped, and then began again.	喧闹声停了，但不久又响起来了。

本章只着重介绍了陈述句的变化和扩展的基本规律。其他如疑问句、祈使句等，都可在此基础上演化而成，我们将在以后的有关章节中进一步阐述。掌握好本章的内容是学习英语最重要和最基本的一步。

第二章 主语和谓语的一致

SUPER.ENGLISH.AGREEMENTS.

主语和谓语的一致

众所周知，学习英语的人对“谓语必须与主语保持一致”这一语法现象知道得最早，用得最多，但也最容易出错。除了粗心之外，还有一个导致错误的重要原因，那就是，这一问题看似简单，但实际上是复杂多变的，例外和惯用随处可见。

要做到主谓语一致，除了要考虑句中主语的人称和数的变化，还要考虑到谓语动词的时态和语态的变化。要理解和遵循语法规则，但在理解的基础上又不完全囿于语法规则。在很多情况下，还要结合具体的语言环境加以判断。

1 主语和谓语的一致关系

句子的主语有单复数及人称的变化。其谓语需要根据主语的人称和数的不同而有所变化。即：谓语要与主语在人称和数上保持一致。

- 因为英语不是屈折变化很多的语言，所以这种一致关系有时并没有明显的表现，在某些情况下，同一种动词形式可以与各种人称的单数或复数的主语连用。

主语		谓语	状语
单数	I / He / She / You	bought the software	in London.
复数	You / We / They		
单数	Mr. Green / Mrs. Green	lived in Ireland	during the war.
复数	The Greens		

- 但是，如果谓语为 **do**，**be** 或 **have**(用作助动词或实意动词)，或者是在谓语为一般现在时的情况下，这种主语和谓语的一致关系就变得十分明显了。

(例)

Her dreams have come true.

她的梦想实现了。

Her dream has come true.

她的(一个)梦想实现了。

She often arrives at school late.

她常常上学迟到。

They often arrive at school late.

他们常常上学迟到。

It is getting dark.

天渐渐黑了。

Eggs are getting scarcer.

蛋类愈来愈短缺了。

可以看出，“be”不但随主语的数，而且还随主语的人称的变化而变化。

I am getting bored.

我渐渐厌烦起来。

2 确定主语单复数的三个原则

主语的人称，特别是主语的数是决定谓语形式的关键。除第一人称单数“I”（我）和第二人称单数“you”（你）之外，单数主语之后的谓语用动词的单数形式；复数主语之后的谓语用动词的复数形式。但是，什么样的主语算是单数或复数呢？仅靠名词的单、复数词尾来判断，往往会出现错误。我们必须对具体的语境作具体的分析。下面三个基本原则会有助于你的判断。

2-1 语法上一致的原则

我们可以根据用作主语的名词的词尾变化，或用作主语的代词的形式来确定谓语的数或人称。

（例）The boy plays football well.

那个男孩足球踢得很棒。

The boys play football well.

那些男孩足球踢得很棒。

It is bitterly cold.

天冷极了。

I am very cold.

我很冷。

2-2 概念上一致的原则

有时，根据名词的单数或复数词尾并不能确定谓语动词的形式，说话人要表达的概念反而起着决定性的作用。也就是说，要根据主语所表达的具体含意来确定它的数，而不只看表面的词尾变化。

（例）My family are all early risers.

我们一家人都爱早起。

指家中的全体成员，有复数含义

His family has moved into the new house.

他家已经搬到新房子里去了。

指整个家，用作单数

Five minutes is enough.

五分钟就够了。

一个时间段，看作单数

The crew are waiting for instructions from the captain.

指全体船员，有复数含义

船员们在等待船长的命令。

2-3 邻近词一致的原则

在某些句子中，谓语动词并不是与整个主语保持一致，而是要与并列主语中距离它最近的名词或代词保持数或人称上的一致。

（例）**Neither he nor they are wholly right.**

不管是他还是他们都不是全对的。

Neither Tom nor the Browns enjoy their journey to Beijing owing to the bad weather.

因为天气不好，不管是汤姆还是勃朗一家这次去北京都未能尽兴畅游。

Either your key or my key is missing.

不是你的钥匙丢了，就是我的钥匙丢了。

Not only they but also their teacher has participated in the party.

不仅他们而且他们的老师也参加了这个晚会。

He or I am in the wrong.

他或是我错了。

— What's worth visiting there?

— Well, there's the park, the castle and the museum.

那里有什么值得看的？

嗯，有公园、城堡和博物馆。

3 主谓一致的具体原则

上述三个原则只是最概括的一种归纳，在这一节中，我们将对每一原则的具体内容作进一步的讲解。

3-1 根据语法一致的原则确定谓语形式

单数主语＋单数谓语；复数主语＋复数谓语

（例）**The teacher encourages the students to speak freely.**

老师鼓励学生们自由发言。

My wages are low, but my taxes are high.

我的工资低，但纳税却很多。

Their house has nine rooms.

他们的住宅有九个房间。

It always pays to give your paper one final check.

写东西，最后检查一遍总是有好处的。

在“主语＋系词＋表语结构”中，系动词要与主语的数保持一致，不受其表语的影响。

(例) **Their greatest concern is the children.**

他们最关心的是孩子们。

The most appreciated gift was the clothes that you sent us.

最好的礼物是你寄给我们的衣服。

What we need most is books.

我们最需要的是书。

Paul is friends with Bill.

保尔和比尔友好。

在“单数名词(主语)+(together) with＋名词”结构中谓语只与主语保持一致，这是因为上述短语只起修饰主语的作用，而非主语的一部分。

下面的词和短语也沿用上述用法
along with, as well as, in addition to, accompanied by, rather than, as much as, no less than, including, besides, except, but, like

(例) **The factory with all its equipment has been burnt.**

工厂及其全部设备都烧光了。

You as well as I are wrong.

不仅我，你也错了。

The manager, along with his secretaries, is going to a dinner party tonight.

经理以及他的几位秘书今晚将去参加晚宴。

An expert, together with some assistants, was sent to help in this work.

一位专家和几位助手被派去协助这项工作。

The teacher, as much as the parents, is to blame for the accident.

对此意外事故，老师和家长都有责任。

Mr. Robbins, accompanied by his wife, is arriving tonight.

罗宾斯先生在妻子的陪同下今晚到达。

3-2 主语含有and时的谓语形式

"单数名词＋ and ＋单数名词"作主语，谓语动词用复数。

(例) Reading, writing and arithmetic are called the three R's.

读、写、算并称为三R(三个基本技能)。

Joe and Bob are smart.

乔和鲍勃很聪明。

He and I are good friends.

他和我是好朋友。

The poet and the novelist were both present at the meeting.

那位诗人和那位小说家都出席会议了。

如果由 and 所连接的并列主语指的是同一个人或物时，谓语动词用单数。

(例) The statesman and poet was engaged in warfare all his life.

这位政治家兼诗人戎马一生。

A teacher and novelist is going to make a speech in the hall.

一位教师兼小说家将在礼堂里发表演说。

但要注意下列用法中的不同：

A/The＋单数名词(人)＋and＋单数名词(人)＋单数谓语

指同一个人身兼两种职务

A/The＋单数名词(人)＋and＋a/the＋单数名词(人)＋复数谓语

指不同职务的两个人

(例) The conductor and composer was greeted by a crowd of people.

乐队指挥兼作曲家受到了众多人的欢迎。

The conductor and the composer were greeted by a crowd of people.

乐队指挥和作曲家受到了众多人的欢迎。

有些用and连接起来的单数名词，由于关系密切，已被看成一个整体，因而作主语时，谓语动词用单数。

- knife and fork 刀叉
- needle and thread 针线
- a cup and saucer 带茶托的茶杯
- a horse and carriage 马车
- trial and error 正误试验法
- law and order 法律和秩序

(例) Law and order has been established.

法律和秩序已经建立起来。

Bread and butter is our daily food.

涂黄油的面包是我们的日常食品。

Fish and chips is a popular fast food.

炸鱼加炸薯条是一种大众化的快餐。

The stars and stripes is the national flag of U.S.A.

星条旗为美国国旗。

The sum and substance of the speech was antiwar.

这个演讲的主要内容是反战的。

主语为“every/each + 单数名词 +and+(every/each+) 单数名词”时，谓语用单数。

(例)

Every man, woman, and child needs love.

(每个)男人，女人，孩子都需要爱。

Each boy and girl was given a book.

每个男孩和女孩都得到了一本书。

Each book and each paper is held in place.

每一本书，每一份文件，各有其所（都放在该放的地方）。

Every minute and every second is precious.

每一分、每一秒都是珍贵的。

主语为“形容词 + and+ 形容词 + 不可数名词或复数可数名词”，并且是涉及到该名词的品种或类别时，谓语动词用复数。

(例)

Chinese and British beer are served at the pub.

这家小酒店供应中国啤酒和英国啤酒。

指两种，谓语用复数

Cooling draft beer is served at the pub.

这家小酒店供应冰镇生啤酒。

指一种，谓语用单数

Clever and dull students are treated alike.

聪明学生和迟钝学生都受到同样的对待。

There is a black and white picture on the wall.

墙上挂着一幅黑白照片。

当“both...and...”连接两个单数名词作主语时，谓语动词用复数。

(例)

Both his brother and sister are married.

他的哥哥和姐姐两人都已婚。

Both whales and dolphins are mammals.

鲸和海豚都是哺乳动物。

3-3 根据邻近词一致的原则确定谓语形式

用 or 连接两个名(代)词作主语时，依据“邻近原则”确定谓语形式。

(例) **George or Tom is wanted.**

要乔治或汤姆去一下。

George or I am wrong.

不是乔治就是我错了。

Were you or he there?

(当时)是你还是他在那里？

用 either...or... 连接两个名(代)词作主语时，依据“邻近原则”确定谓语形式。

(例) **Either John or his friends are to blame for the bad results.**

不是约翰就是他的朋友们要对此不良后果负责。

Either the shirts or the sweater is a good buy.

这些衬衣，或者是这件毛衣，买上很合算。

在非正式用法中，亦可用are代替。

neither/not...nor... 连接两个名(代)词作主语，依据“邻近原则”确定谓语形式。

(例) **Neither Tom nor I nor anybody else knows how to do it.**

不论是你，我或者其他任何人都不知道怎么做。

Not my brother nor I am going to the summer camp.

(我)弟弟和我都不去夏令营。

not only...but also..., not...but... 连接两个名(代)词作主语时，依据“邻近原则”确定谓语形式。

(例) **Not only Mary but also John was invited to the party.**

不仅邀请了玛丽来参加晚会，而且也邀请了约翰。

Not the students but their teacher is invited to the party.

被邀请去参加晚会的不是学生(们)，而是他们的老师。

3-4 谓语用单数形式的情况

动名词、动词不定式或主语从句作主语。

(例) **Reading is a great pleasure in life.**

读书是人生一大乐趣。

To live means to create.

生活就意味着创造。

That we need more time is obvious.

很显然，我们需要更多的时间。

数词或“数词+复数名词（表示时间、距离、金额、重量、大小、体积等）”作主语。

(例) **Eight hours of sleep is enough.**

八小时睡眠足够了。

Five is an odd number.

五是奇数。

A hundred miles is quite a drive, isn't it?

驾车一百英里是一段很长的路程，是吧？

Five tons is a heavy load.

五吨是很重的负载。

Ten dollars is too much to pay for that shirt.

花十美元买那件衬衫太贵了。

复数形式的专有名词作主语。

(例) **The Philippines consists of more than 7,000 islands.**

菲律宾由 7000 多个岛屿组成。

The United Nations has its headquarters in New York City.

联合国总部设在纽约。

***The Times* has a large circulation.**

《泰晤士报》销量很大。

“many a / more than one+ 单数名词”作主语。

(例) **Many a little makes a mickle.**

积少成多。

Many a ship has been wrecked on those rocks.

许多船只毁于那些礁石上。

More than one grammatical mistake was found in his composition.

他作文中的语法错误很多。

表示鸟兽鱼群的词如 a flock of birds，a pack of dogs，a pride of lions，a herd of cattle，a school of fish 作主语。

(例) **A flock of birds is circling overhead.**

一群鸟在头顶上方翱翔。

The herd of cattle is breaking away.

那群牛跑散开去。

3-5 谓语用复数形式的情况

一些复数名词表示由两个相同的、不可分割的部分组成的一件东西。当这样的词用作主语时，谓语要用复数形式。

常用的此类复数名词
trousers, pants, pyjamas([英] pajamas), shorts, pliers, scissors, pincers, tongs, glasses, spectacles, tights, compasses 等

若这些词前有单数量词时，谓语动词常用单数形式。

(例)

Where are my scissors?

我的剪刀在哪儿呢?

There is a pair of scissors on the table.

桌子上有一把剪刀。

有些集合名词作主语时，要用复数形式的谓语。

如 **sheep** **cattle** **police** **poultry** **militia** **people** 等

(例) **Cattle feed on grass.**

牛吃草。

The police are looking into the matter.

警察正在调查此事。

"several/(a) few/both/many + (of +) 复数可数名词或上述词" 单独用作主语时，谓语用复数形式。

(例) **Several of you need to work harder.**

你们中有几个人要更加努力工作。

Several have already written to me.

有几个已经给我写信了。

3-6 谓语用单复数皆可的情况

有些名词形式上是复数的，但用作主语时，谓语多用单数，也可以用复数形式。

如 **means** **works** **tidings** **headquarters** 等

(例) **The firm's headquarters are / is in London.**

总公司设在伦敦。

The good tidings come/comes too late.

好消息总是来的太迟。

There is/are no means of finding out what happened.

没有办法能查明发生了什么事。

The steel works is/are closed for the holidays.

节假日钢铁厂休息。

由数词组成的数学算式作主语时，谓语可用单数，但也可用复数形式。

(例) **Two and three is/are five.**

2 加 3 等于 5。

Twice two make/makes four.

2 乘 2 等于 4。

一些复数形式的疾病名称作主语时，通常谓语用单数，也有用复数时的情况。

(例) **The measles is an infectious illness.**

风疹是一种传染性疾病。

Mumps is / are fairly rare in adults.

成人当中很少有患腮腺炎的。

3-7 不定代词作主语时的谓语形式

由 any, some, no, every 与 body, one, thing 构成的不定代词作主语或主语的一部分时，谓语用单数。

如 **somebody** **anyone** **nothing** **everyone** 等

(例) **Everybody is doing his best.**

人人都尽力而为。

There is nothing you can do to help.

你帮不上忙。

There's something interesting in the newspaper.

报纸上有一些有趣的东西。

"each；each＋单数可数名词；each of＋复数名词"作主语时，谓语用单数形式。

(例) **Each arrives on time.**

每个人都准时到达。

Each of the building blocks is painted a different colour.

每块积木都涂成不同颜色。

Each boy has tried twice.

每个男孩都试过两次了。

> **each** 位于复数主语之后时，不影响主语的数，如：**The boys each have an apple.** 男孩们每人有一个苹果。

either，neither 作主语或主语的一部分时，谓语用单数形式。

主　语	例　句	译　文
either	Either is acceptable.	两者都是可以接受的。
either + 单数可数名词	Either one is good enough for me.	两者中的任何一个对我都是非常合适的。
either + of+ 复数名词	Is/Are either of them a doctor?	他们两人当中有医生吗?
neither	Neither is/are to blame.	两个人都不该受责备。
neither+ 单数可数名词	Neither answer is correct.	两个答案都不对。
neither of + 复数名词	Neither of us wants/want to do it.	我们俩都不想做这件事。

注意 neither，either of 和 neither of 等用于否定句或疑问句时，特别是在口语中，也可以跟复数谓语。

all，some，more，most 作主语或主语的一部分

all, some, more, most 作主语的一部分时

- all，some，more，most+ 不可数名词作主语时，谓语用单数形式。
- all，some，more，most+ 复数可数名词作主语时，谓语用复数形式。

（例） **All hope has gone.**

所有的希望都破灭了。

Some money was spent on books.

一些钱用来买书了。

All roads lead to Rome.

条条大路通罗马。

Most Arabic speakers understand Egyptian.

大部分说阿拉伯语的人都懂得埃及语。

all, some, more, most 单独作主语时

- 用来指不可数名词时，谓语用单数形式。
- 用来指可数名词时，谓语用复数形式。

（例） **All is going well.**

一切顺利。

There's some in the pot.

罐子里还有一些。

The most you can hope for is five dollars.

你最多能得到 5 美元。

All are agreed on this point.

大家一致同意这一点。

Some are wise and some are otherwise.

有人贤明，有人愚。

Many people support the proposal, but more are against it.

(虽然)许多人支持这个建议，但(有)更多的人反对它。

all , some, more, most 与 of 连用时

- 后接可数名词单数或不可数名词作主语时，谓语用单数形式。
- 后接复数可数名词作主语时，谓语用复数形式。

(例) **All of this is yours.**

这一切都是你的。

Some of the book is good.

这本书有些部分还不错。

Some of the food has been eaten, but not all of it.

一些食物吃掉了，但不是全部。

Most of his writing is rubbish.

他的作品大部分都是无聊的东西。

Most of the books on that shelf are in English, and the rest are in Russian or French.

那个书架上的书大部分是英文书，其余的是俄语或法语书。

none 用作主语或主语的一部分时

none 单独作主语时

- 指可数名词时，谓语用单数形式（强调任一个）或复数形式（强调全体）。
- 指不可数名词时，谓语用单数形式。

(例) **—Is there any milk in the cup?**

— No, there is none.

杯子里有牛奶吗?

没有，一点也没有了。

None have arrived.

没有人到来。

None has returned from the meeting. 开会的人一个也没回来。

"none of ＋名词" 作主语时

- "none of＋复数可数名词" 作主语时，谓语用复数形式（强调全体）或用单数形式（强调其中任何一个）；
- "none of＋不可数名词" 作主语时，谓语用单数形式。

(例) **None of us is perfect.**

人无完人。

None of the guests want to stay.

客人们都不想留下来。

None of this money is yours.

这些钱里没有一分是你的。

None of these suggestions is/are very helpful.

这些建议都没有太大用处。

---

any 用作主语或主语的一部分

any 单独作主语时

- 指不可数名词时，谓语动词用单数形式。
- 指可数名词时，谓语动词用复数形式。

(例) **Any is better than none.**

有总比无好。

Any is good enough for me.

我有点就行了。

Give me some if there are/is any.

如果有，就给我一些。

any 指不可数名词用 **is**，**any** 指可数名词用 **are**。

any 修饰用作主语的名词时

- 修饰单数可数名词或不可数名词时，谓语用单数。
- 修饰复数可数名词时，谓语用复数。

(例) **If there is any trouble, let me know.**

如果有困难，就告诉我。

Any child wants to know that.

任何小孩都想知道这一点。

There are scarcely any flowers in the garden.

花园里几乎没有花了。

any of 用作主语的一部分时

- **any of** 与复数名词连用时，谓语用复数形式(强调全体)或单数形式(强调任一个)。
- **any of** 与不可数名词连用时，谓语用单数形式。

(例) **Any of these authorities are/is reliable.**

这些典据都是可靠的。

I don't think any of us want / wants to work tomorrow.

我认为我们当中没有人愿意明天工作。

Is there any more of this stuff?

这种材料还有吗?

half 用作主语或主语的一部分

half 单独用作主语时

- 指不可数名词，谓语用单数形式；指可数名词，谓语用复数形式。

(例) **Half was damaged.**

(这东西)有一半已经损坏了。

Half are here.

(他们)有一半已经在这儿了。

I broke the chocolate into halves, and here's your half.

我把巧克力掰成两半，这一半给你。

half 作主语的一部分时

- **half +** 限定词与不可数名词连用，谓语用单数；与可数名词连用，谓语用复数。
- **half +** 限定词与单数集合名词连用，谓语用单复数均可。

(例) **Half his time was wasted.**

他有一半时间都浪费掉了。

Half the soldiers were killed.

有一半的战士战死了。

Half my class has/have obtained driver's licenses.

我们班有一半的学生拿到了驾驶证。

half of 作主语的一部分时

- **half of** 与单数可数名词或与不可数名词连用时，谓语用单数形式。
- **half of** 与单数集合名词连用时，谓语用单复数形式均可。
- **half of** 与复数可数名词连用时，谓语用复数形式。

(例) **Half of the apple was rotten.**

这个苹果有一半烂了。

Half of the time was spent in the country.

有一半时间是在乡下度过的。

Half of the fruit is bad.

水果的一半坏了。

Half of my class has/have obtained driver's licenses.

我们班有一半的学生都拿到了驾驶证。

Half of them are here.

他们之中有一半已在这里。

Half of the plums are bad.

半数的李子坏了。

enough 用作主语或主语的一部分

enough 单独作主语指不可数名词时谓语用单数形式；指可数名词时，谓语用复数形式。

(例) **Enough has been said on this matter.**

对于这个问题，已经谈得够多了。

Enough are here to constitute a quorum.

出席者已达到法定人数。

enough 用来修饰作主语的名词时

- **enough** 与单数不可数名词连用，谓语用单数形式。
- **enough** 与复数名词连用，谓语用复数形式。

(例) **There is enough food for everybody.**

有足够的食物供大家食用。

There are enough players for a game.

有足够的运动员，能组织一场比赛了。

3-8 表示数量的短语作主语时的谓语形式

a lot of, lots of, plenty of, the percentage of, 分数词 +of, a quantity of, quantities of 作主语的一部分时

- 与不可数名词连用，谓语用单数形式。
- 与复数名词连用，谓语用复数形式。

(例) **Two-fifths of the money is mine.**

这些钱中有五分之二是我的。

Two-fifths of the students in the class are from Arabic-speaking countries.

这个班里有五分之二的学生来自阿拉伯语国家。

There was quantities of rain this fall.

今年秋天雨水多。

Lots of my friends are here.

我的许多朋友都在这儿。

There were a quantity of people in the hall.

大厅里有许多人。

a great deal of, an amount of, (a)little of, much of 与不可数名词连用时，谓语用单数。

(例) Much of that furniture is uncomfortable.

那些家具大部分都不舒适。

Little of the equipment was standardized.

这些设备中很少有合乎标准的。

There is a limited amount of oil in the world.

世界上的石油是有限的。

a good many, a great many, a number of 与复数可数名词连用，谓语用复数。

(例) There were a great (good) many people in the park.

公园里有许多人。

A number of students were absent.

许多学生缺席了。

"the number of + 复数名词 + 单数谓语"，这是因为 the number of 的词义为"……的数目"，如 The number of days in a week is seven. 一周七天。

3-9 there be 句型中的谓语形式

在 there be 句型中，be 的形式通常取决于 be 后的主语(名词或代词)的数。

(例) There aren't any letters in the mail for you today.

今天的邮件里没有你的信。

There isn't any mail for you today.

今天没有你的邮件。

There're some good programs on TV.

电视上有一些好节目。

许多以英语为母语的人，即使 there be 的主语为复数，也用单数谓语，而且只用 there's。这是一种极不正式的、不标准的说法，但却为英语国家的大众所接受。

在非正式英语中，如果 there be 后是由 and 连接的并列主语，可以用复数谓语，也可以依据"邻近词一致的原则"来确定谓语的形式。

(例) There are a blue pen and a yellow notebook on her desk.

There is a blue pen and a yellow notebook on her desk.

她书桌上有一支蓝色的笔和一本黄色的笔记本。

3-10 需经判断来确定句子的谓语形式

1 集合名词作主语

如果集合名词被看作是一个整体，或是一个组织，则谓语动词用单数形式。

(例) **The graduating class is in the laboratory.**

毕业班在实验室里。

The audience was rather small.

听众很少。

A team which is full of enthusiasm is more likely to win.

一支热情高涨的运动队多半会取胜。

如果着重于其各个组成部分或成员的行动，则谓语要用复数形式。

(例) **The class were all cheerful.**

全班同学都兴高采烈。

The audience were excited by his speech.

他的演讲令听众振奋。

The team were talking over some new plays.

运动队在讨论一些新的比赛(技巧)。

常用的集合名词举例
army, audience, club, class, committee, crew, faculty, family, troop, group, organization, government, jury, public, school, staff, team 等

2 物主代词作主语

物主代词作主语时，谓语动词的形式要根据其后的作表语的名词决定。

(例) **Mine is a new bike.**

我的是一辆新自行车。

Theirs are old bikes.

他们的都是旧自行车。

3 "the +形容词" 作主语

指人时，谓语要用复数。

(例) **The rich get richer and the poor get poorer.**

富的越富，穷的越穷。

The good are well rewarded, and the bad (are) punished.

善有善报，恶有恶报。

The old are a part of the society.

老年人是社会的一部分。

指抽象概念时，谓语要用单数。

The old gives place to the new.

新陈代谢。

The beautiful exists in contrast with the ugly.

美的东西和丑的东西相比较而存在。

4 以 -ics 结尾的学科名词作主语

一些以 –ics 结尾的名词通常都可用作学科名称，它们作主语时，谓语要用单数。

(例) **Physics was his major.**

物理是他的主修课。

Mathematics is her strongest subject.

数学是她最擅长的学科。

Strategy wins wars; tactics wins battles.

战略赢得战争，战术赢得战役。

以 –ics 结尾的名词中有相当一部分也可用作普通名词，作主语时，谓语多用复数。

(例) **What are the economics of the project?**

这项工程的经济意义是什么？

The latest statistics tell the truth of facts.

最新的统计数字说明了事实的真相。

Your mathematics are not so good.

你的数学成绩不太好。

有一些词用作单数或复数时，词义有所改变		
politics	[单] 政治学	[复] 政治活动或手腕
statistics	[单] 统计学	[复] 统计数字或资料
tactics	[单] 兵法、战术	[复] 策略、手法
acoustics	[单] 声学	[复] (建筑物)的传声性
economics	[单] 经济(学)	[复] 经济因素或财务上的考虑

(例) **An army commander must be skilled in tactics.**

一名军事指挥官必须精通战术。

These tactics are unlikely to help you.

这种方法对你未必有用。

Statistics is a branch of mathematics.

统计学是数学的一个分支。

These statistics show that there are 57 deaths per 1000 children born.

这些统计数字表明每一千个出生的婴儿中有五十七人死亡。

Acoustics is taught in this college.

本院开设声学课。

The acoustics of the theatre are very good.

这剧院的音响效果很好。

5 what / which / who 等疑问代词作主语或主语一部分

谓语的形式，要由它们所代表的词或含意来确定

(例)

Which is your favourite subject?

哪一门是你喜欢的学科？

Which are your favourite subjects?

哪些是你喜欢的学科？

Who is the woman in the black hat?

戴黑帽子的那位妇女是谁？

Who are the men in white coats?

穿白色外衣的那些人是谁？

What she said is true.

她说的话是真的。

What she left me are a few old books.

她留给我的是几本旧书。

SUPER.ENGLISH.NOUNS.
第三章
名词

名 词

正如第一章中所讲的，构成句子的两个主要成分是主语和谓语语。谓语由动词或动词短语来承担；而主语主要由名词或名词短语构成。名词在句中可以作主语、宾语、宾语补语、同位语、定语以及状语等。关于名词的这些用法，我们将在有关的章节中一一论述。但名词本身的用法，以及名词与其他词的搭配关系，也都直接影响着句子的构成。

名词的主要难点是：可数和不可数的概念，名词复数词尾的变化和领属关系（即名词的格）的表达。

1 名词的分类

许多语法学家对名词如何分类都有各自不同的见解，这一点在一些有影响的语法专著中都有所反映。对于把英语作为一种交际工具来学习的人来说，最主要的不是再给名词起一个更为恰当的专业名称，而是要通过归类，使我们能更好地掌握名词的用法和规律，从而达到更容易掌握这种语言的目的。

由于名词的性质不同，用法也不相同。为了以后的学习方便，我们必须用最为简洁、实用的方法对名词进行如下最基本的归纳、分类，请看下面的示意：

- 名词
  - 专有名词
  - 普通名词
    - 可数名词
      - 个体名词
      - 集合名词
    - 不可数名词
      - 抽象名词
      - 物质名词

下面将对不同种类的名词分别进行说明及举例。

- 专有名词：指特定的人或事物等的专用名称。

  Henry（亨利——人名）/ **Paris**（巴黎——地名）/ **Spain**（西班牙——国名）/ **The United Nations**（联合国——组织名称）

- 普通名词：指人或事物等所共用的名称。

  man（男人）/ **city**（城市）/ **country**（国家）/ **organization**（组织）

- 可数名词：可以与不定冠词 **a(n)** 或数词连用，有单数和复数的变化。

  a student（一个学生）/ **two letters**（两封信）

- 不可数名词：不能与不定冠词或数词连用，没有复数形式。

  water (水) / **sugar** (糖) / **work** (工作)

- 个体名词：指某类人或事物中的个体。

  boy (男孩) / **bird** (鸟) / **car** (汽车)

- 集合名词：指由若干个同类个体组成的，被当作一个整体来看待的集合体。

  class (班级) / **army** (军队) / **crowd** (人群)

- 抽象名词：指动作、状态、品质等抽象概念的名称。

  writing (写) / **health** (健康) / **anger** (愤怒) / **equality** (平等)

- 物质名词：指无法划分个体的物品的名称，或也指一类具有共同特点的物品的总称。

  tea (茶) / **air** (空气) / **milk** (牛奶) / **snow** (雪)

  furniture (家具) / **equipment** (设备)

值得注意的是，名词的分类并不是固定不变的，一个名词可能因为其使用的场合或表达的概念不同，而被划归为几个不同的种类，其用法或含义也会随之变化。

1-1 普通名词和专有名词的互相转化

- 普通名词用作专有名词——通常要与定冠词连用，首字母要大写。
- 专有名词用作普通名词——首字母可仍用大写或改为小写；如果必要，可与不定冠词 **a(n)** 连用，也可用复数形式。

(例)

We got it through secret channels.

我们通过秘密的途径获得了它。

channel 海峡，途径(普通可数名词)

Erna is going to swim across the Channel tomorrow.

埃娜明天要横渡英吉利海峡。

the Channel 英吉利海峡(专有名词)

The plane flew to the West.

飞机朝西飞去。

west 西方(普通名词)

They have lived in the West for ten years now.

他们在西部地区至今已生活 10 年了。

the West 西部地区(专有名词)

We consider Einstein the greatest scientist in the 20th century.

我们认为爱因斯坦是 20 世纪最伟大的科学家。

Einstein 爱因斯坦(专有名词)

I wish to become an Einstein.

我想成为爱因斯坦那样的人。

Einstein 爱因斯坦式的人(普通名词)

Duke of Wellington was a British soldier and statesman, gaining the nickname "the Iron Duke".

Wellington 威灵顿(专有名词)

威灵顿公爵是英国军人，国务活动家，绰号'铁公爵'。

He was wearing a pair of Wellingtons (或 wellingtons).

Wellington(s)威灵顿长统靴，长统胶靴(普通名词)

他穿着一双长统胶靴。

Waterloo was the scene of Napoleon's defeat in 1815.

Waterloo 滑铁卢(专有名词)

滑铁卢是拿破仑1815年惨败之地。

His Waterloo was a woman.

Waterloo 惨败(普通名词)

他毁在一个女人手里。

1-2 可数名词和不可数名词的互相转化

可数名词和不可数名词在英语中是两个非常重要的概念。名词单复数的变化，冠词的使用，数量的表达方式等等都与此有着直接的关系。但是，在很多情况下，我们不能根据自己的经验，或根据我们母语的情况来确定一个名词是可数还是不可数的，因为英语有自己界定这两个概念的方式，并且，名词的属类也不是绝对不变的。

- 一个名词是否可数，取决于它的使用方式和说话者想要表达的内容。
- 大多数不可数名词都有二重性。

glass 玻璃	不可数名词	**pepper** 胡椒(粉)	不可数名词
a glass 玻璃杯	可数名词	**a pepper** 青椒(蔬菜)	可数名词
tea 茶(饮品)	不可数名词	**bridge** 桥牌	不可数名词
teas(各种)茶	可数名词	**a bridge** 桥	可数名词

1 不可数名词的特征

不可数名词大多是指由相同或不同部分构成的整体或一类。

(例) I have bought some furniture.

我买了一些家具。

furniture 指包括 **desks, chairs** 等不同物件在内的一个大类(整体)。

I like to drink my coffee hot.

我喜欢喝热咖啡。

coffee 代表由一些微粒或成分构成的一堆或一团。

We admired the beauty of the scenery.

我们欣赏这美丽的风景。

beauty 是一个抽象名词，是构成"美丽"的各种因素总和。

The dew on the leaves of grass glistened in the morning light.

草叶上的露水在晨晖中闪烁。

dew 代表一种自然现象，而非具体的一滴露珠。

Our American teacher speaks Japanese very well.

我们的美国老师日语说得非常好。（**Japanese** 是日本人所使用的各种语文材料的总称。）

2 可数名词与不可数名词转化的内在关系

一个名词是可数名词还是不可数名词，要视其使用的场合或表达的含义而定。可数名词往往是不可数名词个体化或具体化的体现。

材料(不可数)——制成品(可数)

(例)

A glass is made of glass.

玻璃杯是用玻璃制成的。

She broke two glasses.

她打碎了两个玻璃杯。

Cork can float on water.

软木能浮在水上。

He stoppered the bottle with a cork.

他用软木塞把瓶子塞住。

涵盖一类的总称(不可数)——一类中的不同品种(可数)

(例)

He does not eat much fruit.

他不太吃水果。

They sell various fruits at that store.

那家店里出售各种水果。

This river teems with fish.

这条河里鱼很多。

The fishes of the lake are trouts, carps and eels.

这片湖里产鳟鱼、鲤鱼和鳗鱼。

Glass breaks easily.

玻璃易碎。

These new glasses are very strong and can resist many kinds of shocks.

这些新型玻璃都非常结实，能耐得住多种冲击。

集体(不可数)——个体(可数)

(例)

The youth of today has(have) greater opportunities than ever before.

与过去相比，今天的青年人有更多的机会。

Across the street stood two youths in leather jackets.

在街对面站着两个穿皮夹克的小青年。

Tom has brown hair.

汤姆的头发是棕色的。

Tom has a hair on his jacket.

汤姆的夹克衫上有一根头发。

广义的行为（不可数）——狭义的实物（可数）

（例）

We have business with the firm.

我们与这家商行有生意往来。

He owns a small business in that street.

他在那条街上开一家小店。

Painting is his hobby.

绘画是他的业余爱好。

There is a large collection of old paintings in this famous art museum.

这家著名的美术馆里收藏有大量的古画。

抽象的概念（不可数）——具体的人或物（可数）

（例）

Some children do not recognize the authority of parents.

有些孩子不认可父母的权威。

He is a great authority on ancient history.

他是古代史的权威。

The crime has already been reported to the authorities.

这一罪案已报告当局了。

Don't put too much confidence in him.

别太信任他。

I listened to her confidences for half an hour.

我花了半小时听她的知心话。

一般性（不可数）——特殊性（可数）

（例）

We've had too much rain this summer.

我们这儿今年夏天的雨水很大。

The rains have started early this year.

今年的雨季开始得早。

There was a light rain last night.

昨夜下了一场小雨。

The flood water covered the whole area.

洪水淹没了整个地区。

Our ship was sailing in home waters.

我们的船正在自己的领海内航行。

We made an experiment to measure the velocity of sound the day before yesterday.

我们前天做了个测量声速的实验。

I heard a strange sound coming from the kitchen.

我听到有一种奇怪的声音从厨房传出来。

肉类(不可数)——动物(可数)

(例)

I like to eat fried chicken.

我喜欢吃炸鸡。

Don't count your chickens before they are hatched.

蛋还未孵，别先数鸡(如意算盘别打得过早)。

I don't like goose and duck.

我不喜欢鹅肉和鸭肉。

There were some ducks and geese on the lake.

湖上有几只鸭子和鹅。

注意 goose(鹅)的复数形式是 geese。

构成个体的物质(不可数)——个体(可数)

(例)

There's egg on his shirt.

他衬衫上有蛋渣。

Don't put all your eggs in one basket.

不要把你所有的鸡蛋都放在一只篮子里(不要孤注一掷)。

Is there any potato left on my face?

我脸上有马铃薯(渣)吗?

Many new potatoes will grow from one.

种下一个马铃薯，会结出很多马铃薯来。(春种一粒粟，秋收万颗籽)

物质名词(不可数)——量的单位(可数)

(例)

The water in the lake will soon turn to ice.

这湖水很快就会结冰。

Two ices, please.

请给我两个冰淇淋。

Lemonade is a kind of sweet fizzy drink.

柠檬水是一种甜味汽水。

Send two lemonades to the room.

请给这房间送两瓶柠檬水。

My father always has beer with his supper.

我父亲总是在吃晚饭时喝啤酒。

Waiter, three beers.

服务员，请来三杯啤酒。

1-3 常见的不可数名词

英语中的不可数名词多集中在下面的几个方面。这里所列举的单词都是各类不可数名词中较为典型、常用的。但要注意，其中有许多名词在一定的语言环境中也可用作可数名词。

包括所有类似物在内的总称

baggage 行李	**cash** 现金	**change** 零钱，找头
clothing 衣物	**food** 食物	**garbage** 垃圾
hardware 金属器具	**jewelry** 珠宝	**junk** 废弃物
luggage 行李	**machinery** 机械	**mail** 邮件
makeup 化妆品	**postage** 邮资	**scenery** 风景
traffic 交通	**money** 钱	**furniture** 家具

流　体

blood 血(液)	**gasoline** 汽油	**milk** 牛奶
oil 油	**sauce** 酱油	**soup** 汤
vinegar 醋	**dew** 露水	**sweat** 汗水

固　体

bread 面包	**butter** 黄油	**cheese** 乳酪
meat 肉类	**gold** 金	**iron** 铁
silver 银	**paper** 纸	**wood** 木头
cotton 棉花	**wool** 羊毛	**stone** 石头

气　体

steam 蒸汽	**air** 空气	**nitrogen** 氮
oxygen 氧	**smoke** 烟	**smog** 烟雾

颗粒或微粒

- **rice** 大米
- **chalk** 粉笔，白垩
- **corn** 玉米
- **dirt** 污物，泥土
- **dust** 灰尘
- **hair** 毛发
- **peper** 胡椒
- **salt** 盐
- **sand** 沙
- **sugar** 糖
- **wheat** 小麦
- **grain** 谷物

抽象名词

- **courage** 勇气
- **education** 教育
- **enjoyment** 享乐
- **fun** 乐趣
- **happiness** 幸福
- **health** 健康
- **help** 帮助
- **honesty** 诚实
- **hospitality** 殷勤
- **importance** 重要性
- **intelligence** 智力
- **justice** 正义
- **knowledge** 知识
- **laughter** 笑
- **luck** 运气
- **music** 音乐
- **patience** 耐心
- **peace** 和平
- **pride** 骄傲
- **progress** 进展
- **recreation** 娱乐
- **sleep** 睡眠
- **truth** 真理
- **violence** 暴力
- **wealth** 财富
- **advice** 忠告
- **information** 信息
- **news** 新闻
- **evidence** 证据，迹象
- **proof** 证据
- **time** 时间
- **space** 空间
- **energy** 能量
- **homework** 家庭作业
- **work** 工作
- **beauty** 美丽

语　言

- **grammar** 语法
- **slang** 俚语
- **vocabulary** 词汇
- **Arabic** 阿拉伯语
- **Chinese** 汉语
- **English** 英语

学　科

- **chemistry** 化学
- **engineering** 工程学
- **history** 历史
- **literature** 文学
- **mathematics** 数学
- **geography** 地理学

娱　乐

- **baseball** 棒球
- **bridge** 桥牌
- **chess** 象棋
- **poker** 扑克
- **soccer** 英式足球
- **tennis** 网球

自然现象

- **wind** 风
- **fire** 火
- **fog** 雾
- **hail** 雹
- **heat** 热
- **humidity** 湿度
- **lightning** 闪电
- **rain** 雨
- **sleet** 雨夹雪
- **snow** 雪
- **thunder** 雷
- **weather** 天气

动名词

- **driving** 驾驶，行车
- **studying**学习，研究
- **printing** 印刷

1-4 不可数名词的量的表达

不可数名词没有复数形式，不能与不定冠词**a(n)**连用，也不能直接与数词连用，因此它的数量的表达方式也与可数名词有很大差别。

1 不确定数量的表达

下列词或词组都可与不可数名词连用，表示各种大概的数量。

not(any) / no	没有	**a lot of**	许多
little	几乎没有	**lots of**	许多
a little / some	一些	**plenty of**	许多
much	许多	**most**	大部分
a great deal of	许多	**all**	全部

注意，在表示“许多”这一含义时，**much** 主要用于否定句和疑问句，或用于实际上含有否定意味(如：**too much**)的句子中。肯定句中常用 **a lot of** 或 **a great deal of** 等代替 **much**。

some / a lot of / too much / a little / hardly any / no + 不可数名词

(例) **He has some / a lot of / too much / a little / hardly any / no homework.**

他有一些／许多／太多的／一点儿／几乎没有／没有家庭作业。

She added a little / very little / little salt to the soup.

她在汤里加一些／非常少的／几乎没加什么盐。

all / most / some / any / much / (a)little + of + the / that 等 + 不可数名词

(例) **Much / Most / All of that furniture is uncomfortable.**

这些家具中许多／大部分／都不舒适。

这些表示数量的词或词组中，有许多也可以与可数名词连用。

2 确定数量的表达

如果要表示不可数名词的确切的数量，我们可以在其前面加上表示单位的量词。

以容器为量的单位词

- **a bucket of whitewash** 一桶石灰水
- **a pail of water** 一提桶水
- **a barrel of beer** 一桶啤酒
- **a basket of fruit** 一筐水果
- **a bottle of perfume** 一瓶香水
- **a bowl of porridge** 一碗粥
- **a glass of milk** 一杯牛奶
- **a mug of cocoa** 一大杯可可
- **a cup of coffee** 一杯咖啡
- **a jug of milk** 一罐牛奶

- a flask of water 一瓶水
- a tin(can) of orange juice 一听桔汁
- a sack of cement 一袋水泥
- a bag of salt 一袋盐

以制成品或形成物的单位、个体或形状为单位词

- a bar of soap 一块肥皂
- a block of marble 一块大理石
- a roll of film 一卷胶卷
- a cake of soap / ice 一块肥皂 / 冰
- a piece of research 一项研究
- a lump of dough 一块面团
- a sheet of paper 一张纸
- a cube of cheese 一(方)块干酪
- a loaf of bread 一条面包
- a pile of earth 一堆土
- a cloud of dust 一团尘雾
- a flash of lightning 一道闪电
- a peal of thunder 一阵雷鸣
- a jet of water(喷出的)一股水
- a fit of fury(突发的)一阵怒气
- a layer of ice 一层冰

以计量单位为单位词

- a gallon of petrol 一加仑汽油
- a litre of oil 一升油
- a pint of milk 一品脱牛奶
- an ounce of gold 一盎司黄金
- a pound of coffee 一磅咖啡
- a spoonful of salt 一匙盐
- a yard of cloth 一码布
- a ton of coal 一吨煤
- a kilo of sugar 一公斤糖
- a meter of cloth 一米布

以"片段"、"分支"或"部分"为单位词

- a pat of butter 一小块黄油
- a dash of pepper 一点胡椒
- a bit of good 一点好事
- an ounce of strength 一点点力量
- a speck of interest 一点点兴趣
- a stroke of luck 一点运气
- a breath of wind 一丝风
- a grain of rice 一粒米
- a scrap of bread 一点点面包屑
- a spot of trouble 一点麻烦
- a slice of bread 一片面包
- a branch of knowledge 一个知识分支
- a drop of oil 一滴油
- a wisp of smoke 一缕烟

用表示类别的词为单位词

- a brand of tea 一种牌子的茶
- a kind of fruit 一种水果
- a sort of chocolate 一种巧克力
- a species of uneasiness 一种不安感
- a type of beauty 一种美
- a new breed of sheep 新品种的羊

英语中的量词还有许多，这里列出的只是比较常用的几种，并且，许多量词也可与可数名词连用，表达同样的含义，如：

a basket of apples 一筐苹果

a roll of newspapers 一卷报纸

2 名词的数（单数与复数）

不可数名词只有一种形式——单数。只有可数名词才具有两种形式——单数和复数。

复数的构成方法是在名词单数形式之后加上词尾 **-s** 或 **-es**，选用哪一个，由名词词尾的字母决定。复数词尾的读音也要由单数名词词尾的读音决定。

2-1 规则的复数形式

规则的名词复数形式的构成简表

名词的单数词尾	名词的复数词尾
一般名词	加 **s**
以 **s/x/z/ch/sh** 结尾及部分以 **o** 结尾的名词	加 **es**
以“辅音字母 +**y**”结尾的名词	变 **y** 为 **i** 加 **es**
“元音字母 +**y**”结尾的名词	加 **s**
部分以 **f** / **fe** 结尾的名词	变 **f** / **fe** 为 **v** 加 **es**

名词的规则复数形式的例词及读音规则

一般名词（包括以不发音的 e 结尾的名词）

复数词尾加 -s　**-s 的读音有下述四种情况**

在清辅音 **[f]** / **[k]** / **[p]** / **[t]** 之后读 **[s]**

- **knock— knocks[nɔks]**
- **cup — cups[kʌps]**
- **desk — desks[desks]**
- **map — maps[mæps]**
- **laugh — laughs[lɑ:fs]**
- **night — nights[naits]**

在浊辅音 **[b]** / **[d]** / **[g]** / **[l]** / **[m]** / **[n]** / **[ŋ]** 之后读 **[z]**

- **cab — cabs[kæbz]**
- **bird — birds[bə:dz]**
- **leg — legs[legz]**
- **dream — dreams[dri:mz]**
- **song — songs[sɔŋz]**
- **citizen — citizens['sitiznz]**

在元音或“元音 **+r**”之后读 **[z]**

- **eye — eyes[aiz]**
- **shoe — shoes[ʃu:z]**
- **door — doors[dɔ:z]**
- **teacher — teachers['ti:tʃəz]**

在辅音 **[s]** / **[ʃ]** / **[tʃ]** / **[z]** / **[ʒ]** / **[dʒ]** 之后读 **[iz]**

- **place — places['pleisiz]**
- **nose — noses[nəuziz]**
- **age — ages['eidʒiz]**
- **garage — garages['gæ'rɑ:ʒiz]**

以 s, x, z, ch, sh 结尾的名词

复数词尾加 -es	-es 的读音为 [iz]
class — classes[ˈklɑ:siz]	box — boxes[ˈbɔksiz]
adz — adzes[ˈædziz]	inch — inches[ˈintʃiz]
dish — dishes[ˈdiʃiz]	mass — masses[mæsiz]

以"辅音字母 +y"结尾的名词

复数词尾去 -y 加 -ies	-ies 读音为 [iz]
fly — flies[flaiz]	lady — ladies[ˈleidiz]
soliloquy — soliloquies[səˈliləkwiz]	city — cities[ˈsitiz]

以"元音字母 +y"结尾的名词

复数词尾加 -s	-s 读音为 [z]
boy — boys[bɔiz]	valley — valleys[ˈvæliz]
way — ways[weiz]	guy — guys[gaiz]

以 y 结尾的专有名词

复数词尾加 -s	-s 读音为 [z]
Henry — (two)Henrys[ˈhenriz]	Kennedy — (the)Kennedys[ˈkenidiz]
January — (two)Januarys[ˈdʒænjuəriz]	Bray —（the)Brays[breiz]

以"辅音字母 +o"结尾的名词

复数词尾加 -es	-es 读音为 [z]
potato — potatoes[pəˈteitəuz]	hero — heroes[ˈhiərəuz]
echo — echoes[ekəuz]	

以"元音字母 +o"结尾的名词或以 o 结尾的缩略语、音乐术语、专有名词等

复数词尾加 -s	-s 读音为 [z]
studio — studios[ˈstju:diəuz]	bamboo — bamboos[bæmˈbu:z]
kilo — kilos[ˈkiləuz]	photo — photos[ˈfəutəuz]
solo — solos[səuləuz]	magneto — magnetos[mægˈni:təuz]
memento — mementos[miˈmentəuz]	Filipino — Filipinos[filəˈpi:nəuz]
Eskimo — Eskimos[ˈeskəməuz]	radio — radios[ˈreidiəuz]

个别以 o 结尾的名词可有两种复数形式

复数词尾加 -s 或加 -es	读音为 [z]
mosquito — mosquito(e)s[məsˈki:təuz]	volcano — volcano(e)s[vɔlˈkeinəuz]
tornado — tornado(e)s[tɔˈneidəuz]	zero — zero(e)s[ˈziərəuz]

以 th 结尾的名词

复数词尾加 -s	-ths 读音有下述三种情况

在短元音或辅音之后读 [θs]

- month — months[mʌnθs]
- depth — depths[depθs]
- myth — myths[miθs]
- birth — births[bə:θs]

在长元音或双元音之后通常读作 [ðz]

- wreath[ri:θ] — wreaths[ri:ðz]
- mouth[mauθ] — mouths[mauðz]
- path[pɑ:θ] — paths[pɑ:ðz]

在长元音或双元音之后有很多 -th 词尾都有两种发音 [ðz] 或 [θs]

- truth[tru:θ] — truths[tru:ðz] / [tru:θs]
- bath[bɑ:θ] — baths[bɑ:ðz] / [bɑ:θs]
- youth[ju:θ] — youths[ju:ðz] / [ju:θs]
- moth[mɔ:θ] — moths[mɔ:ðz] / [mɔ:θs]
- cloth[klɔ:θ] — cloths[klɔ:ðz] / [klɔ:θs]
- oath[əuθ] — oaths[əuðz] / [əuθs]

以 f 或 fe 结尾的名词

把词尾 -f 或 -fe 变为 v 加 -es	-ves 读音为 [vz]

- half[hɑ:f] — halves[hɑ:vz]
- knife[naif] — knives[naivz]
- leaf[li:f] — leaves[li:vz]
- calf[kɑ:f] — calves[kɑ:vz]

以及 self / thief / wife / life / loaf / shelf / wolf 等

部分以 f 结尾的名词复数除用上述方法外还可直接加 -s	读音为 [s]

- hoof [huf] — hooves[huvz] / hoofs[hufs]
- scarf [skɑ:f] — scarves[skɑ:vz] / scarfs[skɑ:fs]
- wharf [hwɔ:f] — wharves[hwɔ:vz] / wharfs[hwɔ:fs]

一些以 -f 或 -fe 结尾的名词只用加 -s 的方法构成复数	-s 读音为 [s]

- cliff[klif] — cliffs[klifs]
- chief[tʃi:f] — chiefs[tʃi:fs]
- roof[ru:f] — roofs[ru:fs]
- proof[pru:f] — proofs[pru:fs]

以及 safe / belief / gulf / reef / dwarf / grief 等

2-2 不规则的复数形式

有些名词在变成复数时，不加 -s 或 -es，这种构成名词复数的方式称之为不规则变化。不规则变化有下面几种情况。

改变单词内部的元音字母(有些词也包括改变辅音字母)，读音也随之改变。

- foot[fut] — feet[fi:t] 脚
- mouse[maus] — mice[mais] 鼠
- tooth[tu:θ] — teeth[ti:θ] 牙齿
- dormouse['dɔ:maus] — dormice['dɔ:mais] 睡鼠

- louse[laus] — lice[lais] 虱
- man[mæn] — men[men] 男人
- ox[ɔks] — oxen['ɔksən] 牛
- goose[gu:s] — geese[gi:s] 鹅
- child[tʃaild] — children['tʃildrən] 孩子
- policeman[pə'li:smən]—policemen[pə'li:smən]警察

"警察"单复数读音相同。其他与 **-man** 构成的复合词也是如此。

有些名词的单数形式与复数形式相同(其中大多数是兽类、鱼类和鸟类的名称，以及表示人的国籍的名称等)。

- sheep[ʃi:p] 羊
- deer[diə] 鹿
- salmon[sælmən] 鲑
- means[mi:nz] 手段
- species['spi:ʃi:z] 种类
- Japanese[ˌdʒæpə 'ni:z] 日本人
- swine[swain] 猪
- fish[fiʃ] 鱼
- grouse[graus] 松鸡
- series['siəri:z] 系列
- Chinese[tʃai'ni:z] 中国人
- Swiss[swis] 瑞士人

2-3 外来语名词的复数形式

英语中有许多外来语名词有两种复数形式，即原来的复数词尾和加 -s 或 -es 词尾。选用这两种复数词尾时要注意：

- 原来的复数词尾多用于学术场合，而加 -s 或 -es 的词尾则倾向于用在日常生活中。
- 两种不同的复数形式有时词意也略有差别。
  如：**genius——geninses** 天才，**genii** 神仙

单数词尾为 -us[əs]—复数词尾去 -us 加 i[ai]

- cactus['kæktəs] 仙人掌— cacti['kæktai] / cactuses
- focus['fəukəs] 焦点— foci['fəusai] / focuses
- syllabus['siləbəs] 摘要— syllabi['siləbai]/ syllabuses
- nucleus[nju:kliəs] 核(心)— nuclei['nju:kliai]/ nucleuses
- terminus['tə:minəs] 终点— termini['tə:minai] / terminuses

单数词尾为 -a[ə]—复数词尾加上 -e[i:]

- formula['fɔ:mjulə] 公式— formulae['fɔ:mjuli:] / formulas
- antenna[æn'tenə] 天线— antennae[æn'teni:] / antennas
- larva['lɑ:və] 幼虫— larvae['lɑ:vi:] / larvas

单数词尾为 -is[is]——复数词尾把 -is 改为 es[i:z]

- analysis[ə'næləsis] 分析— analyses[ə'næləsi:z]

- **basis['beisis] 基础— bases['beisi:z]**
- **crisis['kraisis] 危机— crises['kraisi:z]**
- **parenthesis[pə'renθəsis] 括号— parentheses[pə'renθəsi:z]**
- **diagnosis[daiəg'nəusis] 诊断— diagnoses[daiəg'nəusi:z]**

单数词尾为 -x[ks](-ex / -ix)—复数词尾去 -x 加上 -ces[si:z]

- **appendix[ə'pendiks] 附录— appendices[ə'pendisi:z] / appendixes**
- **index['indeks] 索引— indices['indisi:z] / indexes**
- **matrix['meitriks] 发源地— matrices['meitrisi:z]**

单数词尾为 -um[əm]—复数词尾去掉 um 加上 -a[ə]

- **bacterium[bæk'tiəriəm] 细菌— bacteria[bæk'tiəriə]**
- **curriculum[kə'rikjuləm](全部)课程— curricula[kə'rikjulə]**
- **datum['deitəm] 资料— data['deitə]**
- **medium['mi:djəm] 媒介— media['mi:djə] / mediums**

单数词尾为 -on[ən]—复数词尾去掉 -on 加上 -a[ə]

- **criterion[krai'tiəriən] 准则— criteria[krai'tiərjə] / criterions**
- **phenomenon[fi'nɔminən] 现象— phenomena[fi'nɔminə]**

单数词尾为 -eu[ju:] / -eau[əu]—复数词尾加上 -x[z]

- **adieu[ə'dju:] 告别— adieux[ə'dju:z]**
- **plateau['plætəu] 高原— plateaux['plætəuz]/ plateaus**
- **bureau[bjuə'rəu] 局、处— bureaux[bjuə'rəuz]**

2-4 复合名词的复数形式

复合名词由两个或两个以上的单词构成。有些连在一起写，有些分开写，也有些是在各组成词之间加连字符。

复合名词构成复数时，通常要加 **-s** 或 **-es**，但要加在构成复合词的哪一词上，是因词而异的。基本原则是：

- **把复合词中起主导作用的主体名词变为复数形式。**
- **如果没有主导名词，就把复数词尾加在最后一个词上。**

复合名词构成复数时，可能有以下几种情况：

把复数词尾(-s / -es)加在最后一个词上，这类复合名词的构成多为：

名词 / 动名词 / 形容词 / 副词 + 名词 / 复合名词中无主体名词

- **bookcase — bookcases**
- **landlady — landladies**
- **adding machine — adding machines**
- **blackboard — blackboards**

- highway — highways
- bystander — bystanders
- tooth-brush — tooth-brushes
- breakdown — breakdowns
- forget-me-not — forget-me-nots
- in-between — in-betweens
- ticket collector — ticket collectors
- girl guide — girl guides
- grown-up — grown-ups
- lady driver — lady drivers

把复数词尾加在第一个词上，这类词的构成多为：

名词＋形容词／副词／介词短语／动词

- governor-general — governors-general
- listener-in — listeners-in
- daughter-in-law — daughters-in-law
- man-of-war — men-of-war
- gentleman-at-arms — gentlemen-at-arms
- husband-to-be — husbands-to-be
- looker-on — lookers-on
- 比较：onlooker — onlookers

构成复合名词的两个词都变成复数，这类名词中多包括有：

man、woman 或由它们构成的少数几个名词

但是要注意，并不是所有这类词都用这种方式构成复数，有些词只要把后面一个词变为复数即可。

- man servant — men servants
- 比较：manhole — manholes
- woman servant — women servants
- 比较：woman hater—woman haters
- lord-justice — lords-justices
- 比较：maid servant — maid servants

有些复合词有两种复数形式

特别是在口语中，很多常用的词逐渐倾向于把复数词尾加在最后一个词上。

- mother-in-law — mothers-in-law／mother-in-laws
- poet-laureate — poets-laureate／poet-laureates
- attorney-general — attorneys-general／attorney-generals
- commander-in-chief — commanders-in-chief／commander-in-chiefs
- falling-out — fallings-out／falling-outs
- bird's-nest — birds'-nests／bird's-nests
- handful — handsful／handfuls

2-5 其它几种复数形式

在单个字母之后，复数加词尾 -'s

- Cross your t's and dot your i's.
  在 t 上要加横，在 i 上要加点。
- There are two a's in this word.
  这个词中有两个 a。

- **three R's**
  (读写算)三个基本技能。
- **p's and q's**
  举止得当。

在阿拉伯数字和表示年代的数目字之后，复数加词尾 -'s 或 -s

- **Your 3's and 5's look very much alike.**
  你写的 3 和 5 看上去特别相象。
- **in 1890's / in 1890s**
  在 19 世纪 90 年代

在缩写词之后，复数加词尾 -s 或双写缩写词的字母

- **Dr.(Doctor) — Drs.**
- **hr.(hour) — hrs.**
- **p.(page) — pp.**
- **yr.(year) — yrs.**

在首字母缩略语之后，复数词尾加上 s 或 's

- **POW(prisoner of war) — POWs / POW's**
- **VIP(very important person) — VIPs / VIP's**

要注意：即使是在大写字母之后，s 也要小写。

3 名词的所有格

英语中的领属关系可用两种方式表达

- "of+ 名词"结构；
- 在一些名词之后加上"-'s"

这后一种语法现象称作"名词的所有格"。

3-1 名词所有格的构成

- 构成名词所有格的一个总的原则是：除了以s结尾的复数名词只加上省字符"'"之外，其他名词要加上"-'s"。
- 所有格词尾的读音规则与名词复数的读音规则基本相同，也就是说，要取决于构成所有格的名词词尾的读音。

1 普通名词所有格的构成

单数名词(包括以 -s 结尾的名词)和不以 -s 结尾的复数名词

所有格词尾为 -'s　-'s 的读音有下述三种情况

在 [p] / [t] / [k] / [f] / [θ] 之后读 [s]

在 [s] / [z] / [ʃ] / [ʒ] / [dʒ] / [tʃ] 之后读 [iz]

在其他情况下读 [z]

注意：以-s结尾的单数名词构成所有格时，可以加-'s，也可只加一个省字符"'"。

- **the girl's**[gə:lz]**teacher**
- **the women's**['wiminz]**clothes**
- **the nurse's**[nə:siz]**work**
- **the actress's/actress'**['æktrisiz]**car**

- **a wasp's**[wɔsps]**nest**
- **my niece's**['ni:sis]**computer**
- **my friend's**[frendz]**house**
- **the children's**['tʃildrənz]**toys**
- **a month's**[mʌnθs]**time**
- **the judge's**['dʒʌdʒiz]**horse**

以 -s 结尾的复数名词

所有格词尾加 "'"	读音无改变
my aunts'[ɑ:nts]**books**	**the clerks'**[klɑ:ks]**office**
the horses'['hɔ:siz]**stable**	**the ladies'**[leidiz]**club**

2 人名所有格的构成

不以 -s 结尾的人名

所有格词尾加 -'s	读音规则与普通名词相同
Robert's['rɔbəts]**opinion** 罗伯特的意见	**Mr.Griffith's**['grifiθs]**room** 格里弗斯先生的房间
Mr. Rob's[rɔbz]**dog** 罗波先生的狗	**Mr. Marsh's**['mɑ:ʃiz]**problems** 马尔什先生的问题
St. Peter's['pi:təz]**Cathedral** 圣彼得大教堂	**St. Valentine's**['væləntainz]**Day** 圣瓦伦丁节(情人节)

古典著作中以 -s 结尾的重要人物的名字

所有格词尾加省字符 "'"	词尾可读作 [iz] 或不变
Archimedes' ['ɑ:kimi:diz]**Law** 阿基米德定律	**Moses'** ['məuziz]**Laws** 摩西法典
Hercules' ['hə:kjuli:z]**labours** 海克力斯的工作(艰巨任务)	**Keats'** [ki:ts]**poetry** 济慈的诗

以 -s 结尾的其他人名

所有格词尾加 -'s 或省字符 "'"	词尾读作 [iz]
Mr Jones's / Mr Jones'[dʒəunziz]**office** 琼斯先生的办公室	**Phyllis's / Phyllis'**['filisiz]**last name** 菲莉斯的姓
St. James's / St. James'[dʒeimziz]**park** 圣・詹姆斯公园	**Mr. Bush's** ['buʃiz]**arrival** 布什先生的到来

以 s 结尾的复数人名

所有格词尾加 "'"	词尾读音规则与名词复数的读音规则相同
the Joneses' shop 琼斯家的商店	**The Smiths' home** 史密斯家

3 复合名词、名词短语以及首字母缩略语的所有格的构成

复合名词所有格的词尾加在最后一个词上

- **my sister(s)-in-law's parents**
  我嫂子(们)的父母亲
- **the commander-in-chief's uniform**
  总司令的制服

两个名词并列，后者修饰前者，或是前者的同位语，所有格词尾要加在后一名词上。

(例) **I often buy meat at Henry, the butcher's shop.**

我常在亨利肉店买肉。

That is my brother, the doctor's house.

那是我当大夫的哥哥的房子。

That's Mary, the nurse's car.

那是名叫玛丽的那位护士的车子。

表达一个整体概念的名词短语的所有格词尾加在词组的最后一个词上。

即使这个名词短语的最后一个词可能并不是表示所有者的那个主要名词，有时甚至不是名词或代词，也要将所有格词尾加在词组的最后一个词上。

- **the president of Mexico's arrival**
  墨西哥总统的到来
- **someone else's umbrella**
  他人的雨伞
- **an hour and a half's walk**
  一个半小时的步行
- **the woman next door's husband**
  隔壁女人的丈夫

用 and 并列的两个或两个以上的名词

表示分别拥有时，两个名词都需加上所有格词尾

(例) **Frank's and Jane's cars are both Fiat.**

弗兰克和简的车子都是菲亚特牌的。

Mary's and Rena's rooms are adjacent to each other.

玛丽的房间与莉娜的房间是相邻的。

表示两个名词共同拥有时，只在后一个名词上加所有格词尾

(例) **They bought a box of Huntly — Palmers' chocolate.**

他们买了盒“汉利—帕玛”店的巧克力。

They are my father and mother's friends.

他们是我父母的朋友。

That's Mary and Jane's room.

那是玛丽和简的房间。

由几个词组成的专有名词的所有格词尾加在最后一个词的词尾上

- **Elizabeth the second's visit** 伊丽莎白二世的来访
- **the Prince of Wales's arrival** 威尔士亲王的到达
- **the Museum of Modern Art's Curator** 现代艺术博物馆馆长
- **the Secretary of State's mediation** 国务卿的斡旋

首字母缩略语的所有格的构成

首字母缩略语为单数时，在缩略语之后加上小写的 -'s

- **the OAP's claim** 那位领养老金者的要求
- **the VIP's residence** 这位要人的公馆
- **the PM's secretary** 首相的秘书
- **the MP's wife** (下院)议员的妻子

首字母缩略语为复数时，在复数缩略语之后加上 "'"

- **the VIPs' residences** 要员们的宅第
- **the OAPs'claim** 领养老金者们的要求

3-2 名词所有格的使用范围

英语中仅少量的名词可用"-'s"所有格形式，这类词大多为：
▪表示有生命物的名词；▪一些表示时空概念的名词
主要有下面几类：

1 用于表示有生命物的名词

一切指人的，或是指神的名词

- **Shakespeare's sonnets** 莎翁十四行诗
- **The God's earth** 普天之下
- **man's future** 人类的未来
- **St. Jame's Palace** 圣詹姆斯宫
- **for God's sake**看在上帝面上；务请……
- **St. Peter's Cathedral** 圣彼得大教堂
- **his father's blessing** 他父亲的祝福
- **a girls' school** 女校
- **the boss's office** 老板的办公室
- **Tom's voice** 汤姆的声音

动物，特别是高等动物的名称

- **a bee's sting** 蜂刺
- **a bird's eye view** 鸟瞰
- **the jaguar's flank** 美洲虎胁部
- **at a snail's pace** 以蜗牛的速度(缓慢的)

表示有生命物的集合名词

- **the delegation's arrival** 代表团的到来
- **the enemy's plot** 敌人的阴谋
- **the majority's view** 多数人的看法
- **the committee's decision** 委员会的决定

代替人的不定代词

(例) **Everybody's business is nobody's business.**

人人负责等于无人负责。

It was anyone's guess.

那是谁都说不准的事。

He is not everybody's money.

并不是人人都欢迎他。

用在一些与人的肢体、思想有关的词之后，多数已构成习语

- **the body's needs** 身体的需要
- **at one's wit's end** 智穷计尽
- **the brain's structure** 大脑的构造
- **by a hair's breadth** 险些儿
- **to one's heart's content** 尽情
- **in freedom's name** 以自由的名义
- **in sb's mind's eye** 在……心目中
- **at arm's length** 疏远
- **have sth at one's fingers' ends** 对……熟练
- **within arm's reach** 在手边

2 用于表示无生命物的名词

与地理有关的名词，如国家、城市、机构、地域、天体等

- **The station's booking hall** 车站售票大厅
- **the church's chime** 教堂的组钟
- **Hong Kong's population** 香港的人口
- **the world's fair** 世界博览会
- **the United States' policy** 美国的政策
- **the city's history** 城市的历史
- **London's traffic** 伦敦的交通
- **on a razor's edge** 在危急关头

与时间、距离、重量、价值等有关的名词

- **an hour's walk** 一小时的步行
- **a week or two's time** 一两周的时间
- **a day's drive** 一天的车程
- **two tons' capacity** 两吨的载重量
- **today's newspaper** 今天的报纸
- **a pound's weight** 一磅的砝码
- **a moment's thought** 刹那的想法
- **journey's end** 目的地

有时也用在一些与文化、科技、生产、交通有关的词之后

- **the novel's plot** 小说的情节
- **the industry's problem** 工业的问题
- **the play's message** 这部戏的寓意
- **the truck's engine** 卡车的发动机
- **the book's significance** 这本书的意义
- **the factory's pollution** 工厂的污染
- **the film's structure** 这部影片的结构
- **science's influence** 科学的影响

注意，英语中表示无生命物的名词之后的“-'s所有格”的使用在很多情况下都要凭语言的实践经验，因此，若没有把握，最好用“of+名词”结构。但一些包含length，reach，worth，throw的习语，却只能用-'s所有格结构。

3-3 名词所有格的功能

名词所有格与被所有格修饰的名词之间存在着多种关系。了解这一点是正确使用所有格的关键。

1 名词所有格表示领属

名词所有格所表示的"领属"或"拥有"的关系是广义的。在表示这种领属关系时，所有格名词为特指的，而且在大多数情况下，所有格名词都相当于一个逻辑上的主语，而被修饰的名词则像是一个宾语。

被修饰的名词归所有格名词所有

- **the baby's name** 婴儿的名字
- **the baker's shop** 面包师的店铺
- **the ship's galley** 船上的厨房
- **the word's meaning** 该词的含义

名词所有格为被修饰名词的作者、发明者、叙述者或建造者等

- **Flaubert's novels** 福楼拜的小说
- **the nurse's story** 护士的陈述
- **Tom's letter** 汤姆(写的)信
- **a wasp's nest** 黄蜂(造的)巢
- **Beethoven's Ninth Symphony** 贝多芬的第九交响曲
- **Newton's law of gravitation** 牛顿的引力定律

所有格的名词为被修饰名词的常用者

- **the President's office** 校长办公室
- **the crew's quarters** 乘务人员的住所

所有格名词和被修饰词表示了人与人之间的关系

- **Catherine's mother** 凯瑟琳的母亲
- **my parents' friend** 我父母亲的朋友

被修饰名词是所有格名词的固有的特征或一部分

特别是指有生命物、肢体等的一部分，或特定东西的一部分。

- **the child's black coloring**孩子的黑肤色
- **the horse's tail** 马尾
- **the earth's surface** 地球表面
- **a cow's horn** 牛角
- **the sun's rays** 日光
- **Frank's eyes** 弗兰克的眼睛

所有格名词表示被修饰名词的来源或出处

尤其是用来指动物所提供的出产品。

- **cow's milk** 牛奶
- **a bird's egg** 鸟蛋
- **China's natural resources** 中国的自然资源
- **The United States' exports** 美国的出口商品

2 名词所有格表示类别

- 名词所有格表示类别时，所有格名词的作用是限定被修饰词所表达的含意的范围。

- 所有格名词通常是泛指的，所有格名词前面的冠词或其他限定词要修饰整个短语，而不是所有格名词。

所有格名词是被修饰名词的使用者

- **a child's bike** 儿童(用)自行车
- **women's magazines** 妇女杂志
- **a girls' school** 女校
- **Ladies' shoes** 女鞋

所有格名词说明被修饰名词的性质

- **a mother's love** 母爱
- **a men's lavatory** 男厕
- **the driver's seat** 控制地位
- **the horse's / the horses' table** 马厩

起这种作用的所有格不能用"of＋名词"结构替换。因为在没有上下文的情况下，有时可能会产生歧义，如：

- **that girl's blouse**
  - 那件女衬衫
  - 那女孩的衬衫
- **the children's books**
  - 儿童读物
  - 这些孩子的书
- **a girl's blouse**
  - 一件女衬衫
  - 某个女孩的衬衫
- **this lady's glove**
  - 这只女用手套
  - 这位女士的手套

3 名词所有格表示度量

所有格名词说明被修饰语的数量。

时间——所有格名词说明被修饰名词的持续时间或发生的具体时间

- **a day's delay** 一天的延误
- **a week's pay** 一周的工资
- **three years' stay** 三年(时间的)逗留
- **today's match** 今天的比赛
- **an hour's rest** 一小时的休息
- **last week's news** 上周的新闻
- **a year's time** 一年的时间
- **yesterday's programme** 昨天的节目

距离——所有格名词说明一段距离的长度

- **one car's length** 一个车身的长度
- **a hair's breadth** 毫发之差
- **a stone's throw** 一掷之遥
- **an arm's length** 一臂的距离

价值——所有格名词通常用在 worth 之前

- **ten dollars' worth of oil** 十美元的油
- **a yuan's worth of sweets** 一块钱的糖果

计量其它东西时，常用"数词+名词"构成的形容词("具有……的"，"包括……的")，或者用"of+ 名词"结构

- **a five-litre can** 一只五公升的容器
- **a five-star hotel** 五星级饭店
- **two pounds of hamburger** 二磅碎牛肉
- **a yard of cloth** 一码布

4 表示动作的执行者或承受者

所有格名词是被修饰名词的动作的执行者(逻辑上的主语)

- **the train's departure** 火车的开出(离站)
- **the doctor's arrival** 医生的到来
- **his father's death** 他父亲之死
- **Smith's murder** 史密斯的谋杀罪行

(例) **Her friends' praise pleased her very much.**

她朋友的赞扬使她分外高兴。

We were told about Smith's defeat of Brown at boxing.

我们听说了史密斯在拳击赛中击败布朗的消息。

所有格名词为被修饰名词的动作的承受者(逻辑上的宾语)

- **Smith's murder** 史密斯被杀案
- **the boy's rescue** 那个男孩的被救

(例) **He is always singing his wife's praises.**

他总是不停地夸赞自己的太太。

We were told about the enemy's defeat by our forces.

我们得知了敌军被我军击败的消息。

We were told about our army's defeat of the enemy.

我们得知了我军击败敌军的消息。

从上面的例子可以看出,如果被修饰的名词含有动作的意义,所有格名词可能是这一动作的逻辑主语,也可能是这一动作的逻辑宾语,我们只能根据整个句子的含义来判断、理解。若只有一个短语,便可能有两种理解,如上面的 **Smith's murder**。用"of+名词"结构做一个含有动作意义的名词的定语时,有时也会产生类似的歧意,如:

(例) **the love of my mother**=
- **my mother's love for me** 母亲对我的爱
- **my love for my mother** 我对母亲的爱

3-4 -'s 所有格与"of + 名词"结构的比较

在表示领属关系时,**-'s** 所有格与"**of+** 名词"结构的功能有异曲同工之处。但"**of+** 名词"的使用范围要广泛得多,因为"**of+** 名词"结构不仅可以与不能用 **-'s** 所有格表示的大量的表示无生命物的名词连用,而且在很多情况下,还可以用来替换 **-'s** 所有格名词,如:

- 福楼拜的小说
  - **Flaubert's novels**
  - **the novels of Flaubert**
- 男孩们的房间
  - **the boys' room**
  - **the room of the boys**

■ 家谱

the family's genealogy
the genealogy of the family

■ 逆风

in the wind's eye
in the eye of the wind

尽管这两种形式可以互相替代，但人们在语言实践中，也往往是倾向于在特定的情况下，习惯于使用其中的一种形式。除了惯用的影响外，句子的节奏和平衡，重点的突出和强调等等，也会影响人们对两种形式的选择。但是在有些情况下，"of+名词"结构不能用来代替 -'s 所有格，或者用 -'s 所有格要比用 "of+名词"结构更好一些。

例如在以下的几种用法中：

所有者为人、为代表人的专有名词或动物时，最好用 -'s 所有格表领属关系

■ **Greens' arrival** 格林一家的到来

■ **my father's pipe** 我父亲的烟斗

■ **Jack's car** 杰克的车

■ **the lion's den** 狮穴

一些习语中的 -'s 所有格不能为"of+名词"结构替代

■ **at the death's door**(生命)危在旦夕

■ **out of harm's way** 在安全处

被修饰词很长时用 -'s 更好，如：

几个词并列 **有后置修饰语、定语从句、同位语等**

■ **my brother's friend, a doctor**
我弟弟的朋友，一位医生

■ **the child's love for his mother**
孩子对母亲的爱

(例) **Have you seen that girl's sister who returned from abroad yesterday.**
你见过那位姑娘昨天刚回国的妹妹吗？

在标题类的文字中，多用 -'s 所有格使其更简洁、醒目

■ **Pride in Father's Voice**
父亲声音中的骄傲

■ **The Poor Man's Cure-all**
穷人的万应灵药

在表示季节时，人们习惯使用 -'s

■ **a winter's day** 一个冬日

■ **a summer's evening** 一个夏日的晚上

注意不能把 spring 或 autumn 用在类似的词组中。

为了避免把所有格的词尾加在过长的短语上，人们多用"of+名词"结构

(例)
William's plan 威廉的计划
the plan of William and Frank 威廉和弗兰克的计划

The son of the seriously sick woman who runs a hotel in New York is on the way home.

这位病重老太太的在纽约经营饭店的儿子正在返家途中。

3-5 双重所有格

-'s 所有格常常与"of + 名词"结构结合起来使用，构成下面的惯用结构：

a(n) 数词 (one, two···) such / some / any / no every / several / many (a) few which / what this / that these / those	+ 名词 + of + 名词 + -'s

(例) **She's a teacher of my son's .**

她是我儿子的一位老师。

An old acquaintance of my father's visited our home yesterday.

我父亲的一位老熟人昨天到我家来过。

- 被修饰的名词之前如果有 a(an)、数词、不定代词、疑问词或指示代词等修饰时，其后一般多要用双重所有格形式。
- 被修饰的名词本身不能是专有名词，其前面也不能用定冠词 the。
- 构成双重所有格的名词必须是指人的，而且还应该是特指的。

双重所有格有以下含意：

带有双重所有格的名词短语具有一定的不确定性，我们使用双重所有格，是因为在很多情况下，并没有必要把一切情况都交代得一丝不差。

(例)
- **two of Mr. Kent's cousins** 肯特先生表兄中的两个 — 不止两个
- **Mr. Kent's two cousins** 肯特先生的两位表兄 — 只有两个
- **two cousins of Mr. Kent's** 肯特先生的两位表兄 — 数目不明确，可能仅两个，或更多

被双重所有格修饰的名词之前有时会出现指示代词，其作用是增加句子的感情色彩，表现说话者的情绪，或褒或贬，或赞赏或厌恶。

这样用时，指示词的限定作用弱化，类别色彩加强。

- **this little child of your sister's**
  你姐姐的这个(可爱的)小孩
- **that very speech of Mr. Green's**
  格林先生的那种(令人厌烦的)发言
- **this brilliant idea of David's**
  戴维那个妙主意
- **that big nose of Tom's**
  汤姆的那个大鼻子

(例) **There is a profound moral behind that story of Stevenson's.**

斯蒂文森的那个故事有着深刻的寓意。

I like these books of yours.

我喜欢你这些书。

以人为主题的作品的名称用作被修饰的中心词时，其后的双重所有格定语为该物品的拥有者、收藏者或制作者。

(例)
- **a portrait of my grandfather's** 我祖父绘制的／收藏的一幅画像
- **a portrait of my grandfather** 我祖父的画像
- **a bronze statue of Michelangelo's** 米开朗基罗制作的青铜雕像
- **a bronze statue of Alexander the Great** 亚历山大大帝的铜像

以具有"意见、见解"等动词含义的名词为被修饰的中心词时，其后的双重所有格名词为该名词逻辑上的主语。

(例)
- **a criticism of Scott's** 斯科特的评论
- **a criticism of Scott** 对斯科特的评论
- **an opinion of my sister's** 我姐姐发表的看法
- **an opinion of my sister** (他人)对我姐姐的看法

3-6 -'s 所有格之后的名词的省略

在下列情况下，-'s 所有格之后的名词通常省略：

被所有格修饰的名词，如果在前面已经出现过，则可以省略。

(例) **David's opinions are quite different from Eve's.**

戴维的意见与伊芙的完全不同。

She put her arm through her husband's.

她挽起丈夫的手臂。

— Whose (computer) is this?

— It's my roommate's.

这是谁的(计算机)?

是我室友的。

在不会造成误解的情况下，被所有格修饰的名词也可以省略。

带有 -'s 所有格的店铺、营业场所名称中的 shop 一词通常被省略掉。

- **the tailor's** 裁缝店
- **the baker's** 面包房
- **the fruiterer's** 水果店
- **the barber's** 理发店
- **the hairdresser's** 美发厅
- **the butcher's** 肉店

- **the chemist's** 药房
- **the photographer's** 照相馆
- **the druggist's** (兼售杂货的)药店
- **the stationer's** 文具店

在一般的住宅、医院、教堂、学校、机构、企业、公共建筑物等的名称中，也常省去名词所有格修饰的名词。

(例) **He graduated from St. John's.**

他是圣约翰大学毕业的。

We had a lovely evening at John and Helen's.

我们在约翰和海伦家度过了一个非常愉快的夜晚。

在口语中，一些店铺等的名称由于沿用已久，人们甚至连撇号都省略掉了。

(例) **Take your clothes to the cleaners.**

把你的衣服送到干洗店去。

4 名词的性

从语法角度上看，英语中的名词是没有性的变化的。如果勉强来讨论名词的性，那也只能是根据名词的词汇意义来区分。但是，在语言实践中，我们有时确实需要指明性别，用什么方法做到这一点，是本节讨论的重点。

4-1 名词的性的意义

- 名词的性分为：

阳性—男性或雄性动物

阴性—女性或雌性动物

中性—无生命物，性别不详的动物或婴孩，抽象概念等

- 有关名词性的知识对于英语名词本身并不特别重要，因为大多数英语名词没有性的区分，只有一个共同的形式—通性，如：**professor, lecturer** 等。
- 但是，有些表示人或动物的名称，可能有三种不同的叫法：

阳性名词　阴性名词　通性名词

- **parent(s)** 双亲(通性)
  - **father** 父亲
  - **mother** 母亲
- **child** 孩子(通性)
  - **son** 儿子
  - **daughter** 女儿
- **person** 人(通性)
  - **man** 男人
  - **woman** 女人
- **chicken** 鸡(通性)
  - **cock** 公鸡
  - **hen** 母鸡
- **pig** 猪(通性)
  - **boar** 公猪
  - **sow** 母猪
- **ox** 牛(通性)
  - **bull** 公牛
  - **cow** 母牛

与名词息息相关的人称代词，物主代词，反身代词等却有严格的性的变化和指代关系。名词的性要影响到代词的选用。因此，我们必须掌握一定的有关名词性的知识。

4-2 名词性的表示法

1 阳性与阴性用不同的词表示

阳性	阴性	阳性	阴性
■ **boy** 男孩	■ **girl** 女孩	■ **husband** 丈夫	■ **wife** 妻子
■ **nephew** 侄子	■ **niece** 侄女	■ **king** 国王	■ **queen** 王后(女王)
■ **widower** 鳏夫	■ **widow** 寡妇	■ **uncle** 叔叔	■ **aunt** 婶婶
■ **bachelor** 未婚男人	■ **spinster** 未婚女子	■ **monk** 和尚	■ **nun** 尼姑
■ **drake** 公鸭	■ **duck** 母鸭	■ **buck** 雄鹿／雄兔	■ **doe** 雌鹿／雌兔

2 阳性名词加上 -ess 词尾构成阴性名词

阳性	阴性	阳性	阴性
■ **poet** 诗人	■ **poetess** 女诗人	■ **host** 主人	■ **hostess** 女主人
■ **actor** 演员	■ **actress** 女演员	■ **waiter** 服务员	■ **waitress** 女服务员
■ **conductor** 售票员	■ **conductress** 女售票员	■ **prince** 王子	■ **princess** 公主
■ **lion** 狮子	■ **lioness** 母狮子	■ **tiger** 虎	■ **tigress** 母虎

3 增加表示性别的词作定语

如果需要强调一些无性别区分的名词的性，可在被修饰名词的前面或后面加上一个能够表示性别的词。

■ **boy / girl**
- **boy / girl cousin** 堂／表兄弟／姐妹
- **boy / girl scout** 男／女童子军

■ **man / woman**
- **man / woman doctor** 男／女医生
- **salesman / saleswoman** 男／女售货员

■ **male / female**
- **male / female dog** 公／母狗
- **male / female frog** 公／母蛙

■ **he / she**
- **he / she-bear** 公／母熊
- **he / she-goat** 公／母山羊

■ **bull / cow**
- **bull / cow-elephant** 公／母象
- **bull / cow-whale** 雄／雌鲸

■ **cock / hen**
- **cock / hen sparrow** 公／母麻雀
- **peacock / peahen** 雄／雌孔雀

SUPER.ENGLISH.GRAMMAR.ARTICLES.
第四章
冠词
NASCAR
SPEEDWAY
DUPONT
Racing so real you can

冠 词

在英语中，只有两个冠词：定冠词 **the** 和不定冠词 **a(n)**。冠词总是与名词连用。一个名词出现在句中时，只能有三种情况：“**the**+ 名词”，“**a(n)**+ 名词”或“名词前不用冠词”。从上述情况看来，无论在数量上还是在用法上，冠词都是比较单纯的，但在实际上，正确使用冠词是英语语法中的一个很大的难点。因为，虽然冠词的使用有一套完整的规则，但例外情况和习惯用法随处可见。加之，与冠词关系密切的名词本身的多样性，以及母语习惯的影响，都增加了掌握冠词的难度。学习本章时，要注意，了解不用冠词的规律，与了解掌握使用冠词的规律同样重要。

1 冠词的读音

冠词的读音取决于紧跟其后的单词的读音，具体规则如下：

不定冠词	**a**	**[ə]**	在以辅音开头的词前	**a one-eyed man[ə wʌn aid mæn]** 独眼人 **a house[ə haus]** 一座房子
		[ei]	在强调、单读或犹豫时	**make a real effort [ei riəl 'efət]** 作出实际努力 **an A student [ən ei stju:dənt]** 最优等生
	an	**[ən]**	在以元音开头的词前	**an actor[ən 'æktə]** 一名演员 **an hour [ən auə]** 一个小时 **an honest boy[ən 'ɔnist bɔi]** 一个诚实的孩子
		[æn]	在特别强调或单读时	**The indefinite article is “a” or “an”.** [ei ɔ: æn] 不定冠词是 **“a”** 或 **“an”**。
定冠词	**the**	**[ðə]**	常规读法	**the sea [ðə si:]** 海 **the university [ðə ju:ni'və:siti]** 大学
		[ði]	在元音开头的词前	**the idea [ði'aidiə]** 这一想法 **the uncle [ði'ʌŋkl]**(那)叔叔
		[ði:]	在强调、单读或犹豫时(即使是在辅音前也要读 **[ði:]**)	**Let's talk about the definite article “the”. [ði:]** 让我们来谈谈定冠词 **“the”**。

但要注意以下几种情况：

一些缩略语前加“a”或“an”，其读音取决于缩略语中第一个字母的读音。

- **an MP [ən em pi:]** 一位下院议员 **(= a member of Parliament)**
- **a POW [ə pi: əu dʌblju:]** 一个战俘 **(= a prisoner of war)**

有些缩略语前也可加上定冠词 **the**，读作 **[ði]** 或 **[ðə]**。

- **the EEC [ði i: i: si:]** 欧洲经济共同体 **(= the European Economic Community)**
- **the USA [ðə ju: es ei]** 美国 **(= the Unite States of America)**

注意，由首字母构成的缩略词，已用作专有名词时，通常不再加冠词。

- **UNESCO [ju neskəu]** 联合国教科文组织 **(= United Nations Educational, Scientific and Cultural Organization)**

少数以 **[h]** 音开头，重音又不在第一个音节上的词，有时也可用冠词“**an**”。在这种情况下，**[h]** 可轻读或不读出来。

- **a / an hotel**
- **a / an historical event**
- **a / an historian**

2 冠词的位置

冠词一般都要放在名词或名词短语(形容词+名词，副词+形容词+名词，或其它修饰语+名词)之前。

- **the last few days** 最近几天
- **a one-armed man** 独臂人

(例) **The earth is <u>the sixth largest planet</u> in our solar system.**

地球是太阳系中的第六大行星。

但是，要注意下面的例外情况：

all/both/half + the + (形容词+)名词

(例) **<u>Both the new cars</u> are mine.**

这两辆新车都是我的。

<u>All the students</u> in the class passed the exam.

班上所有的学生都通过考试了。

In Mexico City, <u>half the shops</u> have foreign names—mostly English.

在墨西哥城，有一半的店铺用外国名字——大多数是英语名字。

half 可以用作名词，其后不直接跟名词。如果有形容词等明确指出其具体所指时，冠词 **the** 只能加在 **half** 前面。

(例) **You have taken <u>the bigger half</u> (of the cake).**

你把一大半（蛋糕）拿去了。

what / such / many + (a)n +(形容词+)单数可数名词

(例) I've been to the top of the tower many a time.

我曾多次登上这座塔的塔顶。

I'll never make such a mistake.

我将不再犯这样的错误。

What a heavy task he has on his shoulders!

他肩上的担子多重啊!

rather / quite / half + a(n) +(形容词+)单数可数名词

这种用法中，a(n) 也可放在 rather 等词之前。

- 相当长时间
  - quite a long time
  - a quite long time
- 忙碌的一天
  - rather a busy day
  - a rather busy day

exactly/just + a(n)/the +(形容词+)名词

(例) Just a moment, please.

请稍等一下。

The doctor told him not to smoke, but he did exactly the opposite.

医生告诉他不要抽烟，可他却偏要反其道而行之。

as/how/so/too/however + 形容词 + a(n) + 单数可数名词

(例) It was as pleasant a day as I have ever spent.

这是我度过的最为愉快的一天。

We have not had so good a day as this for quite a long time.

(我们)好久没遇到这样的好天气了。

We must do something, on however humble a scale.

我们必须出份力，尽管力量微薄。

It's too difficult a book .

这是一本很难的一书。

也可以说成：a too difficult book

3 冠词的用法

在开始学习冠词的用法时，首先需明确两个概念：特指和泛指。

- 特指：说话者与听者或读者都知道所指的内容。
- 泛指：一类中的任何一个有代表性或具有典型特征的个体，或不明确、不特别指明哪一个。

3-1 冠词用法的总原则

名词前用不用冠词，用哪一个冠词，通常取决于下面三个基本因素：

- 是可数名词，还是不可数名词；
- 是单数名词，还是复数名词；
- 是特指的，还是泛指的。

冠词与这三个基本因素之间的关系，可用下表表示：

名词种类	特指		泛指
可数名词	单数	the	a(n)
	复数	the	
不可数名词	the		

应用这一基本原则时，要注意以下几点：

- 一个名词是可数还是不可数的，取决于它要表达的概念，而不是形式。例如：

不可数	可 数
iron 铁	**an iron** 一把熨斗
wine 葡萄酒	**a nice wine** 一种很好的葡萄酒
fish 鱼	**a lot of fishes** 许多种鱼
chicken 鸡肉	**a chicken** 一只小鸡

- **a(n)** 只能用在单数可数名词之前，复数名词或不可数名词表示泛指时不加冠词，或者用 **any/ some** 等表示“一些”。
- 除了少数例外之外，单数可数名词除非有其他限定词(如：指示代词、物主代词、量词等)修饰，否则必须要加冠词(定冠词或不定冠词)。
- 冠词通常不能与物主代词、指示代词、名词所有格或 **every**、**each**、**some**、**any**、**no** 等重叠使用。

3-2 不定冠词a(n)的用法

不定冠词 **a(n)** 用在单数可数名词之前。

a(n) 具有“不确定”或“不限定”的含义，泛指一类人、动物或事物中的“任何一个”、“随便哪一个”、“哪一个都没有关系”。这种含意常常用来泛指一类(以任何一个代表全体)，或用来给事物下一个定义。

(例) **Please buy a bottle of chocolate milk for me.**

请为我买一瓶巧克力奶。（随便买哪一瓶）

A sailor is a man who works in ships.

水手是指在船上工作的人。(一个定义)

An owl can see in the dark.

枭能在黑暗中看见东西。(泛指一类)

用于初次提到一个人或物时。

在这种情况下，说话者认为对方对此人或物不了解，不知道具体是哪一个。

(例) **I met an old man on my way home.**

我在回家的路上遇见一位老人。

There is a policeman in the street.

街上有一个警察。

说话者认为没有必要，或者是不想具体说明是哪一个。

(例) **Phil can't go to the movies tonight because he has to write an essay.**

菲尔今晚不能去看电影，因为他要写一篇文章。

Harry has been admitted to a western university.

亨利已被西部一所大学录取了。

单数可数名词用作表语、宾语补语，表示职业、行业、阶级、宗教、政治派别、社会地位、出身籍贯、归属类别等时，其前面通常要加不定冠词 a(n)。

(例) **Mr. MacDonald has been a clerk at Harridge's for many years.** 职业

麦克唐纳先生多年来一直在哈里兹商店当店员。

She is a Christian. 宗教

她是一位基督教徒。

Is the President of the United States a Republican? 政治派别

美国总统是共和党党员吗?

Mr. Brown is an Englishman. 国籍

布朗先生是英国人。

It's a moth, not a butterfly. 分类

那是一只蛾子，不是蝴蝶。

Christmas is actually a family festival. 分类

圣诞节实际上是一种家庭节日。

如果谓语动词为turn(变成)或go(成为)时，即使表语是单数的，也不用冠词。

(例) **He has gone Democrat.**

他已成为民主党党员。

John turned clever gardener.

约翰成了不错的园丁。

用复数名词作表语或宾语补语时，不加冠词。

(例) **They have been clerks for many years.**

他们多年来一直当店员。

All of them have become engineers.

他们都成了工程师。

People called them cowards.

人们称他们是懦夫。

如果是只能由一个人担任的一种正式官职或头衔，其前面不用冠词。

(例) **They appointed him manager.**

他被委任为经理。

Mr. Stein was made captain of the team.

斯坦因先生被推为队长。

如果两个并列的表语指同一个人或物时，只在第一个名词前加冠词。请比较：

(例) **He is a statesman and poet.**

他是一位政治家，也是一位诗人。

I met a statesman and a poet.

我见到了一位政治家和一位诗人。

这一点也适用于其他成分

a(n) 用在 "of+ a(n)+(可以限定类别或数量的)名词" 结构中，表示 "同一类"、"相同"、"一样" 等含意。这一结构在句中常用作表语或后置定语。

- **insects of a species** 同一种昆虫
- **people of a sort** 同一类人
- **things of a kind** 同一类事物
- **cars of a type** 同一类型的汽车

(例) **Birds of a feather flock together.**

物以类聚。

They are nearly of an age.

他们差不多同龄。

Two of a trade can never agree.

同行是冤家。

The three boxes are much of a size.

这三只箱子差不多一样大小。

We are all of a mind.

我们看法一致(我们意气相投)。

The ropes are all of a length.

这几条绳子一样长。

如果用不可数名词或动名词表示 "一种"、"一类" 的概念时，也可与 a(n) 连用。

(例) **She got a big surprise when she saw all those books on the floor.**

当她看到地上的那些书时，大吃一惊。

He has a good knowledge of mathematics.

他数学方面的知识很丰富。

Careful reading is a requirement for a good student.

认真阅读是优秀学生的一个必要条件。

Let this be a warning to you.

这件事就算是对你的一次鉴诫吧。

不定冠词 a(n) 常与表示数量的词连用。

不定冠词 a(n) 用来指数量时，意为"一个"，相当于 one 的弱式；或意为"单一的"，相当于 single。

（例）**It will take a day or two (one or two days) to get there.**

要花一两天的时间才能到达那里。

I was disappointed to find that I did not know a single person.

令我失望的是我一个人也不认识。

He didn't tell us a thing about his holiday.

他只字未提自己的假期。

a(n) 用在 hundred, thousand, million, dozen, score, couple 以及分数词等之前，意为 one。

■ **a hundred dollars** 一百美元	■ **a score of people** 20 个人
■ **a quarter of a century** 四分之一世纪	■ **a couple of players** 一对选手
■ **a dozen eggs** 一打鸡蛋	■ **a fifth** 五分之一

不定冠词 a(n) 表示单位价格、速度、比率等，意为"每一(个)"，相当于 per 或 every，但语意要弱一些。在正式文体中要用 per 代替 a。

（例）**He often drives at eighty miles an hour.**

他常常以每小时 80 英里的速度开车。

My watch gains approximately two minutes a day.

我的表每天快约两分钟。

Those shoes cost only four dollars a pair.

那种鞋仅卖四美元一双。

The temperature's rising by about three degrees an hour.

温度每小时约上升 3 度。

The medicine is to be taken three times a day.

这药每天吃三次。

How much a kilo is this beef?

这种牛肉多少钱一公斤？

a(n) 也可用在"a(n)+(形容词+)数词+复数名词"这样的词组中，这时的"数词+复数名词"已不再具有复数的概念，而是被看作是一个整体，一个单位。

(例) **It will take me an additional three days to finish reading this book.**

我还得再花三天的时间才能读完这本书。

He spent an additional 20 dollars for the delivery of the furniture.

他又花了 20 美元的家具运送费。

不定冠词 a(n) 也常常用在一些固定词组中。

用在表示比喻的短语"a(n)+ 名词 +of+(a(n)+) 单数名词"中。of 之前的名词用来说明 of 之后的名词的性质或特征，意为"像……那样的……"。

- **a mountain of work** 一大堆工作
- **an angel of a girl** 天使般的女孩
- **a mountain of a wave** 巨浪如山
- **a giant of a man** 身体魁伟的男人
- **a hell of a trip** 一段糟透了的行程
- **a lamb of a temper** 羔羊般的柔顺
- **a hell of a mess** 一塌糊涂
- **a whale of a difference** 天壤之别
- **a palace of a hotel** 豪华旅馆
- **a whale of a time** 极快乐的时光

用于两件通常是配在一起的东西之前。

- **a cup and saucer** 杯碟
- **a chariot and horse** 马拉战车
- **a knife and fork** 一副刀叉
- **a hat and coat** 衣帽
- **a bow and arrow** 弓箭
- **a carriage and pair** 两匹马拉的车

如果不被视为是成对的，则两个词都需加上不定冠词。例如：
He is wearing a coat and a woolly hat.
他穿着一件大衣，戴着一顶毛线帽子。

a(n) 用在一些常用的惯用短语中。这些短语中的名词大多为不可数名词或动名词，但在习惯上却要在其前面加上 a(n)。

- **at a blow** 一下子
- **take a walk** 散散步
- **at a loss** 不知所措
- **have a mind to** 意欲……
- **be in a hurry** 匆忙
- **have a fancy for** 热衷于……
- **be in a temper** 发脾气
- **take a fancy to** 喜欢上……
- **take an interest in** 对……感兴趣
- **have a drink** 喝一杯
- **take a pride in** 以……自豪
- **as a rule** 通常
- **take a dislike to** 对……厌恶
- **all of a sudden** 突然
- **on an average** 平均
- **make a move** 开始行动
- **make a living** 谋生
- **in a way** 有几分
- **have a say(in)**(对……)有发言权
- **with a will** 热情地

3-3 不定冠词a(n)与one的用法比较

a(n) 与 **one** 并不是在任何情况下都可以换用。**a(n)** 虽然也有“一个”的含义，但它并不强调数量，而**one**却正好相反，它是相对于 **two, three** 等而言的，暗示是一个，而不是两或三个。正因为如此，**one**在句中通常要重读。我们可以从以下几方面对 **a(n)** 与 **one** 的用法进行比较：

在下列情况下，**a(n)** 与 **one** 可以换用。

与数目字连用

- **a / one hundred** 一百
- **a / one score** 二十
- **a / one thousand** 一千
- **a / one decade** 十
- **a / one million** 一百万
- **a / one fifth** 五分之一
- **a / one dozen** 一打
- **a / one quarter** 四分之一

与表示“时间”、“重量”、“距离”或“长度”等概念的词连用

- **a / one month** 一个月
- **a / one foot** 一英尺
- **a / one kilo** 一公斤
- **a / one meter** 一米

与表示钱数的名词连用

(例)
- **a / one pound** 一镑
- **a / one dollar** 一美元

但是，如果美元或英镑等之后有零头时，只能用 **one**, 如：**one dollar** 50 一美元五十美分

在表示一个特定的、但又未特别指明的“时间段”时，只能用 **one**，意为“某一”。

- **one day last week**

  上周的某一天

- **one morning in June**

  六月里的一个清晨

(例) **One night I heard my name called.**

一天夜里，我听见有人叫我的名字。

One winter it was unusually warm.

有一年冬天，天气异常暖和。

在表示事物之间的对比时，只能用 **one**。

(例) **Money is one thing, and friendship is another.**

钱是一回事，而友谊是另一回事。

I want only one apple, not two.

我只要一个苹果，不是两个。

One man's meat is another man's poison.

一个人的美食可成为另一个人的毒药。

I have three brothers, but only one sister.

我有三个兄弟，但只有一个妹妹。

在强调数目字时，不能用 a(n) 代替 one，因为 one+ 单数可数名词意味着只有一个或不多于一个。

(例) **There's only one piece of cake left.**

只剩下一块蛋糕了。

One is enough.

一个足够了。

one 不能表示“每一”，“任一”等泛指的概念，下面句子中的 a(n) 就不能用 one 替代。

(例) **The whale is a mammal, not a fish.**

鲸鱼是哺乳动物，不是鱼。

Mary has lessons in piano twice a week.

玛莉每周上两次钢琴课。

a(n) 与 one 有时可换用，但其含意存在着一定差别。

(例) **at one time** 同时；曾经

at a time 每次

as one man 万众一心

as a man 作为一个男人

It takes more than one hour to walk there.

步行到那里去，花的时间可不止一个小时。（也许两、三个小时）

It takes more than an hour to walk there.

步行到那里去，要花一个多小时。（超过一个小时）

What's the good of having one bicycle?

一辆自行车有什么用？（我们需要两、三辆自行车）

What's the good of having a bicycle?

自行车有什么用？（我们需要一辆汽车）

3-4 定冠词 the 的用法

定冠词 **the** 是一个起确定作用的冠词，意为“这(个／些)”或“那(个／些)”。其含意与 **this**，**that** 或 **these**，**those** 相近，但没有上述这些词的语气那么强调，而且也没有单复数或近指、远指之分。各种普通名词(单数或复数，可数或不可数等)都可与 **the** 连用。即使是专有名词，在一定的语言环境中，或在表示特殊含义时，也可与 **the** 连用。

定冠词 **the** 主要用于以下几个方面：

上文中已提到的，或是正在谈论的人或事物之前要加 **the**。

像**former**(前者)，**latter**(后者)，**remainder**(其余的人或物)，**rest**(其余的人或物)以及**same**等都是指先前已经提到过的人或事物，因此，在句子中出现时，都要加上 **the**。

(例) **Those are the boys who live next door.**

那些是住在隔壁的男孩。

His car struck a tree; you can still see the mark on the tree.

他的车子撞上了一棵树，至今你还可以看到那棵树上的撞痕。

The United States and Canada are in North America; the former lies south of the latter.

美国和加拿大都位于北美洲，前者在后者的南面。

说者、听者或读者都不会误解的，不言自明的人或事物前要加 **the**。

the 用在 **north**(北)、**east**(东)、**left**(左)等表示方位的词，以及 **next**(下一个)，**last**(上一个)等表示次序的词前。

(例) **The sun rises in the east, and sets in the west.**

太阳从东方升起，在西方落山。

Who will be the next to go?

下一个是谁去?

We must hold on to the last.

我们必须坚持到最后。

在彼此熟知的环境中，说者与听者都不需特殊提示就能理解其所指的词前用**the**。

(例) **Wash the sheets clean.**

把被单洗干净。(已脏的被单)

He went out to the station to meet his mother.

他到车站去接他母亲去了。(本地车站)

It's time we went down to the restaurant.

该下楼去餐厅吃饭了。(所住旅馆餐厅)

人们都熟知的独一无二的事物或自然现象。

the sun 太阳	**the universe** 宇宙	**the sky** 天空	**the wind** 风
the moon 月亮	**the country** 乡下	**the sea** 海	**the world** 世界
the earth 地球	**the atmosphere** 大气层		

但是，**space**(太空)是一个例外。

(例) The weather isn't very pleasant.

天气不太好。

Both the sun and the moon appear larger when they are rising.

太阳和月亮在初升时，看上去要大些。

如果这类词前有形容词作定语时，便可用不定冠词 a(n)。即使没有定语，如果是特指某一具体时间的自然现象，也可用 a(n)。

(例) Was it a full moon or a new moon?

是满月还是新月？

There was a moon that night.

那天夜里有月亮。

Such chance comes once in a blue moon.

这种机会真是千载难逢。

It was a very cold night and a terrible wind was blowing.

那是一个十分寒冷的夜晚，风刮得十分猛烈。

当我们具体指某一个已知的人的躯体或衣着的一个部分时，要用 the 取代物主代词："动词 +sb+ 介词 +the+ 部位名称"。

(例) He hit the thief on the head.

他打中了那小偷的头部。

He has something on the brain.

他心里有事。

Tom grasped the boy by the collar.

汤姆抓住那孩子的衣领。

She has cut herself on the hand.

她割破了自己的手。

如果不是具体指某一个人，可用"the 或物主代词 + 部位名称"表示泛指。

(例) A bird in the hand is worth two in the bush.

一鸟在手，胜于二鸟在林。

如果直接用部位名称作宾语，通常用"物主代词 + 部位名称"。

(例) He was carrying a baby in his arms.

他怀中抱着一个婴儿。

She has cut her hand.

她割破了手。

当一个名词带有限制性定语(形容词、介词短语、副词短语、定语从句等)，从而成为特指时，其前面要加上 the。

(例) The magazine here is mine.

这儿的杂志是我的。

The ice in the pond is so firm that you can walk on it.

池塘里的冰已冻结实，可以走人了。

I spent the best part of that afternoon preparing for his arrival.

我把那天下午的大部分时间都用来为他的到来作准备。

The parents were sad about the death of their son.

父母亲因儿子的去世而哀伤。

但是，并不是所有带定语的名词都是特指的。

（例） **These scientists are working in a branch of computer research known as artificial intelligence.**

这些科学家们钻研的是一个叫做人工智能的计算机科学的分支。

The car reached a speed of 100 miles an hour.

那辆车的车速已达到 100 英里／小时。

"the + 单数可数名词"可以用来代表不同于其他类别的一类人或事物，指"整体"、"全体"或"任何一个"。

（例） **The wheel is the simplest yet perhaps the most remarkable of all inventions.**

在所有的发明中，轮子是最简单的，但也许是最卓越的一种。

The beaver likes family life, and lives with the same mate all of his life.

海狸喜爱家庭生活，终生都与同一个配偶生活在一起。

In America the red barn has been a familiar sight since the early 1800s.

在美国，自十九世纪初以来，红色的谷仓一直是一道熟悉的景观。

"the + 名词"也可用来强调该名词的含义。

在表达这种含义时，the 在口语中应重读为 [**ði:**]，在文字材料中要用斜体，可译为"恰恰是"，"最为典型的"，"最为合适的"，"最为著名的"。

（例） **"Good" is *the* word for it.**

"好"这个字用在这里再恰当不过了。

Dr. Lee is *the* specialist in geology.

李博士是最著名的地质学专家。

"the+(表示具体意义的)单数可数名词"可用来指该名词的功能或属性等抽象概念。

（例） **The pen is mightier than the sword.**

利剑不敌锋利的刀笔。

There is still much of the school boy in him.

他还是学生气十足。

Have you the nerve to do it?

你有干这件事的胆量吗？

Do you know the news of the hour?

你得知最新消息了吗？

一个普通名词之后，如果有一个起鉴别、限制作用的专有名词作同位语时，该普通名词之前要加 the。

- **the play "King Lear"**《李尔王》一剧
- **the poet Byron** 诗人拜伦

（例）**The French writer, Edmond About, wrote a story called "The Man with the Broken Ear" in 1861.**

法国作家埃德蒙·阿巴特于1861年写过一篇故事叫《冻掉耳朵的人》。

The book *Wuthering Heights* is widely read by young people.

《呼啸山庄》一书在年轻人中广泛传读。

The author of *A Tale of Two Cities*, Dickens was born in 1812.

《双城记》的作者狄更斯生于1812年。

也可以有这样的词序："专有名词 + the + 普通名词"，这种结构中的普通名词多半用来表示专有名词的职业、行业等，或对专有名词加以说明。

（例）**Dickens, the author of *A Tale of Two Cities*, was born in 1812.**

《双城记》的作者狄更斯生于1812年。

说明专有名词的同位语之前，也可用不定冠词 a(n) 表示一个鲜为人知的人或物。

（例）**He has gone to Aims, a small town in Iowa.**

他去了艾木兹——依阿华州的一座小城。

George Green, a clerk, was promoted to the post of manager.

乔治·格林，一位职员，被提升为经理。

如果同位语所表达的职务是一个只由一个人担任的正式官职或头衔，或者是为大家所熟知的专有名词时，同位语前不加冠词。

（例）**Frank Gage, secretary of the club, left his briefcase in a taxi.**

俱乐部的秘书弗兰克·盖奇把他的公文包忘在出租车上了。

As Chairman of the Society, I call on Dr. Nelson to speak.

作为本协会的主席，我请纳尔逊博士讲话。

Dr. Green, an author,…(读者多半不知 Green 其人)
Dr. Green, the author of …,…(许多读者听说过，至少知道其人)
Dr. Green, author of …,…(几乎人人都知其人)

"the+ 表示计算单位的名词"表示计算的单位或标准，意为"每一"，等于 a /per/each。

- **sell by the yard / the dozen / the pound**

论码 / 打 / 磅出售

(例) **The workers are paid by the hour / the piece.**

工人的酬金是按小时计算的 / 计件的。

"the+ 逢十的复数数词"表示一个世纪中的一个年代（如：in the sixties 在六十年代）或一个人的大约年龄，也可表示两个逢十数之间的一个概数。

(例) **The temperatures will be in the thirties tomorrow.**

明天的气温大概是三十几度(31℃—39℃之间)。

Mrs. Brown doesn't look her age. I think she's in the (her) thirties.

布朗夫人看上去(比她的实际年龄)要年轻多了，我觉得她也就是三十多岁。

"the+ 表示国籍、民族或地域的形容词"指整个群体，或指一个国家的全体人民，用作复数名词。

- **the English** 英国人
- **the Finnish** 芬兰人
- **the German** 德国人
- **the Dutch** 荷兰人
- **the French** 法国人
- **the Spanish** 西班牙人

在谈及一个国家或地区的人时，可能会出现以下几种情况：

(例) **He is (a) Japanese / European.**

他是日本人/欧洲人。（个人）

The Japanese / Europeans are very fond of tennis.

日本人/欧洲人很喜欢网球。（全体）

There are over 2,000 Japanese / Europeans in this city.

有二千多日本人/欧洲人生活在这座城市里。（泛指）

一些主要国家的个人和整个民族或全体国民的表示方法

国家 / 地区	形容词	个人	全体	说明
America	American	American/Americans	(the) Americans	A 形容词以 -an 结尾或以 -i 结尾。
Germany	German	German/Germans	(the) Germans	B 形容词与单数名词同形，复数要
Australia	Australian	Australian/Australians	(the) Australians	加词尾 -s。
Russia	Russian	Russian/Russians	(the) Russians	C 指全体人民时，用"the+ 复数名
Pakistan	Pakistani	Pakistani/Pakistanis	(the) Pakistanis	词"。the 有时可以省略。
the Phili-ppines	Philippine	Filipino/Filipinos	(the) Filipinos	A 形容词多以 -sh 结尾，也有例外情况。B 形容词与名词不通用。
Poland	Polish	Pole/Poles	(the) Poles	C 名词复数要加 -s。
Turkey	Turkish	Turk/Turks	(the) Turks	D 指全体时，用名词复数，the 可省略。

China	Chinese	a Chinese two Chinese	the Chinese	A 形容词以 -ese 结尾。 B 形容词与名词同形，单复数同形。 C 指全体人民时要加 the.
Japan	Japanese	a Japanese two Japanese	the Japanese	
Portugal	Portuguese	a Portuguese two Portuguese	the Portuguese	
Spain	Spanish	Spaniard Spaniards	the Spanish (Spaniards)	A 形容词以 -sh 或 -ch 结尾。 B 形容词与表示个体的名词不同形。 C 表示个体的名词有单复数变化。 D 表示全体人民时，用"the+ 形容词"，或用表示个体的名词的复数形式。(其前可加 the)
England	English	Englishman Englishmen (Englishwoman)	the English (Englishmen)	
France	French	Frenchman Frenchmen	the French (Frenchmen)	

在表示政治倾向的复数名词或有一定共性的复数名词之前加上定冠词the，可用来指一个政治团体、一个阶层、一个组群。"the + 集合名词"也可用来表示一个特定的群体。

- **the Democrats** 民主党(人)
- **the public** 公众
- **the masses** 群众
- **the working class** 工人阶级
- **the employers and employees** 雇主和雇工
- **the press** 新闻出版界

如果两个用 and 并列的名词指代不同的人或物，通常是两个名词之前都应加上冠词 the。如果是指同一个人或物，则只在前一个名词前加 the。在同样情况下，需用不定冠词 a(n) 时，也是如此。

(例)

She put the red and the yellow carnations in the vase.

她把红色的和黄色的康乃馨插到花瓶里。

I like the red and yellow carnations.

我喜欢红黄两色相间的康乃馨。

Read the sixth and the last paragraph of the text.

读一下课文的第六段和最后一段。

Read the sixth and last paragraph of the text.

读一下课文的第六、也就是最后一段。

I have bought an English and a Chinese dictionary.

我买了一部英语词典和一部汉语字典。

I have bought an English and Chinese Dictionary.

我买了一部英汉词典。

如果不会引起误解，也可只在前一个名词之前加冠词。

(例) **The first and second paragraphs are very difficult.**

第一和第二段特别难。

The 3rd and 4th periods will be shifted to the 5th and 6th periods on Saturday.

第三、四节课改在星期六的五、六节上。

He is very ill. You must send for a doctor and nurse.

他病得很厉害，你得派人去请一位医生和一位护士来。

4 不用冠词(零冠词)的情况

在下列情况下，名词前不用冠词。

不可数名词前不加冠词时，表示一般的概念，或是泛指，也可表示不确定数量。

(例) **Water is necessary to life.**

水是生命所必须的。

We write on paper.

我们在纸上写字。

I plan to make my career in music.

我计划在音乐方面谋求发展。

He was given only bread and water.

只给了他一些面包和水。

但是，在一些具体情况下，不可数名词也可用作可数名词。此时，如果必要，就需加上冠词，词义或多或少也要有所变化。

(例) **A knowledge of languages is always useful.**

语言方面的知识总是有用的。

The event was reported in the evening paper.

晚报上报道了这一事件。

There was a spring rain last night.

昨夜下了场春雨。

复数名词前不用冠词时，可以泛指数量不定的人或物，或者表示一类人或物。

(例) **Strangers came from far away.**

陌生人来自远方。

Greeting cards began in England.

贺卡起源于英国。

Children are curious about the world around them.

孩子们对其周围的世界充满了好奇。

Teachers are badly needed in the remote districts.

偏远地区非常需要教师。

As world travel increases, nations learn from each other.

随着世界性旅行的增加，国家之间也在互相学习、了解。

当我们想要表示类别时，可以用下面四种方法：

- “**a(n)+** 单数可数名词”——指整个一类中的任何一个或一类中的一个实例，强调一类中的每一个都具有的特征。
- “**the+** 单数可数名词”——用来把一个类别与另一个类别区分开来，代表不同于其他类别的一类，或代表同类中的全体。
- 不加冠词的复数名词——用来指具有某些共同特点的一类中的全体。
- 不加冠词的单数不可数名词——指不可数事物的一类。

(例) **A lion is a fierce animal.**
The lion is a fierce animal.
Lions are fierce animals.
狮子是凶猛的动物。

In New York city, a horse and carriage once could travel about ten miles an hour. Now in the central part of the city, cars often creep along at eight miles an hour.

过去在纽约，马车每小时可走10英里。如今，在市中心区，汽车往往只能以每小时8英里的速度前行。

Clerks are often called white-collar workers.

职员常被称作白领工人。

The airplane has made the world a small place.

飞机使世界变小了。

Oil and water do not mix well.

油和水不能混合。

当我们想要泛指人时，可用：
man（阳性）　**mankind**（中性）
the human race（中性）

家庭成员之间的称呼，如 **father, mother, uncle** 等，不需要加冠词。对于一些近乎于家庭成员的人，或十分熟悉、不会被误解的人，如：**cook,** nurse(家中的厨师或保姆)，**teacher**(孩子的老师)等，也不需要加冠词，但要大写，因为这些词已被用作专有名词。

(例) **Kathy has gone out to the park with Nurse.**

凯西和保姆去公园了。

What time will Father be home?

父亲什么时候到家？

Teacher was very pleased with my work.

老师对我的作业很满意。

餐饮名称之前一般不用冠词。

(例) **They were at tea when we called.**

我们来时，他们正在用茶。

We ate breakfast at eight o'clock this morning.

我们今天早晨8点吃的早饭。

但是，如果有定语或定语从句修饰餐名，或者是特指某一次异于平常的餐饮时，则要加上冠词。

(例) **That was a very nice dinner.**

那顿饭真是太好啦。

The breakfast (in this hotel) is terrible.

(这家饭店的)早餐糟透啦。

The dinners Peter used to give were really memorable.

彼得举行的那些宴会真是令人难忘。

各种语言的名称之前不加冠词。

(例) **English is spoken in many countries.**

许多国家的人说英语。

Are you studying Spanish?

你在学习西班牙语吗?

但是，在表示语言的短语中包含有 **language** 时，就要加上冠词。

(例) **He is learning the English language.**

他在学习英语。

用"by+名词"表示交通工具或旅行方式时，该名词前不用冠词。

■ **by air** 乘飞机	■ **by land** 由陆路	■ **by car** 乘汽车
■ **by plane** 乘飞机	■ **by tube** 乘地铁	■ **by bicycle** 骑自行车
■ **by aeroplane** 乘飞机	■ **by train** 乘火车	■ **by freight** 货运
■ **by sea** 由水路	■ **by rail** 乘火车	■ **by post** 邮寄
■ **by boat** 乘船	■ **by bus** 乘公共汽车	■ **by mail** 邮寄
■ **by ship** 乘船	■ **by taxi** 乘出租车	"步行"用 **on foot**

上述词组都是固定说法，不能用来指具体的交通工具。如果这些名词有了定语，或者是用来指具体的交通工具时，则需要加上冠词，并可能导致介词的改变。

(例) **He went to the university by car/in an old car/in the car borrowed from his sister.**

他乘汽车／一辆旧汽车／一辆从他姐姐那儿借来的汽车去了学校。

两个关系密切，经常成对使用的单数可数名词或用作名词的形容词用介词或连词结成短语，其前面的冠词经常省略。

- **day and night** 日夜
- **hand and foot** 手足
- **sun and moon** 日月
- **heart and soul** 全心全意地
- **hands and knees** 手足并用
- **rich and poor** 穷人和富人
- **young and old** 老少
- **husband and wife** 夫妻
- **pen and ink** 笔墨
- **knife and fork** 刀叉
- **from head to foot** 从头到脚
- **from top to bottom** 从上到下
- **from south to north** 从南到北
- **from right to left** 从右到左
- **face to face** 面对面
- **arm in arm** 臂挽着臂
- **day after day** 日复一日
- **time after time** 一次次地
- **inch by inch** 一点点地
- **side by side** 肩并肩

(例) **Battle after battle was fought.**

打了一仗又一仗。

I want pencil and paper.

我需要笔和纸。

如果这类短语中的冠词不省去，通常也只是在第一个名词上加冠词，例如：
a hat and coat 衣帽

当 school, church, market, bed 等表示“处所”的名词只是指与这些“处所”的用途或功能有关的活动而不是指具体地点时，其前面通常不加冠词。

- **go to school (to study)**
  上学去
- **go to market (to buy or sell)**
  去市场(购物或售物)
- **go to bed (to sleep)**
  就寝
- **go to church (to pray)**
  去作礼拜

(例) **When she woke up a day later, she found herself in hospital.**

当她第二天醒来时，发现自己躺在医院里。

但是，如果是指明地点，或是为其他目的去这些处所时，其前面就要加上冠词。

(例) **He is in prison.**

他在坐牢。

He returned from the prison, where he had visited his brother.

他去监狱探视完他的兄弟就回来了。

I go to bed at 10 o'clock.

我 10 点就寝。

Don't go to the bed.

不要到床跟前去。

常这样用的名词有：

court 法院	bed 床	market 市场	university 大学
town 城镇	home 家	hospital 医院	church 教堂
sea 海洋	class 课	prison 监狱	school 学校

常这样用的介词有： to, at, in, into, from 等

呼语之前不用冠词，表示感叹的名词短语之前也不用冠词。

(例) **Stay where you are, girl!**

姑娘，别动！

Poor thing! You, too, know what it is to fail.

可怜的东西！你也知道什么是失败。

I'm afraid I've got a terrible cold, doctor.

大夫，我恐怕是得了重感冒。

用在"(a) kind of …"等表示类属的短语之后的名词，不论是可数的还是不可数的，通常都不需要加冠词。

指一种时，可用：the/a/this/that + kind of + 单数名词，或 all/those/these kind of + 复数名词（口语），或 this kind of a + 单数名词（口语）

(例) **He is the sort of person who always makes trouble.**

他是那种总要惹事生非的人。

Those kind of questions/that kind of questions are very difficult for all of us.

那种问题对我们来说都很难。

如果是指两种以上，可以说：these/all kind(s) of + 单数或复数名词

(例) **There are all kinds of reasons why this is true.**

这事是千真万确的。

Many kinds of vegetables are grown in our garden.

我们园子里种着许多种蔬菜。

也可以把 kind 置于名词之后：单(复)数名词 + of that/this kind；复数名词 + of all kinds；a(n) + 单数名词 + of this kind。

（例） **A book of this kind/This kind of book is easy to read.**

这种书容易读。

Books of these kinds/Books of this kind/These kind of books/These kinds of book(s)/This kind of books are easy to read.

这一类书容易读。

类似的其他短语还有：

■ **a type / types of**	■ **a form / forms of**	■ **a species / species of**
■ **a class / classes of**	■ **a make / makes of**	■ **a brand / brands of**
■ **a style / styles of**	■ **a variety / varieties of**	

“**a cup of**　”等量词之后的名词通常也不加冠词。有关量词的例子如：

■ **a block of soap** 一块肥皂	■ **a swarm of ants** 一群蚂蚁
■ **a piece of advice** 一个忠告	■ **a pair of shoes** 一双鞋子
■ **a couple of socks** 一双袜子	■ **a carton of cigarettes** 一条香烟
■ **a dash of pepper** 一点胡椒	■ **an article of luggage** 一件行李

学科名称前不用冠词，也不必大写。

（例） **She majors in physics/mathematics/literature.**

她主修物理/数学/文学。

He is interested in music/poetry/philosophy.

他对音乐/诗歌/哲学感兴趣。

Do you like law/engineering?

你喜欢法律/工程学吗？

5 人名与冠词

作为专有名词，姓名或姓氏前不需要加任何冠词。如果姓名或姓氏前已有军阶、头衔、称呼等，如：**Prof., Dr., Mr., Uncle, Aunt, General**等，也不需要加冠词，但要大写。如果这些头衔单独出现时，则要加上冠词。

（例） **Mr. Taylor and Major Singer will be back in a minute.**

泰勒先生和辛格少校一会儿就回来。

Captain Jones was talking to Dr. Black.

琼斯船长正在和布莱克博士交谈。

Do you know Frank Singer?

你认识弗兰克·辛格吗？

The Captain was talking to Dr. Black.

船长在和布莱克博士交谈。

但是在下列情况下，姓名或姓氏前要加上冠词：

a Mr./Mrs./Miss/Ms. + 姓氏

意为“一位名叫……的先生／夫人／小姐／女士”，暗示说话者只知其名，并不认识其人。

(例) **A Mr. Smith called to see you during your absence.**

你不在时，有一位姓史密斯的先生来找过你。

a(n) + 姓氏

用来指该家庭中的一员；指该人的一件作品或制品；指类似于该人的人。

(例) **My wife was a Hanson.**

我妻子原姓汉森。

He owns a Picasso.

他有一幅毕加索的画。

I want a Webster.

我要一本韦氏大词典。

I want you to be an Einstein.

我要你成为爱因斯坦那样的人。

the + 单数姓氏

用来表示鉴别，指一个需要加以确认或说明的人；或用来对比，区分两个姓名相同的人。

(例) **— We have two Mr. Smiths. Which one do you want?**

— I want the Mr. Smith who works in the bank.

我们有两位史密斯先生，你找哪一位？

我找在银行工作的那位史密斯先生。

the + 姓名／姓氏

表示所指的正是某位众所周知的著名人物，**the**要重读，书面上常用斜体表示。

(例) **You are *the* Judge Harris, aren't you?**

你不就是那位大名鼎鼎的法官哈里斯吗？

the + 复数姓名

指夫妇两人或一家人，也可指一家人中的一部分(两人以上)人。

(例) **The Smiths have moved into a new house.**

史密斯一家已搬到新房子里去了。

the + Misses + 单数姓氏或者 the + Miss + 复数姓氏

用来指两个以上的未婚姊妹。

- **the Misses Smith (the Miss Smiths)** 史密斯姊妹

人名有定语修饰时，其前常加上 **the**，用来加强指示的效果。

(例) **The great Caesar was assassinated in 44 B.C.**

伟大的凯撒在公元前44年被暗杀。

With these words the offended Anna turned her back on the doctor.

生气的安娜说完这些话就转过脸去不理医生。

the + 头衔 + (of +) 专有名词

- **the Duke of Wellington**
  威灵顿公爵
- **the Emperor Napoleon**
  拿破仑皇帝

6 地名与冠词

- 大多数地名是不用冠词的，但也有许多地名必须要加上冠词，这与地名的构成有关，也与习惯有关。
- 如果地名中含有介词 **of** 时，通常都应加上冠词 **the**。
- 如果地名是由普通名词构成的，原则上也应加上 **the**。
- 如果地名或国名为复数时，要加 **the**。
- 如果国名中包括普通名词，或是由几个独立行政区域联合而成时，要加 **the** (但 **Great Britain** 例外)。
- 如果饭店、商场、机场等是以人的名字命名(人名 **+'s**)时，则不需加 **the**。
- 如果是用地名构成大学的名称，通常可用两种形式："**the University+of+**地名"，或"地名 **+University**"；如果是以人名命名的，就只能用："人名 **+University**"。
- 地理名称中所包含的表示地点性质的普通名词(如 **ocean** 等)常被省去，但冠词 **the** 不能省。
- 如果名词带有限制性修饰语时，一般要加上 **the**。

值得注意的是，无论在何种情况下，例外都是在所难免的。下面，我们对地名中冠词的使用，做一个尽量简明的归纳。

自然界中的一些地理名称大多要加 **the**，例如：河流、湖泊、运河、海洋、半岛、群岛、海峡、海湾、沙漠、山脉等。

河流	**the Yellow River** 黄河，**the Nile** 尼罗河，**the Rhine** 莱茵河，**the Thames** 泰晤士河
运河	**the Suez(Canal)** 苏伊士运河，**the Panama Canal** 巴拿马运河
海	**the Red Sea** 红海，**the Baltic Sea** 波罗的海
大洋	**the Pacific** 太平洋，**the Atlantic (Ocean)** 大西洋
群岛	**the Japanese Islands** 日本群岛，**the Canaries** 加纳利群岛

半岛	the Korean Peninsula朝鲜半岛， the Balkan Peninsula巴尔干半岛
海峡	the English Channel英吉利海峡， the Dardanelles达达尼尔海峡
海湾	the Bay of Biscay比斯开湾，the Bay of Tokyo东京湾， the Persian Gulf波斯湾，the Gulf of Mexico 墨西哥湾
沙漠	the Sahara (Desert) 撒哈拉大沙漠，the Gobi (Desert) 戈壁沙漠
山脉	the Alps 阿尔卑斯山脉， the Himalayas 喜马拉雅山，the Rockies (Rocky Mountains) 落矶山
湖泊	the West Lake 西湖， the Great Lakes 五大湖(北美)， the Lakes 湖区(英国北部)

例外情况：

单数的岛屿、湖泊、山峰等以及多数海角和瀑布名称(复数)前通常不用 the。

- **Greenland** 格陵兰(岛)
- **Mount Whitney** 惠特尼峰
- **Wake Island** 威克岛
- **Mount Vesuvius** 维苏威火山
- **Easter Island** 复活节岛
- **Cape Wrath** 拉斯角
- **Lake Geneva** 日内瓦湖
- **Cape Cod** 科德角
- **Lake Michigan** 密执安湖
- **Niagara Falls** 尼亚加拉瀑布

比较下列含有 **of** 的专有名词的构成：“**the** +普通名词+ **of** +专有名词”

- **the Falls of Niagara** 尼亚加拉瀑布
- **the Lake of Biwa** 琵琶湖
- **the Cape of Good Hope** 好望角
- **the Mount of Olives** 奥利夫峰
- **the Isle of Man** 马恩岛
- **the Lake of Geneva** 日内瓦湖

洲名和地域名称前通常也不用 the。

- **Oceania** 大洋洲
- **Eastern Europe** 东欧
- **Antarctica** 南极洲
- **Central Asia** 中亚
- **South America** 南美洲
- **Upper Silesia** 上西里西亚(地区)

注意下列地区名称前要加 **the:**

- **the North/South Pole** 北／南极
- **the Equator** 赤道
- **the Arctic/Antarctic Circle** 北／南极圈
- **the Middle East** 中东地区

国家及其行政区域名称前的冠词的用法

只有一个词的国家名，一般不加冠词，即使有前置定语，也不需加冠词。

- **China** 中国
- **France** 法国
- **Lower Egypt** 下埃及
- **North China** 华北
- **Brazil** 巴西
- **North Korea** 北朝鲜

但是，也有少数只有一个词的国名前可加上 **the**。

- **(the) Sudan** 苏丹
- **(the) Congo** 刚果

由普通名词构成的，或含有普通名词的国名前要加 **the**。

- **the French Republic** 法兰西共和国
- **the Kingdom of Thailand** 泰王国

复数的国名和联合而成的国家名称前要加 **the**。

- **the United Kingdom** 联合王国
- **the Netherlands** 荷兰
- **the United States** 美国
- **the Philippines** 菲律宾

州、县、郡、城市等名称前一般不加冠词。

- **Oklahoma** 俄克拉荷马州
- **Denver** 丹佛
- **Hampshire** 汉普(夏)郡
- **Cook County** 库克县
- **Modern Cairo** 现代开罗

但是要说：the Hague 海牙

城市中的行政区、街道、公共设施及建筑物，如：公园、广场、饭店、商店、车站、剧院、大学等的名称前不加冠词，但也有相当一部分要加 the，特别是当这些名称中含有普通名词，或由普通名词构成的时候。

	不加冠词	加冠词 the
街道	**Downing Street** 唐宁街 **Broadway** 百老汇大街 **Seventh Avenue** 第七大道 **Madison Avenue** 麦迪逊大道	**the Oxford Road** (通往牛津的)牛津大道 **the Avenue of the Americas** 美洲大街 **the Merrit Parkway** 麦利特大道
公园	**Hyde Park** 海德公园 **Central Park** 中央公园	**the Summer Palace** 颐和园 **the Garden of Gethsemane** 客西马尼花园
区域		**the West End(of London)** 伦敦西区 **the Latin Quarter** 拉丁区
广场	**Russell Square** 罗素广场 **Times Square** 泰晤士广场 **Piccadilly Circus** 皮卡迪利广场	
大学	**Beijing University** 北京大学 **Yale University** 耶鲁大学 **Cambridge University** 剑桥大学	**the University of North Carolina** 北卡来罗那大学 **the University of Cambridge** 剑桥大学
机关		**the United Nations** 联合国 **the Ministry of Education** 教育部 **the Midland Bank** 中部银行 **the Bank of England** 英格兰银行

店铺	Mary's beauty shop 玛丽美容店 Joe's shop 乔记商店 Du Pont 杜邦公司	the All-night Grocery Store 通宵营业杂货店 the Friendship Store 友谊商店
车站	Victoria (station) 维多利亚车站	
影剧院		the Capital Theatre 首都剧场 the Royal Opera House 皇家歌剧院 the Odeon Cinema 欧丹影院 the Globe 环球影院
饭店	Friendship Hotel 友谊宾馆	the Hilton (Hotel) 希尔顿饭店 the Grand Hotel 格兰德大饭店
公共设施	Kennedy Airport 肯尼迪机场 St. Paul's Cathedral 圣保罗大教堂	the Library of Congress 国会图书馆 the London Hospital 伦敦医院 the Metropolitan Museum大都会博物馆
建筑物	(the) White House 白宫 Buckingham Palace 白金汉宫 Westminster Bridge 威斯敏斯特桥 Independence Hall 独立大厅	the Great Wall 长城 the Golden Gate Bridge 金门大桥 the Empire State Building 帝国大厦 the Pentagon 五角大楼

不用冠词的地名，如果有定语修饰时，常加定冠词 the。有时，为了强调，即使没有定语，也可能加 the。在与冠词连用时，其作用已近于普通名词。

- **the semi-feudal, semi-colonial China**

  半封建半殖民地的中国

(例) **London is called the modern Babylon.**

伦敦被称之为当代巴比伦。

A lot of Europeans have immigrated to the Americas.

大批欧洲人移居到了南北美洲和中美洲。

7 表示时间的名词与冠词

一周中的七天，一年中的十二个月不用冠词。

(例) **New Year's Day is the 1st of January.**

元旦是一月一日。

We have Mr. Weller's class on Thursdays.

我们每星期四有韦勒先生的课。

四季名称前可加冠词the，也可不加冠词，在特定的语言环境中，有时也可与a(n)连用。但in the fall（在秋天）中的the不能省略。

（例） **Spring (The spring) was early next year.**

第二年的春天来得很早。

Late autumn in Beijing is rather cold.

北京的深秋相当冷了。

This plant has a blue flower in summer.

这种植物夏季里开蓝色的花。

节日名称前不用冠词。

- **Labour Day** 劳动节
- **National Day** 国庆节
- **Easter** 复活节

（例） **Christmas is a church festival.**

圣诞节是一个宗教节日。

但是要说：**the Russian Easter**

如果节日名称中包括festival，通常要加上冠词。

- **the Festival of Christmas** 圣诞节
- **the Mid Autumn Festival** 中秋节
- **the Spring Festival** 春节
- **a Shakespeare Festival** 莎士比亚戏剧节

如果上述3项中所包括的词带有限制性定语或定语从句，或表示一个特定的时间时，则要加上定冠词the；如果是表示“某一个”，则要加上不定冠词a(n)。

- **the autumn of 1990**

  1990年的秋天

- **a Sunday towards the end of June**

  快到六月底的一个星期天

（例） **It was a cold Monday morning.**

那是一个寒冷的星期一上午。

We had a mild winter last year.

去年我们过了一个暖冬。

用“next或last+表示时间的名词”作状语时，冠词的使用通常会改变该时间状语的含义。

（例） **I'm going to take my vacation next week.**

下星期我要去度假。（以现在为计算的起点）

They'll go to Paris and go over to New York the next week.

他们先去巴黎，过一周再去纽约。（以未来某一时间为计算起点）

I caught cold last week.

上周我感冒了。（本周一之前的那一周）

I've caught cold for the last week.

我已感冒一周了。（到今天为止）

“next+表示时间的名词”表示以现在为基准的接下来一个时间段，例如：**next**

week 下周（从下周一开始算起），用作状语时通常不用介词。

(例) **They will come here next Friday (on Friday next).**

他们下周五到这里来。(以现在为计算的起点)

I'm getting married next month.

我下个月结婚。

"the next+表示时间的名词" 表示从今天、过去或将来某一时间开始的一个时间段，或一系列中的下一个。必要时，可加适当介词。

(例) **They were idle that day; but the next day they were very busy.**

头一天，他们无事可做，第二天，他们又忙得不可开交。(以过去某一时间为计算起点)

The next year I left for london.

第二年，我去了伦敦。(以过去某一时间为计算起点)

The weather is going to be fine for the next week.

今后一周天气晴好。(从现在算起)

We met again the next summer.

第二年夏天，我们又见了一次面。

"last+表示时间的名词" 用作状语时不加冠词，也不需要与介词连用，意为"与本月／本周或此时等相邻接的过去的一月／一周等"。

(例) **A strange thing happened last night.**

昨晚发生了一件怪事。

I visited a friend of mine last Wednesday(on Wednesday last).

我上周三去拜访了一位朋友。(说话时为周一、周二或周三)
我本周三去拜访了一位朋友。(说话时已是周四、周五或周六)

"the+last+表示时间的名词" 表示一直持续到现在的时间段，或者表示"一系列中的最后一个"。**"the last** +表示时间的名词"在用作时间状语时，其前面总要加上相应的介词，例如：**in** ／ **for** ／ **during the last few weeks** ／ **days**… …等，其后常有 **of** 短语作定语。

(例) **That was the last Sunday in July.**

那是7月的最后一个星期天。(与现在无关)

He's lived in Beijing for the last three years.

这三年来，他一直住在北京。

一天中的三个时间段——上午，下午，晚上——之前通常要加**the**，介词用**in**。

in the morning在早上；**in the afternoon**在下午；**in the evening** 在晚上

在下列情况下，不用冠词也不用介词：

every / this / yesterday / tomorrow	+	morning / afternoon / evening
每天 / 今天 / 昨天 / 明天	+	上午 / 下午 / 晚上

如果这些词前有星期几修饰时，也不用冠词，但需加介词 on。

（例） **Nobody came on Saturday evening/on Sunday morning.**

星期六晚上／星期天上午没有人来。

如果这些词后有“of+日期”修饰时，则要加上定冠词 the，介词用 on。试比较：

（例） **He left for New York on the morning of January 2.**

他于一月二日上午去了纽约。

He left for New York this morning/yesterday morning.

他今天上午／昨天上午去了纽约。

如果这些词前有形容词作定语，冠词用 a(n)，介词用 on。

（例） **The accident happened on a rainy morning.**

事故发生在一个阴雨的早上。

上述词在一定语境中也可用复数，并常与数词连用，表示频率，不需加冠词。

（例） **She usually does her shopping three afternoons a week.**

她一般是每周有三个下午去购物。

---

sunset(日落)等表示时间的词与介词at，before，after，by等连用时，不需加冠词。

- **at sunset** 在日落时
- **at midnight** 在午夜
- **by dusk** 黄昏时分
- **at sunrise** 在日出时
- **at dawn** 在黎明
- **by daylight** 在白天
- **at noon** 在正午
- **at daylight** 在黎明
- **before dawn** 黎明前
- **at dusk** 在黄昏时分
- **at daybreak** 在黎明
- **before midnight** 午夜前
- **at night** 在夜里
- **by night** 夜里
- **after midnight** 午夜后

当上述词有定语修饰时，要加上冠词 the(特指)或 a(n)(泛指)。

- **in the dusk of the evening**
  在苍茫暮色中
- **on the night of June 20**
  在六月二十日的夜里
- **at the noon of one's career**
  在事业如日中天之时
- **the dawn of a new era**
  新时代的开端

（例） **It was a bitter cold night.**

那是一个寒气逼人的夜晚。

We look forward to the dawn of better days.

我们盼望着美好日子的到来。

night，dusk 等与其他介词连用时，有时也需要加上冠词 the。

(例) **Shall we stay there for the night?**

我们要在那儿过夜吗?

I awoke several times during the night.

夜里我醒了好几回。

One cannot see very far in the dusk.

黄昏时看不太远。

表示日期的短语在书写时不加 the，但在读出时，通常要把 the 加上。

(例) **20th May** (读作 the 20th of May) ┐ 五月二十日
May 20th (读作 May the 20th) ┘

The baby was born on April 15 (April [the] fifteenth), 1998.

那孩子出生于 **1998** 年 **4** 月 **15** 日。

---

past，present 和 future 之前通常要加冠词。

(例) **We learn from the past, experience the present, and hope for success in the future.**

我们学习过去，体验现在，并期待着未来的成功。

- **in the past** (在过去)中的冠词不能省略。
- **at present** (现在，目前)不用加冠词。但是要说：**for the present** (暂时，暂且)、**up to the present** (直到现在)。
- 对于 **future**，加不加冠词 **the**，含义有所不同。

in future (从现在开始，今后)通常用在表示“提醒”、“警告”的句子中。

in the future (在未来，今后)的用法没有 **in future** 的那种局限性。

(例) **In future you are not to go out alone.**

今后，你不能一个人出门。

In future be more careful to guard against mistakes in your composition.

今后要更加注意防止作文中出错。

No one knows what will happen in the future.

没人知道将来会发生什么事情。

We will visit Europe in the not too distant future (in the near future).

我们要在不久的将来去访问欧洲。

在表示时间先后顺序或表示一段时间的词前，通常要加 the 或 a(n)。

- **at the beginning of** 在……之初
- **from the beginning** 从一开始
- **in the beginning** 在开始时
- **all the while** 一直
- **for the time being** 暂时
- **at the moment** 此刻
- **in the middle of August** 在八月中
- **at the end of the term** 在学期末
- **in the end** 最后
- **for the moment** 暂时，目前
- **for a while** 一小会儿
- **for a moment** 一小会儿

8 文化、娱乐等方面的名词与冠词

乐器名称前要加定冠词 the。

(例) **Do you play the violin?**

你拉小提琴吗?

She is an expert on the guitar.

她弹一手好吉它。

radio, television, telephone, telegram 前冠词的用法。

radio 前一般要加 the。

(例) **hear something on (over) the radio**

从广播中收听到某事

television (TV) 前不需加 the。

(例) **speak/appear on television**

发表电视讲话／在电视上露面

I watched the football game on television.

我通过电视观看了足球比赛。

Watching television is my favourite pastime.

看电视是我喜欢的消遣。

但是，要说：
The television is on. 电视开着。

如果与 **turn on/off** 连用，则与 **radio** 一样要加 **the**。例如：
Turn on the TV/radio, please.
请打开电视／收音机。

如果泛指广播或电视，都可不用冠词。
He wrote a play for television/radio.
他写了一个电视剧／广播剧。

telephone (phone) 前一般要加 the。

- **talk on(over) the telephone**
  通电话
- **call sb to the telephone**
  叫……听电话
- **answer the telephone**
  接电话

但是，我们说：
a public/pay telephone 公共电话

telegram 可与不定冠词 a(n) 连用。

(例) **send an express/a rush/an urgent telegram**

发加急电报

- 如果与 **by** 连用，表示“以……方式”时，上述词都不加 **the**。

(例) **We got the news by radio/TV/telephone/telegram.**

我们通过收音机/电视/电话/电报得到这一消息。

电影院、剧院、俱乐部等即使是泛指的也要加冠词 the。

- **go to the cinema** 去看电影
- **go to the theatre** 去剧院看戏
- **go to the music hall** 去音乐厅(听音乐)
- **go to the opera house** 去歌剧院

运动项目的名称前不用冠词。

- **play basketball** 打篮球
- **play football** 踢足球
- **play tennis** 打网球
- **play bridge** 打桥牌
- **play billiards** 打台球
- **play chess** 下棋
- **play golf** 打高尔夫球
- **teach boxing** 教授拳击

(例) **He likes skiing better than skating.**

他喜欢滑雪胜于滑冰。

There are many forms of wrestling.

有许多种摔跤形式。

但是，球类、桥牌等与 game 连用时，则要用冠词。

- **have a game of cards** 玩一局纸牌
- **a game of tennis** 网球赛
- **play a game of chess** 下一盘棋
- **win the/a football game** 赢了足球赛

报纸名称前多用冠词 the，但杂志名称前通常不用冠词。

- **The Thames**《泰晤士报》
- **Life**《生活》周刊
- **The Observer**《观察家报》
- **Pacific Friend**《太平洋之友》
- **The People's Daily**《人民日报》
- **News Week**《新闻周刊》
- **The Daily Mail**《每日电讯报》
- **Time**《时代》周刊
- **The New York Times**《纽约时报》
- **The Phoenix Gazette**《菲尼克斯报》
- **The Washington Post**《华盛顿邮报》
- **English Language Teaching**《英语教学》

注意，下面的报名前没有冠词

- **China Daily**《中国日报》
- **Indian Express**《印度快报》

9 疾病名称与冠词

在现代英语中，除了口语中的复数病名前有时还保留有冠词 the 之外，其他疾病名称之前均可省略冠词。

（例） **Children easily take slight colds.**

小孩子很容易患上轻度感冒。

Mrs. Black is in hospital with infective hepatitis.

布莱克太太因患传染性肝炎住院了。

Stella is laid up with shingles.

斯太拉因患带状疱诊不能起床了。

That is a medicine for the temporary relief of cough and nasal congestion as may occur with the common cold.

这是一种能暂时缓解因普通感冒引起的咳嗽和鼻充血的药物。

All the students in my class have (the) flu/(the) measles/(the) mumps/(the) toothache including myself.

我班上的学生，包括我自己在内，都得了流感／麻诊／腮腺炎／牙痛病。

有一些常见的疾病名称，在口语中经常要加上不定冠词 a(n)。

■ **a cold** 感冒	■ **a toothache** 牙痛	■ **a cough** 咳嗽
■ **a fever** 发烧	■ **a stomachache** 胃疼	■ **a sore throat** 嗓子疼

这类词在与 have，catch 等动词连用时，a(n) 往往可以省略。

（例） **I've caught (a) cold.**

我得了感冒。

Mother has (a) headache/(a) toothache.

母亲头痛／牙痛。

10 冠词的省略

有时，由于文体或篇幅等关系，可能把该用的冠词省去，以达到在不引起误解的情况下，尽量使文字简洁的目的。这种省略常出现在报刊或文章的标题中，或者是出现在广告、电报、公告、注释、定义、用法说明、笔记、日记、并列项目以及一些商业性信件中。

标题 **Driving Licenses Ensure Safety of Motorized Society**

驾驶执照保证驾车一族的安全

标题 **Japanese Style in Decision Making**

日本式决策

标题 **First Human to Cross Arctic Alone**

第一个独自穿越北极的人

文章摘要 **In Japan, negotiations seek a basis of harmony rather than confrontation, as in West.**

与西方不同，在日本，谈判是寻求调和，而不是对立。

电文 **MEET ME STATION TWO AFTERNOON.**

(= Meet me at the station at two in the afternoon.)

下午两点到车站接我。

通知 **Attention, please, Flight AF206 from Paris is overdue because of engine trouble. It's stopping in Rangoon for checking up. Further news will be announced.**

旅客们请注意，从巴黎起飞的法航第206次班机因发动机故障，晚点到达。该机现正在仰光检修，一有消息，即通知大家。

广告 **Leaving:Must sell before Jan.31. TV b/w, A/C,misc. clothing, used refrig. artif. Xmas tree, elec. typewriter (avail. after Jan.20). Call Bob.800 7351.Bef.9 p.m.**

(=I am leaving the country before January 31, and I must sell everything. I have a black and white television, an air conditioner, miscellaneous clothing and a used refrigerator. I also want to sell an artificial Christmas tree and my electric typewriter. The typewriter will be available after January 20. Please call 800-7351 before 9:00 in the evening. Ask for Bob)

我于1月31日前离开此地，因此必须卖掉所有物品。我有一台黑白电视机，一台空调，各种衣物，和一台二手电冰箱。我还有一棵人造圣诞树和电子打字机。该打字机要用到1月20日。(如有意)请在晚上9：00前打电话800—7351，找鲍伯。

冠词的使用频率最高，用法也很繁杂。要时刻注意，遇到单数可数名词时，不能忘记了冠词；遇到不可数名词或复数名词时，冠词使用与否，要取决于其是不是泛指的。要正确的使用冠词，除了要掌握冠词用法的基本原则之外，还要在实践中密切注意其习惯用法和例外情况。

S

代 词

代词是用来代替名词或名词短语的词类。代词的数量有限，但种类和变化繁多，在使用中，往往会让人有“顾此失彼”的感觉。但是，正确使用代词，可以使文章更加简洁、生动、更富于变化。在使用代词时，要避免指代关系混乱，或指代错误。要特别注意使代词与被指代词之间保持正确的一致关系。代词可分为以下九种类型：人称代词，物主代词，反身代词，指示代词，相互代词， 不定代词，疑问代词，关系代词，连接代词。本章重点讲述前六种代词的用法。疑问代词见疑问句，关系代词和连接代词见主从复合句。

1 人称代词，物主代词，反身代词的形式和变化

这三种代词都有人称的变化(第一人称、第二人称和第三人称)、数的变化(单数和复数)和性的变化(阳性、阴性和中性)。其中的人称代词，除人称、数和性的变化外，还有格的变化(主格和宾格)。物主代词也有两种形式，即：形容词性物主代词和名词性物主代词。值得注意的是，形容词性物主代词**its**没有其相应的名词性物主代词。

人称		人称代词		形容词性物主代词	名词性物主代词	反身代词
		主格	宾格			
第一人称	单	I	me	my	mine	myself
	复	we	us	our	ours	ourselves
第二人称	单	you	you	your	yours	yourself
	复	you	you	your	yours	yourselves
第三人称	单	he	him	his	his	himself
		she	her	her	hers	herself
	复	it	it	its	—	itself
		they	them	their	theirs	themselves

2 人称代词

人称代词是用来指代人、动物或事物的代词，因此，它们必须在性和数方面与被指代的词一致；格则要根据它们在句中的语法功能决定。

2-1 人称代词的句法功能

人称代词在句中的功能是通过“格”来表现的，用不同的格表明人称代词在句中有不同的句法功能，起不同的作用。

人称代词的主格形式在句中可以用作主语和表语。

(例) **Since I didn't know the answer, I kept quiet.**

因为我不知道答案，所以我不作声。

He still hasn't finished the book.

他还未完成这本书。

Margaret has studied ballet since she was a child.

玛格丽特自幼学习芭蕾舞。

She and I are good friends.

她和我是好朋友。

Neither Jack nor she was in school today.

杰克和她今天都未上学。

The boys and we girls will take the same bus.

男孩们和我们女孩要乘同一辆公共汽车。

Are you sure it was they?

你能肯定那是他们吗?

This may be he coming up the walk.

可能是他沿人行道走过来了

It might have been she.

那很可能是她.

— Is this Mr. Brown?

— Yes, this is he. （电话用语）

是布朗先生吗?

是的。

You see a man walking over there with a woman. It's he who is president of our firm.

你看见和一位女士走在一起的那位男士了吧。他就是我们商行的总经理。

It is they who are at fault.

是他们错了。

人称代词的宾格形式在句中可用作动词的宾语（直接宾语和间接宾语），或介词的宾语。

（例） **They have requested that I sign the contract and return it immediately.**

他们要我在合同上签字并把合同立即退回。

I recently saw him at the club.

我最近在俱乐部里见过他。

I haven't seen them lately.

我最近没有见过他们。

Mind you, this is just between you and me.

听着，这事只有你知我知，绝不能外传。

I bought a present for them.

=I bought them a present.

我给他们买了件礼物。

在正式英语中，用作主语或表语的人称代词要用主格形式，但在非正式英语中，特别是在口语中，常常会用代词的宾格代替主格，主要体现在以下几个方面。

人称代词用作 to be 的表语，通常可用宾格代替主格。

（例） **It can't be him.**

那不可能是他。

That's me on the left of the photograph.

照片左边的那个人是我。

It's all right; it's only me.

没关系，就我一个人。

值得注意的是，如果用作表语的人称代词后跟有定语从句，且引导从句的关系代词在从句中充当主语时，该人称代词通常只能用主格。

（例） **It was I who told the police.**

是我报告警方的。

It was he who told me about it.

这件事是他告诉我的。

注意比较：**It's me he's speaking to.** 他在和我说话。

It was she who broke that precious vase.

是她打碎了那个珍贵的花瓶。

人称代词宾格可用于没有谓语动词的回答中，代替其主格形式。

(例)

— Who did it!

— Them. (= They did it.)

谁干的?

他们。

— Did they help you?

— Not them.

他们帮助你了吗?

才没有呢。

— I'm tired.

— me too. (= So am I.)

我累了。

我也累了。

— I don't Like it.

— Me neither.

我不喜欢它。

我也不喜欢。

than或 as之后的比较对象为代词时，可能用主格形式，也可能用宾格形式，这要根据句子的结构决定(可以通过加上省略的词来验证)。但当 than 或 as 之后只有一个代词时，往往可用宾格形式代替主格形式。

(例)

You know more than she(does).

你比她知道得多。

She is as tall as me(I am).

她与我一样高。

I swam faster than her(she did).

我游泳速度比她快。

None of them were so old as us.

他们中没有一个人像我们这么大年纪。

但要注意，在某些句子中，as 或 than 后的人称代词用主格还是用宾格，不能随意变换，否则会产生歧义。比较下面一组例句：

(例)

I like you no less than him.

我喜欢你并不亚于喜欢他。

I like you no less than he.

我喜欢你的程度并不比他（喜欢你的程度）差。

用来表示感叹时，用代词的宾格代替主格形式。

(例)

Dear me!

哎呀！／天哪！

Ah me!

哎呀！

"Woe is me!"the miserable beggar cried when he saw some kind-hearted passersby.

当看见一些好心的过路人时，那可怜的乞丐就叫道："哎！我真是不幸啊！"

人称代词与某一名词并列，作它的同位语时，人称代词与这个被其修饰的名词在格上要一致（同为主格或宾格）。

（例） **Two students, he and I, were sent to buy some food and drink for the picnic.** 用作主语的同位语

我和他两个人被派去购买一些野餐用的食品和饮料。

The dinner was cooked by us girls. 包括说话者在内

这顿饭是由我们姑娘们做的。

The dinner was cooked by our girls. 不包括说话者

这顿饭是由我们的姑娘们做的。

2-2 第一人称——I 和 we

第一人称代词单数 I 是唯一永远要大写的代词，但宾格 me 却不需要大写。

（例） **I am unable to accept your invitation.**

我不能接受你(们)的邀请。

第一人称复数 we / us 可用来指 I and one or more others（我与另一个或另一些人，不包括对方），也可用来指 you and I（你(们)和我，包括对方在内）。

（例） **We'll stay here until the rain lets up a bit.** 包括对方

我们等雨小些再走。

We've moved to the countryside. 不包括对方

我们搬到乡下去了。

We can't do it without you. 不包括对方

没有你，我们干不了。

Please let us buy you a drink. 不包括对方

请让我们给你买杯饮料吧。

Let's have something to eat. 包括对方

咱们吃点东西吧。

Let's (= let us)have a rest, shall we? 包括对方

我们休息一会儿，好吗？

—Let's climb in through the window.

—No, we'd better not.

我们从窗子爬进去吧。

不，我们最好别爬。

注意 **Let's** 和 **Let us** 的区别：

Let us ┌（让）我们……吧！ （包括对方，用来提出建议）= **Let's**
└请允许我们……吧！（不包括对方）

Let's 咱们……吧！(包括对方，多用于口语，语气委婉)

we / us 也可用来含蓄地泛指包括自己在内的"一切人"、"一类人"、"同属一个区域的人"或"同属一种职业的人"等。

(例) **We Chinese can understand this feeling.**

我们中国人能理解这种感情。

It is we young people that must shoulder the future of the world.

我们年轻人必须肩负起世界的未来。

We are all moral.

人终有一死。

We have lots of rain in the autumn.

我们这儿秋天的雨水很多。

报纸、杂志上登载的社论或编者的话中常用we来代表编者或整个编辑部同仁提出的看法，可译为"本报"、"本刊"或"我们"。

(例) **We believe that the police will make every effort to find the lost child.**

本报认为警察当局会尽一切努力去找到那个丢失的孩子。

The book will be noticed in our periodical before long.

本刊不久将对此书进行评价。

书籍的作者、讲演者用 we 来表示自己与读者或听众的看法一致，或把自己置身于读者或听众之中，以显得更加平易近人，或使他们随自己的思路向前。

(例) **We will not go on to tell of his last years.**

我们对他的晚年不再深谈。

We'll now explain the second point.

我们现在来谈谈第二点。

在口语中，可用 we 来表示父母对孩子、医护人员对病人、老师对学生等的关怀或同情。此时的 we 等于 you。

(例) **Now, we must be a brave girl, and stop crying.**

好啦，我们要做个勇敢的小姑娘，别哭啦。

How are we this morning, my boy?

孩子，咱们今天上午好点了吗？

在口语中，特别是在祈使句中，有时也用 **us** 代替 **me**：
Let's (= Let me) see, what else did I want? 让我想想，我还要什么来着？

We(= you)really should work a little harder.

咱们可真得努点儿力啦。

We (= you)shouldn't do things like that.

咱们可不该做这样的事情呀。

2-3 第二人称——you

you 用作单数，指听者；you 用作复数，指听者和其他在场或不在场的人。

(例) **You sing as well as she does.**

你唱得和她一样好。

You schoolboys must be very careful about it.

你们学生对此必须特别小心。

you 可用来含混地指包括对方在内的一个地域或场所的人。

(例) **Do you speak English in New Zealand?**

新西兰说英语吗?

Do you sell electrical goods?

你们店里卖电器吗?

you 也可用来泛指"一般的人"，"任何人"，"一个人"。

(例) **You never can tell.**

谁也无法预料。

You can't clap with one hand.

孤掌难鸣。

you 也可用来表示呼唤、祈使、感叹或是强调。

(例) **You there, what is your name?** 呼唤

喂，你叫什么名字?

You begin, Ben. 祈使

本，由你开始。

You clever darling! 感叹

哎，你这个小机灵!

You idiot, you. 强调

你呀，你这个白痴!

You're another! 顶嘴

你不也一样!

2-4 第三人称——he，she，it 和 they

1 he 和 she 的用法

单数第三人称代词有“性”的变化：

- **he / him** 用来指代阳性(男性)；
- **she / her** 用来指代阴性(女性)；
- **it** 指代中性(无生命物)。

但实际上，人们并不机械地遵循这一原则。

he / she除了用来指代男人和女人之外，也可用来指代动物或无生命物。一般原则如下：

- **he** 指代雄性动物或庞大而威猛者(包括无生命物)。
- **she** 指代雌性动物或柔弱而优美者(包括无生命物)。

(例) **Is the puppy a he or a she?**

这只小狗是公的还是母的？

he 和 she 已经名词化

Be careful of that dog. He sometimes bites.

当心那条狗，它有时会咬人。

The moon loses her brilliance when the sun makes his appearance.

太阳升起时，月亮就失去了它的光辉。

she 有时也可用来指无生命的东西，如船只、火车、汽车、飞机、国家或城市以及政治、文化团体等等，以表现说话者的喜爱或亲切之情，因此，当船员们谈到自己的船，机上工作人员谈到自己的飞机，驾驶员谈到自己的汽车等时多用 she。

(例) **Australia increased her exports by 10 percent.**

澳大利亚的出口额增加了 10%。

My sailboat is an old one, but she's very beautiful.

我的帆船是条旧船，但它很漂亮。

he有时也用来表示泛指，指包括两种性别在内的一组成员中的任何一个单数先行词。此时，he 等于 anyone。

(例) **He that talks much errs much.**

言多语失。

He who hesitates is lost.

当断不断，必受其患。

He who has not tasted bitter knows not what sweet is.

未尝苦中苦，难知滋味甜。

有时，当不能确定所指对象的性别时，通常都用 he 来指代。但现在，特别是在书面语中，常用 he / she，(s)he，he or she 或 him or her，以表示尊重女权。

(例) **Go and see who knocks at the door and what he wants.**

去看看谁敲门，问他要什么。

Everyone thinks he or she has the right to pursue happiness.

人人都认为自己有追求幸福的权利。

The thief seems to have entered through the door. He or she must know the inside of the house.

窃贼好像是从门进去的，他 / 她肯定了解房子内部的情况。

You'd better see a doctor, and he / she can give you further advice.

你最好去看看医生，他 / 她会给你进一步的指点。

说话者称在场的第三人称为 he 或 she 是失礼的。应该说：

(例) **This is John. John is an artist.**

这位是约翰，约翰是一位艺术家。

2 it 的用法

it 可以指代一个已经提到过的词、短语或一件事情，也可以指代一个说话者和听者都清楚的事物。

(例) **— Where's your car?**

— It's in the garage.

你的车子在什么地方？

在车库里。

I should like to have a car, but I can't afford it.

我想要一辆车，可我买不起。

The city at one time must have been prosperous, for it enjoyed a high level of civilization.

这座城市肯定有过繁荣时期，因为它曾有过很高的文明水平。

Beauty is everywhere and it makes us happy.

美无处不在，美让我们赏心悦目。

I will put a new one on it.

我要在上面再放一个新的。

You have saved my life; I shall never forget it.

你救了我一条命，我对此会永远铭记于心。

it 可用来指代一个性别不易分清或不需分清的婴儿，指一个需要说明情况或确定身份的人，或者是指代一个指人的集合名词。

(例)

— Who is it?

— It's me.

谁呀？

是我。

— Who is that?

— It's my friend.

那是谁？

那是我朋友。

Each generation of men has believed that it was living at one of the most crucial moments in the history of the world.

每一代人都认为他们是生活在世界历史中的一个最为关键的时刻。

The child was so lovely that I could not help kissing it.

那孩子真是可爱，我禁不住要吻他一下。

It's your brother on the phone.

打电话的是你兄弟。

在强调性别或者是对婴儿或动物等带有一定感情时，都应用 he 或 she 来指代。例：**What's the baby doing?** 孩子干什么呢？**He's / She's sleeping.** 他 / 她在睡觉呢。

在谈论天气、时间、距离、温度等时，用 it 作无实际含义的主语(无人称句)。

(例)

It looks like snow. 天气

看来要下雪。

It will be hot / cold / windy / wet / foggy / warm tomorrow. 天气

明天要热 / 冷 / 有风 / 下雨 / 有雾 / 暖和。

It was a full moon. 时间

正是满月时候。

It was a rainy night. 时间

那是一个雨夜。

It gets dark early in winter. 时间

冬天天黑得早。

It will be a long time before we meet again. 时间

我们要过好长时间才见面。

It is a long way to London. 指距离，肯定句中不用 **far**

距离伦敦还很远呢。

It 's some distance to the village. 距离

距村子相当远。

It is not far to the gas station.

离加油站不远了。 距离

It is two miles from here to the Great Pyramid.

从这里到大金字塔有两英里远。 距离

It's 30℃ today.

今天是30℃。 温度

有时，it用来含糊地指一种不易用具体名词概括的状况，或者只是一种习惯用法，并无特殊意思。

(例) **How is it the market?**

市场(的情况)如何？

Keep at it!

别松劲！

— How goes it with you?

— Well, it's not very good.

你的情况如何？

唔，不太好。

What do you think about it?

你觉得怎么样？

He has had it.

他吃够了苦头。

We had a good time of it.

我们过得很快活。

东西，事情，状况？很含糊，但听者能体会到it指什么。

it常用在从句由as if，as though等引导的主从复合句中。主句多为：

It seems / appears / looks / happens...

(例) **It seems as though Tom will pass the exam.**

看样子汤姆(考试)似乎能及格。

It appeared as if the work would not be finished in a year.

看样子这项工作一年完不了。

It looks as if we should finish tomorrow.

看来我们明天得结束。

it用作形式主语或形式宾语

当句子的主语为不定式短语、动名词短语或由that、whether、when、how、what等引导的从句时，常把it放在主语的位置上，并把真正的主语后移。it的这种用法，称之为形式主语。

(例) **It will be difficult for you to beat him.**

你打败他很困难。

It is quite possible that there is life out there in the universe.

在外层宇宙空间有生物是非常可能的。

It does not matter whether you like it or not.

你喜欢不喜欢都没关系。

It is no use crying over spilt milk.

覆水难收(牛奶洒了，哭也没用)。

在宾语与宾语补语同时出现，而且宾语本身又比较长时(例如宾语为不定式短语、动名词短语或从句等时)，我们常常会把宾语移后，并且在空出的位置上添上 it，作形式宾语。

(例) **They thought it dangerous walking alone in a forest.**

他们认为独自在森林里行走是危险的。

We think it a pity that a man like him should not work harder.

像他那样的人，不更加努力工作，我们觉得可惜。

Arabs consider it bad manners to start talking business immediately.

阿拉伯人认为立即就开始谈正事是一种不礼貌的做法。

The old man found it hard to remember things.

那老人发现记忆力差了。

---

it 也经常用在下面的句型中。

- **leave + it + to sb/sth(+ to do)...让……干**
- **owe + it + to sb/sth + that...多亏了……**

(例) **We'll leave it to you to judge.**

我们让你做判断。

I owe it to you that I am still alive.

我能活到今天都亏了你。

It is/was +被强调成分+ that/which/who + ...正是……

(例) **It wasn't for their personal interests that they did all this.**

他们所做的这一切不是为了个人的利益。

It is only when we cannot see perfectly that we realize how important our eyes are.

只有当我们看不清楚时，我们才知道眼睛是多么重要。

It is this machine which / that is broken.

是这一台机器坏了。

■ If it were not / had not been for sb/sth
■ Had it not been for...
要不是有……

(例) If it hadn't been for John, we should have lost the match.

要不是有约翰，我们肯定要输掉这场比赛。

Had it not been for your help, he would have been drowned.

要不是有你的帮助，他肯定会淹死的。

see to it that... 务必使……，保证使……

在这一句型中，可以省略 that，也可以省略 to it。

(例) Please see (to it) that the parcel reaches him by the end of this month.

要保证邮包在本月底前到达他那里。

They took his letters and saw that they were sent to his friends in Europe.

他们拿走他的信，并负责把信寄给他欧洲的朋友。

See to it (that) the work is done before dark.

务必要在天黑之前把活干完。

> 有时 swear 也有类似的用法：
> Can you swear (to it) that the accused man was at your house that evening?
> 你肯定那天夜里被告在你家吗？

Legend / Rumour / The newspaper has/had it that... 据传称……

(例) The newspaper had it that he would resign from the Cabinet next month.

报纸称他下个月将辞去内阁职务。

it 在指代前面的词语或句子时，一般不能省略。

(例) — Have some chocolate.

— No, I don't like it.

吃点巧克力吧。

我不喜欢吃巧克力。

— Where's my shirt, Mum?

— I put it in the closet.

我的衬衣在哪儿，妈妈？

我把它放在柜橱里了。

They were all shouting; it was terrible.

他们全都大吵大嚷，真是糟透了。

但是在 know, remember, try, tell, forget, think, suppose, expect, believe, imagine, guess 等动词之后不用 it。

(例) — Please remember to call me at eight, if I don't wake up.

— I'll remember.

别忘了如果我 8 点没醒，就叫我。

我记住啦。

— **Be sure not to forget this thing.**

— **I won't forget.**

千万别忘了这事。

我不会忘记的。

— **It's already near midnight.**

— **Yes, I know.**

快到午夜啦。

是的，我知道。

3 they

第三人称代词的复数形式 they 可用来指代人、动物或事物等各种复数名词。

(例) **They will be here in an hour.**

他们一小时后到达。

He took off his glasses and put them in his pocket.

他摘下眼镜，并把它放在口袋里。

The cows are in the field. They have plenty to eat.

牛儿在田野里，在那里它们有丰富的食物。

they 可以用来泛指"人人"、"人们"或指一群没有指明身份的人。

(例) **They say there's going to be a bad storm.**

据说(人们说)要有一场大暴风雨。

They will laugh at you, if you say so.

如果你这么说，人家就会笑话你的。

They (= People) say that he will run for mayor.

It is said that he will run for mayor.

据传他将竞选市长。

they 也可用来含蓄地指代某一地域、某一部分或某一个范围内的人。

(例) **In France they drink wine at meals.**

法国人吃饭时喝葡萄酒。

They sell a wide variety of goods at that store.

那家店里经售多种商品。

they 也用来指负责某种职务的人或有特定权利的人，常常译为"当局"。

(例) **They've sent us another form to fill in.**

他们(负责人)又寄来一份表格让我们填写。

(例) They found the lost child in a disused forester's hut in the woods.

他们(警方)在林子里的一座废弃的守林员小屋中找到了失踪的孩子。

they 有时也用来指代单数名词或代词，指一个没有说明性别的人，意为 he or she，或指代表示泛指的单数名词、单数集合名词。they 所指代的代词多为anybody，somebody，everybody等。(有些语法学家认为这种用法不规范。)

(例) Anybody can do it if they try(= if he or she tries).

只要努力，任何一个人都能做。

I was going to stay with a friend, but they were ill.

我打算与一个朋友暂住在一起，但他病了。

A tiger is dangerous. They have sharp teeth.

虎是危险动物。它们有锐利的牙齿。

2-5 人称代词在句中的位置

如果I/me与其他人称代词或名词并列时，I/me总要放在最后，具体的词序为：

第二人称+第三人称+ and + I/me

(例) My family and I are going to Ireland for our holiday.

我的家人和我打算去爱尔兰度假。

He and I drove from Boston to New York.

我和他由波士顿开车去了纽约。

但是，却可以说：I and my wife，I and my sister 等。

we/us 在与其它代词或名词并列时，其顺序为：

we/us(第一人称)+第二人称+ and +第三人称

(例) We and you should help each other.

我们和你们应该互相帮助。

We, you and they are all Chinese.

我们，你们和他们都是中国人。

you 在句中要出现在其它代词或名词(短语)之前。

(例) Would you and your sister come on time?

请你和你的妹妹按时来好吗?

I'll wait for you and her to reply.

我等着你和她的答复。

he 和 she 并列时，其词序为：

- he and she（两者都为主格）
- him and her（两者都为宾格）

（例）He and she are a couple, aren't they?

他和她是一对夫妇，是吗？

如果直接宾语和间接宾语都是人称代词时，一般是把直接宾语放在间接宾语之前，间接宾语前要加介词 to 或 for，即：

主语＋谓语动词＋直接宾语＋to/for＋间接宾语

（例）I sent it to him.

我把它寄给他了。

He's bought them for you.

他这些东西是给你买的。

在"动词＋副词"构成的短语动词中，宾语的位置如下：

- 如果宾语为名词，可放在动词和副词之间，也可放在副词后；
- 如果宾语为代词，就只能放在动词和副词之间。

（例）Take your shoes off.
Take off your shoes.
Take them off.

把你的鞋子脱掉。

Please bring in these books.
Please bring those books in.
Please bring them in.

请把那几本书拿进来。

一般地说，代词应该出现在被指代的名词或名词短语之后，有时也可能出现在被指代的名词或名词短语之前。在主从复合句中，代词常常都用在从句中，而从句又常放在主句前；这样代词就先于被指代的名词出现了。

（例）The Ransoms used to have a lot of money, but they don't any more.

蓝赛姆一家过去很有钱，但如今却风光不再了。

Frank wishes(that)he had taken your advice, but he didn't.

弗兰克真希望他当时接受了你的劝告，可他没有接受。

When he was working, Tom liked perfect quietness.

汤姆工作时，喜欢绝对安静。

When his first book was published, Fisher was 25.

菲希尔的第一本书出版时，他才二十五岁。

3 物主代词

物主代词分为形容词性物主代词，如 my，your，our，their 等和名词性物主代词，如 mine，yours，ours，theirs，hers 等。

3-1 形容词性物主代词

形容词性物主代词不能单独使用，只能用在名词或代词 one 之前。

形容词性物主代词的人称、数和性取决于它所代替的所有者，而不是被它修饰的拥有物。

(例)

My sister lost her bicycle.

我妹妹把（她的）自行车丢了。

My brothers lost their bicycle(s).

我的兄弟们把（他们的）自行车丢了。

This is her umbrella.

这是她的伞。

"形容词性物主代词 + own"之后，可以跟名词也可以不跟名词。这一结构主要用来强调所属、单独性、独特性，或强调一种对比。

(例)

Don't ride my bike. Ride your own (bike). 对比

别骑我的自行车，骑你自己的。

I saw it with my own eyes. 所属

我亲眼看见的。

The orange has a scent all its own. 独特性

桔子有自己独特的香味。

I took the task on my own shoulders. 强调所属

我一手承担起这项任务。

This is a job of my own choice.

= This job is of my own choice.

这是我自己选择的工作。

有时，也可以用"a(n)+ 单数名词 + of + 形容词性物主代词 + own"来代替"形容词性物主代词 + own + 名词"。

(例)

my own bike

a bike of my own

我自己的自行车

We've got our own car.

We've got a car of our own.

我们现在有自己的车子了。

For some reason of his own he quit college.

= He quit college for his own reason.

他因个人原因而退学了。

3-2 名词性物主代词

名词性物主代词与形容词性物主代词之间有以下异同点：

- 两者的人称、数和性都取决于它们所代替的所有者，与被占有物无关。
- 名词性物主代词后不能跟名词或代词 one，它总是单独用在句子中，充当主语、表语、宾语、介词宾语、宾语补语等。

(例) **These are our coats, and yours (= your coats) are there.** 作主语

这些是我们的外衣，你们的(外衣)在那边。

This umbrella is mine(= my umbrella). 作表语

这把伞是我的。

I believed his to be hers. 前者作宾语，后者作表语

我把他的当成是她的了。

"名词 + of + 名词性物主代词"的用法与"名词 + of + 名词所有格(-'s)"的用法一样，都表示整体中的一个部分。

(例) **Mr.White is a friend of mine (= one of my friends).**

怀特先生是我的朋友(中的一个)。

His wife had gone to visit a distant relative of hers.

他妻子到她的一位远亲家里去了。

An old friend of mine has just arrived in Europe.

我的一位老朋友刚到欧洲。

My friend, Mr. White, is a teacher.

我的朋友怀特先生是一位教师。

He is my best friend at college.

他是我大学时代最要好的朋友。

> **a friend of mine** 的说话者没有特别指出是哪一个，只是比较含糊地提一下，而 **my friend** 则表示前面曾经提到，或者是听话者知道是指谁，或者说话者要刻意说到的某一具体的人。

"this / that+ 单数名词 +of+ 名词性物主代词"，与"these / those+ 复数名词 +of+ 名词性物主代词"这一结构，在大多数情况下都表示出一种感情色彩，常常用来对人或物发表评论或用来加强语气。这种评论可能是肯定的，也可能是否定的。

(例) **this lovely child of yours**

你这可爱的孩子

those dictionaries of yours

你那些词典

I don't like that smile of hers.

我不喜欢她那种微笑。

> 比 **"I don't like her smile."** 所表达的感情更为强烈

That bottle of yours leaks.

你那个瓶子是漏的。

it的物主代词只有一种形式——形容词性物主代词its，而没有名词性物主代词。换句话说，its不能单独使用，其后总是要跟有名词或one.

(例) **The dog ran toward me wagging its tail.**

那条狗摇着尾巴朝我跑过来。

The baby threw its toy on the floor.

孩子把玩具扔在地上。

注意区别its和it's,后者为it is或it has的缩略形式。

3-3 用法比较

形容词性物主代词与"(名词+) of + 人称代词宾格"都可以表示所属关系，此时两者可以互换。但是，有时两者之间也存在着较大的区别。

"名词 + of + 人称代词宾格"还可以表示部分和整体的关系；而形容词性物主代词却不能表示这种含义。因此，两者不能换用。

(例) **Take part of it, not the whole of it.**

只拿(其中的)一部分，不要全拿走。

Part (A part)of it was spoilt.

这东西的一部分已经坏了。

A part of him wanted to die.

他有些想死的念头。

注意比较左边这三个例句。这几个例句中的"of + 人称代词宾格"表示部分与整体的关系，不能为物主代词所替换。

如果"表示动作的名词+of+人称代词宾格"中的人称代词宾格为该名词的逻辑宾语时，则不能与物主代词换用。试比较下面两个句子：

(例) **I cannot bear the sight of him.**

我真不愿意见到他。

him不能与his换用

Out of my sight!

走开！

这是因为形容词性物主代词与表示动作的名词连用时，两者之间通常是逻辑上的主谓关系，如：

(例) **Do you mind my smoking? = Do you mind if I smoke(d)?**

我抽支烟可以吗？

"表示动作的名词 + of短语"中的of短语可能为该名词逻辑上的主语，也可能是其逻辑上的宾语。

(例) the roar of the ocean 海的咆哮 为逻辑主语 | the explanation of the cause 对原因的解释 为逻辑宾语

在一些习语中，"名词+of+人称代词宾格"和"物主代词+名词"表意不同，如：

- **for the life of me / him** (用于否定句)无论如何也(不)，要命也(不)
- **for one's life** 逃命(似)地……，拼命地……

(例) **She can't for the life of her remember where she left her keys.**

她怎么也想不起来把钥匙放在哪儿了。

I cannot understand it for the life of me.

我无论如何也搞不懂。

He held on to the rope for his life.

他死命地抓住绳子不放。

He sprang out of the hut and run for his life toward the woods.

他一下子跳出小屋，拼命地朝着树林跑去。

"名词+of+人称代词宾格"和"物主代词+名词"在某些情况下是可以换用的，区别只是强调的重点不同。

- "物主代词＋名词"强调或突出的是名词；
- "名词＋of＋人称代词宾格"强调的是"of＋人称代词宾格"。

(例) **Gambling was his ruin.** 强调 ruin
Gambling was the ruin of him. 强调 of him

赌博是他堕落的原因。

This carelessness will be his ruin. 强调 ruin
This carelessness will be the ruin of him. 强调 of him

他这样粗心大意早晚要倒霉。

I don't like the look of him. 强调 of him
I don't like his look. 强调 look

我不喜欢他那个样子。

Never judge a man by his looks.

绝不能以貌取人。

4 反身代词

反身代词既可起反身的作用，又可起强调的作用。与人称代词一样，反身代词的人称、性和数要与它所指代的名词或代词一致。

4-1 反身代词与动词连用

反身代词作及物动词的宾语(直接宾语或间接宾语)时，通常表示句中的主语，同时也是自己所做的动作的承受者或对象。即当句中的主语和宾语为同一个人或物时，宾语用反身代词。

(例) **I don't blame you, I blame myself.**

我不责备你，我是责备我自己。

He cut himself while he was shaving.

他刮脸时，把脸划破了。

How did you get yourself so dirty.

你怎么把自己弄得这么脏。

She saw herself in the driving mirror.

她在(汽车的)反光镜中看到了自己。

Make yourself at home.

请别客气。

He felt himself very ignorant.

他觉得自己非常无知。

You, Frank and I must make ourselves respected.

你、我和弗兰克都应让人尊重。

But now they're starting to express themselves and say they want to maintain their positions as Indians.

但是现在，他们开始发表自己的意见了，他们说要保持他们的印地安人的身份。

有些动词，尽管其主语就是动作的承受者，但用作宾语的反身代词有时可以省略。如若没有省略反身代词，则通常表示动作要经过一定努力才能完成，也可表示强调或对比。

这样用的动词多为及物和不及物两用动词，如 **wash**，**shave**，**prove**，**adjust** 等。

(例) **Her mother dressed Barbara, but Fred dressed himself.**

妈妈给芭芭拉穿衣服，弗雷德自己穿。

He behaved (himself) well.

他举止得体。

Please behave yourselves.

你们一定要规矩点。

The child hid(himself)behind the door.

孩子在门后躲了起来。

有些动词之后必须要加上反身代词，方能表达出该动词要表达的含义。

(例) **Mr. Kelvin absented himself from the meeting.**

凯尔文先生没有出席会议。

You should avail yourself of the opportunity to explain that to her.

你要利用这个机会对她说明此事。

He had to accustom himself to the cold weather.

他要使自己习惯于这种寒冷的气候。

She prides herself on her cooking.

她对自己的厨艺很是得意。

You will enjoy yourself if you travel by sea.

如果在海上旅行，你会很快活。

Please help yourself to the cake.

请吃蛋糕吧。

常见的“动词＋反身代词”的固定搭配

- **busy oneself(in) doing sth** 忙于……
- **reserve oneself for...** 为……养精蓄锐
- **carry oneself like...** 举止很像……
- **acquit oneself of...** 履行……
- **be take oneself to...**赴……；使用……
- **apply oneself to...** 致力于……
- **be think oneself of...** 想到……
- **pledge oneself to (doing)** 保证……
- **oversleep oneself** 睡过了头
- **wash oneself** 洗澡

4-2 反身代词用作介词宾语

反身代词用作介词宾语时，它所指代的对象仍为句中的主语。

在“及物动词＋宾语＋介词＋宾语”中，反身代词可作介词的宾语。

(例) **He admitted to himself that what he really needed was peace and quiet.**

他意识到自己真正需要的是平静和安逸。

You mustn't take it upon yourself.

你不必对此承担义务。

Keep the news to yourself.

你要对这个消息保守秘密。

He addressed the letter to himself.

他在应写收信人地址的地方写上了自己的姓名和地址。

在"不及物动词＋介词＋宾语"这一结构中，介词的宾语如果是回指句中主语，就要用反身代词。

(例) **They rely on themselves, which is much better.**

他们要自力更生，这就好多啦。

She lost her temper, but soon came to herself.

她大发脾气，但又很快控制住自己。

You don't have to worry; I can look after myself.

你不必担心，我能照顾好自己。

We need to believe in ourselves.

我们需要有自信心。

She thinks only about herself, never of other people.

她只考虑自己，从不考虑他人。

如果反身代词用作"及物动词＋副词小品词"的宾语，其词序应为："动词＋反身代词＋副词小品词"。

(例) **They gave themselves up to despair.**

他们彻底绝望了。

He wouldn't put himself out for anyone.

他不肯为别人劳神费力。

在"名词＋介词＋宾语"中，反身代词可作介词宾语。

(例) **He made no complaint for himself.**

他并没有为自己叫屈。

There was an invitation to my wife and myself.

我和我妻子收到了请柬。

You've saved me from making a spectacle of myself in the street.

是你使我免于在街上当众出丑。

在"形容词＋介词＋宾语"中，反身代词作介词宾语。

(例) **I am ashamed of myself for that.**

我对此深感惭愧。

He looked pleased with himself.

他显得洋洋得意。

I feel sorry for myself.

我倒霉透了。

"介词+反身代词"在句中用作状语时，通常具有一定的感情色彩或具有一种比较的意味。

(all) by oneself
- 独自一人(没有他人在一起)
- 独立地(没有他人帮助)
- 自动地，自然地

(例) **She sat on the park bench by herself.**

她独自坐在公园的长凳上。

Although Jane came to the party with her boyfriend, she left by herself.

尽管珍妮是与男朋友一块儿来参加晚会的，但她是独自一个人走的。

The little girl cannot carry this table (all) by herself.

那小女孩一个人搬不动这张桌子。

The boy finished the job by himself.

那男孩独立完成了工作。

The machine works by itself.

这台机器自动运转。

The door opened by itself.

门自己开了。

for oneself
- 为自己，替自己(供自己使用)
- 自己(不依靠他人)

(例) **He built a new house for himself.**

他为自己造了一座新房子。

One should not live for oneself alone.

人不应该只为自己活着。

I won't tell you. You find it out for yourself.

我不告诉你，你自己去弄清楚吧。

I can do it for myself.

我可以自己干这件事。

for oneself 的第二个含义与 **by oneself** 的第二个含义相近，前者强调"为自己的利益"；而后者全然不包含这样的情绪。

in oneself (,but...)

就其本身来说，基本上 (= without considering the rest)

(例) **This matter isn't important in itself, but it's worrying him a great deal.**

这件事本身并不重要，但它让他特别烦恼。

He is not bad in himself, but he's so weak-minded.

他人并不坏，只是太优柔寡断了。

Competition is neither good nor evil in itself.

竞争本身并没有好坏之分。

to oneself

独自享用或占用 (= for one's own private use)

(例) **I want a little time to myself.**

我要有点儿自己的时间。

She wants a bedroom to herself.

她要一间独用的卧室。

When I dine in a restaurant I like a table to myself.

我在餐馆就餐时，喜欢自己用一张桌子。

She kept the secret to herself.

她把秘密放在自己的心里。

> 注意：**say to oneself** 的意为“心里想”。

among themselves/ourselves/yourselves

他们／我们／你们自己互相间

(例) **They are always quarreling among themselves.**

他们互相间老是吵个不停。

We'll talk about the matter among ourselves.

我们彼此间要讨论一下这个问题。

> 这种用法与动词本身的含义有很大关系。像 **quarrel, argue** 等，本来就是发生在两者之间的事。

但是在下面的例子中就不需要加介词 **among**：

(例) **They blamed themselves for this failure.**

他们把这一失败归咎于他们自己。

这是因为 **blame** 不会产生“互相”这一歧义，如果要强调“相互”谴责，则需用相互代词 **each other**。如：

(例) **They blamed each other for this failure.**

他们为这次失败相互指责。

between ourselves / between you and me
只限于你我间的秘密；你知我知（不能外传）

(例) **Between ourselves, he won't live long.**

咱们私下说吧，他活不久了。

This matter is between ourselves.

这件事只能是你知我知，不能外传。

"介词＋代词"表示空间或时间关系时，如果所指很具体，不会造成误解，那么尽管代词与主语是指同一个人，通常也只用人称代词，而不用反身代词。

(例) **You'd better take an umbrella with you.**

你最好随身带把伞。

Have you any money on you?

你身上有钱吗？

Place your examination papers in front of you.

把试卷放在自己前面。

She shut the door behind / after her.

她随手关上了门。

We have a whole month before us.

我们还有整整一个月的时间呢。

I placed the book in front of me.

我把书放在自己面前。

> 有时，为了把意思表达得更清楚，或者是为了加强对比，为了强调，也可用反身代词替代人称代词，如：
> **Holding a bathrobe around her / herself, she walked up to him.**
> 她身上裹着件浴衣，径直向他走来。

反身代词常常用在 than、as(for)、like、but(for)、except(for)、besides 等之后，表示强调。此时通常可以与人称代词换用。

(例) **For somebody like myself (= me), this is a big surprise.**

对于像我这样的人来说，这真是一个很大的意外。

Did anyone hear the news besides yourself(you)?

除了你，还有人听到了这个消息吗？

As for myself, I don't mind it at all.

至于我，我才不在乎呢。

You can blame no one but yourself.

你要怪就怪你自己吧。

His wife is several years older than himself.

他的妻子比他大几岁。

4-3 反身代词作名词或人称代词的同位语

反身代词可以在句中作名词或人称代词的同位语，用来加强语气或表示强调，可译为“亲自”、本人”。如果省去反身代词，句子含义也不会有实质性的改变。这样用时，反身代词在句子中的位置比较灵活，如果是作主语的同位语，可以紧跟在该名词或代词的后面，也可置于句末。如果是充当其它句子成分的同位语，通常都是置于该名词的后面。

(例) **Frank himself closed the window. = Frank closed the window himself.**

弗兰克亲自关上了窗子。

He himself said so.

他自己那么说的。

Work itself is not a single concept.

工作本身并不是一个单一的概念。

I must see the chairman himself.

我必须要见主席本人。

They were introduced to the mayor himself.

他们被介绍给市长本人。

He wants to see Mrs. Brown herself.

他想见布朗太太本人。

The thing itself is not so important.

这件事本身并不特别重要。

在祈使句中用 **yourself** 还是用 **yourselves,** 要取决于祈使的对象。
如果对象是你(单数)，用：**Do it yourself.**
如果对象是你们(复数)，用：**Do it yourselves.**

反身代词用作名词的同位语时，也可能表示一种让步，或是粗鲁无礼。

Shakespeare himself never wrote a better line than that. 让步

即使是莎翁本人也没写出过比此更好的诗句。

— Can you carry the suitcase for me?

— Carry it yourself. 粗鲁

你能帮我拿这只衣箱吗?

你自己拿吧。

4-4 反身代词用作表语

反身代词也可用在 **be, feel, seem, look** 等系动词之后，通常描述身体、精神等方面的感觉或状态。

（例） **After a few days of rest, he was more himself again.**

休息几天之后，他的身体好多了。

I'm not feeling myself these days.

我近来觉得身体不适。

The baby was soon itself again.

婴儿很快就痊愈了。

4-5 反身代词用作并列主语的一部分

反身代词通常不能单独用作句子的主语，但有时可以代替人称代词，特别是代替 I，与名词并列起来作主语，以构成主语的强调部分。

（例） **My sister and myself were invited to the party.**

我妹妹和我本人都被邀请去参加晚会了。

Neither Emile nor yourself were aware of it.

埃米尔和你都没意识到这一点。

My brother or myself will take care of your roses while you are away.

你不在时，我兄弟或是我自己来照顾你这些玫瑰。

4-6 反身代词用作独立结构的逻辑主语

如果独立结构的逻辑主语与句子的主语一致，则可用反身代词作独立结构的逻辑主语。这种用法除表示强调外，也用来表示让步或原因。

（例） **Herself still a girl,Victoria was called upon to become queen of a great empire.** 让步

尽管维多利亚自己还是个小女孩，但她已被立为一个伟大帝国的女王。

Rome is older than London, itself an ancient city. 强调

罗马本身就是一座古城，它比伦敦还古老。

Himself a young man, he understood my feelings. 原因

因为他自己就是青年人，所以他理解我的感情。

5 人称代词等和先行词的一致关系

人称代词、物主代词和反身代词都有人称、数和性的变化。这意味着它们必须与被它们指代的词保持人称、数和性上的一致。这种一致关系的确定，与主语和谓语一致的条件十分类似，因此，在学习时可互相参照。

代词与先行词的一致

人称代词、物主代词和反身代词必须在性、数和人称方面与其所指代的先行词保持一致。

（例） **Mr. Jameson did his best.**

詹姆森先生尽了最大努力。

The city is proud of its parks.

这个城市的公园非常出色。

I am teaching myself English.

我在自学英语。

She bought herself a very expensive coat.

她给自己买了一件昂贵的外套。

代词通常要与被指代的名词短语中的中心词保持一致。试比较下面一组例句的异同：

（例） **Where is my new pair of glasses? I can't find it.**
Where are my new glasses? I can't find them.

我的新眼镜在什么地方?我找不到了。

用代词指代"a(n) + 单数名词"

当"a(n) +单数名词"用来泛指"任何一个人"时，通常用单数阳性代词(he，his，或 himself) 指代，但现在多是阳性和阴性代词并用 (he / she，he or she 等)。

（例） **A student should always do his assignments.**

= A student should always do his or her assignments.

学生无论何时都应完成作业。

A pharmacist fills prescriptions, but he is not allowed to prescribe medicine for patients.

= A pharmacist fills prescriptions, but he or she (he/she, 或 s/he)is not allowed to prescribe medicine for patients.

药剂师照处方配药，但不得给患者开处方。

用代词指代"单数名词 + and + 单数名词"

当两个或两个以上的单数名词用 and 并列起来时，后面要用复数代词指代，即："单数名词 + and +单数名词" →复数代词(they，their，themselves 等)

(例) Food and rent are more expensive than they used to be.

食品和租金都比过去贵了。

Jack and Dick came with their uniforms on.

杰可和迪克穿着制服来了。

用代词指代"every/each + 单数名词 + and + 单数名词"

"every/each + 单数名词 + and + 单数名词"结构要用单数代词指代。而这两个单数名词中，如果一个为阳性名词，另一个为阴性名词时，则要用单数阳性代词 (he，his 或 himself) 来指代。

(例) **Every boy and girl performed his duty.**

每个男孩和女孩都完成了自己的任务。

Every man and woman has his own rights.

(每个)男人和女人都有自己的权利。

用代词指代用 either... or 和 neither... nor 并列的名词

- 两个单数名词用 either... or 或 neither... nor 连接时，要用单数代词指代；
- 如果这两个名词中一个为单数，另一个为复数，或一个为阳性，另一个为阴性时，指代用的代词与邻近的名词一致；
- 当这两个名词的性别不同时，也可以用 he or she 指代。

(例) **Either an expensive flat or an old country house has its own advantages.**

豪华公寓或者是古老的乡间别墅都有自己的优点。

Neither Fanny nor John did his best.

范妮和约翰都没有尽力。

If either David or Janet comes, he or she will want a bedroom.

如果戴维或者珍妮特来了，他或者她会需要一间卧室。

现在常用 they 来取代上述句中的单数代词。

(例) **Neither Tim nor his brothers found what they wanted to buy in this shop.**

蒂姆和他的兄弟们都没有在这家商店里找到他们想要的东西。

If either Bill or his sister come(s), they'll be a great help.

如果比尔或者他姐姐来了，那都会有很大帮助的。

Either Guy or Helena is / are at fault, they should be more careful.

不是盖伊就是海伦娜出了错，他们都应该更小心点。

用代词指代不定代词等

- 不定代词(**everyone / everybody / no one / nobody / anyone / anybody / someone / somebody**)以及**each / either / neither / every** +单数名词，**one of** +复数名词等需要用人称代词、物主代词或反身代词指代时，通常采用单数形式。至于性，可根据上下文选择。
- 若性别不明确，通常用阳性代词指代，有时也可用 **he / she, he or she** 等指代。
- 在非正式英语中，现在更常用复数形式 **they / their** 等，特别是在泛指“人人”、“一些人”时，更是如此。

(例) **Neither of the girls achieved her purpose.**

没有一个姑娘达到目的。

I recognized one of the boys, but I didn't speak to him.

我认出了一个男孩，但我没有和他说话。

If anyone calls, tell him / them I'll be back later.

有人打电话来，就说我稍后就回来。

Every student is expected to give his or her opinion.

学生们人人都要提出自己的意见。

Nobody in his right senses would do such a silly thing.

没有一个有理智的人会做那种蠢事。

I shall be glad to help everyone of the girls in her / their studies.

我非常高兴帮助姑娘们学习。

Everybody must try their best to win.

人人都必须尽最大努力去赢得胜利。

Each student in my class is working as hard as he can.
Each of my students is working as hard as he can.

我班上的每一个学生都在尽力学习。

不定代词**one**虽有相应的**one's**和**oneself**，但在很多情况下，特别是在美语中，常用**he**，**his**，**himself**等指代，而不用**one's**或**oneself**，以避免重复。

(例) **One should do one's / his best.**

人做事应尽力而为。

One should respect oneself / himself.

人应自重。

用代词指代集合名词

集合名词被看成一个整体时，用单数代词指代；如果要强调其中的每个个体，则应用复数代词指代。

（例） **The committee submitted its new plan to the mayor.**

强调整体

委员会向市长呈交了一份新计划。

The committee were unanimous in their opinion.

强调个体

委员会全体成员之间的意见完全一致。

- 在非正式用法中，集合名词作主语时，谓语用单数形式，但用代词指代它时，常都用复数形式。
- 在正式用法中，谓语和所用代词则应在数上保持一致，特别是当两者出现在同一个句子中时。

（例） **My Family is loving and supportive. They are always ready to help me.**

非正式用法

My family are loving and supportive. They are always ready to help me.

正式用法

我的家庭充满爱心，并且相互支持，我的家人总是乐意给我以帮助。

用代词指代人称代词

如果被指代的先行词是由几个代词并列组成，或由名词和代词并列组成时，用来指代此先行词的代词要根据下列原则选用：

- 并列代词中有第一人称时，用 **we** 指代；
- 并列代词中有第二人称时，用 **you** 指代；
- 其他用 **they** 指代。

（例） **Did you and Jane hand in your compositions?**

你和珍妮交作文了吗？

If you, Jane and I have finished our work, we may go home.

如果你、珍妮和我都已完成工作，我们就可以回家了。

Jane and I expected to be admitted to Beijing University, but we weren't.

珍妮和我盼望着能被北京大学录取，但是我们没被录取。

He and his friends were having a good time when I saw them at the party.

当我在晚会上见到他和他的朋友们时，他们玩兴正浓。

You and I have to make that decision ourselves. No one can make it for us.

你我必须自己做出这一决定。没有人能为我们做决定。

用代词指代“数词＋复数名词”

“数词＋复数名词”在表示一个整体概念时，要用单数代词指代。

(例) **Five dollars doesn't buy as much as it used to.**

现在，五美元已买不了从前那么多的东西啦。

I have only five dollars. Now I give all of it to you.

我只有五美元了。我把这点钱都给你。

us在祈使句的使用

在口语中，特别是在祈使句中作间接宾语时，us常被用来代替me。

(例) **Tell us(= Tell me)what has happened over there.**

请告诉我那边发生了什么事情。

Let's have a look.

= Let me have a look.

让我看看。

Let's give you a hand.

= Let me give you a hand.

让我来帮助你。

6 指示词

指示词	单数	复数
近指	this	these
远指	that	those

这四个指示词中，**this**和**these**用于近指，即指代或修饰在空间或时间上距说话者近，或者是说话者认为比较近的人或事物；而**that**和**those**则用来指代距离比较远的人或事物。不过，在很多情况下，这种区别并不那么明显，甚至没有区别。

(例) **Who said that?**

那是谁说的？

There are many high mountains in this country.

这个国家多高山。

This room (Brant and I live in) is a lot warmer than that one (across the passage).

(布兰特和我住的)这个房间要比(过道对面的)那个房间暖和得多。

This bike is mine and that one is yours.

这辆自行车是我的，那辆是你的。

指示词可以用作指示形容词(放在名词 / one / ones 之前作定语)，也可以用作指示代词(用来代替名词或名词短语等)。下面我们分别讲述指示形容词和指示代词。

6-1 指示形容词

指示形容词必须与被修饰词在数上保持一致。单数的指示形容词也可用作不可数名词的定语：

(例) **This meat is bad.**

这肉坏了。

Those shoes are his.

那双鞋是他的。

指示形容词可与表示时间的名词连用：用 this / these 指现在、最近一段时间或不久的将来；用 that / those 指过去。

- **these days** 近来，现在
- **those days** 那时
- **at that time** 在那时
- **to this day** 至今
- **to that day** 直到那天
- **this week/month/day** 本周/这个月/今天

(例) **He will be fifteen this year.**

今年他满 15 岁。

I saw Mrs. Jones this morning.

今天早晨我看见琼斯太太了。

The crops died during the drought that summer.

那年夏天，庄稼都旱死了。

To this day no one knows the truth.

至今无人知道真相。

> **This day week/month/year.**
> 上/下一周/一月/一年的今天。
> 例：**If today is 1 January, this day week will be 8 January.**
> 如果今天是一月一日，那么一周后的今天就是指一月八日。

that / those 用作指示形容词时，除表现在空间或时间上的距离之外，有时也可以表示一种感情上的距离，如：轻蔑、不赞成、不喜欢等。

(例) **I don't like those rules and regulations.** (those：不喜欢甚至厌恶)

我不喜欢那些规章制度。

I distrust that man. (that：感情上不信任或轻蔑)

我不信任那个人。

See those big feet of his. (those：轻蔑、嘲笑)

瞧他那两只大脚。

You look ridiculous in those tight jeans.

不喜欢

你穿上那条紧身裤子看上去很可笑。

Jane is coming. I hope she doesn't bring that husband of hers.

不赞成或不喜欢

珍妮要来，我希望她别把她那位丈夫带来。

用作 one / ones 的定语时，如果指示形容词与 one / ones 之间没有其他形容词定语，one / ones 便可省略。

(例) **— Which(one) will you take?**

— I'll take this (one).

你要哪个？

我要这个。

I don't like this shirt. Show me that one.

我不喜欢这件衬衫，请让我看看那一件。

Show me those blue ones.

请让我看看那些蓝色的。

this / these 用作名词定语时，可以用来指前面已出现的部分，但偶尔也用来指句子中将要出现的部分。

(例) **Everybody must be in the house before 9 o'clock; we must obey this rule.**

9 点之前必须回来，我们必须遵守这一规定。

These things are forbidden here: littering, smoking and making noise.

此处禁止乱丢废弃物、吸烟和喧闹。

6-2 指示代词

this / these, that / those 用作指示代词时，一般都指物。但是如果与 who 连用，或者用作主语，而且谓语动词为 be 时，也可指人。

(例) **Who did this?**

这是谁干的？

What are those?

那些是什么？

Are those your brothers?

那几个人是你的兄弟吗？

This costs more than that.

这个比那个贵。

Who is that?

那个人是谁？

That's Frank at the bus-stop.

汽车站上的那个人是弗兰克。

Linda, this is Tom Baker. Tom, this is Linda White.

琳达，这是汤姆 · 贝克。汤姆，这是琳达 · 怀特。

和作指示形容词时一样，that / those 作指示代词用来指人时，有时也会带有感情色彩，特别是表示轻蔑或不屑一顾，也可表示(特别是对孩子的)鼓励或夸奖。

(例) **Do you call that a gentleman?**

你能称这样的人是位绅士吗?

Make haste to come; that's a good girl.

快来吧!乖孩子。

打电话时，英国人常用 this 来自我介绍，用 that 问对方是谁；而美国人往往都用 this。

(例) **Is that you, John?**

是你吗，约翰?

This is John speaking.

我是约翰。

Who's this calling, please?

请问你是谁?

Hello, this is James.

你好，我是詹姆斯。

Who is that speaking? — 英语

Who is this speaking? — 美语

你是谁?

在同时提到两个事物时，可以用 that 指前者，this 指后者。

(例) **Drinking and smoking are both harmful to our health; this, however, is more harmful than that.**

喝酒、吸烟都有害于身体；但后者(吸烟)比前者(喝酒)害处更大。

Work and play are both necessary for health; this(=play)gaves us rest, and that(=work)gives us energy.

工作和消遣都是有益于健康的；消遣让人得到休息，而工作让人充满活力。

---

this 和 that 都可用来指代或概括上文刚刚提到的事物，或指代前面整个句子的内容。两者在含意上没有差别，只是 that 多用在较正式的文体中。

(例) **I cannot agree to that.**

我不能同意这一点。

After that we went home.

然后，我们就回家了。

We can in no way allow this / that to continue.

我们决不允许这种事继续下去。

His car broke down on the way. This / That made him late for the train.

他的车子在半路上抛了锚，这使他没能赶上火车。

Send her a birthday card —— that's the easiest thing to do.

给她寄张生日贺卡——那是最容易不过的事了。

如果要指代下面将要叙述的事情，通常都用 this；用 that 指代下文的情况很少，并且往往都带有一定的感情色彩，如讽刺、决心、气愤的反话等。

（例）**I want to know this: Has this Mrs. Jones been here the whole morning?**

我要知道，这位琼斯太太在这儿呆了整整一上午吗？

That's that. We can't do it.

情况就是如此，我们干不了。

I like that. He damages my bike and then blames me for letting him use it.

我可是喜欢这样的事。他弄坏我的自行车，然后说我不该让他用。

---

that 可用来指代刚刚说过的直接引语。

（例）**"We've had a lot of fun at the party", as the girl said that, a pleasant smile spread over her face.**

"我们在晚会上玩得非常快活，"那女孩说这话时，脸上漾开灿烂的笑容。

---

that / this 也可用作状语修饰副词或形容词，表示程度，意为"那样"，"那么"。

（例）**The girl wasn't that clever.**

那女孩没有那么聪明。

Can you walk that far?

你能走那么远吗？

The dictionary is about this thick.

那本字典大概有这么厚。

---

that / those 可用来代替句中前面已经出现的名词或名词短语，以避免重复。这时，that / those 一般都是用在两项同类事物进行比较、对照等的句子中，其后多有一个 of 短语作定语。

（例）**The population of China is much greater than that of Japan.**

中国人口比日本人口多得多。

Her children are all boys, while those(= the children)of her younger sister are all girls.

她的孩子全是男孩，而她妹妹的全是女孩。

Aluminum is a light metal with a density about a third of that of steel.

铝是一种轻金属，其密度大约是钢密度的 1/3。

Myra's voice is as sweet as that of a bird.

玛拉的声音像小鸟(的声音)一样甜美。

Indeed his greatness lay in the outstanding ability to combine the qualities of an original scientist with those of a forward-looking industrialist.

的确，他的伟大在于他具有卓越的能力，能把一个有独创性的科学家的本质同一个有远见卓识的实业家的品质结合起来。

---

that / those 之后可跟一个后置定语(形容词短语，分词短语，介词短语等)，也可以跟一个定语从句。如果引导定语从句的关系代词在从句中作宾语时，也可省略。

(例) **Those applying for the post are young girls.**

申请这一职位的都是年轻女孩。 现在分词短语作定语

Those present were glad at the news.

出席者为这一消息而感到高兴。 形容词作定语

Of those expected only a few turned up.

在应该来的人中只到了几个人。 过去分词作定语

The best coal is that from Newcastle.

最好的煤是纽卡斯尔产的。 介词短语作定语

— **Which house?**

— **That with a verandah.**

哪座房子？

有阳台的那一座。 介词短语作定语

Those that are on the shelf are not mine.

架子上的东西不是我的。 定语从句作定语

There was that in him which commanded respect.

他身上有那种让人肃然起敬的东西。 定语从句作定语

Who is that(that) I see?

我去见的那个人是谁？

that / those 用定语从句修饰时，通常指物不指人，除非是与 who 连用。

如果 sort of / kind of / type of 后面跟有名词复数时，其前面可以用 these/those 来修饰(此时sort/kind/type一般为单数)。这种用法多出现在口语中，即：

these/those + sort/kind/type of + 名词复数

(例) these sort of things
这类事情

those type of tractors
那种型号的拖拉机

These kind of books are very useful.
This kind of books are / is very useful.
Books of this kind are very useful.
这类书很有用。

7 相互代词

相互代词是一种表示两者或更多的人或物互为对方做某事，或互与对方有某种联系的代词。

7-1 相互代词的形式

相互代词即**each other**和**one another**。传统语法认为**each other**用于两者之间，而**one another**用于较多人(三者或三者以上)之间，但在现代英语中，人们已不太注意这种区别；**each other**和**one another**可以通用。它们的形式如下：

主格和宾格	所有格
each other 相互	each other's 彼此的
one another 相互	one another's 彼此的

7-2 相互代词的用法

1 用作动词的宾语

(例) **People ought to help one another.**
人们要互相帮助。

They began to blame each other.
他们开始互相指责。

We should support one another.
我们应互相支持。

2 用作介词宾语

(例) **Neighboring states often sign trade agreement with one another.**
相邻的州(之间)常常互相签定贸易协定。

They gave presents to each other / to one another.

他们互赠礼品。

After the match, the two players shook hands with each other.

比赛结束后，两位运动员互相握手。

They were afraid of each other.

他们彼此惧怕。

I put all the books on top of one another.

我把书一本一本地摞起来。

3 所有格形式用作定语，表示所属

（例）**They usually meet in one another's homes.**

他们通常在彼此的家里会面。

They knew each other's weaknesses.

他们了解彼此的弱点。

The boys used one another's books.

孩子们交换使用彼此的书。

8 不定代词

不定代词指那些没有明确指出替代对象的代词，也就是说，是那些不指明替代任何特定名词或形容词的代词。

（例）**I like none of these pictures.**

我不喜欢这些画中的任何一幅。

She finished her coffee and asked for another.

她喝完一杯咖啡后，又要了一杯。

Everything's all right now.

现在一切都很顺利。

8-1 不定代词概述

不定代词可以分为以下两类：

- 名词性不定代词在句中可以单独作主语、宾语、表语或同位语等。
- 形容词性不定代词在句中只能充当修饰语——定语。

有很多的不定代词既可用作形容词性不定代词，也可用作名词性不定代词。不定代词所包括的各种代词和基本用法见下表。

不定代词	基本用法
all, each, both, either, neither, one, little, few, many, much, other, another, some, any	在句中可用作主语、宾语、表语或定语。
everybody, everyone, everything, somebody, someone, something, anybody, anyone, anything, nobody, no one, nothing	在句中可用作主语、宾语或表语。由-body和-one构成的复合代词之后，可跟 else，而且可用所有格(-'s)形式。
none	在句中可用作主语、宾语或表语。
every, no	只能用作定语。

为便于比较和区分，我们将其分为几组来讲述。

8-2 all,each,every,everyone(-body),everything

1 all 用作名词性不定代词时，可用作单数，也可用作复数。

这取决于它指代的对象的含意(例如，指人时为复数，指不具体事物时被视为单数)；或取决于 all 指代的名词的用法(如可数，不可数，单数或复数等)。

(例) **All were agreed.**

大家都同意了。

All is still.

万籁俱寂。

all of 后可跟可数名词，也可跟不可数名词。

(例) **All (of) the people were very happy.**

人人皆大欢喜。

All of the money is yours.

所有这些钱都是你的。

"all of + 人称代词宾格"结构中的 of 不能省去。

(例) **All of us succeeded.**

We all succeeded.

我们都成功了。

"all + 数目字 + 复数名词"结构中的 all 后不能加 of。

(例) **All (the) six boys arrived late.**

六个男孩都迟到了。

"all of + the/that/my 等 + 名词"结构中的 of 可省略。

(例) **All (of) the milk is spilt.**

牛奶都溢光了。

2 all 为形容词性不定代词时，可修饰复数可数名词和不可数名词

"all + 复数名词"或"all + the + 复数名词"

意为"所有的、全部的"

(例) **All things are difficult before they are easy.**

万事开头难(所有的事情都是先难后易)。 "all + 复数名词"表示泛指

All the students in the class passed the exam.

班里全体学生都通过了考试。 "all + the + 复数名词"用于特指

all+ 单数可数名词

表示"整个的，全部的"，也可强调"唯一"或进行对比。

(例) **She hopes with all her heart that he'll be happy.**

她真心诚意地希望他幸福。

That humble little house was all the home that I ever had.

那幢简陋的小房子是我唯一的居所。

She ate all the cake.

她把一块蛋糕全吃了。

all+(the)+ 表示时间的单数名词

表示"贯穿(从头到尾地)"

- **all (the) day (long)** 一整天
- **all (the) night** 一整夜
- **all (the) morning** 一上午
- **all winter** 整个冬天

(例) **He stayed there all the year(round).**

他在那儿呆了一整年。

I haven't worked all (the) day.

我一天都没工作。 这类短语用在否定句中时，通常可不加**the**

all+ 专有名词

表示"全部、整个"

- **all China** 全中国
- **all Japan** 全日本(的人)

(例) **A general strike paralyzed all Paris that day.**

那一天，大罢工使整个巴黎瘫痪了。

all+ 不可数名词

表示"一切的、全部"

(例) **All my money was spent.**

我的钱全部用光了。

All hope has gone.

一切希望都已化为泡影。

all + 表示性质、程度等抽象概念的不可数名词

表示“最大限度”

- **with all possible speed** 尽可能快地，火急
- **in all honesty** 十分诚实地
- **in all earnestness** 十分认真地
- **be all sweetness** 非常温柔
- **in all truth** 的确
- **be all cordiality** 十分热诚

(例) **He suddenly became all attention.**

他突然全神贯注(地听)。

She was all tenderness and kindness.

她对人非常亲切和蔼。

The girl was all disappointment to her mother.

那女孩令她母亲十分失望。

He was all politeness.

他温文尔雅。

这样的短语在句中多作表语或状语。

The storm raged in all its fury.

暴风雨肆虐一时。

all 在表示“最大限度”这一含意时，也可跟表示身体一部分的名词(视情况用单数或复数)一起用作表语，表达与该名词相关的状态。

(例) **The boy is all thumbs.**

那孩子笨手笨脚的。

He was all skin and bones.

他瘦得皮包骨头。

She was all eyes.

她凝神细看。

He was all ears.

他仔细倾听。

3 each 和 every 的比较

它们都可译成“每一个”，都可与单数可数名词连用。

- **each** 既可用作名词性代词(单数，其后不跟名词或代词 one)，也可用作形容词性代词，作其他单数可数名词或 one 的定语。
- **every** 却只能作定语，修饰单数名词。

(例) **Each has his merits.**

人各有所长。

Each boy may try twice.

每个孩子可以试两次。

Every room in this hotel has a private bathroom.

这家旅馆的每间客房都带有浴室。

each可用在有两个或两个以上的人或物时，而every及其合成词用在有三个或三个以上的人或物时。

- each 强调个体，倾向于把整体分开来考虑；
- "every＋单数可数名词/one"及everyone(-body)，everything等，都强调全体，把分散的个体集中为一个整体看待，暗示"无一例外"。
- each通常要指代前文中已提到的人或物，但"every＋单数可数名词/one"和everyone (-body)等无此限制。

（例）**Two boys entered. Each (boy) was carrying a suitcase.**

两个服务员走进来，他们每人都提着一只衣箱。 不用everyone或every boy

There were three boys in the room, and I gave an apple to each/everybody.

屋子里有三个孩子，我给他们每人一个苹果。

Everyone has his faults.

人人都有不足之处。 his也可为their取代

I will do everything in my power to assist you.

我会做一切力所能及的事来帮你。

every与each都可与one连用。但要注意every one(指人或物，表达的是数量)与everyone（指人)的区别。everything有时也可指人。

- each，each one，every one和everyone等都可用单数或复数的人称代词或物主代词指代。
- each，each one，every one之后都可跟of结构，但everyone (-body)之后不能跟of结构。

（例）**He may be everything you say he is, but he's treated me decently, and I don't want to be the one to sell him out.**

他可能就是你说的那种人，但他对我不错，我不愿做出卖他的人。

Each wants to have his / his or her own home.
Each wants to have their own home.

人人都想有自己的家。

Each one of us has his own duty.

我们每个人都有自己的责任。

Examine every one of the glasses carefully as you unpack them.

打开包装时，要对每只杯子都做仔细检查。

Everyone has a right to express his / their own opinions.

人人都有发表自己意见的权利。

Every one / Each / Each one of the workers was invited to state his views.

每个工作人员都被邀请来陈述自己的意见。

each 在句中也可用作同位语，说明复数名词。此时，它在句中的位置比较灵活：

- 可用在被说明的名词之后；
- 可用在间接宾语之后(不能在直接宾语之后)；
- 也可在第一助动词、be 或简单谓语之后。
- 有时，也可出现在句末。

(例) **She bought them each an ice-cream.**

她给他们每人买了一个冰淇淋。

They each signed the paper.

他们各自在文件上签了名。

They must each do their home tasks.

他们都必须做家庭作业。

John, Peter and Bill each say they came first in the race.

约翰、彼得和比尔都说自己跑了第一。

They were each praised for their suggestions.

他们每人都因所提的建议受到了表扬。

We have a copy of that dictionary each.

我们每人都有一本那种辞典。

4 each、every 和 all 的比较

- each，all 可单独使用，但 every 不能单独使用；
- 指代上文中已提到的或已知的人或物时，each，every 和 all the 都可以用。

(例) **Each/Every student in our class wanted to have a dictionary.**

All the students in our class wanted to have a dictionary.

我们班上的每个学生都想有一本辞典。

Every door is locked.

All doors are locked.

每扇门都锁上了。

His every wish came true.

All his wishes came true.

他的每个愿望都实现了。

在指代不确知的或泛指的人或物时，可用 every 或 all(其后不能加 the).

(例)

Every man has his weak side.

All men have their weak sides.

人人都有弱点。

8-3 both，either 和 neither

这三个词都用在只有两个人或物的情况下，都不能与不可数名词连用；但都可用作名词性代词，也都可用作形容词性代词。

1 both 的用法

both 意为“两者都”，可以单独使用，也可用作定语，还可构成下面的短语：

both + (of +) [the / 指示词 / 物主代词] + 复数名词

这一短语中的 of 可以省略；但在 both+of+ 人称代词宾格”这一短语中 of 不能略去。

(例)

Both looks are equally good to me.

在我看来，两个都一样好。

Both (the) stories are true.

两种说法都是对的。

Hold the book in both (your) hands.

(你)用两只手拿着书。

Both (of)the/these/those umbrellas are mine.

两把伞都是我的。

Both of them arrived late.

他们两人都迟到了。

of 不能省去

Now, both kinds of football are played in most schools.

现在，在大多数学校中，两种足球运动都在开展。

You can’t have it both ways. You must decide on one or the other.

你不能鱼与熊掌两者兼得，你必须选择其一。

both 也可用作名词或代词的同位语，通常紧跟在该名词或代词之后。

（例）

They both arrived late.
Both of them arrived late.
他们两人都迟到了。

He wrote to us both.
He wrote to both of us.
他给我们两个人都写信来了。

Mother put them both to bed.
Mother put both of them to bed.
母亲把他们两人安排睡下。

We both want to go.
Both of us want to go.
我们两人都想去。

both 可用在简单谓语之前，也可用在 be 或第一助动词之后。

（例）

They are both present.
他们两人都出席了。

We can both do it.
我们两人都能做此事。

They must both work harder.
他们两人都必须用功些。

They are both useful.
它们两者都有用。

2 all 和 both 在句中的位置(总结)

<table>
<tr><td rowspan="4">前位</td><td rowspan="2">与名词连用</td><td>both / all + [定冠词 / 物主代词 / 名词所有格 (-'s) / 指示词] + 名词(定冠词等限定词可以省去)</td></tr>
<tr><td>both / all + of + [定冠词 / 物主代词 / 名词所有格 (-'s) / 指示词] + 名词(定冠词等限定词不能省去)</td></tr>
<tr><td rowspan="2">与代词连用</td><td>both / all + of + 人称代词宾格(不能没有 of)</td></tr>
<tr><td>人称代词 + [both / all] (人称代词的格要视其在句中的作用而定)</td></tr>
<tr><td colspan="2">后位</td><td>简单谓语之前；be 或第一助动词之后；由人称代词充当的直接宾语或间接宾语之后。</td></tr>
</table>

关于 both 和 all 的否定，见“否定句”一章。

4 neither 和 either 的比较

这两个词都可用作名词性代词或形容词性代词；可以独立作句子成分，如主语、宾语、表语、定语等。但两者有以下几点不同：

- neither 表示两者均被否定，意为“两者中无一……，(两者中)任一都不……”。
- either 表示肯定，意为“两者都……，两者中的任何一个都……”。

也就是说，neither = not either

(例)

I don't like either.
I like neither.

我两个都不喜欢。

He will agree to neither plan.
He will not agree to either plan.

他两个方案都不赞成。

Many young Indians face "a blank wall". They are suspended between two worlds, and are part of neither.

许多印第安青年都前途无望(面对一堵无路可通的高墙)。他们悬在两个世界之间，他们不属于其中的任何一个。

neither 和 **either** 除上述不同之外，其他用法完全相同。

neither 和 either 的相同用法	说　明
either / neither + 谓语动词	用作主语时，谓语通常用单数形式，但在非正式文体中，特别是当其后跟有复数名词／代词，或用在否定句中时，常常用复数形式的谓语。
either / neither + 单数可数名词	名词之前不加冠词，物主代词、指示词或名词所有格('s)。
either / neither + of + 复数人称代词宾语	of 不能省去
either / neither + of + 定冠词 / 物主代词 / 指示词 / 名词所有格 (s') + 复数名词	冠词等限定词不能省去。

(例)

Neither is any good.

(两者中)哪一个都不好。

Either will do.

(两者中)随便哪一个都行。

Neither story is true.

两者说法都不正确。

I can write with either hand.

我两只手都会写字。

I don't think either of them are/is at home.

我想他们两个都不在家。

He could not answer either of the questions I asked.

我提了两个问题，他一个也答不上来。

Neither one of my friends has come yet.

我的两位朋友都还没来。

Neither of them want (s) to speak to him about this matter.

他们(俩人)谁也不愿对他谈这件事。

Neither sister / Neither of the two sisters / Neither of them was willing to nurse the sick child.

两姊妹谁也不愿意照看生病的孩子。

如果 **neither** 和 **either** 用来指人，相对应的代词为 **he** 或 **she**，但也常常用 **they** 来指代。

8-4 some, any 及由其构成的不定代词

some 和 any 既可用作名词性不定代词，也可用作形容词性不定代词。some意为"一些"、"某些/个"；any意为"任何"、"不论谁"或"不论什么"。

some 和 any 都可用来谈论不确定的人和事、未知的数或量。

用作名词性代词时，这两个词都可指代可数名词或不可数名词。

(例) **He asked for tea / cigarettes, so I gave him some.**

他要茶/香烟，我就给了他一些。

I want some milk / apples; have you got any?

我想要些牛奶/苹果，你有吗?

用作形容词性代词时，它们可修饰复数可数名词或不可数名词。但也可修饰单数可数名词，此时 some 意为"某一个"，any 意为"任何一个"。

(例) **Is there any reason for changing the plan?**

改变计划有任何理由吗?

I have read about it in some book.

我在某本书中读到了有关的内容。

Some books are to be tasted, others to be swallowed, and some few to be chewed and digested.

有些书可供品尝，有些书只能囫囵吞枣，还有少数的书要细细咀嚼，慢慢消化。

这两个词都不能直接与冠词、物主代词或指示词连用，但其后跟有"of 结构"时例外。

some / any + of + 冠词/物主代词/指示词等 + 名词 / 人称代词宾格

(例) **Some of the books / them are very good.**

这些书中/它们中有些是很好的。

Some of the fruit is rotten.

这些水果中有些是烂的。

I don't think any of my friends have seen them.

我认为我的朋友中没人见到过他们。

一般情况下，some 要用于肯定句中，而 any 要用在疑问句或否定句中。这一点也适用于由 some 或 any 构成的不定代词。

(例) Something has happened.

出了点事。

Did anyboby see you?

有人看见你了吗？

I can't believe anything you say.

我不能相信你说的任何事情。

— Is there any paper on the desk?

— No, there isn't any paper on the desk.

桌子上有纸吗？

不，桌子上没有纸。

值得注意的是，所谓否定句，不仅包括含有否定词，(not / no / neither)的句子，而且也包括含有非完全否定词，(hardly / almost / nearly / litte / few / seldom)的句子，以及含有 without / fail / reluctant 等暗含否定概念的句子。注意下面句子中 any 的使用：

(例) I don't think any of us wants / want to work tomorrow.

我认为我们谁都不愿意明天工作。

His plan was unknown to any (of them) except himself.

除他自己之外，(他们中)无人知道他的计划。

Hardly anybody wanted to buy it.

几乎没人想买这东西。

She did the job without any help.

她独自做了这件工作。

some 也可用在疑问句中。如果提问者期待受到鼓励或得到肯定的回答，或认为多半会得到肯定回答时；如果提问者想用疑问句表达请求、邀请、建议、命令或反问时，在疑问句中通常都可用 some 或由 some 构成的不定代词。

(例) Would you like some more beer?

再来点啤酒好吗？

Didn't he ask you some questions?

他难道没向你提出些问题吗？ 提问者觉得提问的可能性很大。

Did he ask you any questions?

他问你什么问题了吗？ 提问者只想了解有无这种事情。

May I give you some tea? (= Let me give you some tea.)

我给你倒杯茶吧。

Will you kindly give me some sugar?

你能给我点糖吗？

Is someone coming this afternoon?

今天下午有人要来吧？

Can you give me some idea of what it looked like?

你能对我说说它看上去是个什么样子吗？

---

some 也常用在否定句中，特别是用作否定句的主语。这是因为主语的位置通常不受否定结构的制约。这种用法多是强调一种对比、对照，而比较的对象往往并没有明确表达出来。这种用法也适用于由 some 构成的不定代词。

(例) **Some agree with us, some don't, and others don't express their opinions.**

一些人同意我们的意见，一些人不同意，其他人没有表态。

Somebody did not hand in his homework.

有人没有交家庭作业。

---

any 也可用在肯定句中。此时，any 强调"毫无例外"，意为"无论哪一个"、"任何"，且常与单数名词连用。由 any 构成的的不定式代词也可以这样用。

这种用法常常出现在"比较级 + than + any..."结构中，表示"比任何(其它)……都……"，这使比较级具有了最高级的含义。

(例) **I want something to drink, anything will do.**

我想喝点东西，什么都行。

Any of these children could do it.

这些孩子中的任何一个都能做这件事。

Any student can answer this question.

任何一个学生都能回答这个问题。

Give me some cigarettes, please, any kind will do.

请给我(盒)香烟，哪种都可以。

Tom is taller than any of the other boys in his class.

汤姆是班上最高的男孩。

Anybody would be better than nobody.

有人总比没人强。

some、any 及由其构成的不定代词可用在 if 条件句或 if / whether 引导的宾语或主语从句中，但 any 更常用。当句子强调肯定时，通常用 some。

（例）**If you want some / any help, let me know.**

如果你需要帮忙，就告诉我。

If you save some money each week, you can go on holiday.

如果你每周都积点钱，你就能去度假了。

If you put some pictures on the wall, the room will look brighter.

如果你在墙上挂几幅画，房间里就会鲜亮些。

Give me some, if there is / are any.

如果有，就给我一些。

If anybody comes, tell him / them to wait.

如果有人来了，就让他等一下。

I wondered if she had any rooms to let.

我不知道她是否有房间出租。

He's doubtful whether there'll be any seats left.

他怀疑是否还有座位。

some 及由其构成的不定代词 something 在强调数量时，除了表示不确定数量外，还可能表示以下含义：

"至少有一点点"，"几分"，"稍微"（= at least a small amount of）

（例）**He has after all some sense of justice.**

他毕竟有一点点正义感。

He is something of a musician.

他有几分音乐家的气质。

I want to see something of the world.

我想见点世面。

Do have some mercy on me.

对我发点慈悲吧。

相当大(的数量/程度/距离/份量等)

(例) **I stayed there for some days.**

我在那儿逗留了一些天。

That was some proof.

那是有力的证据。

Some help that is.

那真是莫大的帮助。

Some friend you are.

你真够朋友。

We went some miles out of our way.

我们岔出正路好几英里。

The fire went on for some time before it was brought under control.

火着了好长一段时间才被控制住。

The reason why I didn't go there is because it rained something awful last night.

我没能去那儿的原因是昨晚雨下得非常大。

The railway station is at some distance from the village, so we have to go there by taxi.

火车站离村子相当远，所以我们必须打的去那儿。

大约，大概

(例) **I was in Paris some twenty years ago.**

大约 20 年前我到过巴黎。

Something like a ton of air is pressing against us at this moment.

此刻，我们正承受着大约一吨空气的压力。

anything of / any 也可表示“一点儿”、“少许”。

(例) **Is he anything of a musician?**

他有点儿音乐家的气质吗?

Is he any better today?

他好点儿了吗?

any 用在肯定句中，也可用来强调数量没有限制。

(例) **Choose any of these apples.**

从这些苹果中随便选吧。

8-5 no, none, nothing, nobody 和 no one

no / none / nothing / nobody / no one 这组否定代词中，只有 no 为形容词性代词，其它为名词性代词。

1 no的用法

no总是置于名词之前作定语，no与被修饰的名词之间不能有冠词、物主代词或指示词；no也可以用来代替not a, not any以加强否定的含义，可译为“没有”、“并非”、“决非”。

no + 单数可数名词／复数可数名词 / 不可数名词

(例) **He is no fool.**
他决非傻瓜。
There is no hope.
毫无希望。
He has no friends.
他没有朋友。
No man can do it in a day.
没有人能在一天之内干完这件事。

no有时用作副词，与形容词、副词或其比较级连用，表示否定。

(例) **She showed me no small kindness.**
她对我表示出非常的亲切友好。
That is no different from this.
那个与这个没有区别。
Things are no better than before.
情况并不比过去更好。

“no+V-ing”表示“不允许”、“禁止”。

(例) **No littering.**
禁止乱扔废弃物。
No parking.
禁止停车。
No thoroughfare.
禁止通行。
No spitting.
禁止吐痰。

2 nothing，nobody，no one和none的比较

nothing用于指物，noboby和no one用来指人，none既可指人也可指物，none用来指代可数名词时，意为“没有一个人／物……”，用来指代不可数名词时，意为“没有一点……”。

none of + [复数可数名词 / 不可数名词] = not any of...

(例) **None of this money is yours.**
这钱中没有一分是你的。
Nothing is your fault.
那不是你的错。
None of us are perfect.
人无完人。
Nothing venture, nothing have.
不入虎穴，焉得虎子。

None have / has seen him.

= No one / Nobody has seen him.

没有人看见过他。

None of the neighbors have / has visited them.

邻居中没有人去拜访过他们。

You have enough money, but I have none.

你有足够的钱，可我一分也没有。

3 none 和 neither 的比较

none 用于指二人以上；neither用于指两个人。

(例) **Neither of you has the right answer.**

你们两人的答案都不对。

None of the boxes are / is empty.

这些箱子中没有一只是空的。

4 none、nothing 和 nobody 的比较

在提问或回答时，none 的重点在数量上，而 nothing/nobody 的重点在人或物本身。

(例) **— What is on the table?**

— Nothing.

桌子上有什么东西？

什么也没有。

— Who is in the room?

— Nobody / No one.

谁在房间里？

没有人。

— How many people are there in the classroom?

— None.

教室里有多少人？

一个也没有。

— How much water is there in the cup?

— None.

杯子里有多少水？

一点也没有。

Nobody was seen on the road.

路上连个人影也见不到。

None of us were / was at the party last night.

昨晚，我们一个人也没去参加晚会。

8-6 some-，any-，no-，every- 构成的不定代词

1 形式

some-	any-	no-	every-
someone	anyone	no one	everyone
somebody	anybody	nobody	everybody
something	anything	nothing	everything

- 由 **-body** 和 **-one** 构成的代词的意义和用法相同。
- 上述不定代词没有词尾变化。

2 用法

A someone / somebody / something

- 用在肯定句中。
- 用在预料或希望得到肯定回答的疑问句中。
- 用在表示请求、建议等的疑问句中。

(例) **Somebody seems to have called on me in my absence.**

我不在时，好像有人来找过我。

How about buying something to eat?

买点吃的怎么样？

B anyone / anybody / anything

- 用于疑问句、条件句和否定句中。
- 用在肯定句中表示加强语气，意为“不论谁／什么”、“任何人／物”。

(例) **Is there anything I can do for you?**

我能帮你什么忙吗？

If anybody calls, tell them I'm out.

要有人打电话来，就说我出去了。

She didn't visit anybody yesterday.

昨天她谁那儿也没去。

Anybody can do that.

这种事谁都能做。

C no one / nobody / nothing

与肯定的谓语动词连用表示否定。

(例) **There was nobody there.**

那儿没有人。

I know nothing about it.

我对此一无所知。

No one believes it.

没人相信。

It's nothing to laugh at.

没什么好笑的。

No one can be kept out of the Olympics because of religion, color, or political ideas.

任何人都不能因为宗教、肤色或政见而被拒之奥林匹克之外。

nobody 可作名词，意为“小人物”。此时，其前可加冠词或定语。

（例） **He is a young nobody.**

他是个年轻的无名小卒。

no one / nobody 后不能跟 of 短语。若要表达“一个也不……”这一含义时，可用“not one of...”或“none of...”等。

（例） **Not one of them was killed and only three wounded.**

无一人死亡，只有三人受伤。

D everyone / everybody / everything

用个体概括整体，意为“每个人 / 物都……”。

（例） **Is everybody here?**

大家都到了吗？

He knows everything.

他什么都知道。

Money is not everything.

钱不是一切。

Has everyone made up their minds?

每个人都下定决心了吗？

Everybody knows their job, don't they?

人人都了解自己的工作，是吗？

3 几点注意

上述代词用作主语时，谓语用单数

（例） **No one has failed.**

没有人不及格。

Is there anything in that box?

那盒子里有没有什么东西？

用代词指代上述表示人的代词时，一般用 he / his 等。如果已明确知道其为阴性时，用 she 或 her 等指代，但是现在多用复数代词 they, them 等来指代。

（例） **Everyone knows what they have to do.**

= Everyone knows what he has to do.

人人都知道他（们）应该干什么。

上述代词中用于指人的代词之后，可加上 -'s 构成所有格。

（例） **Everybody's business is nobody's business.**

人人负责，就是无人负责。（三个和尚没水吃）

上述不定代词之后可跟 else。else 意为“另外的”、“不同的”、“别的”、“其他的”。指人的不定代词后面还可加上 else's，构成所有格。

（例）**Is there anybody else who can help me?**

还有人能帮助我吗？

I'm afraid I can't help you. You'll have to ask someone else.

我恐怕帮不上你的忙，你得另请他人了。

I have heard nothing else from him.

我再没有收到他的信。

One tyre of my car is flat. You'll have to borrow somebody else's car.

我车子的一只轮胎没气，你得借别人的车子了。

上述不定代词之后，可以直接用“(for sb +) 动词不定式”修饰。

（例）**Give me something to read. Anything will do.**

给我点东西读，什么都行。

如果有形容词定语，该形容词需置于上述不定代词之后，不能做前置定语。

（例）**There is nothing important in this report.**

这篇报告中没有什么重要的东西。

注意 everyone / everybody / everything 表示部分否定的用法。（详见“否定句”）

（例）**Everyone is not honest.**

不是人人都是正直的。

I don't like everyone in my class.

在我们班里，不是所有的人我都喜欢。

I don't like anyone in my class.

我不喜欢班上的任何人。

everybody 与 every body 含义不同，后者意为“每个躯干 / 每具尸体”。

every one 分开写时多用来指物，其后常跟 of 短语。

（例）**Every one of the stamps is rare.**

这些邮票中的每一张都是稀有的。

everybody 还可用作呼语，一般用在祈使句中，要用逗号点开。

（例）**Everybody, open your books.**

请大家把书打开。

8-7 another 和 other

another 和 **other** 都可用作形容词性不定代词，也可用作名词性不定代词。这两个词的一般用法，可以概括为下表：

	用作名词性代词		用作形容词性代词	
	单数	复数	单数	复数
泛指	another	others	another+ 单数名词	other+ 复数名词
特指	the other	the others	the other+ 单数名词	the other+ 复数名词

作为形容词性代词，**another** 总是用在单数可数名词或 **one** 之前；**other** 用来修饰单数或复数名词。

(例) **Would you like another cup of tea?**

你要再来一杯茶吗?

Did you see any other films?

你看过别的电影吗?

作为名词性代词，**another** 总是用作单数；**other** 则有复数形式 **others**。

(例) **It is true that some books are duller than others.**

的确，有些书要比其它书枯燥些。

If you do not like that tie, put on another. You have a lot.

如果你不喜欢那条领带，就换一条，你有好多领带呢。

another 用来指一系列人或物中没有确切指明的"另一个"；**other** 或 **others** (= **other ones**) 意为"其余的"、"其他的"。

(例) **I don't like this one. Show me the other.** （只有两个）

我不喜欢这一个，请让我看看另外一个。

I don't like this one. Show me another. （不止两个）

我不喜欢这个，请再给我看一个。

the other 意为（已知的二者中的）"另一个"，"第二个"；**the others** 意为（已知三者或以上之中的）"剩下的那些"、"其余的(人或物)。"

(例) **We looked at four cars today. The first two were far too expensive, but the others were reasonably priced.**

今天我们看了四辆车，前两辆太贵了，但其余两辆价格合理。

I have shown you one; now I'll show you the other.

我已经给你看了一个，现在我再给你看看另外一个。

只有这两个，再没有其他的了。

"another+基数词／few 等+复数名词"意为"再……"。

(例) **Another three cups, please.**

劳驾，再来三杯。

He'll be back in another ten days.

再过 10 天，他就回来了。

every other 的用法

every other 意为"每隔一个……"

(例) **Write on every other line.**

请隔一行写。

Our club meets every other Wednesday.

我们俱乐部隔周星期三碰面。

every other意为"所有其他的……"(不包括已提到的那一个或那几个人或物)

(例) **Mary was absent, but every other girl was present.**

只有玛丽缺席，所有其他姑娘都到了。

Every other student in our class got a present but me.

我们班除我外，所有其他人都得到了一份礼物。

all the other + 复数名词(= all the others)指已知一组人或物中的其余的人或物。

all other + 复数名词(= all others)指不确定的，或泛指的一组人或物中其余的人或物。

(例) **Show me all the other pictures.**
Show me all the others.

把所有其他的画都拿来给我看看吧。

Why did you have to choose this day of all others to get sick?

(哪一天不行)，你怎么偏偏要在这一天生病啊！

8-8 one 的用法

one 除了可用作基数词之外，还可用作代词（人称代词或不定代词。）

1 泛指的 one(不定代词)

这样用时，one 有以下形式：

所有格	反身代词
one's	oneself

one意为"任何人"、"一个人"。指说话者或听话者，或泛指包括说话者在内的人们。one这样用时要注意以下两点：

- one没有复数形式。
- one充当句子主语时，谓语动词要用单数第三人称。

（例）

One / You can't make an omelette without breaking eggs.

有所得，必有所失。（不打破蛋，做不成蛋卷）

One must do one's duty.

人必须要尽自己的职责。

One should love one's country.

一个人应该爱自己的国家。

One must buy oneself what is necessary to one's life.

人们需要购买自己生活中必需的东西。

It is hard to make oneself understood in a foreign language.

用外语表达清楚自己的想法是很难的。

One should do what he must, even if he doesn't want to.

一个人即使不愿意，也应做他该做的一切。

在非正式英语中，可以用you来代替one，以显得更通俗、更口语化，更亲切些。在美语中，常用he / him / his / himself等取代one / one's / oneself，以避免前后重复。

2 替代词one(人称代词)

one可以用来指代前面已出现的单数或复数可数名词，或指代同类人或物中的任意一个／些，但不能用来指代不可数名词或专有名词。这样用时，one有以下两种形式：单数形式(the) one和复数形式(the) ones。

（例）

I have lost my watch. I think I must buy one.

我把表丢了，我想我得再买一只。

These are the ones I prefer.

这些是我比较喜欢的。

Quite a different problem, but one that is causing growing concern, is that computers may violate people's privacy.

另一个性质不同但却日益引起重视的问题是，计算机可能侵犯人们的隐私。

I am sorry to say that the step you have taken is one of great risk.

很遗憾，你所采取的这一步是要冒很大风险的。

这样用时，one 可以带有自己的限制性定语，也可用指示代词、which 等修饰。其中“形容词 + one(s)”多用来表示选择和比较。

(例) **Small bananas are often better than big ones.**

小香蕉往往比大香蕉好(吃)。

The blue bicycle is much better than the red one.

这辆蓝车比那辆红的好多了。

I don't like this watch. Show me a cheaper one.

我不喜欢这只表，请给我拿一只便宜点的。

Which ones would you like? These ones or those ones?

你喜欢哪些？这些还是那些？

Of all Byron's poems, he liked the ones that were concerned with love.

在拜伦的诗中，他喜欢那些与爱情有关的（诗）。

This book is more interesting than the ones I read last week.

这本书比我上周读的那几本都有趣。

在下列情况下，one 前必须要有形容词作定语：

不定冠词 a(n) 与 one 之间必须要有形容词，即：“a(n) + 形容词 + one”。

(例) **Your plan is a good one but mine is a better one.**

你的计划很好，不过我的计划更好。

My family is a large one.

我家是一个大家庭。

物主代词和名词所有格 (-'s) 与 one 之间也必须要有形容词，即：
物主代词 / 名词所有格 's + 形容词 + one(s)

(例) **My cheap camera seems to be just as good as Tom's expensive one.**

我这台便宜相机似乎与汤姆那架昂贵的相机一样好。

Your old car looks as smart as my new one.

你的旧车看上去和我的新车一样漂亮。

Don't use that old bicycle. Use my new one.

不要用那辆旧自行车，用我这辆新的。

不能说 **my own one**

但在下例中就不能加 one：
My family is larger than yours / Tom's.
我家人口比你家 / 汤姆家多。
不能说 your one 或 Tom's one

在短语“数目字 + 形容词 + ones”中不能没有形容词。也就是说，one 不能直接用在基数词的后面。

(例) **I had three/three big ones.**

我有三个 / 三个大的。

one 有时用来代替 I，但听起来令人觉得有点浮夸，意为"本人"、"人家"。

(例) **One is busy now.**

本人现在忙着呢！

One didn't want to seem sick.

咱(们)才不想露出生病的样子呢。

3 强调数量的 one

one 用作代词，有时强调数量，意为"一个"、"一个人"、"某一个"或"唯一一个"等。此时 one 既可用作名词性代词，也可用作形容词性代词。one 后多跟 of 短语。其复数形式用 some / any。

(例) **Have you any pencils? I need one (= one/a pencil).**

你有铅笔吗？我需要一支。

I'd like to borrow one/some of your books on European history.

我想向你借一本/几本有关欧洲历史的书。

When he died, he was mourned here and abroad as one of the great men of the time.

他死后，国内外都把他作为当今的伟大人物之一，向他致哀。

If there is a joke, he would be in it, one of the laughers, not one of the laughed at.

如果哪儿在开玩笑，他准在场，不过他只是哄笑者之一，决不是被取笑的人。

That is my one and only hope.

那是我唯一的希望。

He's the one man who can do it.

他是唯一能做此事的人。

4 用作支撑词的 one

one 可以用作引导定语从句或其他后置定语的支撑词，其含义多半靠其后面的从句等来明确。

(例) **Is she the one who works in a hospital?**

她就是在医院里工作的那个人吗？

He is not one to be easily frightened.

他不是一个容易吓倒的人。

The light may be one that blinks——like a giant firefly in the night.

灯塔可成为一个闪烁的发光体——就像夜空中的一只巨大的萤火虫。

She lay on the bed like one dead.

她像死人一样，躺在床上。

5 one的省略

形容词最高级或“the＋比较级”后面的one可以省略（如果是ones最好不要省，以免被误解为单数的）。

(例) **Of all those sisters, Mary is the most beautiful (one) and Jane is the cleverest (one).**

在众姊妹中，玛丽最漂亮，简最聪明。

If you offer Billy cookies, he will take the biggest ones.

如果你给比利饼干，他要拿最大的。

如果省去ones，给人的感觉是拿了一个

I bought the more expensive (one).

我买了比较贵的一个。

Speech is the most important means of communication between people. But it is not the only one. Nor is it the oldest (one).

语言是人们之间进行交流的最重要的手段。但语言并不是唯一的手段，也不是最早使用的手段。

this / that / these / those之后的one可以省略(those / these较少与ones连用)。

(例) **I like these pictures better than that (one).**

与那幅相比，我更喜欢这些画。

但在“this/that/these/those＋形容词＋one(s)”中，one(s)不能省略。

(例) **Compare these pearls with those cultured ones.**

把这些珍珠与那些养殖珍珠比较一下。

在“the+描述性形容词”之后的one可以省略。

(例) **That blue pencil belongs to Jim. Mine is the pink (one).**

那只蓝色铅笔是吉姆的，我的是这支粉红色的。

在next和last之后的one可以省略。

(例) **Let's finish this exercise, so we can go on to the next (one).**

让我们把这个练习做完，这样我们就可以做下一个了。

either/neither/former/latter/which可以独立使用，也可在其后加one(s)。

(例) **Some of your answers were correct, but I do not remember which (ones).**

你的一些答案是对的，可我忘记是哪些了。

Either (one) will do.

两者都行。

Neither (one) will do.

两者都不行。

another 及 other(单数)可单用，也可与 one 连用。other 用于复数时，可以用 others 或 other ones 表示。

(例) **You can take this book. I will keep the other(one).**

你拿这本书。我拿另一本。

You can take this book. I will keep the others/the other ones.

你拿这本书。我拿其余的（几本）。

序数词之后可加one(s)，也可不加。

(例) **He sat in the second row, and she sat in the eighth (one).**

他坐在第二排，她坐在第八排。

所有格 -'s 之后不能加 one(s)，whose 后也不能加 one(s)。

— Whose turn is it?

— It's Jane's.　后面不能加one

轮到谁了？

该珍妮啦。

Whose are these gloves?　后面不能加 ones

这手套是谁的？

6 one、that 和 those 的比较

在表示领属或修饰关系的 of 之前，不能用 one，而要用"that / those of..."，特别是在表示比较的时候。

(例) **The speed of a train is greater than that of a car.**

火车的速度比汽车(的速度)快。

One of the serious problems facing us today is that of how to get more water for man to use.

摆在我们面前的严重问题之一是，如何获得更多的人类用水(的问题)。

A rocket can go where there is little or no air at all, and so its range is far beyond that of aeroplanes.

火箭可以在几乎没有空气或根本没有空气的地方飞行，因此，它的运行范围远远超过了飞机。

7 one 和 it 的比较

one 用来指代"不定之物"（同类中的任何一个），而 it 用来指代"特定之物"。

(例) **I see an apple on the table. May I have it?**

我看见桌上有一个苹果，我可以把它吃掉吗？

I want an apple. May I take one?

我要苹果，可以拿一个吗？

Give me some apples. I want big ones.

给我一些苹果，我要大个儿的。

8 用于泛指的代词 one, we, you 和 they 的比较

(例) **One should do one's best.**

每个人都应尽自己最大的努力。 one泛指包括说话者在内的任何人，给人以肯定感。

We are not naturally bad.

人之初，性本善。 把自己也包含在内的任何人。

You never can tell.

很难说。 泛指一般的人，使说话者与听话者之间有一种亲密感。

They say that he is in hospital.

据说他住院了。 一种传闻

everybody, a person, people有时也可用于泛指，意为“人人”、“每个人”。

(例) **Everybody has his merits and faults.**

每个人都有自己的优点和缺点。

9 形容词性代词与数词等的搭配关系

形容词性代词以及其它一些表示数量、次序等的词（一些语法书中将其统称为“限定词”）与名词组成短语时，它们之间有一定的搭配关系。冠词，指示词，形容词性物主代词，名词所有格 **-'s** 以及 **some, any, every, each, either, neither, no, enough, many, much, which, whose, what** 等，虽然用得极为广泛，但它们之间不能重复使用，即：在一个名词短语中，只能用上述词中的一个。倍数，分数，**all, both, half** 等也是互相排斥的，在一个名词短语中只能选用其中的一个。

我们把这一类词的可能的搭配关系和前后次序总结如下：

可用在冠词 the 后面的词

基数词 / 序数词 / next / last / other / many / more / few / little

(例) **The two boys swam 10km today.**

这两个男孩今天游了 10 公里。

The second / last boy is from London.

第二个 / 最后一个男孩来自伦敦。

The little money he has is not enough for the dictionary.

他的那点钱不够买那本词典的。

He packed the few things he would take with him.

他把随身要带的几件东西装在箱子里。

可用在冠词 a 后面的词

基数词／序数词／few／little

(例) **Then he tried a second time.**

后来他又试了一次。

It is only a ten minutes' walk from here.

从这儿到那里步行只需十分钟。

There are a few mistakes in your essay.

你的文章里有几个错误。

可用在 another 后面的词

基数词／序数词／such／few

(例) **You'll never have another such chance.**

你不会再有这样的机会了。

We drove another ten miles.

我们又开车走了 10 英里。

There's room for another few people in the back of the bus.

在这辆公共汽车的后面还能再容纳一两个人。

可用在指示词后面的词

基数词／序数词／next／last／other／few／several

(例) **Those two rooms were already full of people.**

那两间屋里已挤满了人。

That / this three / few / several days were indeed the most memorable.

那三天／那几天的确是最令人难忘。

可用在形容词性物主代词，名词所有格（'s）后面的词

基数词／序数词／next／last／other／many／few／little／every

(例) **Their / Mr. Green's two sons are both doctors.**

他们的／格林先生的两个儿子都是医生。

His / John's last book sells well.

他的／约翰的最后一本书很畅销。

His / John's many / few friends often speak highly of him.

他的／约翰的许多／几个朋友经常赞扬他。

可用在 some，any，no 后面的词

基数词／序数词／other／more／such

（例）**No two persons have exactly the same fingerprints.**

没有两个人的指纹是完全相同的。

We have some more work to do.

我们还有一些工作要做。

Any other suggestions?

还有其他建议吗？

There were some fifteen people there.

那里大约有十五人。

There are no such things as fairies.

没有妖精这类的东西。

可用在 every 后面的词

基数词／序数词／last／few／little／other／such

（例）**My father-in-law calls on us every other month / every three months (= every third month) / every few months.**

我岳父每隔一个月／每隔三个月／每隔几个月就来我家一次。

The postman came every two days to our village.

The postman came every other day to our village.

邮差每隔一天来村里送一次信。

可用在 all，both，half 后面的词

定冠词 the／指示词／物主代词／名词所有格

（例）**You must answer all these questions.**

你必须回答所有这些问题。

Both his / these / Helen's children want to go along with you.

他那两个孩子／这两个孩子／海伦的两个孩子都想和你一道去。

Half her / the apples are bad.

她的／这些苹果中有一半是坏的。

I have never had anybody speak to me that way in all my life.

在我这一生中，还从未有人用那种方式对我说过话。

可用在分数后面的词

冠词 the 或 a / 指示词

(例) **One third (of) the / this / that fruit spoiled.**

三分之一的水果变坏了。

Approximately three-fourths of the earth's surface is covered with water.

地球表面大约四分之三被水覆盖着。

可跟在倍数后面的词

冠词 / 指示词 / 形容词性物主代词

(例) **An ant can lift 50 times its own weight.**

蚂蚁能举起它体重 50 倍的东西。

He paid double the / that price.

他付出了两倍的价钱。

I wish I had twice his strength.

我真希望我的力量比他大一倍。

可用在 last，next，other 后面的词

数词 / few

(例) **What will you do during the next few weeks?**

在接下来的几周里你要干什么？

The last two chapters of the book are very difficult.

该书的最后两章非常难。

Kathy is here, but the other five girls are still out in the yard.

凯茜在这儿，可其他五位姑娘还在院子里。

SUPER.ENGLISH.NUMERALS.
第六章
数词

数　词

数词是一个经常被忽略的词类，因为，从表面来看，数词的用法似乎并不复杂，似乎与我们母语的数词的概念和用法并无太大差别。但事实上，要准确地表达出英语中的各种不同的数量，要掌握数词在各种不同情况下的写法和读法，也需要我们下一番功夫。

除了本身的特定用法之外，数词也与名词、动词等一样，可以在句中充当各种句子成分，如：可用作主语、定语、宾语、介词宾词、表语、同位语或状语等。关于它们的这些句法功能，我们将在有关的章节中一一介绍。

1 数词的分类

英语的数词可分为两类
- 基数词——用来表示数目的词
- 序数词——用来表示顺序的词

英语中最基本的基数词和序数词，以及序数词的缩略式

1	one	first	1st	16	sixteen	sixteenth	16th
2	two	second	2nd	17	seventeen	seventeenth	17th
3	three	third	3rd	18	eighteen	eighteenth	18th
4	four	fourth	4th	19	nineteen	nineteenth	19th
5	five	fifth	5th	20	twenty	twentieth	20th
6	six	sixth	6th	30	thirty	thirtieth	30th
7	seven	seventh	7th	40	forty	fortieth	40th
8	eight	eighth	8th	50	fifty	fiftieth	50th
9	nine	ninth	9th	60	sixty	sixtieth	60th
10	ten	tenth	10th	70	seventy	seventieth	70th
11	eleven	eleventh	11th	80	eighty	eightieth	80th
12	twelve	twelfth	12th	90	ninety	ninetieth	90th
13	thirteen	thirteenth	13th	100	a hundred	hundredth	100th
14	fourteen	fourteenth	14th	1,000	a thousand	thousandth	1,000th
15	fifteen	fifteenth	15th	1,000,000	a million	millionth	1,000,000th

英文中的其他数词都是由上面这些基本数词构成的。

千以上的整数数字表示法（英语，美语对照）

- **1,000 一千**
  - 美国英语：**one thousand**
  - 英国英语：**one thousand**
- **1,000,000 一百万**
  - 美国英语：**one million**
  - 英国英语：**one million**
- **1,000,000,000 十亿**
  - 美国英语：**one billion**
  - 英国英语：**one milliard**
  - 或 **one thousand million**
- **1,000,000,000,000 万亿**
  - 美国英语：**one trillion**
  - 英国英语：**one billion**

billion 和 trillion 在不同的国家表示的数目不同。

- **billion**
  - 在美国和法国表示十亿 =**1,000,000,000**
  - 在英国和德国表示万亿 =**1,000,000,000,000**
- **trillion**
  - 在美国和法国表示万亿 =**1,000,000,000,000**
  - 在英国和德国表示百万兆 =**1,000,000,000,000,000,000**

特别注意

- 如果用阿拉伯数字书写一个千以上的数目，要由后向前每三位数之前加一逗号“,”。第一个逗号前为 **thousand**；第二个逗号前为 **million**；第三个逗号前为 **billion**(美)或 **thousand million**(英)。
- 英语中没有“万”或“十万”这样的单位，也没有“千万”和“亿”这样的单位数词，因此，每二个逗号之间的三位数都看作是“十位数的或百位数的千”，或“十位数的或百位数的百万”。

37,000=thirty-seven thousand

300,000,000=three hundred million

2 基数词的合成

构成：两位数的数字，需要在十位数与个位数之间加一个连字符“-”。

- **21=twenty-one**
- **99=ninety-nine**
- **35=thirty-five**
- **47=forty-seven**

构成：三位以上的数字，一般在最后一个数字之前加 **and**，即：

在百位数和十位数之间，或者(在没有十位数时)在百数和个位数之间加上 **and**。(美语中常省略 **and**)

- **201=two hundred and one**
- **510=five hundred and ten**
- **321 =**
  - **three hundred and twenty-one**
  - **three hundred twenty-one(美)**

如果千位数后不是直接接 and，在书写时，需要用逗号把千位数隔开。

- 1005 = a/one thousand and five
- 3465 = three thousand, four hundred and sixty-five

在千以上的数目字中，千位数之前，如果出现 hundred，其后不必加 and。

- 248,626,000 = two hundred forty-eight million, six hundred twenty-six thousand

hundred/thousand/million等名词性数词表示确定的数目时不能用复数形式。表示一百，一千，一百万时需加上 one 或不定冠词 a。选用原则如下：

当上述这几个名词性数词单独使用，或处于一个数词词组的开头，或在 and 之前时，一般用不定冠词 a(an)，少用 one。

- 1,000 = a thousand
- 1,006 = a thousand and six
- 100,000 = a hundred thousand
- 102 = a hundred and two

上述名词性数词出现在一个数目当中时，要用 one。

- 4,131 = four thousand, one hundred and thirty-one

thousand 之后有百位数时，其前要用 one。

- 1046 = a thousand and forty-six
- 1146 = one thousand one hundred and forty-six

注意：one 和 a(n) 与数词连用的这一规律也基本上适用于一些计量词，如 dollar / hour / mile 等。

只有一个整单位时用 a(an)。

- a mile
- an hour

带用零头时用“a(n)... and...”或“one+ 整单位 +,+ 零头”。

- an hour and twenty minutes
- one hour, twenty minutes

从 1,000 到 1,900 之间的整数，也可用基数词 11～19 加上 hundred 表示。

- 1100 = eleven hundred

half 和 quarter 有时也用在数词中。

- 250,000 = a quarter of a million
- 750,000 = three quarters of a million
- 500,000 = a half million
- 1,500,000 = one and a half million

3 序数词的构成

序数词的构成是在基数词的最后一个数字末尾加上序数词尾 th

- sixteen — sixteenth
- four — fourth

要注意下面三个词的特殊性

- one — first
- two — second
- three — third

以 -ty 结尾的基数词构成序数词时要"去掉 y 加上 -ieth"。

- twenty — twentieth
- fifty — fiftieth
- forty — fortieth
- seventy — seventieth

注意 e/ve/t 结尾的基数词构成序数词时的变化

- five — fifth
- nine — ninth
- twelve — twelfth
- eight — eighth

如果用阿拉伯数字表示序数，要在该数字后加上序数词词尾的最后两个字母，构成缩略形式。

- first = 1st
- fourth = 4th
- second = 2nd
- fifth = 5th
- third = 3rd
- twenty-second = 22nd

4 基数词的读法和写法

基数词用在不同的语境中，读法和书写的方法有时也略有不同。下面就几个常见的情况分别介绍。

4-1 0(零)的读法和写法

- 在科技问题方面，读作 zero['ziərəu]
- 在日常生活中，英国读 naught[nɔ:t]，美国读 zero['ziərəu]
- 在较长数字中，读作 o[əu]

(例) **The themometer fell to 10 (degrees) below zero (0°).**

温度计的读数已降到零下 10 度。

Put two nought after five.

在 5 后面加上两个 0。

4-2 分数的读法和写法

整数(基数词 + and+) $\frac{\text{分子部分(基数词)}}{\text{分母部分(序数词)}}$

分数的整数部分一般为：基数词 +and

- $1\frac{1}{4}$ = one and a fourth
- $21\frac{2}{5}$ = twenty-one and two fifths

分数的分子部分使用基数词，但当分子为 1 时，可用 a(n) 代替 one

- $3\frac{1}{4}$=three and a (one) fourth
- $1\frac{1}{8}$=one and an (one) eighth
- $\frac{3}{8}$= three eigths
- $32\frac{4}{5}$=thirty-two and four-fifths

分数的分母部分使用序数词

分子为 1 时，分母用序数词的单数形式。

- $\frac{1}{12}$= one twelfth
- $\frac{1}{15}$= one fifteenth

分子为 2 或 2 以上时，分母用序数词的复数形式。

- $1\frac{3}{7}$= one and three sevenths
- $\frac{8}{9}$= eight ninths

分母部分为 2 或 4 时，使用 half 和 quarter。

- $\frac{1}{2}$ = a(one) half
- $\frac{1}{4}$ = a(one) quarter
- $\frac{3}{4}$ = three quarters / = three fourths

也可用 over 表示分数，特别是一些大而复杂的分数，方法为：

分子(基数词) + over + 分母(基数词)

- $\frac{2}{3}$= two over three
- $\frac{231}{407}$= two hundred and thirty-one over four hundred and seven

4-3 小数的读法和写法

- 小数点用句号表示，读作 point。
- 小数点前面的整数按基数词的读法读出，如果为 0，读作 nanght[英]或 zero[美]或者不读，直接读 point。
- 小数点之后的数目字要分开逐个读出。

- 5.67 = five point six seven
- 2.05 = two point naught five(英) / two point zero five(美) / two point o[əu] five
- 0.25 = naught point two five（英） / zero point two five(美) / point two five / o[əu] point two five

naught 也可为 zero 或 o [əu] 代替

4-4 百分数的读法和写法

百分数可以写作
- 数字 + %
- 数字 + percent / 数字 + per cent

- 1% = one percent
- 5% = five percent
- 100% = one hundred percent
- 0.3% = (zero)point three percent

4-5 加，减，乘，除算式的读法

1 加法算式的读法

■ 数目字＋[and / plus]＋数目字＋[is/are / equals/equal / makes/make / is/are equal to]＋和数

在读较大的数目时用 plus

(例) 5 + 12 = 17

- Five and/plus twelve are/is seventeen.
- Five and/plus twelve equal(s) seventeen.
- Five and/plus twelve make(s) seventeen.

2 减法算式的读法

■ 被减数＋minus＋减数＋[is / equals / is/are equal to / leaves]＋得数

■ 减数＋[from / taken from / subtracted from]＋被减数＋is等＋得数

■ [take away / subtract]＋减数＋from＋被减数＋and you＋[get / have]

较大的数目或较正式的文体中用 minus / equals

(例) 15–7=8

- Fifteen minus seven is eight.
- Seven from fifteen equals eight.
- Seven taken from/subtracted from fifteen is equal to eight.
- Take away/subtract seven from fifteen and you get eight.

3 乘法算式的读法

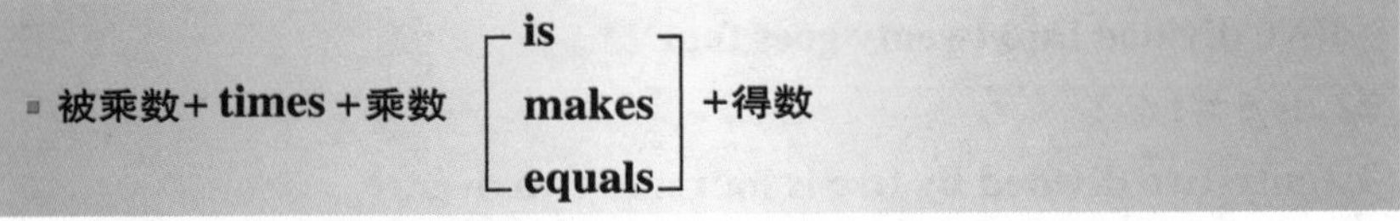
■ 被乘数＋times＋乘数[is / makes / equals]＋得数

- 被乘数+ **multiplied by** +乘数+ [**is** / **makes**] +得数
- 被乘数+ 乘数(复数形式)+ **are** +得数
- **multiply** +被乘数+ **by** +乘数+, +**and the result is** +得数

(例) **3 × 5 = 15**

Three times five is fifteen.
Three multiplied by five makes fifteen.
Three fives equals fifteen.
Multiply three by five, and the result is fifteen.

从 Three times five 和 Three fives 中可以看出，这两种算式中的 3 × 5 等于中文中的“5 的 3 倍”

注意下面两个算式的说法：

1 × 1=1 可以说：Once one is one

2 × 1=2 可以说：Twice one is two

4 除法算式的读法

- 被除数+ **divided by** +除数+ [**gives** / **is** / **equals** / **makes** / **is equal to** / **goes**] +得数(+**and**+余数+**over**)
- 除数+ **into** +被除数+ [**is** / **goes**] +得数(+ **and** +余数+**over**)
- 除数+ **divided into** +被除数+ **equals** +得数(+ **and** +余数+**over**)
- **Divide** +被除数+ **by** +除数+…… …

在读小数目时多用第二种方法。

(例) **20 ÷ 5=4**

Five into twenty is four.
Twenty divided by five equals four.
Five divided into twenty goes four.

22 ÷ 5=4 余 2

Twenty-two divided by five is four and two over.

4-6 基数词用在文章中的书写方法

在句子或文章中用到基数词时，如果是单个数词，或是用连字符连起来的复合数词，或是用一两个词表示的较短数目字，一般要拼写出来，避免写阿拉伯数字。其他较长的数字可用阿拉伯数字写出来。

(例) **There are probably about three thousand languages in the world today.**

目前，世界上大约有 3000 种语言。

There are thirty-five books on the shelf.

书架上有 35 本书。

但是，如果在一个段落或一个句子中出现几个数字，而其中有的数字又大于一百时，则全部数字都可用阿拉伯数字写出来。

(例) **The Lord Ligonier acquired a cargo of 3,265 elephant tusks, 800 pounds of raw Gambian cotton, 32 ounces of Gambian gold and 140 slaves.**

里格尼勋爵号获得的船货有 3,265 根象牙，800 磅冈比亚原棉，32 盎司冈比亚黄金，还有 140 个奴隶。

The Titanic provided lifeboats for only 950 of its possible 3,500 passengers.

泰坦尼克号的载客量为 3,500 人，但只准备了够 950 人用的救生艇。

位于句首的数目字通常要拼写出来。

(例) **One hundred and fifty students are enrolled at this college.**

该大学招收了 150 名学生。

About 150 students are enrolled at this college.

该大学招收了大约 150 名学生。

有时，可把阿拉伯数字与数词混起来使用，这主要用在非正式文体中，用来表示较大的数目字。

- **2.5 billion**
- **2.4 million**

A.M(a.m.) 和 **P.M(p.m.)** 之前的钟点数多用阿拉伯数字，小时后有分钟数时，也多用阿拉伯数字。

(例) **The shop closes at 8 : 40 p.m.**

商店晚上 8 : 40 关门。

8 : 40 p.m. 读作：**eight forty p.m.**

Business begins at 8 a.m.

上午 8 点开始营业。

表示公元前的 B.C. 和表示公元的 A.D 之前的数目字一般也多使用阿拉伯数字。

(例) **Julius Caesar was born about 100 B.C.in Rome, and died in 44 B.C.**

凯撒大帝大约于公元前 100 年生于罗马，死于公元前 44 年。

From 30 B.C. to A.D.20 is 50 years.

从公元前 30 年到公元 20 年间有 50 年。

带有零头的钱数一般也用阿拉伯数字。

(例) **This shelf cost me $107.50.**

这个书架花了我 107 美元 50 分美分。

温度的读数一般用阿拉伯数字。其他如角度，纬度等也多用阿拉伯数字。

(例) **The latitude is 40 degrees north.**

地处北纬 40 度。

Turn it 35 degrees to the left.

把它向左转 35 度。

The temperature of an average day there is -49℃ .

那里的白天平均温度为零下 49℃。

4-7 顺序编号的读法和写法

住宅、房间号、书页、章节、顺序编号等如用基数词表示，可直接写阿拉伯数字。

举例	读音	中译
apartment 107	one o[əu] seven	107 号房间
Madison Avenue 454	four fifty-four four five four	麦迪逊大街 454 号
page 6 and 7	page(s) six and seven	第六页和第七页

(例) **She lives at number 8 Wood street.**

她住在伍得街 8 号。

比较：**Number Ten**
唐宁街十号(英国首相办公厅)

有时也可用序数词表示编号。

- **part one=the first part**

  第一部

- **World War I [wʌn]=the First World War**

  第一次世界大战。

(例) **Read the first and second chapters.**

请读第一、第二章。

读电话号码时，都是把数词一个个分开来读。二或三个数为一组，组间稍有停顿。连续两个数相同时，可照常单个读，也可读作“double+该数词”；零读作 o[əu]。护照、驾驶照、银行帐号等的读法都与电话号码读法相同。

举例	读法
770342	double seven o[əu], three four two / seven, seven o[əu], three four two
037182	o[əu] three seven, one eight two
004572012	double o[əu]four, five seven two, o[əu]one two
522	five, double two / five two two
552	double five two / five five two
3664	three six, six four / three, double six four

公共汽车线编号为三位数或三位数以上时，也按上述方法读出，如果只有两位数，通常依照基数词的读法处理。

举例	读法
Bus (No)24	Bus (number) twenty-four
Bus (No)305	Bus (number) three o [əu] five

5 基数词和序数词的用法

下面所谈的基数词和序数的用法，不是指它们的句法功能，而是有关其在实际应用中的一些值得注意的事项。

5-1 基数词的用法

1 基数词可以与名词构成短语

一般，除 0 与 1 要与单数可数可名词连用外，其他数词后都加复数可数名词。

- **one hour** 一小时
- **seventeen minutes** 十七分钟

2 hundred / thousand / million 等名词性数词的用法

这几个词用来表示确切的数目时，不用复数形式。也就是说，这几个词前只要有了数词，就不能用复数形式，其后所跟的复数名词前也不能加 of。

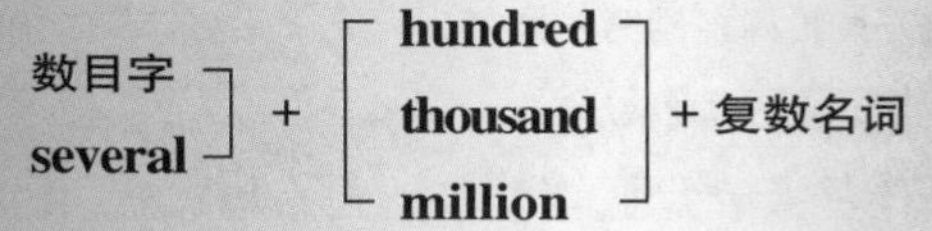

(例) **For two thousand years the Indian's methods of weaving and dyeing have remained unchanged.**

印度人的染织方法两千年来没有变化。

这些词也可以用来表示一个不太准确的数目。方法是：

hundreds **thousands** **millions**	+ of + 复数名词=	数以百计 成千上万 千百万(许许多多，无数)

类似的表达法还有：

- **tens of thousands**
- **hundreds of thousands**
- **thousands upon thousands**

(例) **The pop singer received hundreds of letters in a week.**

那位流行歌手一周里收到了几百封信。

表示数量的 **dozen**(**12**)和 **score**(**20** 或约 **20**)的用法也基本与上述词相同。

(例) **Mexico has discouraged the Yankee's influence for dozens of years——with little success.**

墨西哥为减少美国的影响已努力了几十年，但收效甚微。

"I'd like a dozen eggs, please."

(顾客)请给我一打鸡蛋。

3 基数词用作名词

基数词可以单独用作名词，而且有复数形式，基数词前也可以加上定冠词、物主代词等限定词。

(例) **They came in twos and threes.**

他们三三两两地来了。

Give me two, please.

请给我两个。

She is in her forties.

她四十多岁。

The two of his assistants have been working busily since 8 o'clock and have only just finished.

他的两个助手从 8 点钟就开始忙碌，刚刚才忙完。

the two of his assistants 他的两个助手(他一共有两个助手)
two of his assistants 他助手中的两个人(暗示他不止有两个助手)

在谈论货币时，数词的复数形式还可以表示两张或更多的票额相同的纸币。

(例) **Give me two fifties and five tens.**

请给我两张 50 美元的和五张 10 美元的纸币。

4 "基数词＋复数名词"的用法

"基数词＋复数名词"有时被看作是一个整体，因此，被看作是单数的。这样用时，其前面可用不定冠词 a(n)，或其他一些要与单数名词连用的词，如 **another, every, that** 等。

(例) **He wants you to return that ten dollars he lent you .**

他要你把他借给你的那 10 美元还给他。

I'm very sorry to have kept you waiting for a good twenty minutes.

真对不起，让你足足等了 20 分钟。

We'll need an extra ten dollars.

我们还需要 10 美元。

Won't you stay for another two weeks?

再呆两周吧。(不再呆两周了吗?)

Out of every five candidates only one was successful.

只有 1/5 的考生合格。

5 分数与名词连用时的用法

分数＋of＋the(或物主代词，指示代词，名词所有格等)＋名词(可数名词用单数或复数；不可数名词用单数)。

- **a quarter of the money**

  四分之一的钱

- **two thirds of the apple**

  一个苹果的三分之二

如果这一短语在句中作主语，谓语要根据 of 之后的名词变化。

(例) **Now two-thirds of all scientific papers are published first in English.**

现在，有三分之二的科学论文是用英文首次发表的。

Three quarters of the theatre was full.

剧院里有四分之三坐满了人。

百分数的用法与分数相同

(例) **Twenty percent of the pupils were absent.**

百分之二十的学生缺席。

About 70 percent of the earth's surface is covered with water.

地球表面的 70% 都被水覆盖着。

5-2 概数(非确切数)的表达法

1 "大于"或"多于"的表达法

① more than + 数目字
② over/above + 数目字

- a distance of over 500 yards
  500码以上的距离
- a price above fifty dollars
  50美元以上的价格

(例) **Philip has lived there for more than five years.**

非利普在那儿已住了五年多了。

It weighs above a hundred pounds.

它的重量在100磅以上。

数目字 + or more/and more/and above

- forty years and more/or more
  四十多年
- persons of fifty and above
  五十岁以上的人们

(例) **The distance from here to the city is ten miles and above.**

从这儿到城里的距离在10英里以上。

① ten/twenty 等逢十整数 + odd/and odd(odd=1~9 间任意数)
② a/two hundred 等逢百整数 + odd/and odd(odd=1~99 间任意数)

- twenty odd boys
  二十多个男孩
- five hundred and odd studensts
  五百多学生

(例) **She is forty-odd years old.**

她有四十几岁了(四十多，不到五十岁)。

也可以用形容词 long 来表示数量超过正常的数值

- five long miles
  五英里还多
- ten long years
  十多年

(例) **He spoke for two long hours/a long two hours.**

他足足讲了两个多小时。

2 "小于"或"少于"的表达法

① less than + 数目字
② close to + 数目字
③ under/below + 数目字
④ almost/nearly + 数目字

(例) **It's less than a mile.**

距离不到一英里。

He appeared to be less than fifty years old.

看上去他不到五十岁。

There were close to fifty students in the classroom.

教室里有近 50 名学生。

You can't reach the place under two hours.

在两个小时之内不可能到达那里。

The thermometer stood below 29°C.

温度计指示的温度不到 29 摄氏度。

It's almost three o'clock.

差不多快三点了。

比较这两句话的不同含意：

It'll take less than an hour to get there .

到那儿用不了一个钟头。

She has no less than five daughters.

她至少有五个女儿。

数目字 +or less

(例) **a mile or less** 一英里或不到一英里

She gave him twenty dollars or less.

她最多给了他二十美元。

3 大约数的表示法

① about/somewhere/somewhere about + 数目字

② around/round/round about/somewhere round + 数目字

③ approximately/roughly + 数目字

④ more or less/some + 数目字

(例) **We went about ten miles.**

我们走了约 10 英里。

This temple was built somewhere around 500 BC.

这座庙宇大约建于公元前五百年左右。

There are approximately a hundred books on the shelf.

书架上大约有一百本书。

This tank can hold more or less twenty gallons of fuel.

这只油箱可装 20 加仑左右的燃料。

There were some forty or fifty people there.

那里大约有 40 — 50 人。

She is somewhere in her thirties.

她大约三十来岁。

① 数目字+ or so/or thereabouts/more or less

② 数目字+ or +数目字

- **a month or so** 一个月左右
- **a hundred more or less** 一百上下
- **at four o'clock or thereabouts.** 大约四点钟左右
- **a thousand or thereabouts** 一千左右
- **twenty or so miles / twenty miles or so** 二十英里左右
- **two or three years ago** 两三年前

逢十的基数词的复数形式也可表示大约数（主要表示年龄或年代）

（例）**You're sharpest in your 20's.**

你二十多岁时最敏捷。(20 岁 – 29 岁间)

He is not yet out of his teens.

他还不到二十岁。

She is in her forties.

她也就是四十多岁。

That was in the early forties.

那是四十年代初的事。

"基数词 / 阿拉伯数字 + -ish" 也表示大约数

这种用法主要用来表示时间和年龄

（例）**The old man is seventyish(70ish).**

老人大约七十岁左右。

Come at tenish next Monday.

下周一十点左右来吧。

4 "介于两数之间" 的表达法

① 数目字 + to + 数目字

② from+ 数目字 + to + 数目字

③ between + 数目字 + and + 数目字

④ anywhere between + 数目字 + and + 数目字

⑤ anywhere from + 数目字 + to 数目字

⑥ somewhere between + 数目字 + and + 数目字

其中第④和第⑤种用法含义相同

（例）**They drank somewhere between 1.5 and 2 litres of milk every day.**

他们每天大约喝 1.5 升到 2 升牛奶。

Anywhere from forty to fifty minutes might have passed.

大约过去了 40 到 50 分钟。

在很多情况下，都可以用一个较短的破折号把两个阿拉伯数字连起来表示介于两数之间。

(例) **The theory is described on pages 25-35.**

关于该理论的说明见 25-35 页。

读作：
on pages 25 through 35

5-3 序数词的用法

序数词前一般要加上定冠词或物主代词等限定词。

(例) **He was the first to explore this region.**

他是来此探险的第一个人。

We took the elevator to the fourth floor.

我们乘坐电梯到四楼。

It was my first visit to Europe.

那是我第一次去欧洲。

有时，序数词前可以用一个不定冠词 a(n)，这时，其“顺序”的含义大大减弱，只是表示“再……”，“又……”之意。

(例) **They went on a second voyage.**

他们又一次出航了。

Shall I ask him a third time?

(已问了两次)我还要再问他第三次吗？

I will try a seventh time.

(已试过 6 次)我要再试一次。

He tried to jump up a second time.

他试着又跳了一次。

当序数词用在 be 之后，表示比赛等名次时，其前不加冠词。

(例) **Bill was second in the race.**

比尔比赛得了第二。

He is second to none.

他不比任何人差。

序数词可与“基数词 + 名词”连用。

(例) **The first three runners won medals.**

前三名赛跑运动员得了奖牌。

比较：**She won three first prizes.**
她得过三次一等奖。

序数词也可起代词的作用。

(例) **I was among the first to arrive.**

我是第一批到达的人中的一个。

You are the second to ask me that question.

你是第二个问我这个问题的人。

序数词也可用作副词。

(例) **He came third.**

他是第三个到的。 序数词前不加 the

He came (in) second in the 100-metre dash.

他获得了百米赛跑的第二名。

“序数词＋形容词最高级＋名词”短语中序数词用作状语修饰形容词最高级。

(例) **The Yangtze is the fourth longest river in the world.**

长江是世界第四大河。

顺序编号除用基数词外，也可用序数词。

(例) **Can you recite the Eleventh Lesson.**

你能背诵第十一课吗？ 相当于 Lesson Eleven

5-4 日期的表达法

1 年份的读法

在读年份时，通常是把用阿拉伯数字表示的年份分作两部分读，从左向右，两位数为一个单位。有几点需要注意：

- A.D 一般只用于公元 1~999 年之间的年份。
- 如果年份以 00 结尾时，用 hundred 表示。
- 如果一个数字中的一位数为 0 时，可读为 o[əu]。

写法	读法
1084	ten eighty-four
1910	nineteen ten
1900	nineteen hundred
1909	nineteen nine nineteen hundred and nine, nineteen o[əu] nine.
2000	(the year) two thousand
2006	two thousand and six
358B.C(公元前)	three hundred fifty-eight B.C. three fifty-eight B.C.
〈英〉A.D.409(公元)	four hundred and nine A.D.
〈美〉409A.D.(公元)	four o[əu]nine A.D.

2 年代的表达法

"表示年份的阿拉伯数字+'s"，或用逢十的基数词复数表示年代

用 early, mid-, 和 late 分别表示某一年代的初期，中期和末期

- 三十年代初期
  the early thirties
- 二十世纪八十年代初期
  the early 1980's
- 三十年代中期
  the mid-thirties
- 二十世纪八十年代中期
  the mid-1980's
- 三十年代末期
  the late thirties
- 二十世纪八十年代末期
  the late 1980's

3 年、月、日的表达法和读法

A 年、月、日的书写方法

英国英语	26th December, 1975 26 December 1975	26.12.1975 (日、月、年)
美国英语	December 26th, 1975 December 26, 1975	12.26.1975 (月、日、年)

- 在书面表达"年、月、日"时，序数词词尾 **-th** 可以省略，也不用 **the** 和 **of**。
- 要注意英美书写"年、月、日"的方法是不同的，为避免误解，最好将月份拼写出来，或用月份的缩写形式，或用罗马数字表示。
- 如果句子中只有几号而没有月份时，需把这个日期拼写出来(不写阿拉伯数字)。
- 日期中有几号时，一般用介词 **on**，只有年或月时，用介词 **in**。

(例) **He started for New York on the twenty-first.**

他 21 日动身去纽约。

B 年、月、日的读法

"the+ 序数词 + of+ 月份(+ 年份)" 或 "月份(+the) + 序数词(+ 年份)"

(例)

12 月 26 日
- **December the twenty-sixth**
- **December twenty-sixth**
- **the twenty-sixth of December**

注意：在美国英语中，表示日期的序数词前一般不加 **the**。

5-5 时间的表达法和读法

一般情况下都采取 12 小时计时制

- "午夜零点——正午 12 点"为一个时段，用"a.m.(上午)"表示
- "正午 12 点——午夜零点"为一个时段，用"p.m.(下午)"表示

时间	时＋分	分＋介词＋时
6：05	six o[əu]five/six five	five (minutes) past/after six
6：15	six fifteen	a quarter past/after six
6：30	six thirty	half past/after six
6：45	six forty-five	a quarter to/of seven 或 fifteen (minutes)before seven
6：50	six fifty	ten to/of seven 或 ten (minutes) before seven

- 介词 **after** 和 **of** 多用于美国英语中。
- 表示时间的数词之后注有 **a.m.** 或 **p.m.**，在读出时，不能加 **o'clock**。
- 如果把时间拼写出来，通常要在时与分之间加连字符；如果分钟数是由十位数和个位数合成的，一般应写成阿拉伯数字。

（例）

The class begins at **seven-thirty** 七点三十分开始上课。
The class begins at **8:25** 八点二十五分开始上课。

在交通，军事或国际上，多用一昼夜 **24** 小时制

书写时用四位数，时与分间可用冒号（**21:05**）、句号（**21.05**）或不用标点间隔（**2105**）。二十四小时制的起点为午夜零点。

时间	写法	读法
零时	00:00/0000	zero hour(s)
零时三十分	00:30	zero hour(s) thirty 或 zero thirty
二十时零五分	20:05	twenty o[əu]five (hours)
二十四时	24:00	twenty-four hundred (hours)

6 罗马数字

- 人们常用罗马数字进行编号，特别是用在一些科技书籍中，表示章节的顺序或序文、附录等的页码。
- 罗马数字也可用来区别姓名相同的人，如**Elizabeth Ⅱ**（伊丽莎白二世）。

罗马数字为十进制，共有七个字母

i=1	v=5	x=10	l=50	c=100	D=500	M=1000

在这七个字母中，前三个最常用，其记数方法为：

- 几个罗马数字并列以大数为中心，以“右加左减”为原则。大数右边相加时相同字母最多可排到三个；左边相减的字母只能有一个。
- 相同的字母并列——表示相加：**iii=3, xx=20**
- 不同的字母并列，顺序为“大数＋小数”——表示相加：**vii=7, lxx=70**
- 不同的字母并列，顺序为“小数＋大数”——表示相减：**iv=4, ix=9**

第七章 形容词和副词

ADJECTIVES & ADVERBS

SUPER ENGLISH

形容词和副词

形容词和副词都是起修饰作用的词类。两者的主要区别之一就在于它们所修饰的对象不同。形容词主要用来说明或修饰名词或代词，描述名词或代词所代表的人或物的性质，增加或补充其含意，从而限制或缩小其适用的范围；副词的主要功能是修饰动词，形容词或其他副词，有时也可用来修饰全句。我们把这两种词类放在一个章节来讲述，主要是因为，尽管这两种词类之间存在着不容忽视的差别，但它们在许多方面，特别是在变化和句型方面，有许多共同的特点。在学习中如能互相对比和参照，可能更容易掌握。

1 形容词

除指示形容词和物主形容词之外，所有其他形容词只有一种形式；既可与单数名词，也可与复数名词连用，既可用来修饰阴性名词，也可用来修饰阳性名词。

1-1 形容词的修饰语

形容词本身的含义常常需要加以说明、补充或限定，因此需要其他一些词类、短语或从句对其加以修饰。常用来修饰形容词的有以下几种类型。

1 副词修饰形容词

最常用来修饰形容词的词类是副词。绝大多数副词在修饰形容词时，都直接置于形容词之前。

(例) **The boy is very intelligent.**

这个男孩很聪明。

It was an extremely cold night.

那是个极冷的夜晚。

I didn't realize it was going to be this hot.

我没想到天气会这样热。

He is old enough to know it.

他已到了解此事的年龄。

Be kind enough to reply early.

请早日答复。

enough 作为副词，要用在形容词或副词之后。因为 **enough** 总是让人联想到其后可能跟有的结果或目的。

He's a brave enough man.

他是一个很勇敢的人。

有些副词在修饰作定语的形容词时，往往置于冠词之前。这样用的副词有quite，rather，hardly，scarcely 等。(参见“冠词的位置”)

(例) **She is quite a pretty girl, isn't she?**

她是一个相当漂亮的女孩，是吧？

That's hardly a good thing.

那很难说是件好事。

2 名词修饰形容词

形容词作表语或定语，表示度量时，常用“数词＋名词复数”修饰。

(例) **He is sixty years old.**

他六十岁了。

That is a building ten stories high.

那是一座十层高的楼房。

He fell into a hole six feet deep.

他跌进一个有六英尺深的洞里。

This table is four feet square.

这张桌子四英尺见方。

(即：四英尺×四英尺)

比较：
This table is four square feet.
这张桌子的面积为四平方英尺。(可能为二英尺×二英尺或四英尺×一英尺)

What he is driving at is crystal clear.

他用意何在是一清二楚的。

有时，也可用一个名词放在形容词之前，对其进行修饰。

He is driving a brand new Rolls Royce.

他开着一辆崭新的罗尔斯罗伊斯车。

3 形容词修饰形容词

用一个形容词修饰另一个形容词的现象是比较常见的，但通常都形成了较为固定的搭配关系。

我们常把**bright，clear，dark，light，soft**等形容词放在表示颜色的形容词前，说明该颜色的深浅变化。

(例) **The paper bag is light blue.**

这只纸袋是淡蓝色的。

An eagle is flying in the bright blue sky.

一只鹰在蔚蓝的天空中飞翔。

间或也可以看到，用作修饰语的形容词表示被修饰的形容词的程度。

(例) **Mr. Smith lacks plain common sense.**

史密斯先生缺乏最基本的常识。

It was real nice of you to say so.

你这样说真是太令人愉快啦。

值得一提的是，像这样用作状语的形容词，有许多已转化为副词，人们在这样用时，已不再考虑它们的形容词的特征。

It is bitter cold today.

今天真冷。

The nails on the stove were red hot.

炉子上的钉子变得赤热。

有些由现在分词转化来的形容词也可用来修饰像hot，cold这样的词，更加夸张地描绘出它们的程度。

(例) **What freezing cold weather!**

好冷的天气！

Blazing hot summer had come.

炎热的夏天到了。

常这样用的形容词有：

■ **biting** 刺痛的	■ **boiling**兴奋的；白热化的	■ **burning** 燃烧着的
■ **piercing** 刺骨的，凛冽的	■ **scorching** 炎热的	■ **steaming** 热的

4 介词短语修饰形容词

有些形容词的含义需要用一个介词短语来修饰或完善。形容词之后跟什么样的介词短语，不仅由形容词本身决定，而且也取决于介词表达的关系和含义。

(例) **He was afraid of**
- **nothing.** 他无所畏惧。
- **snakes.** 他怕蛇。
- **being bitten by snakes.** 他怕被蛇咬着。
- **what she might say.** 他对她可能说出的话想到害怕。

一些形容词之后的介词变换有时对形容词的含意没有影响。

(例) **He felt anxious for / about his mother's health.**

他为母亲的健康担心。

be anxious for 表示“急切地想……”。

He is busy (in) getting ready for the journey.

他正忙着为旅行作准备。

be busy at (with, over, about) 均表示“忙于……”但**busy**之后常用 **-ing**形式，不用介词或只用 **in**。

He is too careful with his money.

他花钱太小气。

Be careful with the glasses please.

请对这些杯子要小心。

be careful about/of均表示“当心……”但careful之后常用-ing形式，不用介词或只用in。

They are concerned about / with the result.

他们关心结果。

但“be concerned in ”意为“牵涉在内”。

He was much delighted with my gift.

他收到我的礼物很高兴。

be delighted at/by...表示“听到……很高兴”。

She is quite different from / to / than her friends.

她与她的朋友们全然不同。

而be different in...表示“在……方面不同”。

My uncle was enraged at / by my stupidity.

我叔叔对我的愚蠢行为极为愤怒。

be enraged with sb表示“对……极为愤怒”。

You must be patient to / with a child.

对孩子必须耐心。

be patient of则表示“忍耐……”。

He was pleased by / with the gift.

他很满意这份礼物。

be pleased at表示“看到……很高兴”。

Tommy is skillful at / in painting.

汤米擅长绘画。

be skillful with则表示“熟练做……”。

类似的形容词还有
abreast at (with), adequate to (for), ambitious of (for), amused at (by), applicable to (in)
appropriate to (for) , ashamed of (for) , astonished by (at), commensurate to (with)
concerned about(for), critical about (of), essential to (for), expert at (in), greedy for (of)
indispensable to (for), kind to (from), proficient at (in), satisfied at (with), startled at (by)
suitable to (for), thirsty for (after), weak at (in), necessary to (for), lame in (of)

在“形容词＋介词短语”中，介词会因与其宾语的搭配的需要而变换，对形容词本身的含义没有影响。有时，由于表意的需要，形容词之后可能跟不止一个介词短语。下面列出一些常用的较为典型的例子：

accountable

- **“accountable ＋ to ＋对象(sb) ＋ for ＋事物(sth 负责的内容)”**

“对……(事)、向……(人)负有责任；有向……说明……的义务”。

(例) **He is accountable to me for the delay.**

他有向我说明迟到原因的义务。

I'm not accountable to you for my conduct.

我没有义务向你说明我的行为。

angry

- angry + about + sth　　对……生气
- angry + at + sb　　强调愤怒本身　　对……生气
- angry + at + sb's action or speech　　对……生气
- angry + for + 引起怒气的原因　　因……而生气
- angry + with + sb　　重点在生气的对象　　对……生气

(例) **Don't be angry about trifles.**

不要对小事发脾气。

She was very angry at his answer(what he said).

她对他的回答(他说的话)十分气愤。

I was very angry with myself for making such a stupid mistake.

我为犯了那样一个愚蠢的错误而对自己恨恨不已。

annoyed

- annoyed + with + sb　　对……生气
- annoyed + for / at + sth　　对……(事)生气/烦恼

(例) **I am annoyed with myself for being careless.**

我生气自己太粗心大意。

He got annoyed at her impudence.

他对她的厚颜无耻感到恼怒。

He was annoyed by all her questions.

他为她那些问题所烦扰。

be annoyed by…，意为"受到……的骚扰"。

confident

- confident + of + sth　　对(获得)……确信不移；对……(结果)有把握
- confident + in + sth　　在……(方面)有自信/信心

(例) **They were confident of victory / of overcoming the difficulties.**

他们确信能胜利/克服困难。

I am confident in myself / in my own opinions / in the future.

我对自己/自己的意见/未来充满自信。

disappointed

- disappointed + at / about + sth　　在(得知)……时很失望
- disappointed + with / in + sb / sth　　对……(人或事)失望
- disappointed + of + sth　　对没有达到或实现……而感到失望

(例) **We were very disappointed at / about the news.**

听到这一消息我们深感失望。

He was disappointed with the result of the exam.

他对考试的结果很失望。

Those who do not want things often get them, while those who seek them vehemently are often disappointed in their search.

不想要的人往往得到了，强烈追求的人却常常失望。

The workers were disappointed of their expected rise.

工人们对没有如期望的那样提高工资感到失望。

displeased

- **displeased + with/ by + sb/ sth + for** 因为……对……不高兴
- **displeased + at + sth** 在看到／听到／得知……时不快

(例) **He was rather displeased with his friends for not having phoned to say they were coming.**

他很不快，因为朋友们没有事先打电话说要来。

He was greatly displeased with you / your work.

他对你／对你的工作很不满意。

He has apparently been displeased by something.

他显然一直在为某事不快。

She was displeased at her boyfriend's letter.

她在看到她男友的信时很不高兴。

The old lady was most displeased at the fun of the children.

老妇人听到孩子们的嬉戏非常不高兴。

equivalent

- **equivalent + to** 等于……，相当于…
- **equivalent + in** 在……方面相等

(例) **Her silence was equivalent to consent.**

他的沉默就等于同意。

One half dozen is equivalent to six.

半打等于六个。

He changed his pounds for the equivalent amount in dollars.

他把英磅对换成等值的美元。

explicit

- explicit + in + sth 在(语言表达)方面清晰、明确
- explicit + on / about + sth 对(问题，要点等)态度鲜明、陈述直截了当

(例) **The policeman was explicit in his order.**

警察明确发出命令。

She was quite explicit about why she did it.

她直接了当地说明她为什么要做此事。

faithful

- faithful + in + sth 在(言行)方面诚实、忠实
- faithful + to + sb / sth 对……忠诚，忠于……

(例) **The old worker was faithful in the performance of his dutes / in word and deed.**

这位老工人忠于职守 / 信守言行。

The dog remained faithful to his master.

这条狗始终忠于它的主人。

familiar

- (sb + be +) familiar with sth (某人)对(某事)熟悉
- (sth + be +) familiar to sb (某事)为(某人)所熟悉

(例) **He is too familiar with them.**

他对他们太熟悉了。

The song is familiar to us (We are familiar with the song).

我们很熟悉这首歌。

impatient

- impatient + about + sth 对(某事)不耐烦
- impatient + at + doing 对于……不耐烦
- impatient + for + sth 急欲……，急切要……
- impatient + of + sth 对……发急或不耐烦
- impatient + with + sb 对……急燥；讨厌……，不能忍受……

(例) **Don't get impatient about a trivial thing like that.**

不要为那样的小事急燥。

She was getting impatient at having to wait so long.

她因要等那么久而不耐烦。

（例）**She is impatient for his letter.**

她急切地盼望着他的来信。

She is impatient of any kind of delay.

她讨厌任何形式的迟到。

Don't be impatient with the children.

不要对孩子们不耐烦。

indignant

- **indignant + about / over + sth** 对……愤慨
- **indignant + at sth / sb / doing** 对……愤慨
- **indignant + with + sb + about / for + sth** 因为……对……愤慨

（例）**I feel most indignant about the way he has treated me.**

我对他待我的方式感到极端愤慨。

I was indignant at being blamed.

我对所受到的责备愤愤不平。

I am indignant with you about your remark.

我对你感到愤慨是由于你的那些议论。

involved

- **(sb / sth + be / get +) involved in sth** 卷入，牵涉进……，与……有关
- **(sb + be / get +) involved + with sb / sth** 与……混在一起，与……关系密切

（例）**I got involved in the quarrel between Tom and Jack.**

我卷入了汤姆和杰克的争吵之中。

Was there gambling involved in this murder?

这件命案中牵涉到赌搏吗？

He becomes involved with bad men.

他与坏人鬼混起来。

You are much too involved with the problem to see it clearly.

你与此事关系太深，以至对其看不清楚。

junior

- **junior + to + sb + by...** 比……小，比……年轻……岁(年)

（例）**He is junior to me by three years.**

= He is three years junior to me.

他比我小三岁。

negligent

- negligent in + 名词 / doing　在……中粗心大意、马虎(而没做到……)
- negligent of + 名词　对……怠慢(失职)、不经心

(例) **He's been negligent in his work .**

他工作马虎。

He was negligent of his duties.

他玩忽职守。

He was habitually negligent of his personal appearance.

他不注意自己的仪容，已是习以为常的事了。

responsible

- responsible + to + sb　向……(人或团体等)负责
- responsible + for + sth　对……(事)负责

(例) **I am not responsible to you for the payment of his debts.**

我对你没有偿运他的债务的责任。

The engine-driver is responsible for the passengers'safety.

火车司机要对乘客的安全负责。

severe

- severe + on + sb / sth　(在评价、处罪、遣责等方面)严厉
- severe + with + sb / sth　(在要求等方面)严格
- severe + in + sth　在……方面严厉、严格、苛刻

(例) **Many people felt that the judge had been rather severe on the prisoner, considering circumstances of the case.**

从案件的情况看，许多人认为法官对该犯人判决太重了。

He is very severe with his children.

他对孩子很严格。

The teacher is severe in criticism.

这个老师批评起来很严厉。

The teacher was too severe on the pupil.

老师对该生太严厉了。

sensitive

- sensitive + to + sth　对(外界事物或他人的行为)敏感
- sensitive + about + sth　对(自己的身体状况、个人的情况)敏感

(例) **He is sensitive to criticism.**

他对批评敏感。

Bats are sensitive to sounds that we cannot hear.

蝙蝠能查觉到我们听不见的声音。

He is sensitive about his ugly appearance.

他对自己丑陋的外貌很敏感。

thankful

- thankful + to + sb + for + sth 为……(某事)感谢……(某人)
- thankful + for + sth 感谢……，多亏……；对……感到欣慰

(例) **I am thankful to you for your help.**

我很感谢你的帮助。

I am thankful for my good fortune.

我感谢自己的好运气(我对自己有好运气而感到欣慰)。

在“形容词＋介词短语”中，介词的变化有时是因为形容词本身的含义的改变。下列是一些较为典型的例子：

clear

- sb + be + clear about / as to + sth 明白……，对……清楚了
- (sth + be +) + clear + to + sb 对……来说是清楚的
- clear + of + sth 摆脱了……，避开……，清除了……的；没有……的

(例) **I am not clear about / as to what you expect me to do.**

我不清楚你要我干什么。

The case is clear to me.

事实对我是清楚的。

The road was clear of traffic.

路很畅通。

good

- good + at + sth 善于
- good + for + sb / sth 对……有益

(例) **He is very good at football.**

他很擅长踢足球。

Fresh air is good for you.

新鲜的空气对你有好处。

liable

- liable + for + sth　　对……有责任
- liable + to + sth　　易于……；有……倾向；应该(服从)……的

(例) **We are liable for the damage.**

我们对损毁负责。

You can hold the manufacturer liable for the defects in the construction of your car.

你可认为厂商要为你汽车结构上的缺陷负有责任。

Anyone who spits on the street is liable to a fine.

在街上吐痰的人很可能要被罚款。

We are liable to the tax.

我们应该纳税。

lost

- lost + on / upon + sb　　对……不起作用
- lost + in + sth　　沉湎于……
- lost + to + sth　　丧失了……，没有……；不再为……所有

(例) **My hints were not lost upon him.**

我的暗示对他起了作用。

He was lost in thought.

他沉没于暇想之中。

He is lost to any sense of honor.

他没有一点儿廉耻心。

poor

- poor + at + sth　　不善长……
- poor + in + sth　　缺少……

(例) **Mag is poor at mathematics.**

玛戈数学差。

This country is poor in petroleum.

这个国家是贫油国。

ready

- ready + for + sth　　为……准备好
- ready + with + sth　　太爱……，动辄……；易于……

(例) **Mr. Plyler was ready for the party.**

蒲莱尔先生已准备好去参加晚会。

She's too ready with advice.

她太爱给别人出主意。

Elizabeth is always ready with something to say if the conversation lagged.

如果谈话冷场(滞顿)，伊丽莎白总会很容易地找出话题来。

sticky

- **sticky + with + sth** 因为(有了)……而粘的
- **sticky + about (+ doing)** 对……持异议的，不同意……，不愿意……

(例) **The child's hands were sticky with honey.**

孩子的双手让蜂蜜弄得粘乎乎的。

My mother is a bit sticky about letting me go out in the evening.

我母亲不太愿意让我晚上出去。

tired

- **tired + from / with (+ doing)** 因……而疲劳
- **tired + of + sth** 厌倦(做)……

(例) **I'm very tired from swimming.**

我游泳游累了。

with 强调理由，**from** 强调结果

I'm tired with climbing that steep hill.

我因爬上那个陡坡感到很疲劳。

I got tired of Sally's cooking.

我对萨莉做的饭菜已(吃)厌了。

vocal

- **vocal + in/about + sth** (对……)畅所欲言
- **vocal + with + sth** 充满了……声音

(例) **The students have become more vocal in their demands.**

学生们畅言自己的要求。

He was very vocal about his claim to the property.

他直言不讳地说出了对财产的要求。

The forests were vocal with the songs of birds.

森林里充满了鸟儿歌唱的声音。

wrong

- wrong + with + sb / sth　　有毛病，出故障;(在……)失常
- wrong + in　　在……方面错了
- wrong + about + sb / sth　　(所持的看法等)不符合事实；误解……

(例) **What's wrong with you?**

你有什么不适吗?

There is nothing wrong with the car.

这部车子没有毛病。

He was wrong in what he said.

他所说的话错了。

You are entirely wrong about the whole matter.

你对这整个事情(的看法)完全错了。

5 用动词不定式修饰形容词

形容词之后常要用一个不定式(短语)修饰。这样用的形容词，大多在句中用作表语。这样一来，我们就要特别注意不定式所表示的动作与句中主语的关系。形容词之后的不定式与句中主语的关系可能有以下几种。

A 句中主语与不定式是逻辑上的“主—谓”关系

句子的主语实际上是形容词之后的不定式的逻辑主语，这种情况可能表现在以下几个方面：

- 第一种情况：

主语	表语	动词不定式
表示人的名词或代词	作表语的形容词表示主语的情感或心理状态	不定式是对表语形容词的一个证实或是一个原因。如果省略了不定式，句子仍然成立。

(例) **We're all sorry to hear of your illness.**

听说你病了，我们都深感不安。

I shall be happy to accept your invitation.

我很高兴接受你的邀请。

I am immensely delighted to learn of your success.

获悉你的成功，我十分高兴。

She was a little bored to see all this.

对这一切她已看得有点儿厌烦了。

一些由过去分词转化来的形容词也常用于这一句型，而且可用程度副词，如 **rather**，**very**，**quite** 等修饰。

这一种关系的句型大多可以改写为以不定式作主语的句子。如果是由过去分词转化来的形容词，可直接用原动词作谓语；如果是一般的形容词，可用 make 作谓语。

(例)
I was surprised to see him there.
To see him there surprised me.

看到他在那儿，我感到十分吃惊。

Helen's father was angry to see her smoking.
To see Helen smoking made her father angry.

看到海伦吸烟，让她父亲大为火光。

常用于这一句型的形容词有
afraid, alarmed, angry, annoyed, astonished, concerned, content, depressed
disappointed, disgusted, dissatisfied, embarrassed, excited, fascinated, frightened
furious, glad, gratified, grieved, horrified, impatient, indignant, jubilant
proud, puzzled, relieved, satisfied, shocked, thankful, thrilled, unhappy, worried

■ 第二种情况：

主语	表语	动词不定式
表示人的名词或代词	表示主语的一种意愿	不定式通常是谓语动作之后要发生的动作。如果去掉不定式，即使句子成立，也会使句子表意不完整。

(例)
He seems reluctant to talk about the matter.

他似乎不愿谈及此事。

She is unwilling to accept this task.

她不愿意接受这项任务。

I'm not inclined to do anything today.

我今天不想做任何事情。

这类句子在改写时，大多使用与形容词含义相近的动词。

(例)
She was eager to visit me.
She wanted to visit me.

她很想来看望我。

常这样用的形容词有
anxious, curious, determined, disinclined, disposed, eager, hesitant, inclined
keen, prone, ready, wild, willing 等

■ 第三种情况：

表语	动词不定式
表语形容词表示主语的特征，是对主语的说明、评论或描述	不定式是对形容词含义的一种证明、一个实例。如果去掉不定式短语，句子仍然成立。

(例) **You're very kind to explain it to me.**

你向我说明了这一点，真是太好了。

You were very silly to trust him.

你真傻，竟然信赖他。

这一类句子不能改写为以不定式为主语的句子(这一点不同于第一种情况)，只能用形式主语 It："It + be(其各种形式) + 形容词 + of sb + to do (sth)"。

(例) **You are wise to give up smoking.**
It is wise of you to give up smoking.

你把烟戒掉是明智的。

He was careless to leave his watch in the hotel.
It was careless of him to leave his watch in the hotel.

他把手表忘在旅馆里，真是粗心大意。

有时我们会遇到用形式主语的另一句型："It + be(其各种形式) + 形容词 + for sb + to do(sth)"。

(例) **It is unusual for female birds to sing.**

= For female birds to sing is unusual.

雌鸟鸣唱是少有的。

It is important for you to go at once.

你马上就去，这很重要。

"of + 名词或代词"强调其与形容词的关系，是形容词判断、说明的对象。
"for + 名词或代词"强调形容词与动词不定式的关系，是对不定式的动作的判断。

It's silly for you to believe him.

You are silly to believe him.

你真傻，竟然相信他的话。

It appeared silly for us to wait there.

For us to wait appeared silly

我们等在那儿，看来有点蠢。

这样用法的形容词有
absurd, bold, brave, careful, cheeky, civil, considerate, courageous, crazy, cruel, decent, dishonest, foolish, good, honest, ill-natured, impolite, imprudent, impudent, naughty, nice, polite, rash, right, rude, saucy, spiteful, stupid, thoughtful, thoughtless, unkind, unwise, wicked, wise, wrong etc.

■ 第四种情况：

表语	不定式
作表语的形容词说明其后的动词不定式，实际上起状语的作用。	不定式动作可能是经常的现象或是已经存在的事实，也可是对未来的预测。这类句子如果去掉不定式短语，即使成立，也会产生歧意。

(例) **He is quick to make up his mind.**

他决心下得快。

Our team is certain to win.

我们队肯定赢。

这类句子大多可改成用不定式的限定形式作谓语，同时把形容词改为相应的副词。

(例) **We are bound to succeed.**

We will surely succeed.

我们一定成功。

He was lucky to pass the examination.

Luckily he has passed the examination.

他通过了考试，真是幸运。

也有一些句子可以改写为"**It... that...**"(主语从句)。

(例) **The weather is likely to be cold.**

It is likely that the weather will be cold.

天气可能要变冷。

He's certain to come.

It's certain that he'll come.

他肯定会来。

常用于这一句型的形容词有：
induced, prompt, slow, sure, unfortunate, unlikely, unlucky 等

■ 第五种情况：

表语	动词不定式
包括有 **next, last** 或序数词	不定式对 **first** 等加以说明或限定

(例) **Betty was the first to come and the last to leave.**

贝蒂是第一个来，最后一个走的。

What's the next thing to do?

接下来要做什么？

Who was the first man to walk on the moon?

谁是第一个在月球上行走的人?

B 句中主语与不定式是逻辑上的"动—宾"关系

句中主语实际上是形容词之后的动词不定式的逻辑宾语，如果不定式的用法是"动词+介词+宾语(短语动词)"，主语应为该介词的逻辑上的宾语。在这一类句子中也可能有以下几种情况。

■ **第一种情况**

表语	动词不定式
作表语的形容词不是说明主语的特征，而是说明其后的动词不定式。	若是及物动词，其后不能再有宾语；若是短语动词(动词+介词+宾语)，介词必须保留，但其后不能再加宾语。

(例) **My address is easy to remember.**

我的地址很好记。

She was difficult to understand at times.

她有时让人很难理解。

You are pleasant to talk with.

与你交谈真令人愉快。

He is hard to get along with.

他很难(与之)打交道。

This river is dangerous to bathe in.

在这条河里洗澡很危险。

这类句子中的不定式不宜去掉，但可以把不定式转化为句子的主语，也可以用形式主语 It 来改写。

(例) **English is not so difficult to learn.**

To learn English is not so difficult.

It is not so difficult to learn English.

英语并不那么难学。

That man is impossible to work with.

To work(working) with that man is impossible.

It's impossible to work with that man.

那人不可与之共事。

可这样用的形容词有
convenient, dangerous, difficult, easy, exciting, fascinating, hard, inconvenient,
interesting, possible, pleasant, thrilling etc.

■ 第二种情况

表语	动词不定式
表语形容词表示主语的特征	不定式是对表语形容词的一种说明或限定。句中的不定式可以去掉，句子的含义基本不变。

凡是能表示事物特性的形容词都可用于这一句型。

(例) **This suitcase is heavy to carry.**

这只衣箱提起来很重。

That machine is ready to start.

那台机器已准备就绪，可以开动了。

这类句子中的不定式不能转化为主语，也不能改写成以 **It** 为形式主语的句子。

C 句中主语与不定式无前述关系

句中主语与动词不定式之间没有逻辑上的“主—谓”或“动—宾”关系，在这种情况下，形容词之后多采用“for + 名词 / 代词 + to do”结构，用 for 引出不定式的逻辑主语。必要时，不定式也可带上自己的宾语。

(例) **They'll be delighted for Mary to go and stay.**

玛丽要去小住，他们会很高兴。

The children were impatient for the holidays to start.

孩子们急切地等待假期开始。

I'm quite willing for you to join us.

我非常希望你能加入到我们中间来。

I should be sorry for you to think so.

假如你那样想，那我真感到遗憾。

我们常常把“for + 名词 / 代词 + to do”改为 that 从句。

(例) **We're anxious for everything to be settled.**
We're anxious that everything should be settled.

我们切盼一切都能就绪。

I should be sorry for you to think that I dislike you.
I'd be sorry if you were to think that I disliked you.

如果你觉得我不喜欢你，那我深感遗憾。

能这样用的大多为表示对将来情况的态度或看法的形容词。

6 "形容词 + to +V" 与 "形容词 + 介词 +V-ing" 的比较

很多形容词之后既可跟动词不定式，也可跟"介词 + V-ing"，两种形式在含意上通常没有太大差别。

(例) **I am accustomed to live / to living alone.**

我习惯于一个人生活。

Such bravery is worthy to be praised / of being praised.

这种勇气值得赞扬。

He is best suited to do / for doing this task.

他最适合干这项工作。

She was astonished to see / at seeing the changes in her hometown.

她看到故乡的变化，很惊讶。

但是，对于各别形容词来说，用"to + V"和用"介词 + V-ing"还是有区别的，两种结构表达的意思不同。

(例) **Don't be afraid of making mistakes.**

不要怕犯错误。(不希望发生，但自己不能选择或决定)

He was afraid to tell her the truth.

他不敢把真相告诉她。(没有勇气做，或不想做)

但是在美语中，这两种结构常表示同样的含义。

(例) **He was afraid to die (of dying).**

他怕死。

He is certain to win the prize .

Certainly he will win the prize.

"肯定要……，肯定会"，必然要发生的事。

他肯定会赢得奖金。

Susie seems sure of winning.

主观上认为如此，但不一定正确

苏西确信能赢。

You're sure to fail if you do it that way.

必然的结果，肯定要发生的事

如果你这样做，你肯定要失败。

He was certain of winning the prize.

He was certain that he would win the prize.

"(在思想上)确信……，(感觉)肯定要……"。不一定是正确判断，只是一种想法。

他觉得他定能赢得奖金。

He was wild to see her.

迫切想(做……)

他渴望见到她。

He was wild about fishing.

酷爱……；热衷于……

他酷爱垂钓。

因动作发生的时间不同，某些形容词之后所用的动词形式也会有所变化。

be sorry to do 为正在做或将要做的事情表示歉意
be sorry for doing 为做过的某事表示歉意

（例）**I'm sorry to hear that you were ill.**

听说你病了，我很难过。

I'm sorry to say that the experiment has failed.

我很遗憾地告诉你，试验失败了。

I'm sorry to have given you so much trouble.
I'm sorry for giving you so much trouble.
I'm sorry for having given you so much trouble.
I'm sorry that I gave you so much trouble.
对不起，我给你带来那么多的麻烦。

be interested in doing 对将要发生或可能要发生的事有兴趣
be interested to do 对已发生的事情有兴趣

（例）**He is very interested in gardening.**

他对园艺有兴趣。

I would be interested in knowing how you got there.

我很想知道你是怎样到那儿的。

I was interested to find out how he did it.

我对弄清他是如何做的很感兴趣。

I was interested to hear your remark.

我对你的评论很感兴趣。

I shall be interested to know what happens.

我很想知道将要发生什么事情。

但是，这种差别并不特别严格，常常可以看到用不定式表示将要发生的事情。

be angry at doing 对已发生的事情气愤
be angry to do 对将来万一会发生的事情生气

（例）**He was angry at being kept waiting.**

他因让他久等而生气。

He was angry at my criticizing.

他对我的批评愤愤不已。

He will be angry to learn that you have disobeyed his orders.

他若是知道你没有服从他的命令，他将会愤怒。

They will be angry to hear it.

听到这个消息时他们会生气。

He'll be angry to find that nothing has been done.

当他发现什么也没干时，他要生气的。

He was angry at finding that nothing had been done.

他发现什么事也没干，大为光火。

1-2 形容词和从句

有些形容词之后可以跟一个 that 从句或 wh- 从句。wh- 从句是指以 who, whom, which, whose, where, when, why, whether 和 how 等引导的从句。

1 形容词与 that 从句

形容词之后的从句用 that 引导时，从句的谓语可能用陈述语气，也可能用虚拟语气。当 that 从句中的谓语用陈述语气时，表示所叙述的是一个事实。

(例) **He is ashamed (that) he was rude.**

他为自己的无礼感到羞愧。

主句的主语若是名词或人称代词，that 可以省略；若是形式主语 It, that 不能省去。(详见名词从句)

Eve is confident that everything will go well.

伊夫确信一切都会顺利。

It was obvious to everyone that the child had been badly treated.

大家都清楚那孩子受过虐待。

She was surprised that he had come back so soon.

他回来得这么快，真令她吃惊。

常这样用的形容词有
afraid, alarmed, amazed, angry, annoyed, anxious, astonished, certain, conscious,
content, delighted, depressed, disappointed, distressed, disturbed, frightened, glad,
grateful, happy, pleased, proud, sad, satisfied, shocked, sure, surprised, thankful.

that 从句中的谓语用虚拟语气(should +V)时，多表示从句内容还未成为事实或表示惊讶，含有"万一"、"竟然"、"竟然会"等意思，所用的形容词多为表示感情变化的词。

- 在表示可能性时，形容词之后的 that 从句也可用"might +V"。
- 在表示意志或决心等的形容词之后的 that 从句中，也多用"should +V"。

(例)

He is very pleased that you have decided to come.

你已决定要来，这使他十分高兴。

He was pleased that Tom should have this fine chance.

汤姆竟然会获得如此绝好的机会，让他欣喜不已。

I was determined that he should come!

我决意要他来。

I am determined that I will never trust him.

我决心再也不信任他。(已决定的事实)

I'm surprised that a man like Mr.White should have made such a mistake.

我很惊讶，像怀特先生那样的人竟然犯这样一个错误。

He was anxious that all should go well.

他热切希望一切顺利。

I am astonished that he should fail.

我感到吃惊的是，他竟然会失败。

They are apprehensive that some further disasters might occur.

他们担心会有更多的灾难发生。

■ 即使是形容词要求跟一定的介词，that 从句前通常也不加任何介词。

(例)

Are you sure of his honesty?

Are you sure (that) he's honest?

你确信他是诚实的吗?

He became aware of the danger.

他意识到了危险。

He is fully aware that there is something wrong about it.

他充分意识到此事有些地方不对头。

He is confident of winning a prize.

他确信能得奖。

He is confident that he will win a prize.

他确信能得奖。

常这样用的形容词有
afraid, alarmed, amazed, angry, annoyed, careful, confident, conscious, delighted,
grateful, happy, insistent, proud, shocked, sorry, sure, surprised, thankful 等

2 形容词与 wh- 从句

用来完善形容词含义的 wh- 从句前，可以保留该形容词所要求的介词，这一点与 that 从句不同。但在很多情况下也可把介词省略。wh- 词不可省略。

(例) **I am ignorant of what he has done.**

我不知道他干了些什么。

The doctor was not sure (about) what the trouble was.

医生不能肯定是什么病。

You should be careful (about) what you say.

你说话要小心。

She was not aware (of) how much her husband earned.

她不知道她丈夫挣多少钱。

She was conscious of being followed by a man.

She was conscious that she was being followed by a man.

她意识到有一个男人在跟踪她。

Are you conscious (of) how people will regard such behaviour?

你意识到人们会怎样对待那种行为吗?

whether 一般要用在含有否定意义的形容词或表示怀疑的形容词之后，如 uncertain，doubtful，suspicious，not sure，not certain，not aware 等。

(例) **They were uncertain whether they ought to go.**

他们不能确定是否要去。

They were not sure whether they could come or not.

他们不能肯定是否能来。

I am doubtful whether it is true or not.

我怀疑那是否是真的。

1-3 形容词的句法功能

形容词在句中主要用作定语和表语。此外，也可用作宾语补足语和状语。在与定冠词或物主代词等连用时，也可用作名词，在句中充当主语、宾语等。

1 形容词用作定语

A 形容词用作前置定语

形容词作定语，一般都要放在被修饰的名词之前，并尽量靠近被修饰词。在这种位置上的定语叫做前置定语。

前置定语的一般词序为："冠词(或其他限定词)+ 形容词 + 名词"。

- **a rainy night** 雨夜
- **the honest boy** 诚实的男孩
- **creative power** 创造力
- **prosperous county** 繁荣的国家

Ten thousand dollars is a handsome sum of money.

一万美元是一笔可观的数目。

形容词前有 as，how，so，such，too 修饰时的词序为："as / how / so / too + 形容词 + a(n)+ 单数名词"，或 "such + a(n)+ 形容词 + 单数名词"。

(例) **It was too good an opportunity to miss.**

这机会太好啦，可别错过去。

How astonishing a sight!

多么惊人的景象!

The machine can lift as heavy a weight as 500 kilograms.

这部机器能提起 500 公斤的重物。

Although Andorra has such a long history, few people know much about it.

尽管安道尔有这么长的历史，但比较了解它的人并不多。

B 形容词用作后置定语

有些形容词作定语，要放在被修饰词之后，叫做后置定语。形容词作后置定语，通常都有一定的原因。

由 some-，any-，every-，no- 和 -one，-body，-thing 构成的不定代词，如果有形容词定语，要后置。

(例) **This isn't anything important.**

这并不是什么重要事情。

Something new has happened.

发生了一件新鲜事。

They must have seen something dangerous.

他们一定是看到了危险的事情。

She hopes to marry someone rich.

她希望嫁给一个有钱的人。

Her husband is a real nothing.

她丈夫是个微不足道的人。

但是，如果上述词用作名词表示其他含义时，形容词定语便需前置，如上例。

有些形容词用作定语时，通常要后置，例如一些带有前缀 a- 的形容词：ablaze，afloat，alike，alive，alone，asleep，awake 等。

(例) **He is the only man awake at that time.**

他是当时唯一醒着的人。

He likes his life afloat.

他喜欢自己的海员生活。

The schoolhouse will soon be finished, but there is still a dining hall and a gymnasium abuilding.

校舍就要完工了，但还有一座食堂和一处体育馆正在建造中。

He was the happiest man alive.

他是世界上最幸福的人。

My hometown is a really alive city.

我的家乡是一座生气勃勃的城市。

但是当这类形容词带有副词修饰语时，却又可以用作前置定语，如：**the fully awake patient** 完全醒着的病人

The girl alone in the cottage is waiting for her parents' arrival.

女孩孤独一人在茅舍中等待她父母的到来。

有些后置定语已与被修饰名词构成了固定词组，见下面所举例子。

- **secretary general** 秘书长，总书记
- **governor general** 总督
- **president elect** 当选总统
- **notary public** 公证人
- **cousin german** 堂(表)兄弟(姊妹)
- **a detective born and bred** 天生的侦探
- **baby unborn** 胎儿
- **body politic** 国家
- **Asia Minor** 小亚细亚
- **court martial** 军事法庭
- **heir female** 女继承人
- **poet laureate** 桂冠诗人
- **letters patent** 专利书
- **time immemorial** 远古
- **two weeks running** 连续两周
- **for the time being** 暂时

有时，形容词位置的变化只是修辞的需要。这类形容词多以 -able 结尾，如 available，eligible，imaginable 等。

(例) **the available data**

the data available

可得到的资料

by every means imaginable

by every imaginable means

用一切想得出的方法

Get here with all haste possible.

Get here with all possible haste.

请尽可能快地到此地来。

The only person visible was an old woman.

唯一看到的人是一位老太太。

We tried every means imaginable.

一切可以想到的方法我们都试过了。

The patient's disease was just incurable with the medicines available.

患者的病无法用现有的药物治愈。

形容词短语作定语时，通常作后置定语。这些形容词短语可能是："副词或其他状语＋形容词"、"形容词＋不定式（短语）"或者是"形容词＋介词短语"。

（例）**They discussed some problems extremely important.**

他们讨论了一些十分重要的问题。

She's a girl eighteen years old.

她是个十八岁的姑娘。

It was a problem difficult for us to tackle.

这是一个我们很难处理的问题。

Do you know the woman busy with her knitting?

你认识那位忙着织毛衣的女人吗？

He is a man greedy for money.

他是一个见钱眼红的人。

He lives in the house next to the hotel.

他住在旅馆隔壁的房子里。

Have you ever had a surprise greater than that?

你见过比这更惊人的事吗？

有时，还可能把短语中的形容词放在被修饰的名词之前，把短语中的其余部分置于其后。

（例）**the boys easiest to teach**

the easiest boys to teach

最容易教的孩子

Have you got enough money to lend me five dollars?

你的钱够借给我五美元吗？

常这样用的形容词有
different, difficult, easy, first, impossible, last, next, second, similar, the same
以及比较级和最高级等

如果用两个并列的形容词修饰一个具有泛指意义的名词时，也可把两个形容词都移至被修饰的名词后面去。

(例) **The doctors programmed a computer with medical information about a large number of heart disease patients, living and dead.**

医生们把很多心脏病患者的病历资料输入计算机，这些病人有的还健在，有的已去世。

He climbed the mountain by a route uncharted, steep and dangerous.

他沿着一条图上没有标出的、陡峭而又危险的路线爬上山去。

有些形容词作前置定语和后置定语所表达的含义不同。也就是说，位置的变化可能引起词义的变化。

(例)

the members present 在座的成员
the present members 现有的成员

the factory proper 工厂本部
the proper factory 合适的工厂

the concerned doctor 心情焦虑的医生
the doctor concerned 有关的医生(主管医生)

an involved sentence 复杂的难句
the people involved 有牵连的人

a responsible man 一个有责任心的人
the man responsible 应负责任的人

the opposite direction 相反的方向
the door opposite 对面的门

the visible stars 能观察到的星星 （长时间的特点）
the stars visible 看得见的星星 （暂时的特点）

C 名词前有几个定语时的先后次序

名词前有一个以上形容词作定语时，通常要有先后次序。因说话人强调的重点不同，词序也不同。下面给出的名词前各种修饰语出现的顺序，只是一般供参考的原则。**得出这一原则的基础是：最前面的形容词通常修饰其后的**“定语＋名词”。

限定词 ← 客观评价 ← 大小 ← 年龄，温度 ← 颜色，形状 ← 出处，来源 ←
材料 ← 分词 ← 名词 ← **被修饰名词**

在书面语及口语中，作定语的形容词超过三个以上时，便会使句子显得很不自然。因此，上表中所列的项目，不可能同时出现在一个名词短语中。

几点特别说明：

形容词或其他修饰语的顺序不同，有时可能表示强调的重点不同，甚至会导致含义不同：

- **a Chinese handmade shirt**
  中国产的手工衬衫
- **a handmade Chinese shirt**
  手工做的中式衬衫

如果有名词作定语时，该名词应尽量靠近被修饰的名词。

- **a white cotton shirt**
  白棉布衬衫
- **a new government policy**
  政府的新政策

起形容词作用的分词也应尽量靠近被修饰的名词。如果名词定语和分词定语同时出现，顺序应为："分词 + 名词 + 被修饰名词"。

- **a frightening ghost story**
  吓人的(关于)鬼的故事
- **a glittering gold ring**
  闪闪发光的金戒指

最能说明品质的形容词应尽量靠近被修饰的名词。其词序应该是："一般品质 + 特殊品质 + 被修饰的名词"，品质越是特殊，就越要靠近被修饰的名词。

- **a new wooden bridge**
  一座新木桥
- **a beautiful red flag**
  一面漂亮的红旗

说明被修饰名词本身固有特征的形容词，应尽量靠近被修饰名词，而表示说话者主观看法或评价的形容词要离被修饰名词相对远一些。

- **the little pink plastic doll**
  小小的粉红色的塑料娃娃
- **a large diplomatic reception**
  大型外交招待会

表示大小的形容词一般要先于表示年龄和形状的形容词。

- **a large old round table**
  一张大的旧圆桌
- **a big square shawl**
  方形大围巾

在表示形状的词中，高度要先于宽度。

- **a tall fat young man**
  一个高大粗壮的年轻人
- **a tall, lean chap**
  又瘦又高的家伙

一般地说，较短的词先于较长的词。

- **a damp, draughty house** 四面透风而又潮湿的房子

2 形容词用作表语

形容词可用在系动词之后作表语。

(例)

That building is new, isn't it?
那幢楼房是新的吧？

The material feels soft.
这料子摸上去很软。

(例) **Mary looks angry.**

玛莉看上去很生气。

He seems honest.

他好像很诚实。

The leaves of the trees turn yellow in the fall.

秋天里，这些树的叶子要变黄。

一些行为动词也常用作系动词，其中有些已与形容词形成了固定短语，如 marry young，stand idle，stay fine，worn thin 等。

(例) **He acted foolish.**

他行为愚蠢。

The door banged shut.

门砰的一声关上了。

She went pale at the news.

听到这一消息，她脸色变得苍白。

The fire is burning low.

炉火渐渐变弱。

They lived happy.

他们生活幸福。

The door blew open.

门(被)吹开了。

The wind blew warm and the air felt like spring.

风儿暖洋洋的，空气中透出春的气息。

The convict broke free from the prison.

那囚犯越狱逃走了。

This rule holds good at all times and places.

这一规则不论在何时何地都是有效的。

The chain on my bicycle came loose.

我的自行车上的链条松了。

The clock tower loomed large in the fog.

钟楼赫然耸现在雾中。

有一些形容词作表语和作定语时，表示的含义往往不同。

	作表语	作定语
区别	通常表示一种暂时的状态，或一种客观事实。	通常表示一种固有的、较长久的特征，或一种主观看法。

(例) **He is an old friend of mine.**

他是我的一位老朋友。

This friend of mine is very old.

我的这个朋友年事已高。

He is a sick man.

他是一位病人。

He is sick of flattery.

他厌恶奉承。

I heard of her late husband.

我听说过她已故的丈夫。

Spring is late in coming.

春天姗姗来迟。

We recognized her sweet voice at once.

我们立刻听出了她那悦耳的嗓音。

The garden is sweet with roses.

花园里弥漫着玫瑰的花香。

There is still a faint hope.

还有一线希望。

The boy was faint with hunger.

这男孩饿晕了。

3 形容词用作宾语补语(或主语补语)

形容词可用作动词的宾语补语。在这种情况下,宾语实际上是宾语补语逻辑上的主语。

(例) We found the house empty. (The house was empty.)

我们发现房子是空的。

He keeps the yard nice and clean.

他使庭院保持整洁干净。

You've made your shoes muddy.

你把鞋子弄上了泥。

We consider the work important.

我们认为这件工作很重要。

如果把上述句子变成被动句,宾语便成为主语,宾语补语也就成了主语补语。

(例) The house was found empty.

我们发现房子是空的。

有时,特别是在宾语较长时,往往把宾语向后移至作宾语补语的形容词之后去。

(例) He has broken open the door.

他把门冲开。

Let alone my things.

别管我的事情。

形容词也可以用来作介词的宾语补语,常用的介词如 with。

(例) She glanced at me with her face red.

她满面通红地瞥了我一眼。

He went to bed, with his stomach empty.

他饿着肚子就去睡了。

有时也可以把 with 省去,这样就成了形容词的独立结构。

4 形容词用作状语

本章前面已谈到形容词用作状语修饰另一个形容词的情况。形容词用作状语也可修饰副词或动词。

(例) **The eagle flies high.**

鹰高高飞翔。

We shall start pretty soon.

我们很快就要出发了。

这样用的形容词大多已被看作副词。下面要谈一些没有转化为副词的情况。

单个形容词，如 curious，funny，odd，strange，surprising 等或形容词短语都可以在句中起状语的作用。

(例) **He walked into the jungle, alone.**

他独自一人走进了丛林。

> 形容词或形容词短语作状语时，大多要用逗号与全句分开。位置可出现在句首、句中或句末。

Unhappy, she retired to her own room.

她退回自己的房间，心中很不高兴。

She hurried up the steps, nervous and pale.

她跑上台阶，心情激动，脸色苍白。

Thirsty for knowledge, she was reading books one after another.

她怀着对知识的渴求，一本又一本地读书。

当形容词状语的逻辑主语为句中主语时，它不仅描述谓语动作，而且更多的描述主语，这样便使它多用来修饰全句，当然也可说明谓语动作发生的时间、原因、条件或伴随的情况等，并且，前面可加上 wh- 词，强调状语的性质。

(例) **He was too much exhausted to wake easily when once asleep.**

他太疲乏了，一旦入睡就很难叫醒了。

If you lie upon roses when young, you'll lie upon thorns when old.

少年近玫瑰，老时卧刺芒。

If true, this will cause us a lot of trouble.

如果真是如此，这会给我们造成很多麻烦。

His opinions always draw attention, whether important or unimportant.

他的意见，不管是重要的，还是不重要的，总是能引起人注意。

Almost unknown to the old, the singer is very famous among the young.

尽管老年人几乎不知道这位歌手，但他在年轻人中间却很有名。

当形容词扩展成为一个短语时，它的逻辑主语也完全可能由句子的主语转向其它的词。

(例)
If possible, come before dinner.
If it is possble, come before dinner.

如果可能，请在饭前来。

形容词状语的逻辑主语可能是：
- 句中的主语；
- 非人称的 **it**；
- 句中其他名词或代词；
- 自带，即："名词(逻辑主语)＋形容词短语。"

If necessary, ring me at home.

必要时，请给我往家里打电话。

You must eat it when fresh (when it is fresh).

这东西要趁新鲜吃。

Send the goods now, if ready (if they are ready).

如果已有现货，请马上运过来。

I've expressed my opinious, whether right or wrong.

不管正确与否，我反正说出了我的看法。

A snake slipped quickly out of his path, its body as thick as an arm.

一条蛇从他的路上飞快地溜走了，蛇身足有胳膊粗。

He saw the animal, some distance ahead of him, half hidden by undergrowth.

他看到了那只动物，它就在他前面不太远的地方，身子半掩在矮树丛中。

They believed in the application of force, wherever and whenever necessary.

他们相信，不论何时、何地，只要必要，就可使用武力。

还有一类形容词状语用"形容词+and..."构成，用来修饰其后的形容词或副词。

(例)
She wouldn't come out till she was good and ready (completely ready).

她要在完全准备好了才出来。

It is nice and cool out there. (It's fairly cool.)

外面真凉快。

The vegetables are coming up fine and full.

蔬菜长得十分茁壮(令人满意)。

It was lovely and warm.

天气非常暖和(令人感到惬意)。

That morning we got up bright and early to go fishing.

那天早上，我们一大清早就起床去钓鱼。

（例） It is a fine and dandy idea.

这是个绝妙的主意。

He grew rare and sleepy.

他昏昏欲睡。

这样用的"形容词＋and"的含义大多为"非常"、"完全"、"令人高兴／满意"等。

这样用法的形容词有
good and, lovely and, fine and, nice and, bright and, rare and 等

1-4 the＋形容词

"the＋形容词"相当于一个名词，指同一类的人或物。在句中可以用作主语，宾语等。这种名词化的形容词主要用于以下三个方面：

指人

- the poor 穷人
- the rich 富人
- the old 老年人
- the blind 盲人
- the deaf 聋人
- the sick 病人
- the dead 死者
- the black 黑人
- the accused 被告
- the married 已婚者
- the strong 强壮的人
- the infirm 体弱的人
- the more diligent 较勤奋的人
- the youngest 年纪最小的人

指抽象的概念

- the bad 坏事
- the false 谬误
- the inevitable 必然的事
- the incredible 奇迹
- the new 新事物
- the mystical 神秘事物
- the old 旧事物
- the ugly 丑恶
- the most important 最重要的事
- the more useful 较有用的东西
- the good, the beautiful and the true 真善美

用于一些惯用语中

- in the affirmative 肯定地
- in the dark 在黑暗中
- in the main 主要地
- in the negative 否定地
- in the open 在户外
- in the past 在过去
- on the alert 警惕着
- on the whole 基本上
- out of the ordinary 非凡的
- out of the usual 不正常的
- to the full 彻底地
- to the quick 彻头彻尾

1 "the＋形容词"用来指人

"the＋形容词"在指人时，具有复数意义。若在句中作主语，谓语动词要用复数形式。

（例） The rich are not always happy.

有钱人并不总是幸福的。

Fortune favours the brave.

天佑勇者。

2 "the＋形容词"用来指抽象概念

"the＋形容词"用来指一个笼统的、抽象的概念时，用作单数名词，如果在句中作主语，谓语动词要用单数形式。

(例) **The good in him outweighs the bad.**

他的优点胜过缺点。

The unknown is always something to be feared.

未知的东西总是一种令人畏惧的东西。

We can do the difficult immediately.

困难的事情，我们立刻就做。

But in those days that was to attempt the impossible.

在当时，那是去做不可能的事情。

He has a keen sense of the new.

他对新事物很敏感。

3 "the＋形容词"中的冠词 the 的使用

"the＋形容词"中的定冠词 the 可以被物主代词或其他的限定词替代。

(例) **Several injured were taken to the hospital.**

有几个伤员被送进了医院。

The office was not at its normal.

办公室的情况不正常。

The mother cat fought fiercely to protect her young.

母猫为保护幼猫而凶猛搏斗。

The Chinese think that on the Mid-Autumn Day, the moon is at its brightest.

中国人认为中秋节时的月亮最亮。

> 在个别情况下，也可用 **a(n)** 代替 **the** 如：**in a sudden** 突然；**a young hopeful** 年轻有为的人(会有出息的年轻人)

He was respected by both rich and poor.

富人和穷人都尊敬他。

We have a great deal in common.

我们有很多共同点。

He was adored by rich and poor alike.

人们不论贫富都同样崇拜他。

> 有时，根本不用冠词"**the**"，这种情况多出现在固定词组中，特别是一些用 **and** 并列的固定词组中。

His temperature was two degrees above normal.

他的体温高出正常值两度。

类似的固定词组还有

- **in brief** 简而言之，**in general** 大体上，**in short** 总之，**in vain** 徒劳，
- **for good (and all)** 一劳永逸地，**for long** 长久，**for real** 真实的，**for short** 简称，
- **for sure** 毫无疑问，**at farthest** 至多，**at large** 详尽地，**at most** 至多，
- **of late** 近来，**of old** 从前(的)，**before log** 不久，**from bad to worse** 每况愈下，
- **gentle and simple** 各阶层，**good and evil** 善与恶，**most and least** 毫无例外，
- **through thick and thin** 不顾艰难险阻，**a game for young and old** 老少皆宜的娱乐

4 "the＋形容词"的修饰语

这种名词化的形容词也可带修饰语，可作其前置定语的有：副词(因它原本就是形容词)、形容词、名词(因它已名词化)；可作其后置定语的有介词短语、定语从句等。

- **the very wise** 贤明之士
- **the educated young of today** 当代的知识青年
- **the extremely old** 老耄之年
- **the strong in body** 身强力壮的人

1-5 "and"和","在并列形容词间的应用

两个或两个以上作用同等重要的形容词并列起来作定语时，其间一般用逗号隔开，不用 and，形容词和被定名词之间不能加逗号。

- **a tall, dark, handsome cowboy**

一位身材高大，面色黝黑的漂亮牛仔

如果两个形容词说明的是同一方面的情况，如颜色、性质等时，便可加上and。

(例) **This is a red, white and blue flag.**

这是一面红白蓝三色旗。

a big black insect

一条很大的黑昆虫

a black and yellow insect

(身上有) 黑黄两色的昆虫(一条虫)

两个或两个以上的形容词并列起来做表语时，最后两个形容词之间要加上and，其他形容词可用逗号隔开。

(例) **The weather was cold, wet and windy.**

天气寒冷，风雨交加。

The cowboy was tall, dark and handsome.

这牛仔身材高大，面色黝黑，仪表堂堂。

2 副词

副词与形容词的不同之处在于它们修饰的对象不同。副词的功能主要是从时间、地点、方式、程度等方面，对动词、形容词或其他副词的内容进行补充和说明。

2-1 副词的分类

副词分类的重要性和意义在于两个方面：一是副词本身的含义可能影响其在句中出现的位置；二是不同种类的副词在用法上一般也有一定的差别。我们通常可以把副词分为以下几类：

方式副词：**slowly, bravely, fast, quick, well**
地点副词：**there, here, above, upstairs**
时间副词：**now, then, today, tomorrow, soon, recently**
频率副词：**once, twice, often, never, always, sometimes, occasionally**
程度副词：**very, quite, rather, hardly, too, much**
疑问副词：见疑问句部分
关系副词：见主从复合句部分
此外还有肯定及否定副词以及其他类型的或未分类的副词

2-2 副词的句法功能

副词与形容词一样，也是一种修饰用词。副词主要是用来修饰动词、形容词或其他副词，有时也用来修饰介词短语或说明全句。当副词在句中起这样的作用时，我们把它们叫作状语。副词有时也可以紧跟在名词之后作定语，或用在宾语之后作宾语补语。

1 副词修饰形容词

通常都放在形容词前，起强化作用或增加含义。详见“形容词的修饰语”。

2 副词修饰副词

副词修饰另一副词时，要放在被修饰副词之前，通常只能起强化作用或说明程度。

(例) **I've hardly ever spoken to him.**

我一向难得跟他讲话。

They work quite as hard as you do.

他们与你们一样，工作非常努力。

Ruth ran the house extremely well.

露丝把家管得非常好。

The wind blew very hard.

风刮得很猛。

enough 用作副词修饰另一个副词时，要放在被修饰词之后。

(例) **I've told you often enough I don't take any sugar in my coffee.**

我对你说过多少遍了，我的咖啡中不加糖。

3 副词修饰动词

修饰动词是副词的一个非常重要的功能，而且副词状语在句中的位置也比较灵活，可有以下几种情况。

首 位	中 位	末 位
(句子开头或主语之前) 副词 ＋ 主语 ＋ 谓语动词	主语 ＋ 副词 ＋ 谓语动词 主语 ＋ be ＋ 副词 主语 ＋ 第一助动词／情态动词＋ 副词 ＋……	主语＋ 谓语动词 ＋ ……＋ 副词 (句子末尾)

A 首位副词状语的位置

副词状语在句中的位置取决于句子的结构、谓语的类型及副词的种类。为了要表示强调、对比，或造成悬念、引起兴趣等，都可能将副词状语提到首位去。

(例) **Suddenly he felt something pulling at the end of his fishing line.**

突然，他感觉到有东西在扯动他的鱼线。

Often he walked.

他经常步行。

Here comes the bus.

公共汽车来了。

Sometimes she comes late.

有时她来得晚。

在一个句子中，如果同时出现两个以上的同类状语，有时为了避免造成混淆，引起歧义，也可以把其中之一移到句首去。

(例) **In a few factories some workers live in rentfree houses.**

在一些工厂里，有些工人住在免交租金的房子里。

Some workers live in rentfree houses in many factories.

有些工人住在许多工厂免交租金的房子里。(译文也可与前一句相同)

感叹句中的副词经常放在句首。

(例) **How quickly time has gone!**

时间过得多快!

B 中位副词状语的位置

程度副词、方式副词、不确切的时间副词、不确切的频率副词以及表示时间长度的副词，都可用作中位副词。

(例) **She distinctly told me that it wasn't my business.**

她明确告诉我那不关我的事。

You are absolutely right.

你完全正确。

I could hardly understand him.

我几乎不懂他的话。

关于中位副词状语，有几点例外值得注意：

中位副词在疑问句中的位置："(疑问词+)助动词+主语+中位副词+动词+其他"

(例) **Don't you sometimes visit your teachers?**

你不常去拜访你的老师吗?

如果谓语是保留一个助动词或情态动词的省略形式，副词要放在该助动词之前。

(例) **He expects me to be ready when he come, but I very rarely can.**

他希望我在他到来时已经准备好了，但我很难做到这一点。

— Are they always in a hurry?

— They usually are.

—他们总是匆匆忙忙的吗?

—他们通常是这样。

有时，方式副词可能出现在复合谓语中所有的助动词之后。

(例) **He will have completely finished his work by the end of this month.**

在本月底之前他要把他的工作全部完成。

为了加强语气而重读复合谓语中的助动词时，我们通常把一些副词放在第一助动词或情态动词之前；放在谓语动词 **be** 之前，或在强调谓语动词的 **do** 之前。

(例) **I hardly ever have met him.**

我几乎没见过他。

You never can tell.

很难预料。

I certainly did tell him.

我确已告诉他了。

The dictionary definitely is the best for students.

这本字典对学生来说，确实是最好的。

But I always do arrive in time.

但我总是按时到达。

副词一般不能放在动词和宾语之间，但可以放在“介词＋宾语”之前，因此，可能有以下几种词序：

副词＋动词＋宾语（宾语过长时）

动词＋宾语＋副词（宾语较短时）

动词＋副词＋介词＋宾语（特别当宾语是较长的短语时）

动词＋介词＋宾语＋副词

(例) **The detective carefully observed everything in the room.**

carefully：方式副词；everything in the room：宾语

侦探仔细地察看了室内的每件东西。

I like learning English very much.

我非常喜欢学习英语。

I accidentally upset the vase.

我意外打翻了花瓶。

方式副词、地点副词和时间副词都可放在句末，同时使用时，词序通常为：

- **动词（＋宾语）＋方式副词＋地点副词＋时间副词**

(例) **William drove carefully along the highway yesterday.**

carefully：方式；along the highway：地点；yesterday：时间

昨天，威廉在高速公路上驾车很小心。

They played well there on Sunday.

well：方式；there：地点；on Sunday：时间

他们星期天在那儿玩得很好。

在 come，go，arrive，leave 等表示运动的动词之后，常用的词序为：

- **运动动词＋地点副词＋方式副词＋时间副词**

(例) **Then we went home quickly.**

home：地点；quickly：方式

然后，我们很快就回家了。

Bus drivers take people to New Jersey cheerfully every night.

	地点	方式	时间
Bus drivers take people	to New Jersey	cheerfully	every night.

公共汽车司机每晚都高兴地把人们送到新泽西去。

句中有两个或两个以上的时间状语时的词序为：

▪ **具体时间在前，笼统的时间在后**

(例) **Mr.White died on Friday, January 6th, 1995.**

怀特先生于1995年1月6日，星期五去世。

两个地点副词同时存在时的词序为：

▪ **方向＋位置**

(例) **He is walking around in the garden.**

他正在花园里散步。

两个地点副词（状语）都表示位置时的词序为：

▪ **"由小到大"**

(例) **He worked in a factory in Beijing.**

他在北京的一家工厂工作过。

两个同一类型的副词（状语）往往可以互相交换位置。

(例)
We'll have a meeting at two o'clock tomorrow.
We'll have a meeting tomorrow at two o'clock.

我们明天两点钟开会。

副词在句中的位置不是一成不变的，有些副词位置的改变会导致句意改变。

(例)
I really don't think so. 我确实不那么想。
I don't really think so. 我不是真的那么想。

Even he could do it. 甚至他也能做。
He even could do it. 他甚至连这事也能做。

I don't like wine very much. 我不大喜欢喝酒。
I don't like very much wine. 我不喜欢喝很多酒。

He answered the questions foolishly. 他对这些问题回答得荒谬可笑。
He foolishly answered the questions. 他竟回答这些问题，真够蠢的。

4 副词修饰介词短语

有少数几个起强化作用的副词，如**dead**，**right**，**well**等也可用来修饰介词短语。

(例)
right through the winter 整整一个冬天
right in the middle of one's work 恰恰在（……的）工作当中

(例) **They were dead against the plan.**

他们完全反对这一计划。

He is well past forty.

他已四十多岁了。

He is heavily / deeply in debt.

他债台高筑。

5 副词修饰全句

一些副词，特别是一些表示观点的副词或起连接作用的副词常常用来修饰全句。这类副词可以置于句首、句中或句末，多用逗号分开。

(例) **Indeed, I didn't know he was there.**

我真的不知道他在那里。

Surprisingly, she refused my offer of help.

令人吃惊的是，他拒绝了我要提供的帮助。

Unfortunately, it is true.

不幸的是，事实如此。

However, not everybody agreed.

但是，并非人人都同意。

He did not, however, make a definite promise.

但是，他并没有明确答应。

We were obliged to give it up, however.

但是，我们不得不放弃它。

常这样用法的副词有
accordingly, actually, admittedly, again, altogether, anyhow, anyway, briefly,
consequently, conversely, equally, financially, furthermore, hence, luckily,
meanwhile, moreover, namely, naturally, otherwise, overall, perhaps, possibly,
surely, still, therefore, thus.

6 副词修饰名词

副词可用来修饰名词，通常都紧跟在被修饰的名词之后，这样用的多半是表示地点或时间的副词。

- **the statement below** 下述声明
- **the rooms downstairs** 楼下的房间
- **the rooms upstairs** 楼上的房间
- **the meeting yesterday** 昨天的会议
- **their stay overnight** 他们一夜的逗留
- **the example above** 上述例子

(例) I met her on my way home.

我在回家的路上遇见了他。

The child there opened the door of the cage.

那边那个小孩打开了笼子的门。

The buildings around were badly damaged.

周围的建筑物遭到严重的损坏。

少数一些副词可以用作名词的前置定语。

(例)

the above statement 上述声明	the home match 主场比赛
the then mayor 当时在任的市长	the away games 客场比赛
in after years 在以后的一些年里	the downstairs rooms 楼下的房间
the down train 下行火车	the upstairs neighbour 楼上的邻居
the up platform 上行火车月台	his home journey 他返乡的旅程
the then Prime minister 当时的总理	inside information 内部消息

个别一些副词用来修饰名词时，要放在冠词之前。

(例) He's merely a beginner.

他只是一个初学者。

He isn't quite a gentleman.

他不太象个绅士。

John saw only the lion.

约翰看见的只是狮子。

The party was rather a failure.

这个晚会很失败。

7 副词用作表语

- 有些副词，特别是一些表示时间、地点的副词，常用作表语。

(例) Jack was down with a fever.

杰克发烧病倒了。

He's abroad.

他在国外。

It was bright and the people were all out for Sunday.

天气晴好，大家都出去度周日了。

Christmas is still three mouths away.

到圣诞节还有三个月呢。

常这样用的副词有
above, across, along, apart, around, back, below, downstairs, far, here, in, near, off,
on, over, past, round, somewhere, there, through, together, under, up, upstairs.

8 副词用作宾语补语

- 能用作表语的副词大多都可用作宾语补语。

(例) **Pull the cork out.**

把塞子拔出来。

Let's see the old year out and the new year in.

让我们辞旧岁，迎新年。

We hope to get the meeting over quickly.

我们希望快点结束会议。

Don't let me down.

别让我失望。

9 副词用作不定代词、数词或其他一些前位限定词的修饰语

- 这样用的副词通常也都是一些起强化或弱化作用的副词。

(例) **It will cost roughly ten dollars.**

它的价钱大约是五美元

Virtually all my friends know it.

差不多我所有的朋友都知道这件事。

Nearly everything goes well with me.

我几乎是事事顺利。

It's almost two o'clock.

差不多两点了。

10 副词用作介词宾语

一些表示时间或地点的副词可以用在介词之后，作介词宾语。在表示地点的副词中，**here** 和 **there** 用得最广泛，能与许多介词连用。

across	there / here	在那里 / 这里
along		沿着那儿 / 这儿
back		回到那 / 这儿

- 其他可与 **there** / **here** 连用的介词还有：**around**, **down**, **from**, **in**, **near**, **on**, **out of**, **over**, **round**, **through**, **up**, **under** 等。

(例) **It's right over there.**

(它)就在那边。

You'll see it just up there.

你看得见它就在那上边。

有些表示地点的副词只能与 from 连用，如：

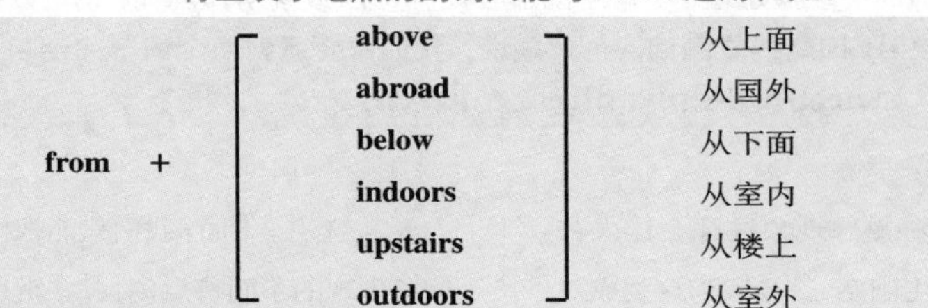

from +	above	从上面
	abroad	从国外
	below	从下面
	indoors	从室内
	upstairs	从楼上
	outdoors	从室外

(例) **Help came from without.**

援助来自外部。

Reform must come from within.

改革必须从内部做起。

常与副词连用的介词有：

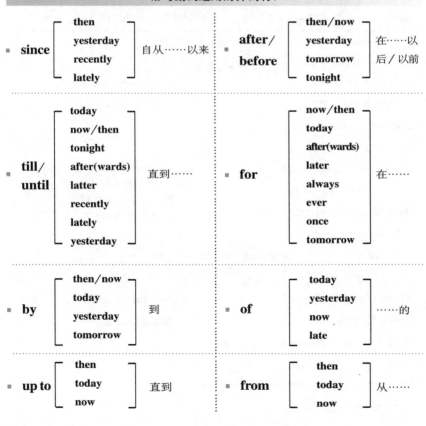

- **since** [then, yesterday, recently, lately] 自从……以来
- **after/before** [then/now, yesterday, tomorrow, tonight] 在……以后/以前
- **till/until** [today, now/then, tonight, after(wards), latter, recently, lately, yesterday] 直到……
- **for** [now/then, today, after(wards), later, always, ever, once, tomorrow] 在……
- **by** [then/now, today, yesterday, tomorrow] 到
- **of** [today, yesterday, now, late] ……的
- **up to** [then, today, now] 直到
- **from** [then, today, now] 从……

2-3 由同一形容词转化来的两种副词形式

有些形容词—多数是短小、常用的形容词—可以直接用作副词，也可以在其后加上 **-ly** 词尾构成副词。也就是说，我们常会遇到两个词干完全相同的副词，如 **deep / deeply; direct / directly**

1 分析与分类

副词的这种重叠现象往往会让人在选用时产生困惑，这是因为这类成对副词之间的差别并不十分明显，使人无从选用。下面，我们只能根据它们所呈现的不同特点，对一些常用的成对副词进行分析和分类。

两种形式的副词含义完全不同。

hard	努力地；艰苦地	**just**	刚才；仅仅；恰好
hardly	几乎不，简直不	**justly**	公正地；正当地
late	迟，晚	**most**	十分，很；几乎，差不多
lately	不久前，最近	**mostly**	主要地；多半；通常

dead	完全地，绝对地，突出地
deadly	死一般地；非常，极度

(例)
- **dead asleep** 熟睡
- **dead sure** 绝对肯定
- **dead slow** 慢得不能再慢了
- **dead drunk** 烂醉如泥

The port is dead ahead.

港口就在前面。

She turned deadly pale.

她的脸变得死一般地苍白。

He was deadly tired.

他累得要死。

偶尔也会看到 **dead** 替代 **deadly** 的情况。如：**dead tired** 累极了，**dead white** 极其苍白。这种用法少见，也不及 **deadly** 生动。

large	大大地；夸大地（用法有限，仅用于少数固定词组）
largely	大量地；主要地（较常用，强调规模、数量、程度等）

(例)
- **build largely** 大兴土木
- **give largely** 慷慨付出
- **bulk large** 显得庞大，重要
- **talk large** 说大话

He wrote his signature very large.

他把自己的签名写得很大。

His failure is largely due to timidity.

他的失败主要是因为胆怯。

He spent largely during his stay in the U.S.A.

他在美国时开销很大。

round / around(美)	环绕；在周围；向相反方向，到某处
roundly	直截了当地；不客气地；彻底地，完全地

(例) **The same thoughts just kept going round and inside his head.**

同样一些想法在他头脑中翻来覆去地翻腾。

Come round and see us this evening.

今晚来看我们。

Christmas soon comes round again.

圣诞节又要到了。

I told her roundly that she was not wanted.

我直截了当地告诉她说，她是多余的。

Our hopes were roundly defeated.

我们的希望彻底落空了。

short	突然；简短地
shortly	立刻，不久；简慢地，不客气地；简洁地

(例)

- **pull up / stop short** 突然停下来
  break / snap / sth off short 突然断裂
- **cut short** 中断
  bring up short 突然停止
- **take sb up short** 突然打断……的话
  shortly after / before 在……后/前不久
- **put it shortly** 简慢地说
  talk short with sb 与……简短交谈

He will arrive shortly.

他就要到了。

> **shortly** 偶然用于表示“简短的”，但有时含有“无礼”、“出其不意”之意。如：**answer shortly** 简慢地回答

He explained his meaning shortly but clearly.

他简短、清晰地说明了自己的意思。

两种副词的含义只有部分相同，其中一个还有自己独有的含义和用法。

clear / clearly	清楚地，清晰地

(例) **He spoke loud(ly) and clear(ly).**

他说得又响亮、又清楚。

The moon shone clear(ly).

月光如水。

如果有程度副词修饰，通常只用 **clearly**。**clear** 多用在动词或宾语之后，**clearly** 的位置比较自由。

He spoke very clearly.

他说的非常清楚。

- **clear** 还可表示“离开”、“完全”或“一直”的意思。

The bullet went clear (clean) through his shoulder.

子弹从他的肩部一直穿过去。

Stand clear of the fire.

站得离火远一点儿。

sharp / sharply	急剧；猛然

（例）**The road bends sharp(ly) ahead.**

这条路在前面有一个急拐弯。

- **sharp** 有一个常用的意思“(几点)正”。

（例）**It's ten (o'clock) sharp.**

现在十点正。

- **sharply** 被广泛地用来表示“严厉地”、“严重地”及表示抽象概念上的“急剧”、“大幅度”。

（例）**The colour of the house contrasts sharply with the green of the trees around it.**

房子的颜色与周围的绿树形成明显的对照。

sound / soundly	酣畅地

（例）**You'll sleep the sounder / more soundly after a day in the fresh air.**

在(户外)清新的空气中活动一天之后，你会睡得更香些。

- **soundly** 还有“健全地”、“坚实地”、“确实地”、“完全地”、“猛烈地”等意思。

（例）**We were soundly beaten by our opponents.**

我们被对手彻底打败了。

sure / surely	无疑地，肯定地

（例）**Oh, I sure am tired. (I'm sure tired.)**

sure 多用在美语的口语中。

啊，我真是累了。

The results are surely satisfactory.

结果确实令人满意。

— **Can I smoke here?**

— **Sure(ly).**

我能在这儿吸烟吗？

当然可以。

> **sure** 和 **surely** 都可用来对提问作十分肯定的答复。这也是美语用法。

Surely you don't mean it.

你当然不是这个意思啦。

> **surely** 用于否定句中，可在句首、句中或句末，意为"当然"、"不成问题"。**sure** 也有"当然"的意思，但用在肯定句中。

One can't work all the time, surely; one has to have a little fun.

一个人当然不能总是工作，人还要有点儿娱乐。

Sure, I'll come.

当然，我会来的。

两种形式的副词中，与形容词同形的副词指具体的内容，而以 **-ly** 结尾的副词表示较抽象的概念

close / closely	紧密地；接近地

(例) **She stood close (up) against the wall.**

她紧靠着墙站着。

> **close** 侧重时间和空间的位置，所指比较具体，而 **closely** 强调方式，所指较为抽象。

We live close to the church.

我们住在教堂附近。

This success brings us closer to final victory.

成功使我们离最后的胜利更近了。

They are closely guaded.

他们受到严密的守卫。

> **closely** 着重行为方式是"密切地"。

The child clung closely to me.

那孩子紧缠着我。

The two events are closely connected.

这两件事密切相关。

> 但是，这种区分的界线并不是十分严格的，有时，两者可换用。但 **close**（没有 **-ly** 词尾的副词）一般不用在过去分词之前。

The closer (more closely) we look into the problem, the greater the difficulties appear to be.

我们对这一问题越深入调查，困难就显得愈大。

high	高高地（多用来指空间上的高，或具体地、实际存在的高度。如地位、价钱、声音、风、浪等，多与分词以外的动词形式连用。）
highly	很高地；高度地（指程度、评价等方面的高，用来说明人对事物的看法或印象，通常与分词或形容词连用。）

- aim high 目标高(胸怀大志)
- climb high 攀登得高
- sing high 高声歌唱
- pay high 付高价
- search high and low 上下求索
- be highly paid 付高价
- hold one's head high 高高地扬起头
- fix one's hopes high 期望高
- highly skilled 技术高度熟练的
- highly amuzing 非常有趣的
- highly original 非常有独创性的
- a highly intelligent boy 异常聪明的孩子

(例) **It blew high last night.**

昨夜风很大。

Popular passions are running high.

群情激昂。

我们也可以说：
speak highly of... 对……称赞
think highly of... 对……评价很高
commend highly... 大力推荐
esteen highly... 高度尊重

两种形式的副词的含义基本相同，但搭配关系不同。

clean / cleanly 完全、彻底

- clean forget 完全忘了
- go clean through 完全穿过
- clean gone(消逝得)无影无踪
- be clean mad 完全发疯了
- get clean away 逃得无影无踪
- be clean wrong 完全错了

(例) **Blunt scissors don't cut cleanly.**

钝剪刀不易把东西剪断。

That horse jumped clean over the fence.

那匹马利落地跃过栅栏。

The porcelain top of the ornament broke cleanly off.

这件饰品的瓷顶一下子断掉了。

cleanly 多与刃具连用，表示断裂、切或剪等动作完成得干净利落。clean却可与除此之外的其他动词连用，并多用来修饰副词。

easy / easily 容易地；不费力地

(例) **Easier said than done.**

说起来容易，做起来难。

Easy come, easy go.

来得容易，去得快。

Take it easy.

从容进行。

Stand easy!

(口令)稍息！

easy 作为副词只用在一些习语或成语中，在其他情况下，都用 easily。

Such a thing will easily happen.

那种事多半会发生。

He is not easily satisfied.

他不易满足。

It is easily the best.

那无疑是最好的。

easily 也可译为"大大地"、"毫无疑问"等含意。

fair / fairly 公平地，公正地

- **play fair** 公平比赛
- **fight fair** 堂堂正正地战斗
- **hit / strike...fair** 直接击冲
- **bid fair to...** 有希望（可能）
- **fair and square** 老实的
- **act fair** 行为光明磊落

（例）**You're not treating us fairly.**

你对我们不公正。

> **fair** 多用在这几个固定词组中，在其他情况多用 **fairly**。

Please write fairly (fair).

请书写清楚。

> 表示"清楚地"时，两者可互换。

She is a fairly good singer.

她是个相当不错的歌手。 fairly 可用作程度副词，意为"相当"

firm / firmly 牢牢地；坚定地

- **stand firm** 站稳立场
- **hold firm to...** 固守，坚持
- **firmly bear sth in mind** 牢牢记住
- **resist firmly** 坚决抵制

（例）**The door was firmly closed.**

> **firm** 作为副词只用于几个有限的词组中。

门紧紧地关着。

Fix the post firmly in the ground.

把这根柱子牢牢地固定在地上。

两种形式的副词含义相同，可以互换，只是各有偏重。

cheap / cheaply 便宜地

- **get... cheap(ly)** 便宜地买到
- **buy and sell ... cheap (ly)** 买／卖……得便宜

（例）**The room was cheaply furnished.**

室内陈设有廉价的家具。

> **cheaply** 还可以与过去分词连用，表示方式。

deep / deeply 深深地

（例）**His body was burried deep(ly) in the ground.**

他的遗体被深深地埋在地下。

Dig a little deeper. 比较：dig deeply

挖得深点儿。

The travellers went deep into the jungle.

旅行者们进入到丛林深处。

> **deep** 多用于"**deep into...**"这样的结构中，表示具体的时空概念，或较为抽象的含意。

They have gone deep into the matter for several years without much satisfaction.

他们研究这个问题已经好多年了，但还没有获得多少满意的结果。

I was deeply moved by the song.

我被这首歌深深地打动了。

We are deeply grateful for your support.

我们深深地感谢你的支持。

Romeo was deeply in love with Juliet.

罗密欧与朱丽叶共陷爱河。

deeply 多与过去分词连用，比喻地描述感情。

deeply用于修饰表示感情变化的形容词或动词或用在 **"deeply in"** 这样的词组中。

direct / directly	直接地，一直地（表示空间方向）

(例) **The road leads direct(ly) to the park.**

这条路直通公园。

He made direct(ly) to the park.

他径直朝公园走去。

She was directly affected by her friends.

她直接受到她的朋友们的影响。

She answered me very directly.

她非常直截了当地回答了我。

Come in directly.

立刻进来吧。

I'll be there directly.

我很快就到。

directly 多侧重于非具体的方向，用于引申的意义，而且多与过去分词连用。

此外，**directly** 还有自己独有的含义，如"正好"、"立刻"等。

loud / loudly	大声地，洪亮地

(例) **He spoke loud(ly) and clear(ly).**

他讲话声音洪亮清晰。

Don' t talk so loud(ly).

不要那样高声讲话。

He boasted loudly that he could speak six languages fluently.

他使劲吹嘘自己说他能流利的讲六种语言。

loud 总是用来表示声音高，与一些表示声音的动词连用，如：**roar**，**shout**，**sing**，**laugh**，**read** 等。**loudly** 除能修饰表示声音的动词之外，还可以用于其他比较抽象的意义，意为"强烈"。

- **demand loudly(that...)** 强烈要求
- **insist loudly(that...)** 强烈主张

low / lowly	声音低；位置低

(例) **He spoke low(ly) and clear(ly).**

他说话声音很低，但很清楚。

He bowed low(ly) to his old teacher.

他对他的年事已高的老师深深地鞠躬。

lowly 主要强调"谦逊地"、"卑贱地"，因此，用 **lowly** 时，也暗示出态度的谦逊或地位、程度低。

- lowly paid workers 低酬工人
- be lowly priced 定价低
- a lowly behaved (person)行为卑贱的人
- converse lowly 低声交谈

（例） **The clouds hung low.**

云层低垂。

The plane flew low.

飞机飞得很低。

Buy low and sell high.

低价买进，高价卖出

He wouldn't sink as low as that.

他不会如此堕落。

> low 作为副词除了可用来表示位置和声音低之外，还可表示价格、产量、水平等方面的低下。

quick / quickly 快，迅速地

（例） **I ran as quick(ly) as I could.**

我尽快地跑。

Good of you to come so quick(ly).

你来得这么快，真是太好了。

Time passed quickly.

时间过得很快。

Retribution quickly followed.

报应接踵而至。

> quick 多用于口语中代替 quickly，常用在表示运动的动词之后。而 quickly 使用的范围要广泛得多。

right / rightly 对地，正确地；正当地；公正地

- remember right(ly...) 没有记错
- quess right(ly) 没猜错
- do right(ly) 做对
- act right(ly) 行为正当

（例） **It is rightly said that time is money.**

“时间就是金钱”这话是有道理的。

> rightly 还有“有道理地”、“合理的”等意义。

Nothing seems to go right with him.

他事事不顺。

Put it right here.

就把它放在这儿。

Go right on.

一直往前走。

Copy it out right away, please.

请立刻把它复印出来。

> right还用来表示“顺利地”、“恰好地”、“立刻”、“一直地”等含义。

slow / slowly 缓慢地

(例) I told the driver to go slow(ly).

我让司机慢点开。

Speak slow(ly) over the telephone.

打电话时要说得慢些。

They decided to go slow.

他们决定怠工。

How slow(ly) the time passes!

时间过得多慢啊！

The leaves browned slowly.

叶子慢慢变黄了。

> slow 多用于口语中，语气也比 slowly 更为强烈。常与其搭配的动词有：go，run，drive，speak，read，burn 等，并常与 how 连用构成感叹句。slowly 的搭配关系要广泛得多。

soft / softly 轻柔地；柔和地

(例) Speak / play softer please.

说得 / 弹得轻点儿。

He whistled softly as he walked along.

他轻轻的吹着口哨向前走去。

> soft 多用于比较级。softly 多用于美语。两者可以互换。

tight / tightly 紧紧地；满满地

(例) He held my hand tight(ly).

他紧紧地握着我的手。

Tie it as tight(ly) as possible.

把它尽量捆紧。

The goods were tightly packed in the crate.

板条箱中的货物装得满满地。

The bags were packed tight (tightly packed).

袋子里装得满满地。

> tightly 多用在过去分词之前。

wide / widely 广泛地；广阔地

(例)
- travel far and wide 到处旅行
- travel widely 到处旅行

- open the door wide 把门开大
- open one's mouth wide 张大嘴

- differ widely 大不相同
- be widely different 差别巨大

> wide 较 widely 用得广泛。

> wide 侧重"张开的充分"，而 widely 侧重于"范围的宽广"。widely 多与过去分词连用，多用于对抽象程度的描写。

The baby yawned wide.

婴儿张大嘴打了个呵欠。

He is widely read.

他阅读广泛。

He is widely known as a good doctor.

他是大名鼎鼎的医生。

wrong / wrongly 错，不对

(例) **You've done it wrong(ly).**

你做错了。

He guessed wrong(ly).

他猜错了。

The parcel is tied wrong(ly).

包裹捆错了。

You've been wrongly informed.

告诉你的是错的。

It was wrongly handled.

此事处理得不当。

wrong 多与 **get, go, guess, tell, lead** 等动词连用，**wrongly** 多用来修饰过去分词。

2 对两种副词形式的用法总结

尽管由同一形容词派生出来的两种形式的副词的中文意思相同，但在用法和内涵方面还是存在着一定差别。下面我们将对这些差别作一个总结。

一般地说，与形容词同形的副词多出现在动词或宾语之后，而以 **-ly** 结尾的副词在句中的位置却比较自由。

(例) **The tower stands clear against the blue sky.**

塔在蓝天的衬托下清晰地耸立着。

This clearly shows the difference.

这清楚地表示出差别之处。

Clearly he has misunderstood me.

显然他误解了我。

在大多数情况下，与形容词同形的副词不用在过去分词之前，在这种情况下要用以 **-ly** 结尾的副词。

(例) **It must clearly be understood that this is your last chance.**

很清楚，这是你的最后机会。

Victory was clearly bought.

胜利的代价高昂。

在句中做主语，并带有直接宾语的动名词之前，一般不用与形容词同形的副词修饰，最好用以-ly结尾的副词。与形容词同形的副词在句中的位置比较固定，例外情况只是个别词的习惯用法问题。

(例) **Mary's sharply stopping the car caused a pileup on the highway.**

Mary's stopping the car sharply caused a pileup on the highway.

Mary's stopping the car short caused a pileup on the highway.

玛莉突然停车使高速公路上的车子挤做一团。

如果有程度副词修饰，通常用以 -ly 结尾的副词。

(例) **You speak too quickly.**

你说得太快。

You can see it quite clearly.

你能看得很清楚。

尽管与形容词同形的副词多用在非正式的文体中，但其比较级和最高级形式却常常取代相应的、以 -ly 结尾的副词形式，用在非常正式的文体中。

(例) **Speak clearer / more clearly, please.**

请说得更清楚些。

Facts speak louder than words.

事实胜于雄辩。

The rice plant that bears the most grains bends lowest.

最饱满的谷穗，头垂得最低。

两个与形容词同形的副词用and并列起来时，不论它们是否是比较级或最高级，都可用在正式文体中。

(例) **He spoke loud(ly) and clear(ly).**

他讲得清楚响亮。

与形容词同形的副词多与一般现在时态或一般过去时态连用，较少用于其它时态，而以 -ly 结尾的副词却没有这种局限性。

(例) **The thieves got clear away.**

窃贼已逃得无影无踪了。

I paid clear(ly) for my mistake.

我为自己的错误付出了高昂代价。

在由 It 引导的强调句型中，只能用以 -ly 结尾的副词作为被强调的成分，不用相应的与形容词同形的副词。

(例) **It was very directly and openly that he answered me.**

他对我回答得直截了当。

It was slowly that he turned and faced the crowd.

他慢慢地转过身来面对人群。

It's fair and square that he dealt with me.

他与我打交道很诚实。

但是，如果两个与形容词同形的副词用 **and** 并列起来时，则是可以接受的。

与形容词同形的副词侧重于说明主语或宾语的情况，用于表示状态，说明动作的后果或给人留下的印象，而以 -ly 结尾的副词侧重于说明动作的方式或方法。

(例) **The handkerchief does not wash clean.**

这手帕洗不净。（说明主语的状态或结果）

暗示：**The handkerchief is not clean.**

Wipe off the dust cleanly.

把尘土擦干净。（说明动作的方式）

His body was burried deep.

他的遗体埋得很深。（说明动作的后果、主语的状态）

His body was burried deeply in the ground.

他的遗体被深深地埋入地下。（说明动作的方式）

I cut the vegetable very fine.

我把菜切得很细。（说明宾语的状态）

I think he behaved finely.

我认为他的举止很得体。（动作的方式）

3 形容词和副词的比较级和最高级

只有可以分级，能作比较，有程度上差别的形容词和副词才有“级”的变化。

形容词和副词的三个等级	
原　级	即形容词和副词的原形
比较级	在原级词尾加上 **-er**，或者在原级之前加上 **more**
最高级	在原级词尾加上 **-est**，或者在原级之前加上 **most**

还有一种较低程度和最低程度的比较形式，其构成的方法是：

less / least+ 形容词或副词原级

3-1 比较级和最高级的构成

-er 和 -est 词尾的加法		
一般情况	+ -er/-est	soon sooner soonest hard harder hardest bright brighter brightest
以 -e 结尾	+ -r/-st	large larger largest late later latest
以辅音字母 +y 结尾	变 y 为 i 再加 -er/-est	happy happier happiest early earlier earliest
一个元音字母 +一个辅音字母结尾的单音节词	把最后一个辅音双写，再加上 -er/-est	big bigger biggest thin thinner thinnest

用 more 和 most 构成比较级和最高级		
原　级	比 较 级	最 高 级
careful brightly exact quickly	more + careful / brightly / exact / quickly	most + careful / brightly / exact / quickly

用“less 和 least+ 形容词 / 副词原级”构成劣等比较		
原　级	比 较 级	最 高 级
big dangerous amused often	less + big / dangerous / amused / often	least + big / dangerous / amused / often

能用加后缀 -er/-est 的方法构成比较级和最高级的词	
绝大部分单音节词 （不包括分词形容词）	一部分双音节词，特别是以 -y，-er，-ow，-le 结尾的双音节形容词
old older oldest; cold colder coldest; rude ruder rudest; wet wetter wettest	busy busier busiest; bitter bitterer bitterest; hollow hollower hollowest

能用 more、most 构成比较级和最高级的词	
极少数单音节词，特别是分词形容词	绝大数双音节词和三个音节(以上)的词
more wounded, most wounded more worn, most worn	more stupid, most stupid more common, most common more comfortable, most comfortable more beautiful, most beautiful

- 除了以 **y** 结尾的双音节词之外，绝大部分双音节词，以及，三个音节和三个音带以上的词，一般都可以用 **more** 和 **most** 构成比较级和最高级。因此，有一部分形容词，特别是以 **-er**，**-ow**，**-le** 结尾的形容词，可能有两种比较级和最高级的形式——可加词尾 **-er/-est**，也可用 **more/most**。其他如：**solid**，**cruel**，**wicked**，**handsome** 等也可有两种形式。象 **unhappy**，**untidy** 一类的词，实际上是加上前缀 **un-** 的，以 **-y** 结尾的词，通常按 **-y** 结尾的词变化。当然也可用 **more**，**most**。下表中列出了几个常用的变化特殊的形容词和副词。

原　级	比 较 级	最 高 级
good/well	better	best
bad/badly/ill	worse	worst
far	farther further	farthest 表示具体距离 furthest 表示抽象概念
old	older elder	oldest 表示年龄 eldest 指辈份长幼排行的，其后不能用 than 进行比较
little	less	least
much/many	more	most

3-2 比较级和最高级后缀 -er，-est 的读音

1 通常读法

-er 读作 [ə]，-est 读作 [ist]

（例）**sad**[sæd] — **sadder**[sædə] — **saddest**[sædist]

windy[windi] — **windier**['windiə] — **windiest**['windiist]

2 以 ng 结尾的词

加上 -er，-est 后要读作 [gə] 和 [gist]

(例) **long**[lɔŋ] — **longer**['lɔŋgə] — **longest**['lɔŋgist]

young[jʌŋ] — **younger**['jʌŋgə] — **youngest**['jʌŋgist]

3 以 -r 或 -re 结尾的词

加上 -er 和 -est 后，r 要读出来，读作 [-rə] 和 [-rist]

(例) **clear**[kliə] — **clearer**['kliərə] — **clearest**['kliərist]

tender['tendə] — **tenderer**['tendərə] — **tenderest**['tendərist]

sore['sɔə] — **sorer**['sɔərə] — **sorest**['sɔərist]

3-3 不能用比较级和最高级的形容词和副词

比较级和最高级的作用是表示程度变化的，但有些类型的形容词或副词本身不可能有程度上的变化，因此也不可能变为比较级或最高级。这包括以下几种特征的词：

起连接作用的副词

- **however, though, then, anyway, finally, first(ly), next, then, therefore, nevertheless,**
- **last(ly), again.**

起加强语气作用的形容词和副词

- **complete, total, very, absolute, utter, extreme, entire, firm, really, actually, certainly,**
- **clearly, definitely, indeed, obviously, plainly, surely, frankly, honestly, simply, just.**

起限制作用的形容词和副词

- **certain, same, chief, exact, main, particular, very, sure, alone, exactly, just, merely,**
- **only, purely, solely, chiefly, especially, largely, mainly, primarily.**

表示籍贯、出处、国家、民族或语言的形容词

- **British, Chinese, Indian, English, Scotch, Arabic, Danish, Spanish.**

表示时间的大部分形容词和副词

- **daily, present, past, previous, weekly, annual, monthly, antecedent, prebattle, preschool,**
- **postwar, eventually, nowadays, afterwards, immediately, instantly, sometimes, seldom,**
- **still, already.**

一部分表示地点的形容词和副词

- **seaward, upward, native, eastern, indoor, opposite, interior, inner, outer, external,**
- **frontal, foreign, upper, below, abroad, across, ahead, everywhere, locally, overland.**

表示数量的形容词

- **single, double, treble, several, all.**

表示形状、材料等的形容词

■ round, square, oval, triangular, annular, spherical, wooden, stone, brick.

与事物名词有关的一些形容词

■ solar, lunar, electrical, atomic, chemical, industrial, naval.

本身具有比较或对比意义的形容词

■ superior, inferior, senior, junior, prior, minor, former, latter, preferable, chief, principal

■ absolute, adequate, equal, eternal, foremost, last, parallel, supreme, utmost, vertical

■ negative, positive, right, wrong, vital, perpetual, unique, whole.

一些具有否定意义的形容词，(如以 il-, im-, in-, ir-, un-, non- 等为前缀的形容词，以及以 less 为后缀的形容词)

■ illegal, immortal, infinite, irregular, noneffective, unavoidable, aimless, jobless.

值得注意的是，一个形容词或副词能否用比较级和最高级形式，并不是绝对的。一些看起来不能用比较级或最高级的形容词或副词在某种特定的语言环境中，或在用于某种特别的意思时，就完全可能采用比较级或最高级形式。如 **He is more English than the English.** 他比英国人还象英国人。

3-4 原级、比较级、最高级的用法

1 用形容词和副词的原级比较

用形容词和副词的原级进行比较，表示两个或两组人或物在某些方面的相似、相同或不同。用原级比较的句型有下列几种。

…as + 形容词 / 副词的原级 + as + 比较的内容

(例) **Jack works as hard as his brother.**

杰克与他兄弟一样努力工作。

He did as much as possible.

他尽可能多做。

It is just as hot today as (it was) yesterday.

今天与昨天一样热。

Balloons can only travel as fast as they are pushed by the wind.

气球的速度只能取决于风速。

…not as/so + 形容词 / 副词原级 + as + 比较内容

(例) **Jack doesn't work as / so hard as his brother.**

杰克工作不及他兄弟努力。

He is not as / so suitable for the job as me / as I am.

他不如我适合干这件工作。

Women have not been as active in sports as men.

妇女参加体育活动一直没有男子活跃。

None is so blind as those that won't see.

熟视无睹，才是真瞎。

否定的含义有时也可以通过 **no** 等表达。

I've never seen anyone as happy as Sue.

我从未见过有谁比苏更幸福的了。

A few other creatures yield oil, but none so much as the whale.

少数其他生物也能提供油脂，但都没有鲸那么多。

Wood is no longer as plentiful as it once was.

木材已不如过去那么多了。

"...倍数+ as +形容词／副词原级+ as +比较内容"

- 意为："是……的……倍"或"比……多／大'句中倍数 **-1**'倍"。

(例) **Beijing is ten times as big as my hometown.**

北京的规模是我家乡的十倍。

This tower is half as tall as that tree.

这座塔只有那棵树的一半高。

倍数部分也可以用 **half**，**quarter** 及分数等表示数量的词替换。

...+ as +形容词原级+ a(n) +可数名词单数+ as +比较内容

(例) **He is as poor a speaker as I.**

他和我一样是个不善言谈的人。

这一句型中常可加上副词或副词短语，对相似的程度做更进一步的修饰或说明。

常这样用的副词或副词短语有
almost，exactly，just，nearly，every bit，nothing like 等。

...+副词(短语)+ as +形容词／副词(+...)+ as +比较内容

(例) **This is just as good a car as the other.**

这辆汽车跟另一辆车一样好。

He's every bit as clever as his friend.

他和他的朋友一样地机敏。

...+as+形容词／副词原级+as+any other+单数名词／any of+the+复数名词

(例) **He is as diligent as any other boy in the class.**

他和班上其他任何男孩子一样聪明。

与同一类人或物比较，比较对象用 **any other** +单数名词或 **any of + the +** 复数名词。

He considered her opinion as valuable as any of ours (= our opinions).

他认为她的意见与我们的意见同样有价值。

This room is as big as any other room in the flat.

这间屋子和这套公寓中的其他房间一样大。

...as+ 形容词／副词原级 +as+ 数目字或表示时间的短语

(例) **This car can run as fast as 150 kilometers an hour.**

这部车子时速可达 **150** 公里。

若形容词或副词是表示数量、距离或时间的，比较的部分也可用具体的数字或表示时间的短语。

I saw him as late as last December.

我去年十二月份刚见到他。

The technique of printing was known to the Chinese as early as the 9th century.

中国人早在 **9** 世纪就已发明了印刷术。

I met her as recently as last week.

我上周刚见过她。

He has been in hospital as long as two years.

他已住院两年了。

One bomb tested not long ago in Russia was as powerful as 58 million tons of TNT.

不久前在俄国试验的一颗炸弹的威力相当于五千八百万吨 **TNT**(炸药)。

...+as+ 形容词／副词 +as(+ 代词主语 + 谓语)+ 形容词／副词

(例) **She is as wise as (she is) beautiful.**

这一句型用来对同一个事物的两个方面的性质进行对比。

她又聪明又美丽。

This rug looks as wide as it is long.

这块小地毯看上去长和宽一样。

"...as + 原级（+ 名词）" 意为 "同样……的……"

(例) **A given event will be seen in several different ways by as many witnesses.**

后一个 **as** 连同比较的对象可省略掉。

一个特定的事件会被几个目击者从几种不同的侧面看到。

He did it in three hours, but it took me as many days.

他做这件工作花了三个小时，可我却花了三天的时间。

The second sentence was just as long (as the first).

第二个句子(与第一句)也一样长。

几点注意：

如果与主语相比的对象为人称代词，通常用主格，在非正式英语中也可以用宾格，如果人称代词之后还有谓语动词，则必须用主格。

(例) **John is almost as tall as I / me / I am.**

约翰差不多与我一样高。

用一个分句作比较的对象，而分句中的谓语动词与主句中的谓语为同一个动词(**be** 除外)时，我们常用代动词 **do** 来代替分句中的谓语动词。

(例) **Joe doesn't run as fast as John runs / does.**

乔没有约翰跑得快。

I wish I could play the piano as well as he does.

我希望自己弹钢琴能与他弹得一样好。

as 之后的分句中常省略去与主句重复的成分，如主语、谓语、状语等等，但要注意，不要因省略而弄错比较的对象或造成误解。

(例) **If you think as much of others as of yourself, you will not make any of these mistakes.**

如果你设身处地地替别人着想，你就不会犯这些错误。

Myra's voice is as sweet as that (the voice) of a bird.
Myra's voice is as sweet as a bird's (voice).

玛拉的声音像小鸟(的声音)一样甜美。

但不能说：**Myra's voice is as sweet as a bird.** 因为是两种声音相比，而不是声音与小鸟相比。

You like her as much as I (= I like her).

你和我一样地爱她。(这里的 **I** 不能用 **me** 替代)

You like her as much as me (= you like me).

你像爱我一样地爱她。

一些成语，如 **as white as snow**(雪白)，**as light as a feather**(轻如鸿毛)，**as cold as ice**(冰冷)等，常常省去第一个 **as**。

(例) **Her skin is white as snow.**

她皮肤雪白。

有些"**as**+ 形容词 / 副词 +**as**"短语，除了字面上的含义之外，还有另外固定的含义和用法。

- **as soon as** 一……就……
- **as well as** 不仅……
- **as good as** 与……几乎一样，实际上等于
- **as / so far as** 就……来说，至于……
- **as / so long as** 只要
- **as much as** 差不多，几乎等于……

2 用形容词和副词的比较级比较

形容词和副词的比较级一般用在：一个人或物与另一个人或物之间的比较；一个人或物与其余的一组人或物之间的比较；一组人或物与另一组人或物之间的比较；同一个人或物的两个品质或两种不同特性的比较。在两项之间进行比较时，比较的对象用**than**引出。值得注意的是，这只是一种比较，是一种相对的程度的高低或优劣，与实际存在的情况没有关系。

A 用比较级比较的句型

形容词／副词比较级（+…）+ than + 比较对象

(例) **China is a little larger than the United States (is).**

中国比美国稍大一点。（两个单项之间进行比较）

To me a lush carpet of pine needles or spongy grass is more welcome than the most luxurious Persian rug.

对我来说，那厚厚的一层松针或轻软而富有弹性的绿草地要胜过最豪华的波斯地毯。

He is richer than us all.

他比我们都富有。（一个单项与一组之间进行比较）

They work harder than you do.

他们工作比你们努力。（两组之间进行比较）

She is more diligent than intelligent.

她勤奋多于聪明。（同一个人的两个特点的比较）

The book is more practical than scholarly.

这本书实用性强，较少学究气。

not + 形容词／副词比较级（+……）+ than + 比较对象

- 这一句型可能有两种意义：程度小于比较的对象或双方的程度大致相同

(例) **He didn't arrive earlier than she did.**

他比她到的晚。（或译为：他不比她到的早。）

This grey coat is not longer than that red one.

这件灰外套不比那件红的长。（两件差不多长）

或译为：这件灰外套比那件红的短。

确切的含义要取决于具体的语境和说话者的看法。

no + 形容词／副词比较级 + than + 比较对象

- 意为“一点也不比……（更……）”、“毫不……”，用来表达程度的近似或者相等。

(例) **This book is no more expensive than that one.**

这本书并不比那本贵。

(例) **We are no stupider than others.**

我们不比别人笨。

Are you really fifty? You look no older than thirty.

你真的有 50 岁了?你看上去至多 30 岁。

We went no farther than the bridge.

我们就走到桥那儿。

Is Hull doing any better in his class?

在疑问句中用 any 代替 no。

赫尔在班上学得更好些吗?

---

the + 比较级 + of + 比较对象

- 意为"(两者中)还是……比较……"

(例) **This one is the better of the two.**

两个当中还是这个好。

Tom is the lazier of Mrs. Ross's two sons.

在罗斯太太的两个儿子中，汤姆是比较懒散的一个。

Of the two countries, Yemen is the larger.

of 短语也可移到句首去。

在这两个国家中，也门要大一些。

形容词/副词比较级 + than + any other + 单数可数名词

=形容词/副词比较级 + than + all other + 复数名词

- 意为:"(在同一类或组中)比其他任何……都……"(用比较级表示最高级的概念)

(例) **He is taller than any other boy in his class.**

他比班上其他男孩都高。

Now Brazil produces more coffee than any other country in the world.

目前，巴西的咖啡产量居世界第一位。

Mont Blanc is higher than all other Alpine peaks.

勃朗峰是阿尔卑斯山脉中的最高峰。

形容词/副词比较级 + than + that/those of…

(例) **The houses of the rich are larger than those of the poor.**

富人的房子要比穷人的(房子)大。

The climate of this country is warmer than that (the climate) of China.

这个国家的气候比中国的气候暖和。

The temperature here is higher than that in Paris.

这里的温度比巴黎(的温度)高。

比较的双方为同一个名词时，用 that 或 those 代替比较的对象，以避免重复。

B 比较对象的省略

比较对象很清楚，不需要提及时，可以省略。

(例) **Travel by air is becoming cheaper.**

乘飞机旅行(比过去)变得越来越便宜了。

形容词比较级用作定语，其后跟名词或代词 one 时，可以省略比较对象。

(例) **Give me a smaller apple / one.**

给我一个小点的(苹果)。

比较级在句中用作表语、宾语补语或主语补语时，可以省略比较对象。

(例) **Things are much better now.**

现在情况好多了。

This will make her happier.

这将使她更加高兴。

In the poorer countries of the world, people hope that some day they too may have machines to make life easier, more comfortable, and more enjoyable.

在一些比较贫穷的国家里，人们希望有一天他们也能用上机器，使生活更容易、更舒适，也更快乐些。

than 后的从句通常与 than 前面的主句结构相同，因此，往往只保留进行比较的成分，把其他与主句重复的部分省略掉。在一般情况下，保留助动词和be。

(例) **Too much help is sometimes worse than no help.**

过多的帮助有时还不如不帮助。

Even the "dumbest" computer can do calculations faster and remember more details than a human can.

即使是最次的傻瓜计算机也比人运算的快，比人记住的(详细)内容也要多。

People who fight to settle quarrels are not much better than animals and savages.

用武力解决纷争的人比动物和野蛮人好不了多少。

I am feeling much better (today) than (I was feeling) yesterday.

我今天觉得比昨天好多了。　(时间状语相比)

I seldom saw her reading, but she read more books than I had expected her to (read).

我很少看见她读书，但她读的书比我预想的要多。

被比的内容 to (read)，只保留了 to，但若不定式为 to be时，be不能省略。

You are much taller than you used to be.

你比以前高多了。

有时，than 后只保留了 possible，usual，necessary 等。比较对象不言自明时，也可连 than 一块省略。

There are more students in the auditorium than usual.

大教室里的学生比往常要多些。

在省略时，要注意保持比较成分的完整性，不要造成不合理的比较或产生歧义。

They've bought more food than necessary.

他们买的食物比需要量多了些。

You're wiser and more experienced with increasing age.

随着年龄的增加，你的智慧增加了，你的经验也增加了。

It is colder in Beijing than (it is cold) in Shanghai.

北京的天气比上海冷。(因为是北京和上海两个地点状语相比，in不能省略，否则就要变成天气和上海两个不能比较的事物相比了。)

Mr. Bader likes his dog better than his wife.

这个句子可能有两种意思：

Mr. Bader likes his dog better than his wife does.

巴德先生比他的太太更喜欢他的狗。

Mr. Bader likes his dog better than he likes his wife.

巴德先生喜欢他的狗胜于喜欢他的太太。

过分的省略，会造成歧义。因此，一定得保留足够的词使比较关系明确无误。

如果 than 后的从句中的主语为第一人称或第二人称时，than 后的谓语动词常被省略掉。

(例) He works more slowly than you.

他干得比你慢。

He's taller than I (am) by three centimeters.

他比我高三公分。

如果是不同的时间相比，而这种时间又是通过谓语动词的时态表现出来时，那么than后从句中的谓语动词或者是可以表明动作时间的助动词不能省略。

(例) He is much stronger than he was.

他比过去强壮多了。

在 than 引导的从句中，常常用现在时表示将来。

(例) We'll drive faster than you do.

我们开车要比你们快些。

3 形容词和副词比较级的修饰语

有些副词可以用来修饰形容词或副词的比较级，以加强或者削弱比较的语气。

常这样用的副词有

- far, much, (a)little, slightly, (hardly) any, no, somewhat, a lot, lots, even, rather,
- a great deal, a good deal, very much, a bit.

(例) **The vegetables are much/somewhat/a little/no cheaper than last week.**

蔬菜比上周／要便宜得多／要便宜一点儿／便宜些／一点都不便宜。

You look somewhat paler than usual.

你的脸色看上去比平常显得更苍白一些。

Things are no better than before.

情况并不比以前好。

That's much better.

那要好多了。

I don't know any more than you do.

我知道的一点儿也不比你知道的多。

He was too tired to walk any further.

他累得一步也走不动了。

I am a little/much/quite better now.

我现在好些了／好多了／大大好转了。

quite 不能用来修饰比较级，但可用来修饰 better。

"more + 复数可数名词"之前可用 far 或 many 修饰。

(例) **Many people support the resolution, but many / far more people are against it.**

许多人赞成这项决议，但有更多的人反对它。

I have many more books than she (does).

我的藏书要比她的藏书多许多。

I know many more students who'd like to come.

我知道还有很多学生想来。

"more + 单数不可数名词"之前，可用 far 或 much 修饰。

(例) **You have in the proper sense far more imagination than I have.**

按本来的意义上说，你的想象力比我丰富得多。

How much more money will you need before the end of the month?

在月底之前，你还需要多少钱？

可以用 much / far 修饰 less，但不能用 many 修饰 less。

4 用形容词和副词比较级构成的其他常用句型

……比较级 +and+ 比较级

▪ 两个比较级为同一个形容词或副词。若用 **more** 或 **less** 构成的比较级，应为“**more / less + and + more / less** + 形容词 / 副词原级”。这一句型用来表示一件事物持续的变化。

(例) **The storm became more and more violent.**

暴风雨变得越来越猛烈了。

Watches are getting less and less expensive.

手表愈来愈便宜了。

The Colorado River which runs through the Grand Canyon began to cut it deeper and deeper.

流经科罗拉多大峡谷的科罗拉多河开始把它冲刷得愈来愈深。

She was approaching near and nearer.

她走得越来越近了。

在极各别的情况下，这一句型也可演变为“原级 + and + 比较级”。

……比较级 + and + 比较级

▪ 两个比较级为不同的形容词或副词，表示同一事物的发展进程或程度。

(例) **Our country is growing ever richer and stronger.**

我们的国家日益富强。

They were getting closer and more near.

他们愈来愈近了。

...ever + 比较级

▪ 表示“愈来愈……”。

(例) **The film gets ever more exciting.**

这部电影越来越激动人心。

The situation there is becoming ever more complicated.

那里的局势变得愈来愈复杂了。

She became ever more diligent.

她越来越勤奋了。

very 不能单独用来修饰比较级，但可单独用来修饰原级。

...the + 比较级……

▪ 表示“更加……”，多出现在习惯用法中。

(例) **If you start now, you will be back the sooner.**

如果你现在动身，你会回来得更早些。

So much the worse.

愈加不妙了。

The watch was the more precious to her because it was her mother's keepsake.

这只表对她更加珍贵，因为它是她母亲的纪念品。

The+ 比较级……，the+ 比较级……

- 意为两个比较级所表示的特性平行地增加或减少，可译为"越……越……"。

(例) **The more the teacher talked, the less I understood.**

老师愈讲，我愈不懂。

The sooner (this is done), the better.

(这件事做得)越快越好。

The less men think, the more they talk.

想的愈少，说得愈多。

The greater the pressure, the higher the temperature.

压力越大，温度越高。

The less wit a man has, the less he knows that he wants it.

一个人愈少情趣，就愈不知道自己需要情趣。

More haste, less speed.

欲速则不达。

> 这一句型省略的部分较多，只要意思明确，连主语和谓语也可省略。如果比较级作定语，被修饰名词不能与其分开。

> 在一些谚语中，可能把定冠词**the**也省去。

……倍数／百分数 ＋比较级＋ than ＋比较的对象

- 表示净增加的倍数或数值，若表示倍数，应译为："比……大／多……倍"，但有时也可能表示只增加了"句中倍数 **−1**"倍。这样一来，与"倍数＋ **as** ＋原级＋ **as**"就没有区别了。因此，必须要注意上下文的含义。

A is three times longer than B.

A 比 **B** 长三倍。

A is three times as long as B.

A 的长度是 **B** 的三倍。(或 **A** 比 **B** 长两倍)

> 注意"倍数＋ **as** ＋形容词／副词原级＋ **as**…"的含义。此句型应译为："是……的……倍"，表示实际增加"句中倍数 **−1** 倍"。

(例) **Mt. Qomolangma is 8,882m high, about two and a half times higher than Mt . Fuji.**

珠穆朗玛峰高为 8,882 米，比富士山高出一倍半左右。

The output of rice was 25 percent higher than last year's.

水稻产量比去年提高了 25%。

A is twice less than B.

A 是 B 的 $\frac{1}{3}$ 。

A is ten times as light as B.

A 是 B 重的 $\frac{1}{10}$ (A 比 B 轻了 $\frac{9}{10}$)。

如果所用比较级表示减少或缩小，则应译为减到“$\frac{1}{句中倍数+1}$”。用“倍数 + as + 形容词或副词原级 + as + ……”表示减少到 $\frac{1}{句中倍数}$ 或减少了 $\frac{句中倍数-1}{句中倍数}$。

……否定词 + a + 比较级 + 单数名词……

▪ 表示“再没有比……更……”，用否定的方式从反面来表示“最……”这一概念。

(例) **I never saw a prettier sight.**

我从未见过比这更美的景色。

I can't think of a better idea.

我想不出比这更好的主意了(这主意可太好了)。

……all + the + 比较级 + for/ because……

▪ 表示：“(因为有……)反而更……”

(例) **It was all the funnier because his speech was serious.**

因为他的讲演很严肃，反而使人觉得更加可笑。

I like her all the better for her faults.

因为她有缺点，我反而更喜欢她了。

……none + the + 比较级 + for...

▪ 表示：“虽然……还是不……”，“虽然……，但……一点也不……”。

(例) **He seems (to be) none the happier for his great wealth.**

他虽然有钱，但好像并不快乐。

He is none the worse for the accident.

他的身体并没有因这次事故而变得更差。

She looks none the better for her holiday.

虽然她去度了假，但看上去身体一点也没有好转。

……more + 形容词原级(词尾不变) + than……

▪ 表示 “与其说……不如说……”

(例) **The child was more frightened than hurt.**

这孩子的伤倒没什么，只是受了惊吓。

She is more shy than cold.

与其说她冷淡，倒不如说她害羞。

必要时，more 后也可改用名词等。

It is even more a poem than a picture.

与其说它是一幅画，不如说它是一首诗。

5 用形容词和副词的最高级比较

A 用最高级进行比较的句型

最高级用在三者或三者以上进行比较，表示在一定范围内达到最高程度。最高级的基本句型为："...the+ 最高级(+……)+ in / of 等 + 比较的范围"。

(例) **Frank is the tallest of all the members in the family.**

弗兰克是这家人中最高的。

It's the largest animal in the world.

它是世界上最大的动物。

This is the oldest building in our town.

这是我们城里最古老的建筑物。

Aspirin is the most popular drug in the world today.

阿斯匹林是当今世界上最普及的药物。

B 最高级比较范围的表示法

比较的双方为同一类人或事物时，用介词 of 或 among 引出比较的范围。

(例) **Jane is the cleverest of all the students in the class.**

简是班上所有学生中最聪明的一个。(简也包括在这些学生中)

China is the largest of (among) these countries.

在这些国家中，中国最大。

He is the strongest of us all.

他是我们中最壮的一个。

She danced (the) most elegantly among all the people in the hall.

在大厅里的这些人中，她的舞姿最优美。

在一定的地点范围之内的比较，用介词 in 引出比较的范围。

(例) **China is the largest in Asia.**

在亚洲，中国最大。(亚洲限定了比较的范围)

That's the finest thing on the market.

那是这个市场中最好的东西。

> 由于搭配关系的需要，间或也用其他介词替代 **in**。**market** 要与 **on** 搭配。

That's the finest thing under the sun.

那是天下顶好的东西

> **under the sun** 为固定搭配

有时，我们也可以把最高级的范围限制在一定时间之内。

(例) **Nuclear power is perhaps the most controversial issue of our time.**

原子能也许是我们这个时代里的最有争议的问题了。

Shakespeare is the greatest poet that England has ever had.

莎士比亚是英格兰(迄今为止的)最伟大的诗人。

It is the best beer (that) I have ever drunk.

这是我(迄今为止)喝过的最好的啤酒。

that引导的定语从句说明最高级比较的时间范围以现在为截止点，这样用时从句时态多用现在完成时。

For many people the most exciting development in recent years is picturephone service.

对于许多人来说，近年来的最令人兴奋的发展莫过于可视电话业务了。

The nearest star that can be seen with the naked eye in the northern hemisphere is Sirius.

在北半球可以用肉眼看到的最近的恒星是天狼星。

如果比较的范围不言自明，也可把比较的范围限制省略掉。

(例) **This whale is the largest creature that has ever lived on Earth, 4 times the weight of the largest dinosaur.**

这种鲸是地球上生存的最大生物，它的重量是最大的恐龙的四倍。

Sometimes the poorest man leaves his children the richest inheritance.

有时，最贫穷的人留给孩子的却是最丰富的遗产。

C 最高级前的冠词的用法

形容词最高级用作定语时，其前通常要加上 **the**。有时也可以用物主代词或其他确定性限定词代替 **the**

(例) **He is the tallest boy in the class.**

他是班上最高的男孩。

This is the easiest book I've ever read.

这是我所读过的最容易的一本书。

The weather is man's worst natural enemy.

天气是人类最大的天然大敌。

形容词最高级作定语以外的其他句子成分，而且不特别强调相比时，**the**可省去。

(例) **Which is best?**

哪一个最好?

It's most convenient to go by bus.

乘公共汽车去最方便。

He is most unhappy.

他是最不幸的一个。

最高级表示这种意思时，只限于一些表示感情或主观判断的形容词，而且不用于否定句或疑问句。

最高级有时并不表示比较，而是用来加强一个概念的表达，说明程度“非常”高，这时，不需要加 the。

(例) **She was most unhappy.**

她非常不高兴。

She was the most unhappy.

她极其不高兴。

> **most**之前有时可能有**the,**这时的**most**表示“极其”，使程度更加强。因为不是表示最高的程度，其后不能有比较的范围。

Ted was most surprised when he heard the news.

特德听到这一消息时十分吃惊。

The lake is most beautiful in autumn.

这湖泊在秋天里特别美。

The stars are brightest when there is no moon.

没有月亮时，星星特别亮。

She is the most intelligent woman.

她是非常、非常聪明的女人。

> 句中的形容词最高级若不是作定语，句中又没有比较的限制范围时，意思便有些含糊，可能会有两种理解：最高程度或是强化语。要根据上下文或前后关系仔细分析。

---

a + most + 形容词 + 单数名词

(例) **I had a most difficult time at the office today.**

我这一天干得真不容易。

> 这个句型中的“**most**”有“非常”之意。

This is a most beautiful country about here.

那是附近一个非常美的区域。

That is a most profound and important book.

那是一本意义十分深远、十分重要的书。

“**the** + 形容词最高级”也可用作代词或名词，在句中作主语、(介词)宾语、状语等。

(例) **The eldest was only ten years old.**

年纪最大的只有 10 岁。

At that time, things were at the worst.

那时，事情真是糟透了。

I cannot go to London till May 15 at the earliest.

我最早在五月十五日到伦敦。

He tried his best to fulfil the task.

他尽最大努力来完成此项任务。

> 也可用物主代词替代 **the**

The market was at its busiest.

市场上正是忙碌的时刻。

I was then at my most furious.

那时，我正在盛怒之中。

副词最高级前的 the 可以省去。

(例) **My watch goes (the) most accurately.**

我的表走得最准了。

John ran (the) fastest in his class.

约翰是他班上跑得最快的。

D **修饰最高级的副词或副词的短语**

- 最高级可以用一些程度副词诸如**nearly**, **almost**, **altogether**, **by far**, **far**, **much**, **quite**, **practically** 等来修饰。

(例) **Baseball is by far the most popular sport in Japan.**

棒球是日本最普及的运动。

This is by far the best of all.

这是其中最好的。

very 有时也可以用来修饰最高级，但有两点限制：
- 这个最高级不能是由“**most** + 形容词”构成的。
- **very** 前必须有 **the** 或者有物主代词。

She put on her very best dress.

她穿上她最好的衣服。

This is the very best of all the pictures in this museum.

这是这家美术馆中最好的一幅画。

the+ 序数词”也可以放在最高级之前作修饰语。

(例) **Los Angeles is the second largest city in the United States.**

洛杉矶是美国第二大城市。

Bolivia is the world’s third largest producer of tin.

玻利维亚是世界第三大产锡国。

6 比较级和最高级的交换使用

在非正式文体中，有时可用最高级代替比较级比较两个人或物。

(例) **He is the youngest of the two brothers.**

他是两兄弟中的弟弟。

Who is the tallest, Mary or Jane?

玛丽高，还是简高？

同样，在比较三个或三个以上的人或物的性质时，有时也用比较级。

(例) **He is taller than Jack, Tom and Frank.**

他比杰克、汤姆和弗兰克都高。

有些句子表面上看似乎是比较级，但从语义上看，却表达了最高级的内容。

比较级(+……) + than + ever/ never (+……)

(例) **It was colder than ever that night.**

那一夜比任何时候都冷。

Better late than never.

迟做总比不做强。

……比较级 + than + anyone / anything 等

(例) **He drives faster than anyone I know.**

他开车比我认识的任何人都快。

……比较级 + than + any other + 单数可数名词

(例) **This film is better than any other film I've seen.**

这部片子比我看过的任何其他片子都好。

……比较级 + than + the other + 名词(单数或复数)

(例) **Tom is taller than the other boys in his class.**

汤姆比班上其他男孩子都高。

7 较低程度的比较(劣等的比较)

...less +形容词 / 副词原级 + than +比较的对象

- 用来表示较低程度的比较。

(例) **This bike is less expensive than that one, but that one is the most expensive in the shop.**

这辆自行车比那辆便宜，但那一辆是店里最贵的。

It's less cold than it was yesterday.

今天不如昨天那么冷。

I see him less frequently now.

近来，我不大看见他了。

The car is running less smoothly than it used to.

这辆汽车不如往常行驶得那么平稳。

She is no less diligent than her elder sister.

她勤奋的程度不比她姐姐差。

...(the) least + 形容词 / 副词原级 + of / in + 比较范围

■ 用来表示最低程度(最劣等)的比较。

(例) **This is the least interesting book I've ever read.**

这是我读过的最无聊的书了。

He writes the least clearly of all the students.

他是学生中写字最潦草的一个。

I am least happy today.

我今天很不快活。

这种比较方式较为书面化，在口语中，一般多通过 "**not + as + 原级 + as**" 的方式表达。最劣等的比较多用其反义词的最高级代替。

less 和 least 作为 little 的比较级和最高级，也可以直接与名词连用。

(例) **I eat less meat and fewer eggs than before.**

我现在吃的肉和蛋都比以前少了。(量减少了)

There were less traffic accidents this summer than last.

今年夏天比去年夏天的交通事故少了。(数目的减少)

The greatest talkers are the least doers.

语言的巨人，行动的矮子。

She spends less time at work than at play.

她玩的时间多，干活的时间少。

I have less time than I used to.

我的时间比过去更少了。

She has no less than five sons.

她至少有 5 个儿子。

He is no less than a thief.

他简直就是个贼。

Less but better.

少而精。

More haste, less speed.

欲速则不达。

第八章 动词，动词时态和语态

SUPER ENGLISH VERBS, TENSES & VOICES

动词，动词时态和语态

正如在第一章中所看到的，除极少数的句子之外，动词是英语句子中的一个不可缺少的组成部分。此外，动词本身也是一个变化繁多、用法复杂的词类：动词不仅有特定的形式，用来表示其动作发生的时间（现在，过去，将来等）；它们还有特定的形式用来表示动作发生的方式（动作的进行，或动作的完成等）。从句法功能上看，我们可以把动词分为两类：限定动词——在句中做谓语的动词和非限定动词——在句中充当其他成分的动词。本章的重点是讲述有关动词的基本知识，以及动词用作限定动词时的用法。

1 动词的基本知识

在深入学习动词用法之前，弄清下面几个概念是非常必要的。

1-1 动词的分类

根据动词本身的用法，可以把动词归纳为以下几类：

实义动词	及物动词	一般情况下，其后要跟宾语，意义才完整。	**She opened the door.** 她打开门。
	不及物动词	动词之后不能也不需要跟宾语。	**She is working.** 她在工作。
系动词	通常要加上表语，否则意义也是不完整的。		**She is generous.** 她很慷慨大方。
助动词	情态助动词	除 **ought** 要接带 **to** 不定式之外，都跟无 **to** 不定式连用，本身具有词汇意义。	**You ought to see a doctor at once.** 你要赶快去看医生。 **You needn't worry.** 你不必着急。
	基本助动词	用来构成各种时态和语态，本身无具体词汇意义。	**I don't like smoking.** 我不喜欢抽烟。

要注意：有些动词，在不同的句子中，可能分属不同的种类，它们的功能和表达的含义也要随之变化。例如：

例句	译文	说明
■ Have you seen my pen?	你见过我的笔吗?	have 为助动词
He has a red car.	他有一辆红色汽车。	have 为及物动词
■ Do what you like.	你愿意干什么，就干什么。	do 为及物动词
What do you want?	你要什么?	do 为助动词
■ I can't hear you very well!	我听不清你说什么。	hear 为及物动词
I've never heard of such a thing.	我从未听说过那样的事情。	hear 为不及物动词

1-2 限定动词和非限定动词

我们可根据动词在句中所起的语法作用，把动词分为限定动词和非限定动词。

■ 限定动词：动词用作谓语时，它的形式要受到句中主语的制约，在人称和数上要与主语保持一致，这样一些在句中单独构成谓语的动词叫做限定动词。

(例) **He worried himself about his future.**

他为自己的未来担心。

■ 非限定动词：非限定动词包括：动词不定式、动名词、现在分词和过去分词。这些动词形式都不能单独用作谓语(只能在与助动词或情态动词连用的情况下构成谓语的一部分)。它们的形式不受句中主语的制约，没有人称和数的变化。它们在句中可用作主语、宾语、表语、定语和状语等。

(例) **I am very sorry for having to bother you.**

真抱歉，我不得不打搅您一下。

He rushed into the room, his face covered with sweat.

他满脸是汗，跑进屋来。

1-3 动词的变化

英语中的大多数动词都有五种变化形式，它们是：

原形	现在时单数第三人称	过去式	过去分词	现在分词
work	works	worked	worked	working
do	does	did	done	doing
put	puts	put	put	putting

1 动词单数第三人称词尾 -s 的添加方法和读音

动词单数第三人称词尾**-s**的添加方法和读音与名词复数词尾**-s**的添加方法和读音相同。

动词单数第三人称词尾 -s 的加法：		
一般情况	(在词尾加)-s	runs、lives，asks，says
以 ch，sh，s，x 或 o 结尾的词	(在词尾加)-es	teaches，fixes，finishes，passes，does
以辅音字母 +y 结尾的词	减去 y，加上 -ies	tries，flies

-s 的读音		
在清辅音之后	[s]	asks[ɑ:sks]
在 [s] [z] [ʃ] [tʃ] [dʒ]等音之后	[iz]	teaches['ti:tʃiz]
在其他情况下	[z]	runs[rʌnz]

〔注〕：清辅音有：[f]，[h]，[k]，[p]，[s]，[ʃ]，[t]，[θ]，[tʃ]

浊辅音有：[b]，[d]，[g]，[l]，[m]，[n]，[ŋ]，[r]，[ð]，[v]，[w]，[j]，[z]，[dʒ]，

2 现在分词的构成

现在分词是由动词原形加上现在分词的词尾 **-ing** 构成。

现在分词 -ing 的加法		
一般情况	加 -ing	catch — catching drink — drinking carry — carrying
以不发音的 e 结尾	去掉 e，加上 -ing	come — coming make — making
"一个元音字母 + 一个辅音字母"结尾，并且又是重读音节时	将词尾辅音双写，再加上 -ing	hit — hitting plan — planning begin — beginning

几点注意：

注意事项	举例
■ **-ing** 一般读作 [iŋ]，但以辅音字母 **r** 结尾时，加上 **-ing** 后，**r** 要发音。	answer['ɑ:nsə] → answering['ɑ:nsəriŋ]
■ 少数动词以**-ic**结尾，要先在词尾加**k**，再加上 **-ing**。	panic → panicking traffic → trafficking

注意事项	举例
■ 有些以“一个元音字母+一个辅音字母”结尾的动词，尽管重音不在最后一个音节上，有时最后一个辅音字母也可以双写：这种情况多发生在以 l 结尾的动词上。美国英语不双写，英国英语要双写。	**travel → travel(l)ing** **signal → signal(l)ing** **kidnap → kidnap(p)ing**
■ 有几个以 **-ie** 结尾的动词，变化特殊：	**die → dying, tie → tying, lie → lying**
■ 以 **-ee** 结尾的动词，词尾加 **-ing**。	**agree → agreeing, see → seeing**
■ 几个以“元音+-e”结尾的动词，直接加**-ing**。	**toe→toeing，dye→dyeing，hoe→hoeing**

3 动词的过去式和过去分词的构成

大多数动词的过去式和过去分词都是通过在动词原形后面加 **－ed** 构成。

-ed 的加法		
一般情况	加 -ed	**belong — belonged** **delay — delayed** **call — called**
以 e 结尾	加 -d	**arrange — arranged** **agree — agreed**
以“辅音字母＋y”结尾	去掉 y，加上 -ied	**cry — cried** **try — tried**
“一个元音字母+一个辅音字母”结尾，又是重读音节时	最后一个辅音字母双写，再加上 -ed	**beg — begged** **stop — stopped**

一些以“一个元音字母＋一个辅音字母”结尾的动词，尽管重音不在最后一个音节上，在英国英语中，最后一个辅音也要双写，这类词多半以 **l** 结尾，例如：

- **travel → travel(l)ed**
- **signal → signal(l)ed**

词尾 -ed 的读音：		
在清辅音(t 除外)之后	[t]	**knocked[nɔkt]** **helped[helpt]**
在浊辅音和元音之后	[d]	**answered['ɑ:nsəd]** **believed[bi'li:vd]**
在[t]、[d]之后	[id]	**lasted['lɑ:stid]** **minded['maindid]**

还有一部分动词叫不规则动词，它们不按照上述方法构成过去式和过去分词，这些动词数量不多，但多为常用动词，必须一一熟记。

4 动词的变化总表

动词变化时，可能涉及到的几种情况	单数第三人称	过去式和过去分词	现在分词
一般情况	+ -s	+ -ed	+ -ing
结尾为ch，sh，s，x，或o	+ -es		
结尾为不发音的e		+ -d	− -e+ -ing
结尾为辅音字母 +y	− -y+ -ies	− -y+ -ied	
结尾为“一个元音字母+一个辅音字母”，且为重读音节		双写 + -ed	双写 + -ing

2 动词时态

时态是一种语法范畴，指表示各种时间和动作方式的动词形式。

2-1 时态和时间

时态和时间绝不是一个等同的概念，不能把这两个概念混同起来。

- 时间：现在、过去、将来等——这都是具体的时间概念，对任何一种语言都适用，都有普遍意义，即使不涉及语言，这种概念仍然存在。
- 时态：时态指的是动词的各种形式，这些形式不仅可以用来表达动作发生的时间，而且还可用来表达几个动作之间的时间关系，表达动作的方式(进行或完成等)以及说话者的语气，对所说内容所持的态度(真实的或非真实的)等。

例句	译文	说明
He said that John had told him about our plan.	他说约翰已经把我们的计划告诉他了。	**said**和**had told**都发生在过去时间，但**had told**这种动词形式说明它发生在**said**之前。
He was studying.	他(当时)正在学习。	过去正在进行的动作。
If I were you，I would give easier tests.	如果我是你，我就会把测验搞得容易些。	与事实不一致

特别值得一提的是：时态和时间不一定互相一致。也就是说，现在时态并不一定就是现在发生的动作，而过去时态也不一定表示动作就发生在过去。由此可见，一般现在时态、一般过去时态、现在完成时态等都是语法术语，虽然有“现在”、“过去”等字样，但它们所表达的动作并不一定就发生在现在或过去。通过下面二组例子，可以进一步说明这个问题：

例句	译文	说明
I smell gas.	我闻到煤气味了。	此刻产生的感觉
I leave tonight.	我今晚离开。	一般现在时态表示将来的动作
If I trusted him, I would lend him the money.	如果我相信他，我就会把钱借给他。	一般过去时表示与现在事实相反
It is time I went home.	我该回家了。	一般过去时表示将要进行的动作

2-2 动词时态的变化形式

1 英语动词时态的种类和构成公式

时态种类	构成公式
一般时态	动词原形
进行时态	be+ 现在分词
完成时态	have+ 过去分词
完成进行时态	have been+ 现在分词

每种时态都有现在、过去、将来或过去将来之分，这种变化只表现在上述公式中的动词原形(一般时态)和第一助动词上。根据这一原则，我们把表1发展为表2：

时态种类	构成公式			
	现在	过去	将来	过去将来
一般时态	除单数第三人称要加-s外，其他均用动词原形(be和have例外)	动词+-ed（不规则动词例外）	shall / will + 动词原形	should / would + 动词原形
进行时态	am / is / are + 现在分词	was / were + 现在分词	shall / will +be+ 现在分词	should / would +be+ 现在分词
完成时态	have / has + 过去分词	had+ 过去分词	shall / will +have + 过去分词	
完成进行时态	have / has + been + 现在分词	had+been+ 现在分词	shall / will + have+ been + 现在分词	

由上表可以看出：

- **be** 的现在时为 **am**，**is**，**are**；**have** 的现在时单数第三人称为 **has**。

be 的过去时为 **was**，**were**；**have** 的过去时为 **had**。

- 除一般时态外，其他都是把表1公式中的第一助动词变为相应时间，其他不变。
- 各种时态的将来时和过去将来时都是用助动词 **will** / **shall** 和 **would** / **should** 加上表 1 的公式构成。**shall** 和 **should** 用于第一人称。

2 各种时态的否定式

(第一)助动词(或情态动词)+not+ 公式的其余部分

因为一般现在时和一般过去时本身不包含助动词，所以要借助于助动词 **do(es)** 和 **did** 来构成否定式。

一般现在时的否定式	主语 + **do(es) not**+ 动词原形
一般过去时的否定式	主语 + **did not**+ 动词原形

(例)

She does not/did not/can not understand.

They do not/did not/can not understand.

3 各种时态的疑问式

"(第一)助动词 + 主语 + 公式的其余部分"

与否定式一样，一般现在时和一般过去时的疑问式要借助于**do(es)**和**did**构成。

一般现在时	**Do(es)** + 主语 + 动词原形 +……?
一般过去时	**Did** + 主语 + 动词原形 +……?

(例)

Does/Did/Can she understand?

Do/Did/Can they understand?

- **have** 作"有"解时，其一般现在时和一般过去时可用两种方式构成疑问式和否定式：直接在 **have** 之后加 **not** 构成否定式，把 **have** 倒装到主语之前去构成疑问式；或借助于 **do(es)**，**did** 构成否定式和疑问式。
- **There be** 的否定式为"**There be + not +** 主语 +……"，疑问式为"**Be + there +** 主语 +……?"

2-3 时态的意义和用法

1 一般时态的用法

A 一般现在时

一般现在时表示：

发生或存在于说话之时的感觉，状态或关系等，时间的焦点为说话时的现在。

常这样用的动词有：	**know，love，have，hear，agree，be，think，see，taste，feel，seem，look，want，belong，require** 等。

这类动词的特点是都具有或长或短的持续性。

(例) **This flower does not smell.**

这花没什么味。

I see some twinkling stars in the sky.

我看到了天上闪烁的星星。

The house belongs to Mr. Smith.

这房子是史密斯先生的。

This job requires a lot of experience.

这项工作要求要有相当的经验。

现在经常性的、习惯性的、反复发生的动作

其时间的焦点包括过去、现在和未来在内的一段较长的时间。动作的起止时间以及说话之时动作是否在进行，都不是说话者关心的内容。

(例) **Mrs. Parkman always buys flour at the grocer's.**

帕克曼太太总是到那家杂货店买面粉。

He walks to school every day.

他每天步行上学。

My brother studies law in a university.

我的兄弟在大学里学习法律。

不受时间限制的客观存在，或者是相对永久性的，不需考虑时间的活动

(例) **It is the duty of everybody to obey the law.**

遵守法律是每个人的义务。

Actions speak louder than words.

事实胜于雄辩。

He noticed that smoke rises when the air around it is cooler.

他发现，周围空气比烟凉时，烟就上升。

That is a good book which is opened with expectation and closed with profit.

好书开卷引人入胜，闭卷使人获益匪浅。

The bee produces both honey and beeswax.

蜜蜂生产蜂蜜和蜂腊。

已经作出的决定，安排好的事情，将来预定要发生的情况

这种用法多用来谈论时间表、节目单、日程表等已安排好的事情，通常要加上表示将来时间的状语。

(例) **They leave London for Hawaii tomorrow.**

他们明天离开伦敦去夏威夷。

The train arrives at 8：30 and leaves at 8：45.

这次车 8:30 到站，8:45 开出。

School begins in September.

学校九月开学。

一般现在时也可用在一些从句中代替将来时

如果主句的谓语动词为将来时或有将来时的含意时，大多数从句中都可用一般现在时替代将来时。因为，除非特别强调，否则只要在主句中用将来时，就已使时间明确，从句中的时态就可以简化了。

在条件从句中用一般现在时替代将来时：

(例) **If it rains tomorrow, we shall stay at home.**

如果明天下雨，我们就呆在家里。

If he is here before 10 o'clock, I shall see him.

如果他十点以前到这儿，我将会见他。

在时间从句中用一般现在时替代将来时。

(例) **As soon as the rain stops， we shall go out.**

雨一停我们就出去。

We'll give him the message after he finishes dinner.

他吃完饭后，我们就把这个消息告诉他。

The moment he arrives， I shall let you know.

他一到，我就通知你。

在地点从句中用一般现在时替代将来时。

(例) **Make a mark where you have any doubts or questions.**

在有问题的地方做上记号。

He will get lost wherever he goes.

不论他到哪儿，他都会迷路。

在由 as 或 than 等引导的比较从句中可用一般现在时表示将来。

(例) **They will get up earlier than you do (或 will).**

他们要比你们起得早起。

The sooner we start， the earlier we'll get there.

我们愈早动身，就愈早到达。

在no matter，whether等引导的让步从句中，也可用一般现在时表示将来。

（例） **Even if you fail， you will have gained experience.**

即使失败，你还可获得经验。

No matter whether you agree or not， I shall try it again.

不管你同意不同意，我都要再试它一次。

一般现在时也可用在方式从句中：

（例） **When I get the money, I shall spend it as I like.**

在拿到那笔钱时，我将按自己的意愿去花它。

I will try to explain the position as I see it.

我要照实说明情况。

在原因从句中有时也可用一般现在时表示将来。

（例） **As you sow， you shall mow.**

种瓜得瓜，种豆得豆。

一般现在时有时也可用在定语从句中表示将来。

（例） **I will give you anything you ask for.**

你要什么我都给你。

Take anything you fancy.

你喜欢什么就拿什么吧。

有时，一般现在时也可用在宾语从句中表示将来。

（例） **We'll see [to it] that she gets home early.**

我们保证她早回家。

I'll ask when the train leaves.

我要问问火车什么时候开。

在"I don't care", "I don't mind", "It does't matter", "It's not important"等固定结构之后，也多用一般现在时代替将来时态。

（例） **I don't care what happens.**

我才不在乎发生什么事呢。

一般现在时也可用来表示瞬间的现在，表示动作的完成几乎与说话同时发生能这样用的一般都是动作时间短暂、不能延续的动词，因此多用于一些实况报导、解说词或生动的叙述、评论中。

（例） **I declare the meeting open.**

我宣布会议开始。

Watch what I do. I press the red button and it starts. Then I turn this handle.

看着我怎么做。按一下红色按钮，它就起动了。然后我转动手柄。

Singer passes to Webster， and Webster shoots， and it's a goal!

辛格把球传给伟伯斯特，伟伯斯特射门，进啦！

一般现在时可用来表示一种能力

(例) **He knows how to play bridge.**

他会打桥牌。

Birds fly.

鸟儿会飞。

一般现在时用来谈论已经了解的事情，实际上，动作已于过去某一不确定的时间发生，但它传递的信息现在还存在

常这样使用的动词有： **tell, say, hear, gather, see, learn, write** 等。

(例) **We see that the delegation has already started for home.**

我们已(从报上)获悉代表团动身回国了。

I hear that he was engaged.

我听说他订婚啦。

They say he is going to resign.

据说他要辞职。

一般现在时与 always 连用，表示主观意愿，强调不是偶然行为或定期活动。

(例) **He is always sleeps with his windows open.**

他总是开着窗子睡觉。

I always have a cup of milk for breakfast.

我早餐总要喝一杯牛奶。

B 一般过去时

一般过去时可用于以下几种情况：

在一个确定的过去时间内存在或发生的活动

这一确定的过去时间可以是一个时间点，或是一个时间段；用于这一时态的动词可以是表示动作的动词，也可以是表示状态的动词。这样用的一般过去时常常要跟一个说明过去确切时间的状语，其时间与现在无任何联系。

(例) **He left for Hawaii yesterday.**

他昨天动身去夏威夷了。

She did not go out last night, because she had a headache.

她昨天晚上没有出去，因为她头痛。

Last week the commissioner had to attend five meetings which took place consecutively.

上一周，地方长官连续参加了五次会议。

When my father was a young man, he could ride a horse as expertly as a cowboy.

我父亲年轻时，他的骑术可与一个牛仔相媲美。

评介历史人物

在评介历史人物时，可以用一般现在时，也可以用一般过去时，但两种时态的侧重面不同。用一般现在时，着重于他的成果或贡献，用一般过去时的重点在于对他本人的介绍。

(例) **For sixty years Edison was the world's leading inventor.**

在六十个年头里，爱迪生都是世界上一流的发明家。

Edison is one of the world's leading inventors.

爱迪生是世界杰出发明家之一。

表示过去的习惯或反复发生的活动，过去持续了一段时间的行为，或过去曾经存在过的状态。

一般过去时这样用时，暗示这种活动或状态现已发生变化或者不复存在。

(例) **He lived here for five years.**

他在这里住过五年。

He was rich years ago.

几年前他很富有。

注意 used to (do) 及 would 表示"过去总是"时的用法：

- 情态动词**used to (do)**也可用来表示过去的习惯动作或状态，强调与现在形成对照。**used to** 的否定式：**used not**，或 **didn't use**(口语)，或 **use(d)n't**(英)。

(例) **He came earlier than he used to.**

他比以前来得早了。

There used to be a tower here，didn't there (use[d]n't there)?

这儿曾经有一座塔，是吧?

- **would** 也可用来表示过去的反复的动作。

(例) **He would sit for hours doing nothing.**

他总是一坐几个小时，什么也不干。

used to 和 would 的区别在于：

- **used to (do)** 用于客观的表示过去的习惯。而 **would** 强调主观，包含有说话者的感慨等浓厚的感情色彩。

- **would** 通常不以无生命物为主语，但 **used to** 可以。
- **used to** 可用来表示状态的延续，而 **would** 不能这样使用。
- **used to**用来指出这个过去的日常习惯，与现在有直接的或暗示性的对比，在这种情况下可用 **would** 代替；当 **used to** 用来指出的过去习惯已停止时，不能用 **would** 代替。

（例）**When I was young, I used to have a lot more free time than I do now. I used to live near my work and would always get home early. Sometimes I would do a bit of gardening or go for a long walk. Now I never have time for anything like that.**

当我年轻时，我的空闲时间比现在多得多。我那时的住所离工作地点很近，总是早早到家。有时我还在花园里干点园艺活，或散散步。现在我可没时间干这种事了。

用来表示现在的行为

一般过去时有时也可用来表示现在的行为，口气要比一般现在时更加客气，更加委婉。常这样用的动词有 **hope**，**wonder**，**think** 等。

（例）**I thought as much.**

我也这样想。

I wondered whether you would mind doing me a favour.

我不知道你能否帮我一个忙。

用于虚拟语气，可指现在或将来的情况

（例）**Would you do it again if you had the choice?**

如果你有选择的机会，你会再做一次吗？

If I were you，I would think differently.

如果我是你，我不会这样想。

C 一般将来时

一般将来时可以表示：

在某个确定的将来时间内存在的状态或发生的动作

（例）**You will be sorry for it later.**

你以后会对此后悔的。

Shall we arrive in Paris at eight?

我们 8 点到巴黎吗？

Everything will be fine.

一切都会顺利的。

When will you be in Beijing ?

你什么时候去北京？

在美国英语中，三种人称都可用will。如果主语是由 I 和一个名词或者是和第二、三人称代词并列组成时，要用 will，不用 shall。

一般将来时的疑问句形式常常被用来表示请求或是要求别人给予允许或肯定

(例) Will you please be quiet?
请你安静些好吗?

Shall I open the window?
我把窗子打开好吗?

Won't you have a cup of tea?
要不要喝一杯茶?

Will you come in?
请进。

"I will..." / "I'll..." 可用来表示一种未经事先考虑，就主动表示愿做某事

(例) — I've left my glasses upstairs.
— I'll go and get it for you.
我把眼镜忘在楼上了。
我去替你取来。

— This box is terribly heavy.
— I'll help you carry it.
这只箱子真沉。
我来帮你提。

2 进行时态的用法

进行时态的用法可归结为以下几种情况：

不论是现在进行时、过去进行时，还是将来进行时，都可用来表示在现在、过去或将来某一特定时间内正在进行的动作。是一种暂时的情况，或者是在一段时间内反复发生的动作。动作的起止时间不清楚，或者是没有必要说明。

(例) The Greens are watching a football game on TV.
格林一家正在看电视上播出的足球比赛。
现在正在进行的动作

He's always helping people.
他常常帮助他人。
反复发生的动作

What were you doing when I called you yesterday?
昨天我给你打电话时，你正在干什么呢?
过去正在进行的动作

Henry is working in the post office now.
亨利现在在邮局工作。
现阶段内正在进行，但此刻不一定在进行的动作

My parents will be waiting for me at the airport. If it is late, they will be wondering what has happened.
我父母亲要在机场等着接我。如果飞机晚点，他们会担心发生什么事。
将来正在进行的行为

Mary will be working on her thesis next year.
玛丽明年要写毕业论文。
将来一段时间内进行的动作

He was coughing all night long.
他一夜都在咳嗽。
过去一段时间内反复发生的动作

It was a very cold night and a terrible wind was blowing.
那是个寒冷的夜晚，而且还刮着猛烈的大风。
一种暂时的情况

现在进行时可表示安排好或计划好的、不久将来的行为，过去进行时也可表示过去将来的计划或安排。这样用时，通常要有表示时间的状语。

这样用的大多为表示运动的动词，如 **come**，**go**，**leave**，**start**，**arrive**，**return**，**stay**，以及 **work**，**play**，**do**，**have**，**wear**，**give** 等。

(例) **We are giving a party next week.**

下周我们要举行一次晚会。

They are arriving tonight, and are staying here for two weeks.

他们今晚到，并要在这儿呆两周。

I am meeting Peter tonight. He is taking me to the theatre.

我今晚要去会彼得，他要带我去看戏。

He was busy packing, for he was leaving that night.

他(那时)正忙着整理行装，因为他当晚要离开。

They said that Mary was coming two hours later.

他们说玛莉两个小时后来。

在时间、条件从句中可用现在进行时表示将来正在进行的动作，用过去进行时表示过去将来正进行的动作。

(例) **If a quarrel is heating up, keep quiet and let it blow over.**

如果争吵激烈起来了，要保持安静，等争吵平息下来。

I'll telephone you while I'm waiting for the train.

我等火车时给你打电话。

He asked her not to interrupt him while he was working.

他请她不要在他工作时去打搅他。

现在进行时也可用来表示过去刚刚在进行的动作。

(例) **I don't know what you are talking about.**

我不明白你在说些什么。

I don't understand a word of what you're saying.

你说的话我一个字也没听懂。

过去进行时也可用于虚拟语气，表示与现在或将来事实相反。

(例) **She wishes that she were coming with us.**

她希望能和我们一块儿来(但她不能来)。

If it weren't raining, we wouldn't stay here.

如果现在不下雨，我们就不会呆在这儿了。

现在进行时或过去进行时与always或forever连用，表示对某种习惯性的活动作出有感情色彩的评论(可能是使说话者感到不解、生厌、或者是觉得是值得赞扬的行为)。

(例) **He is always doing homework.**

他总是在做作业。(没完没了)

He always does his homework.

他总是做作业。(按时完成)

He was always ringing me up.

他老是给我打电话。(令人烦)

I am always meeting Tom in that park.

我总是在那个公园里碰上汤姆。(觉得奇怪)

He was always playing tricks on her uncle.

他老是捉弄她叔叔。

She is forever complaining.

她总是喋喋不休的抱怨。

过去进行时与一般过去时一样可以使语气客气，委婉；现在进行时也可以这样用，只是不如过去进行时那样柔和。

(例) **I wondered / am wondering / was wondering if I might ask you a question.**

我想请问你一个问题，可以吗?

3 不用进行时态的动词

有些动词用于一定含意时，不能用进行时态，其中包括：

感官动词(非有意识的动作)	**hear, see, smell, notice, fell, taste** 等
表达情感状态的动词	**love, hate, like, desire, wish, mind, appreciate, dislike, fear, envy, care** 等
表示心理活动的动词	**know, realize, understand, recognize, believe, feel, suppose, think, imagine, doubt, remember, forget, want, need, prefer, mean, agree** 等
表示占有的动词	**belong to, own, possess, have** 等
其他表示存在状态的动词	**seem, look, appear, cost, owe, weigh, be, exist, consist of, contain, include** 等

值得注意的是，上述动词中有许多在用于其他含意时，便可以用进行时态，例如：

不用进行时态	可以用进行时态
I looked around but saw nothing. 我看了看周围，但什么也没看见。 **I see many sheep in the pasture.** 我看到牧场上有许多羊。	**I shall be seeing them tomorrow.** 我明天要会见他们。 **I am seeing the sights of London.** 我在游览伦敦的名胜。
This milk tastes sour. 牛奶（尝起来）酸了。	**Mary is tasting the sauce.** 玛丽在品尝调味汁。
What do you think of it? 你认为它怎么样？（要对方发表看法）	**What are you thinking about?** 你在想什么。
He didn't have any money with him. 他身上没有钱。	**I am having trouble.** 我正处于困难之中。
These flowers smell good. 这些花闻起来很香。	**The dog was smelling at the shoes.** 那只狗正在嗅那双鞋子。
Your hand feels cold. 你的手(摸着)很凉。	**What was the blind man feeling for?** 那位盲人在摸索着找什么？
She looks tired. 她看上去很疲倦。	**I am looking for my glasses.** 我在找我的眼镜。
He is foolish. 他很傻。（一贯表现）	**He is being foolish.** 他(现在倒)发傻了。（一时的表现）

4 一般时态和进行时态的比较

像 live, rain 一类动词，因其本身就含有延续性，其一般时态和进行时态的含义无太大差别。一般时态着重于说明事实，而进行时态侧重时间的延续。

（例）**He lives/is living in Beijing now.**

他现在住在北京。

It rained/was raining hard last night.

昨晚雨下得很大。

一般现在时和现在进行时都可用来表示持续的动作，但进行时态没有一般现在时那种持久性。也就是说，持续很长时间的，或者永久性的动作用一般时态。短时间的、暂时的动作用进行时态。

（例）**We start work at 8 : 00, but for this week only we are starting at 8 : 30.**

我们 8 点开始工作，不过这一周我们 8 点 30 分开始。

（例）

Where does Henry work?

亨利在哪儿工作？（固定的工作）

Where is he working at present?

他目前在哪儿干活？（临时性的工作）

5 完成时态的用法

A 使用完成时态的条件：

不管是现在完成时，过去完成时，还是将来完成时，都必须在下面两个条件同时具备的情况下才能使用：

- 条件 1：在时间上要有一个用来参照的时间截止点。完成时态应发生在这一时间截止点之前。从下表可以看出各种完成时态动作发生的时间。

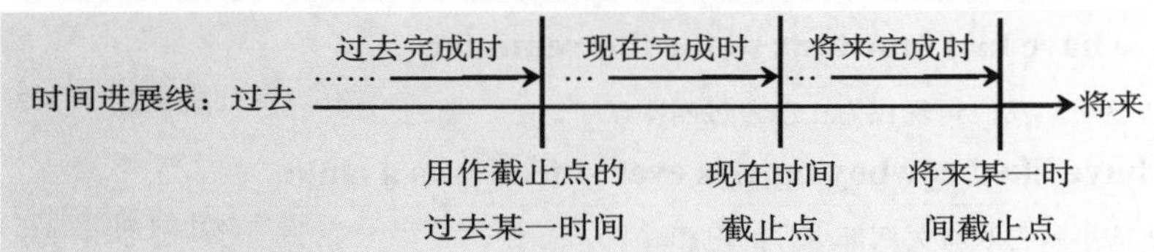

也就是说，说话者关心的焦点是：动作是否是在指定的时间截止点之前发生，而不是动作发生的具体时间。

现在完成时所表示的动作必须是发生在现在以前，也就是说，必须发生在过去，但具体的发生时间不明确。一旦提出具体的发生时间，就必须用一般过去时；

过去完成时所表示的动作要发生在过去某一具体时间之前；

将来完成时所表示的动作要发生在将来某一具体时间之前。

因此，与完成时态连用的时间状语只能是一些可以限制时间范围的词语，而不是具体的时间。句中的时间状语，谓语的时态，从句的时态，或者是上下文等，都可以用来作为判断时间截止点的依据。

- 条件 2：动作虽然发生在一个时间截止点之前，或者进行到这一截止点为止，但在说话者的心目中，它们所产生的影响或后果，所造成的状态，在截止时间的当时或稍后依然存在，或仍有联系。这也是说话者关心的焦点。

B 完成时态的用法：

完成时态可以用来表示：

- 一个发生在时间截止点之前的动作，或者是在时间截止点之前已经完成的动作(动作的确切发生时间没有说明，也不是我们注意的焦点)；
- 一个在时间截止点之前重复发生的动作；
- 一个一直进行到时间截止点的动作。动作是否在时间截止点之后仍要进行，不是我们关心的焦点。可以这样用的主要是一些不能用进行时态的动词或一些本身就具有延续性的动词。

完成时态用法举例：

- 现在完成时的例句：

(例) **I have known him for more than ten years.** (到现在为止)

我认识他已经十多年了。

He has just returned from abroad. (现已在此地)

他刚刚从国外回来。

Have you ever visited Mexico? (在现在以前的任何时候)

你去过墨西哥吗？

We have had four tests so far this semester. (现在以前重复发生的行为)

这学期，我们到现在为止已考过四次试了。

I have liked cowboy movies ever since I was a child. (暗示截止时间是现在)

我从小就喜欢有关西部牛仔的电影。

- 过去完成时的例句：

(例) **When we arrived at the station, the train had already started.** (发生在 **arrived** 之前)

我们到车站时，火车已开了。

I didn't go to the cinema, because I'd already seen the film. (发生在 **didn't go** 之前)

我没去看电影，因为我已经看过这部片子了。

After Arman had revised the essay twice, he handed it in. (在 **handed** 之前重复发生)

阿曼把文章修改二遍之后才交出去。

Before America gained independence, it had been a British colony. (一直持续到独立为止)

美国在独立之前一直是英国的殖民地。

- 将来完成时的例句：

(例) **We'll have finished by tomorrow afternoon.** (截止时间在将来)

到明天下午，我们就结束了。

I will have been in hospital for two months next Sunday. (计算的截止时间)

到下星期天，我住院满两个月。

Lorna hasn't given the teacher her test paper yet, but she will have given the teacher her test paper by the end of the period. (最晚时间为 **by the end of the period**)

洛娜还没把试卷交给老师，但她要在下课之前把试卷交上去(给老师)。

By the time you arrive, Betty and Elba will have left.

到你到达时，蓓蒂和埃尔伯已经离开了。要发生在 **arrive** 所表示的将来时间之前

6 完成进行时态的用法

A 完成进行时态的特点

从这个时态的名称可以看出，完成进行时态综合了“完成”和“进行”两个时态的特点。

- 完成进行时态与完成时态一样，需要把现在，过去或将来的某一时间确定为时间的截止点。根据截止点的时间来确定用现在，过去或者是将来完成进行时。
- 完成进行时态与进行时态一样，强调动作延续性。表示一个延续到时间截止点的动作或习惯，在截止点的那一瞬间动作可能终止，也可能仍在进行，并且很可能要延续下去。

B 完成进行时态的用法

现在完成进行时强调动作开始于过去某一时间，一直持续到现在。如果没有特别提出时间，则表示最近一段时间一直在持续的行为。

(例) **He has been waiting for you since six o'clock.**

他从六点就一直在等你了。

The finance committee has been working on its budget for a month.

财政委员会近一个月来一直在制定预算。

过去完成进行时表示一个持续到另一个过去动作或过去时间之前的动作。

(例) **He had been walking to school before his father bought him a bicycle.**

在他父亲给他买自行车之前，他一直步行上学。

He said he had been looking for his notebook since ten o'clock.

他说他从十点钟就开始找他的笔记本了。

将来完成进行时表示一个动作要持续到将来某一确定的时间为止。

(例) **I'll have been teaching for three years this summer.**

到今年夏天，我的教龄就满三年了。

The next June, she'll have been living in this apartment for twenty years.

到六月份，她在这公寓里已住满 20 年了。

7 时间和时态的总结

在分别叙述了各种时态的用法后，我们再从时间的角度来看看各种时态相互之间的关系。只有这样，我们才能进一步了解，为什么同一个发生在现在(或者是过去，将来)的动作会用不同的时态表示。

A 现在时间

能用来表现现在活动的时态主要有两种：一般现在时和现在进行时。它们的共同特点是：都把说话的当时包括在内。二者的区别在于：

- 一般现在时通常并未指出说话的此刻动作是否在进行。而现在进行时则可表示说话当时正在进行的动作。

（例）

He smokes too much.	**He is smoking a pipe.**
他烟抽得太凶。（此刻不一定正在抽烟）	他抽着一只烟斗。（正在进行的动作）

- 一般现在时表示一个习惯性的、特定的、不受时间约束的客观存在，或是一种能力。而现在进行时则表示比刻或此段时间内正在进行或反复进行的动作，表示一个暂时的行为或习惯，这种动作或习惯迟早要结束。

（例）

He lives here.	**He is living here at the moment.**
他住在这儿。（相对长久、固定的住址）	目前他住在这儿。（暂时情况）

B 过去时间

下列动词时态和短语都表示动作或状态发生在过去，但它们在过去发生的具体时间和方式不同。

- 一般过去时用来表示在过去某一特定时间发生或完成的动作，过去的习惯，或者是过去所发生的一系列动作。
- 过去进行时用来表示在过去的一段时间内正在进行或反复发生的动作，其起止时间不重要，或者不明确。过去进行时也可用来表示过去的一个渐变的过程。
- 现在完成时表示在现在时间之前发生的，重复发生的，或一直进行的动作。只知道动作发生在过去，但没有明确指出具体发生或开始的时间。
- 现在完成进行时用来表示在现在时间之前一直持续的动作，经常反复发生的动作，或者是刚刚结束的动作。
- 过去完成时用来表示在一个过去时间点之前发生或进行的动作。也可以说是，在两个发生在过去的事件中，过去完成时用来表示发生在前面的一个事件。一般过去时表示发生在后的一个事件。
- 过去完成进行时用来表示在一个过去时间之前发生，并持续到那个时间为止的动作，或者是在一个过去时间之前不断重复的行为。

此外，下面两组短语所表示的动作也与过去时间有关：

- 短语 used to do 表示“过去常常……”
- 短语 was / were to do，was / were going to do，was / were+v–ing，would 都可以用来表示从过去时间看，将要发生的动作。

几点区别：

一般过去时和现在完成时

一般过去时强调动作发生的具体时间(或者明确指出，或者暗示出来)，而现在完成时则强调动作发生在截止时间之前。

(例)
She was an earnest Christian all her life.

她一生都是一个虔诚的基督教徒。(她已去世)

She has been an earnest Christian all her life.

她一生至今都是一个虔诚的基督教徒。(她仍在世)

现在完成时暗示着动作与现在的某种联系。而一般过去时与现在没有关系。

(例)
They have worked together as partners for ten years.

他们作为合伙人已在一块工作十年了。(**for ten years**的截止时间是现在，可能仍在合作，也可能刚刚结束合作。)

They worked together as partners for ten years.

他们曾作为合伙人一块工作过十年。(**for ten years**这一时间的起止点都在过去，两人现已不在一起工作。)

现在完成时与现在完成进行时

现在完成时有时可以代替现在完成进行时，表示一个一直持续到现在的动作。这主要用于以下两个方面：

一些不能用进行时态的动词，只能用现在完成时来表示“完成进行时态”的概念，但要有能说明动作持续的状语。

(例)
I've known him for five years.

我认识他已有五年了。

对一些本身含有持续意义的动词来说，现在完成时和现在完成进行时可以换用，含意没有或很少有区别。

(例)
He has worked/has been working at the same store for ten years.

他在同一家百货店里已工作十年了。

一般过去时和过去完成时

其主要区别在于：一般过去时的时间状语为一个具体的过去时间点，而过去完成时的时间状语只是一个过去的截止时间。

(例)
Yesterday at a restaurant, I saw Pam Donnelly, an old friend of mine. I had not seen her in years. At first, I didn't recognize her because she had lost at least fifty pounds.

昨天我在一家餐馆里见到了一位老朋友，帕梅·唐纳利。近几年我一直没见过她。起初，我没有认出她来，因为她至少瘦了五十磅。

如果有两个动作出现在一个句子中，后发生的用一般过去时时，先发生的动作用过去完成时。

(例) **I'd never seen any of Picasso's paintings before I visited the art museum.**

在我参观艺术博物馆之前，我从未见过毕加索的画。

如果是一系列按顺序发生和叙述的、过去的活动，都用一般过去时。不用过去完成时来表示动作的先后，都用一般过去时即可。

(例) **He stood up and walked out of the room.**

他站起来，走出了房间。

如果时间发生的先后顺序已用before, after等交待清楚，也可都用一般过去时。

(例) **They (had) started before day broke.**

天破晓前他们就出发了。

将来时间

下列动词时态和短语都可表示动作发生在将来。

- 一般将来时(**shall/will+** 动词原形)表示将来必然要发生的动作；表示说话者的意见，设想或推测。是对将要发生的动作的预言而不是意图。

  will+ 动词原形可用来表示主观的愿望或决定，特别是临时的决定。
- 将来进行时表示在将来某段时间内正在进行的动作，或者是已经计划，安排好的将来的活动。
- 将来完成时表示到将来某一特定时间之前将要完成，或者是到那时才刚刚结束的动作。也可用来表示一直持续到那一时间的行为。
- 将来完成进行时表示一直持续到将来某一特定时间为止的动作。
- 一般现在时与表示将来的时间状语连用时，表示将来确定要进行的动作，是一种客观的安排，而非主观的意图。
- 现在进行时与表示将来的时间状语连用时，表示一个即将要实行的将来的计划或安排，主语为第一人称时，往往暗示某种主观的意图。
- **be going to (do)** 表示句中主语的主观意图、打算或已准备好要作的事，也可用来表示说话者确信要发生的事情。**be going to**之后通常不用**go**或**come**。
- **be to (do)** 表示命令或指示，客观规定的计划，义务或需要。表示一种人为安排或控制的行为。
- **be on the point of+** 动名词 、**be about to (do)** 表示就要发生的未来动作。

几点区别

一般现在时与现在进行时

一般现在时和现在进行时都可用来表示将来的安排，二者的区别在于：

一般现在时表现的是客观的决定，而现在进行时表现的多是主观的意图。

(例) **The meeting begins at three in the afternoon.**

会议下午三点开始。（客观的安排）

Are you doing anything special tonight?

今晚你们什么特别的事情要做吗？（主观的意图）

一般现在时表示根据时间表的规定行事，而现在进行时是一次性的临时行为。

(例) **The plane takes off at 20：30 tonight.**

飞机晚上20点30分起飞。（时间表的规定）

The plane is taking off at 20：30 tonight.

飞机将于今晚20点30分起飞。（临时的决定）

be going to 与现在进行时

这两种形式都可表示将来的意图，可以互换，作用和意义没有变化。

(例) **But I'm not going to argue with you tonight.**

But I'm not arguing with you tonight.

可是，我今天晚上不想和你辩论。

要尽量避免在 **be going to** 之后接 **go**，**come** 等运动动词，这类动词在表示将来意图时，最好用现在进行时。

(例) **I am going (coming) home early this evening.**

今晚我要早回家。

be going to 可用来表示根据客观事实进行预言或推断，这样用时不能用现在进行时替代。

(例) **There's going to be trouble.**

(看到事态严重时预言)要出事了。

It's going to snow.

(根据天阴的程度判断)要下雪了。

"be going to" 与 "will+ 动词原形"

"be going to" 和 "will+ 动词原形" 都可用来表示意图，因而可以互换。

(例) **He is going to buy a new car.**（侧重于计划）

He will buy a new car.（做一个声明）

他要买辆新车。

"be going to" 不但表示意图，而且还暗示一种经过考虑的计划，暗示在说

话之前业已做出决定。"will+ 动词原形"则表示一种没有经过仔细考虑的主观意图，可能是在说话的当时才做出的决定。在这种情况下两者不能互换。

(例)
— My car won't start.

— I'll come and give it a push.

我的车子发动不起来。

我来推(它)一把。(是临时的决定，不能用 **be going to** 取代)

"be going to"和"will+ 动词原形"都可以表示一种预测，表示说话者确信将要发生的事情。两者有时也可互换，但前者着重于有发生某事的迹象，而后者表示说话者的主观推断或担心。

(例)
There's going to be a storm.

暴风雨要来啦。(根据天气的各种迹象的推测)

There'll be a storm.

要有暴风雨。(说话者流露出的担心)

现在进行时与将来进行时

现在进行时与将来进行时都可用来表示将要发生的动作，特别是当我们不突出主观意图时，可以换用。但现在进行时这样用时，要有明确的将来时间状语。

(例)
Their plane will be arriving soon.

他们乘坐的飞机就要到了。

He's arriving tomorrow morning on the 10：30 train.

他明天上午乘 10 点 30 分的火车到达。

将来完成时与将来完成进行时

将来完成时与将来完成进行时在下面情况下可以互换：

- 在表示持续到将来某一时间的动作时。
- 在表示在将来某一时间之前不断重复的或习惯性的动作时。

(例)
On May 15th，she'll have been teaching for five years.

On May 15th，she will have taught for five years.

到 5 月 15 日，她教龄就满五年了。

8 时态的呼应

从前面的讲解中可以看出，英语的时态确实是复杂的。翻译一个句子或者是写一篇文章，往往会对其时态感到茫然。解决这一问题的关键在于：首先要确定一个中心时态，其他动作的时态，都要以这一中心时态为基准，根据其与中心时态的时间关系来选用。

特别要注意在主从复合句中，从句的时态要与主句时态呼应一致。从句谓语动词的时态，通常要受主句谓语动词时态的控制，也就是说，主句的时态往往起中心时态的作用，从句的谓语形式取决于主句谓语动词的时态。

如果主句中的谓语动词为现在时或将来时，从句可以根据实际情况选用时态

例句及中译	说明
I find that he is quite unsuitable for the job. 我发现他很不适合做这种工作。	从句用一般现在时，表示与主句谓语动作同时发生
Studies conducted by NASA show that unexercised muscles lose their strength very quickly. 美国国家航空航天局进行的研究表明，没有经过锻炼的肌肉很快丧失强度。	从句中用一般现在时表示一种客观事实
No one knows exactly where or how this happened. 没有人知道这事是在什么地方，是怎么发生的。	从句中用一般过去时，表示动作发生在过去
Such observations help the forecasters predict what the weather is going to be. 这些观察有助于天气预报员预测天气未来的变化。	从句谓语用be going to，表示根据事实推测将来的事件
I cannot understand why he hasn't arrived. 我不了解他为什么还没到达。	从句用现在完成时，表示截止到现在的情况
He doesn't understand what you're saying. 他不明白你在说什么。	从句谓语用现在进行时，表示刚刚进行的动作
We are already beginning to wonder what the results of this revolution in warfare will be. 我们正在开始考虑这种战争改革的结果是什么。	从句中用将来时态，指出未来要发生的情况
I'm sure he could do it if he would. 我认为，只要他愿意，他就能做这件事。	从句中用虚拟语气，表示与现在事实相反

如果主句谓语用一般过去时，从句时态通常也要用各种相应的过去时态。也就是说，不能用现在时态或将来时态，即使所谈状态或动作现在仍然存在。

(例) **The Minister declared that the treaty was invalid.**

公使宣布该条约无效。 从句与主句谓语同时发生

The teacher asked me what my name was.

老师问我叫什么名字。 从句用过去时，是要与主句时态一致

I knew that my turn had come.

我知道我的机会已经到了。 从句谓语动作发生在主句谓语动词之前

She wanted to find out whether it would be comfortable to wear.

她想知道这件衣服穿起来是否舒服。 从句谓语动作在主句谓语动作之后

如果从句内容为客观事实、普遍真理，或是一个人或物的经常性特点等，其谓语可与主句谓语的时态呼应，也可不受主句谓语时态的影响，直接用一般现在时。

如果从句谓语的发生时间与主句谓语的时间不相关联，就更不需要考虑时态呼应的问题了。

(例) **We estimated that this picture is worth at least $500.**

我们估计这幅画至少值500美元。（从句为一个客观事实）

Advertisers discovered years ago that all of us love to get something for nothing.

做广告的人多年前就发现我们都喜欢免费的东西。（从句说明人的经常性特点）

The experts confirmed that a puma will not attack a human being unless it is cornered.

专家们进一步证实美洲狮除非是走投无路，否则不会攻击人。（客观事实）

3 动词的语态

谓语动词有两种语态：主动语态和被动语态。

- 主动语态表示句中主语发出谓语的动作，也就是说，主语是谓语动作的执行者或发出者。谓语动词用主动语态的句子叫做主动句。
- 被动语态表示句中的主语接受谓语动作，也就是说，主语是谓语动作的承受者。谓语动词用被动语态的句子叫做被动句。

(例) **He built a new house.**

他造了一座新房子。（主动语态）

The house is built of wood.

房子是用木头造的。（被动语态）

3-1 被动语态的构成

被动语态的构成为："be+过去分词"。be有时也可用become或get等代替。

(例) **He was/got hurt in a car accident.**

他在一次车祸中受了伤。

被动语态也有时态的变化：

一般时态：be+过去分词

(例) **English is spoken in many countries.** 一般现在时

许多国家的人说英语。

Who(m) was *Othello* written by? 一般过在时

"奥瑟罗"是谁写的？

Many believe that one day the earth will be destroyed if people do not learn to live in peace. 一般将来时

许多人相信，如果人类不能学会和平共处，地球总有一天要被毁掉。

进行时态：**be+being+** 过去分词

(例) **His plan is being carried out successfully.** 现在进行时

他的计划正在顺利地(被)实现。

The new drapes were being hung when the visitors showed up. 过去进行时

客人到来时，正在挂新窗帘。

The car will be being cleaned by my brother. 将来进行时

汽车将由我弟弟来擦洗。

完成时态：**have+been+** 过去分词

(例) **I've been robbed.** 现在完成时

我被(人)抢劫了。

The outcome of the election was announced before all of the votes had been counted. 过去完成时

在计票工作全部完成以前，选举的结果就已经宣布了。

Everything will have been done by the end of the month. 将来完成时

到月底前，就全干完了。

- 被动语态的否定式是在第一助动词之后加 **not**。

(例) **I won't be fooled by his tricks.**

我不会被他的花招愚弄的。

- 被动语态的疑问式是把第一助动词倒装到主语前面去。

(例) **Is your house being painted by Mr. Brown?**

你的房子正在让布朗先生粉刷吗？

- 如果需要指出被动语态动作的发出者，用"**by+** 名词／代词"或"**with+** 名词／代词"引出。"**by+** 名词／代词"强调行为的发出者，而"**with+** 名词／代词"强调手段、方式、工具。因此，**with** 不能与表示人的名词或代词连用。

(例) **The ground was covered by (with) snow.**

雪覆盖着大地。

- 用 **get** 代替被动公式中的 **be**，可表示因客观原因而发生的事，或表示反身的动作，并暗示出说话者的感情因素。用 **get** 更强调行为的过程，用 **be** 则是说明一种状态。"**get+** 过去分词"之后不能用 **by** 引出动作的发出者。

(例) **The naughty boy got scolded.**

这个顽皮的孩子受到了斥责。

3-2 被动句的主语

主动句变为被动句时，用哪个句子成分作被动句的主语，这与谓语动词的用法有直接关系。

"动词 + 宾语"变为被动语态时

宾语成为被动句的主语，如果必要，原主动句中的主语用 by 引出。

(例) **We have finished our work.**

我们已做完了自己的工作。

→Our work has been finished.

我们的工作已经完成了。

A professional photographer took the pictures.

一位职业摄影工作者拍了这些照片。

→The pictures were taken by a professional photographer.

这些照片是由一位职业摄影工作者拍的。

"动词 + 双宾语"变为被动语态时

直接宾语和间接宾语均可用作被动句的主语，余下的宾语保留在谓语动词之后。

(例) **My aunt gave me a bike.**

→ **I was given a bike by my aunt.**（间接宾语作被动句主语）
A bike was given (to) me by my aunt.（直接宾语作被动句主语）

我姑妈给了我一辆自行车。

They awarded him the Nobel Peace Prize.

→ **He was awarded the Nobel Peace Prize.**
The Nobel Peace Prize was awarded him.

他被授予诺贝尔和平奖。

"动词 + 宾语 + 介词短语"变为被动语态时

宾语用作被动句主语，介词短语仍留在谓语动词之后。

(例) **I was told of/about the rumor.(= Sb told me of/about the rumor.)**

有人给我讲了这个传闻。

I was offered $100 for my used car.(= Sb offered me $100 for my used car.)

有人出 100 美元买我那辆旧汽车。

He told the news to everybody.

⟶The news was told to everybody.

他把这个消息告诉了每个人。

Miss Nadell's friend drives her to work each day.

⟶Miss Nadell is driven to work by her friend each day.

纳德尔小姐每天由她的朋友驾车送她去上班。

"动词＋宾语＋宾语补语"变为被动语态时

宾语成为被动句的主语，宾语补语仍留在谓语之后。要注意，一些要求无to不定式作宾语补语的动词变为被动语态后，作宾语补语的不定式前要加上to。

（例）**People found the boy dead in the woods.**

⟶The boy was found dead in the woods.

人们发现那孩子死在森林里了。

Somebody saw him repairing the machine.

⟶He was seen repairing the machine.

有人看到他在修机器。

They saw Bob enter this room.

⟶Bob was seen to enter this room.

有人看到鲍勃进了这间屋子。

He was appointed head of the team.

他被任命为队长。

He is regarded as the best physician in town.

他被认为是城里最好的内科医生。

Thomas Jefferson, who was considered to be one of the greatest patriots, wrote the Declaration of Independence.

托马斯·杰斐逊被认为是最伟大的爱国者之一，是他写了独立宣言。

"动词＋副词＋宾语"变为被动语态时

宾语成为被动句的主语。副词仍保留在谓语动词之后。

The chemical change gives off heat.

⟶Heat is given off by the chemical change.

这一化学变化释放热。

She was brought up in a wealthy family.

她是在一个富有的家庭成长起来的。

"不及物动词＋介词＋宾语"变为被动语态时

介词的宾语成为被动句的主语。介词要保留在动词之后。

(例) **All of us talked about the matter very often.**

⟶The matter was often talked about.

这件事曾被多次谈到。

People will laugh at you if you do such a thing.

⟶You'll be laughed at if you do such a thing.

你要做这种事，人家会嘲笑你的。

常用的这类短语有：

■ **account for** 说明原因	■ **agree to** 同意	■ **attend to** 照料
■ **act on/upon** 对……起作用	■ **approve of** 满意	■ **deal with** 应付
■ **break into** 破门而入	■ **arrive at** 得出	■ **go into** 探究
■ **see through** 看穿	■ **ask for**(向……)要	■ **keep to** 坚持
■ **listen to** 倾听	■ **look after** 照顾	

这类短语中有些可能有不同的含意；用于一种含意时可用被动式，用于另一种含意时，便可能不用被动式。

(例) **She was run over yesterday.**

她昨天被车压了。

此时，**run over** 作"辗过"解，可用被动式，但作"向……跑过去"解时，就不能用被动式。

"动词＋名词＋介词(＋名词)"短语变为被动语态时

动词后的名词或介词后的名词均可用作被动句的主语。

(例) **Much attention was paid to the safety of the passengers.**

The safety of passengers was paid much attention to.

要特别注意旅客的安全。

Iron is made use of/Use is made of iron in various ways.

铁的用处很多。

常用的这类短语有：

■ **catch sight of** 看到	■ **make a fuss of** 大惊小怪
■ **keep an eye on** 密切注视	■ **make a mess of** 打乱
■ **keep pace with** 跟上	■ **draw one's attention to** 引起注意
■ **take hold of** 控制住	■ **make mention of** 提及
■ **lay emphasis on** 着重于	■ **make an attempt at** 试图
■ **make an example of sb** 惩一儆百	■ **put an end to** 结束

- **set fire to** 使燃烧
- **take advantage of** 利用
- **shed light on** 散发出光亮
- **take care of** 照料
- **take (no) account of** (不)考虑
- **take notes of** 记下来

"动词＋副词＋介词＋宾语"变为被动语态时

介词宾语成为被动句的主语，副词和介词仍保留在谓语动词之后。

(例) **We've made up for the loss.**

⟶The loss has been made up for.

损失已弥补上了。

这类动词短语中常用的有：

- **break in upon/on** 打断
- **look up to** 尊敬
- **do away with** 废除
- **put up with** 忍受
- **face up to** (勇敢地)对付
- **run up against** 意外遇上
- **give in to** 接受
- **talk down to** 高人一等地对某人说话

在以 it 为形式主语的句子中也可用被动语态

这类句子结构为："It+谓语(被动语态)+……+实际主语(不定式短语、动名词短语、that从句或wh-从句等)"。

(例) **It is requested that you kindly take immediate action in the matter.**

务请从速处理此事。

It has not been found out when the plane takes off.

还不清楚飞机何时起飞。

It was found difficult for us to make ourselves understood in English.

我们发现用英语表达清楚自己的想法是很难的。

3-3 被动语态的使用

谓语动词用主动语态还是用被动语态，往往是由一定的因素决定的。在以下情况下，通常用被动语态：

强调的重点为动作的承受者

一般地说，一句话的主语应该是说话者要突出强调的重点。如果我们感兴趣的重点是动作的承受者(宾语)，就用被动语态把动作的承受者(宾语)变为主语，使其突出出来。

(例) **Frank was hit by a car.**

弗兰克被汽车撞了。

A new idea has been suggested.

已提出了一个新的设想。

说话者不知道动作的执行者，或者认为没有必要指出。

(例) **This bridge was built in 1700.**
这座桥建于1700年。

The house is being repaired.
那座房子正在修缮中。

说话者希望使所说的内容显得更加客观，避免就一些自己不太肯定的事表态，或者表示泛指。

(例) **It is said that Japan's industrial progress after the war was very remarkable.**
据说战后日本的工业进步非常显著。

The matter will be dealt with as soon as possible.
这件事会尽快处理的。

常这样用的短语有：

It is supposed that...据推测……	**It will be said that**...人们会说……
It is well known that...众所周知	**It is asserted that**...有人主张……

"被动语态+by+名词／代词"有时也用来强调by短语，用by突出一个重要的，新的信息

(例) **The painting on the wall was done by Picasso.**
墙上那幅画是毕加索画的。

Life on the Mississippi was written by Mark Twain.
马克·吐温描写了密西西比河上的生活。

在下列情况下不用"by短语"

- 动作的执行者是不言自明的。
- 说话者不清楚动作的执行者是谁。
- 重点在动作本身，而动作的执行者并不重要，没有必要提及。

3-4 被动语态和"系动词+表语"结构

由于一些过去分词也可以用作形容词，在句中作表语，所以"be+过去分词"有时并无被动的意义，而只是一种"系词+表语"结构。这种"系表结构"也可被称之为"状态被动式"。这两种结构的主要区别如下：

被动语态表示动作，而做表语的过去分词表示的是状态，是对主语的描述。

被动语态	系词+表语
The door was locked (by me). 门(被我)锁上了。	**Now the door is locked.** 门现在是锁着的。

■ **The window was broken by Anna.**

窗子被安娜打破了。

Now the window is broken.

现在窗子是破的。

过去分词用作表语时，不能跟“by+名词(动作发出者)”结构。但常常可以跟其他的介词短语连用

(例) **He seemed worried about her health.**

他似乎很担心她的身体健康。

I am not satisfied with/at her work.

我对她的工作不满意。

His hands are folded in front of him.

他的双手交迭在胸前。

The car is stuck in the mud.

汽车陷在泥里了。

gone, finished, done, lost 等词实际上已成了形容词，因此，他们已没有被动的含意，用在“be+gone”等结构中作表语时，只是表示一种状态。

(例) **Spring is gone.**

春天过去了。

He is done with the book.

他读完了这本书。

They will be finished soon.

他们很快就(干)完了。

I don't know where I am. I 'm lost.

我不知道自己现在的位置。我迷路了。

3-5 短语动词

短语动词在口头英语和不太正式的英语中应用十分广泛，而且还不断有新的短语动词在产生。因此，掌握这方面的知识是十分重要的。

1 短语动词的意义

英语中有相当一部分动词常常要有一个介词或者是副词依附于其后，共同构成“动词+介词/副词小品词”结构，动词与介词或副词之间的关系可能有以下几种情况：

用来增强动词本身的含义

所用的小品词可有可无，对句子的语法结构或含义不会有太大影响。

(例) **I cannot lift up this stone.**

我举不起这块石头。

He lay down on the bed.

他躺在床上。

因为**lift**和**lie**本身已包含有升高或降低的含义，**up**和**down**就只起强调作用了。

动词本身用法的要求

小品词的作用或者是把动词与其后的名词(短语)或其他句子成分联系起来，或是补充动词本身原本不完善的含义，因此不能省略。

(例) **I'm going to knock this wall down.**

我准备把这堵墙拆掉。

He knocked at the door.

他敲了敲门。

Knock in the nail.

把钉子钉进去。

Water consists of hydrogen and oxygen.

水由氢和氧组成。

It depends on the weather.

这取决于天气。

这种组合有时是固定的动词的用法，如 **depend on**，没有**on**，后面的 **weather** 就接不上去。有时可能是一种比较灵活的搭配，是对动词词意的一种补充，如 **knock**，我们在不同的句子中，完全可以用 **knock out**，**knock off**，等等，而且我们完全可以从动词和介词／副词本身的含义上推出它们组合起来的含义。

用来改变动词的含义

动词之后所用的介词／副词与该动词的关系极为密切。实际上，这种“动词＋介词／副词”结构已形成了一个新的动词，大多具有了一种或几种不同于原动词，也不同于原介词／副词的全新的或惯用的含义。我们把这最后一种已成为惯用语的、并具有了自己独立含意的“动词＋介词／副词”结构称为短语动词。

(例) **We walked quickly in order to make up for the time lost at the start.**

我们快步前进，以弥补出发时延误的时间。

Put out the fire.

把火熄掉。

两例子中的 **put** 和 **make** 与其后的小品词结合后，已经失去了它们本来的含义。而且也不能用 **extinquish**(扑灭)或 **compensate**(补偿)来取代它们，因为那样会使听者觉得生硬，不自然。

2 短语动词的构成和用法

Ⓐ 构成短语的动词与小品词

能构成“短语动词”的，一般都是一些常用的、短小的动词。构成短语动词的小品词(介词或副词)多是一些与方向、位置等有关的词，有些语法专著中把它们统称为副词。为理解方便，我们在具体的例子中还是把介词和副词分开来看待，一般情况下，我们统称其为“小品词”。分别举例如下：

常用的构成“短语动词”的动词
ask, be, break, bring, call, carry, catch, come, count, cut, do, fall, find, get, give, go,
have, help, hold, keep, let, look, make, pass, put, run, see, set, send, stand, take, tear,
throw, try, turn, work 等

常用的构成“短语动词”的小品词
about, across, along, around, at, away, back, by, down, for, forward, in, into, of, off, on, out, over, through, to, under, up, with 等

短语动词的含义一般都可在词典中查到。因此，在这里，我们的注意力应集中在它们在实际应用中可能出现的一些问题。

B 短语动词的构成形式和用法（及物或不及物）有以下几种情况：

不及物动词＋介词（带介词宾语）

这类结构中的介词不能与动词分开，宾语只能放在介词之后。介词不重读；有些短语可用被动语态。

（例）**I came across these old photographs.**

我偶然发现了这些旧照片。

She always looks through me in the street.

在大街上，她总是装着没看见我似的。

We must look into the matter immediately.

我们必须马上调查此事。

His carelessness accounts for the failure.

他的粗心大意是失败的原因。

The shop was broken into by thieves last night.

昨天夜里，那家店里进了贼。

及物动词＋副词（带宾语）

这类结构中的动词和副词是可以分开的，宾语可在副词之前，也可以在副词之后，但如果宾语为人称代词，则必须放在副词之前。如果宾语过长，则应放在副词之后。副词一般要重读，用于被动语态时，谓语动词与副词不能分开。

（例）**I'm going to do this house up.** （动词＋宾语＋副词）

I'm going to do up this house. （动词＋副词＋宾语）

I'm going to do it up. （动词＋人称代词宾语＋副词）

我要修缮这所房子。

We had to put off the meeting because of the storm.

因为暴风雨，我们不得不把会议推迟了。

Nobody is sure what brought the crisis about.

没有人知道是什么造成了这一危机。

I don't believe your story at all. I think you are just making it up.

我才不相信你说的事呢，我认为你只是在胡编。

Clear up this mess of dirty clothes.

把这堆乱七八糟的脏衣服清理掉。

不及物动词＋副词（无宾语）

（例）**Look out!**

当心！

The gun went off by accident.

枪意外地走了火。

The lights suddenly went off.

灯突然熄灭了。

Danger! Keep out!

危险！切勿靠近／进入！

"动词＋副词＋介词"（带介词宾语）

在这类结构中，介词的宾语不能移到介词之前去。如果短语中的动词为及物动词时，其后有时可能出现另一个宾语。副词要重读，介词不重读，这类短语中有些可以用于被动语态。

（例）**I'll not put up with him any longer.**

我对他再也不能忍受了。

The government should do away with the regulations.

政府应该废除这个规定。

Please keep out of her affairs.

不要介入她的事。

They've run out of gasoline.

他们的汽油用完了。

I'll take you up on your invitation.

我将接受你的邀请。

I'll take up the matter with Jim.

我将就此事向吉姆提出意见。

He was not cut out for that kind of work.

他不适于干那种工作。

因为英语中有许多动词既可用作及物动词，又可用作不及物动词，而我们所列出的小品词中有许多也是既可用作介词，也可用作副词。这样一来，要确立一个短语动词属于上述哪一类，的确是一个难题。并且，对此也并无可靠的方法解决。因此，当你拿不准宾语的位置时，最好不用人称代词，把宾语放在"动词＋小品词"之后去。

SUPER.ENGLISH.AUXILIARY VERBS
第九章
助动词

助动词

不同时态(一般式、进行式、完成式等)，不同语态(主动、被动)，不同语气(祈使、陈述、虚拟)，不同结构(肯定、否定、疑问等)，以及说话者本身态度或看法(命令、请求、愿望、可能等)，所有这些都需要借助于助动词表达出来。正因为用了助动词，才使动词所表达的千变万化的内容变得清楚而准确，生动而细腻。助动词的重要性由此可见。助动词都不能单独作谓语，除非省略。基本助动词没有词汇意义，它们只参与构成不同时态，语态，语气，或否定，疑问等结构；情态助动词本身有一定的词意，可用来表示说话者的语气和态度等。

1 助动词的种类

基本助动词	be, do, have
情态助动词	can/could, may/might, will/would, shall/should, must, ought to, dare, need

2 助动词的共同特性

都可以放到主语前面去，构成疑问句：

(疑问词 +)(第一)助动词 + 主语 + {动词原形 / 谓语的其余部分} + 其他

(例) **What have they said on this subject?**

他们对此有何看法？

Can't you walk a little faster?

你能走得稍快点吗？

Will you come to see me tomorrow?

你明天来看我吗？

Must we go right now?

我们马上就走吗？

Do you smoke?

你吸烟吗？

都可以在其后加上 **not** 构成否定句，并可与 **not** 构成简略式：

主语 +(第一)助动词 +**not**+ {动词原形 / 谓语的其余部分} + 其他

下面列出助动词与 **not** 构成的否定式及其简略式。

is not	isn't	will not	won't
are not	aren't	should not	shouldn't
was not	wasn't	would not	wouldn't
were not	weren't	can not	can't
do not	don't	must not	mustn't
does not	doesn't	could not	couldn't
did not	didn't	dare not	daren't
have not	haven't	may not	mayn't
has not	hasn't	might not	mightn't
had not	hadn't	ought not	oughtn't
shall not	shan't	need not	needn't

(例)

I don't know Mrs. Green.

我不认识格林太太。

Money could not buy happiness.

金钱买不到幸福。

I cannot understand what he said.

我不明白他说的什么。

I can read French but can't speak it.

我能看懂法语，但不会说。

You mustn't smoke here.

你不能在这儿吸烟。

We haven't seen Helen for several months.

我们已有几个月没有见到海伦了。

在简略答句或疑问尾句中，助动词都可在省去主要动词的情况下独立作谓语。

(例)

— Do you smoke?

— Yes, I do.

你吸烟吗？

是的，我吸烟。

— Are you working?

— No, I am not.

你正在工作吗？

不，我没在工作。

You'll try again, won't you?

你要再试一次，是吗？

She runs five miles a day to keep fit, doesn't she?

她为了锻炼身体，每天跑五英里，不是吗？

You couldn't do me a favour, could you?

你不能帮我一个忙吗？行吗？

3 基本助动词(be / have / do)

基本助动词的特点是：

- 除用作助动词外，都可用作实义动词。
- 都有时态变化，有现在分词、过去分词形式，有不定式和动名词。
- 用作助动词时，只有语法功能，没有词汇意义。

3-1 be

1 be 的变化

原形	be	肯定式的缩略形式	两种否定的缩略形式	
			I	II
现在时	I am	I'm	I'm not	
	we / you / they are	we're you're they're	we're / you're / they're not	we / you / they aren't
	he / she / it is	he's she's it's	he's / she's / it's not	he / she / it isn't
过去时	I / he / she / it was			I / he / she / it wasn't
	we / you / they were			we / you / they weren't
分词	现在分词	being		
	过去分词	been		
动名词		being		

关于上表所述的 **be** 的变化，要注意下面几点：

- 两种否定的缩略式用法相同。
- 两种否定的缩略式都可以单独使用。

(例) **— Are these shoes yours?**

— No, they are not. / No, they're not. / No, they aren't.

- 肯定的缩略形式不能用在句尾，也不能单独使用。

(例) **— Are these shoes yours?**

— Yes, they are.(○)

— Yes, they're.(×)

— Do you know where he is?

— I don't know where he is.(○)

— I don't know where he's.(×)

- **am not...** 没有缩略式，在非正式英语中 **aren't** 可用作 **am not** 的缩略形式。**aren't I...** 一般用在否定疑问句和疑问尾句中。
- 缩略形式 **-'s** 可用在许多不同的词后面：

where's | **that's** | **what's** | **who's** | **here's** | **there's** | **Tom's**

2 be 用作助动词

"be+ 现在分词"，构成进行式

(例) **The phone rang while I was taking my bath.**

我正在洗澡时，电话铃声响了起来。

Helen is sitting up late this week to prepare for her finals.

为准备期末考试，海伦这一周都睡得很晚。

"be + 过去分词"，构成被动式

(例) **The criminal was caught.**

罪犯被抓住了。

You will be punished.

你要受到惩罚。

We were told to go home.

我们被吩咐回家去。

He is known as a leading poet.

他是知名的一流诗人。

"be + 带 to 不定式" 用来表示计划、安排、命令、义务、可能，以及将来要做的事情。

(例) **I am to see her tomorrow.**

我明天要与她会面。

You are not to leave this room.

你不能离开此屋。

Such people are to be criticized.

那种人应该受到批评。

They said good-bye, little knowing that they were never to meet again.

他们道了别，没想到再也不能相见了。

be on the point of + 动名词 / be about + 带 to 动词不定式，表示非常近的将来

(例) **He is about to leave.**

He is on the point of leaving.

他就要走了。

3 be用作实意动词

be用作实意动词时的疑问式和否定式的构成方法与助动词相同；它主要用于以下几方面：

- 用作系动词，与名词、形容词、介词短语等构成系表结构。
- 用作不及物动词，意为"在，存在"。

（例）**She is a doctor.**

她是医生。

The surface of the desk was smooth.

桌面很光滑。

They are in the garden.

他们在花园里。

用在 there be 句型中

肯定式：	there be + 主语 + 其他
否定式：	there be + not + 主语 + 其他
疑问式：	Be + there + 主语 + 其他

（例）**There is someone at the door.**

门口有人。

There were no people in this room.

这房间里没有人。

Is there anybody there?

那里有人吗？

用于祈使句中

（例）**Be careful! / Do be careful!**

小心！/ 千万要小心！

Be still!

别动！

否定式：	Don't be + 名词或形容词

（例）**Don't be noisy!**

别吵！

Don't be a fool!

别傻了！

用于无人称句"It is/was..."表示时间、天气、距离等。

（例）**It is time for lunch.**

到了吃午饭的时候了。

It is snowing.

正在下雪呢。

It is three miles from the village.

离村子有3英里远。

It is cloudy.

(天空)多云。

"be + 副词小品词"，如 in / out / away / back 等，常用来表示一种状态。

(例) He is not in. He is out.

他不在家，他出去了。

He's back soon.

他很快就回来。

"be + done/gone/finished/come 等"，不表示被动，而表示完成。

(例) My old friends are all gone.

我昔日的朋友都已过世了。

I am finished for the day.

我今天的工作全做完了。

I am too done to walk any farther.

我累得再也走不动了。

Spring is come.

春天到了。

be 的进行时态"be + being + 表示一时行为的形容词"，这种用法表示一个暂时的、反常的，有时可能是有意识的行为。但不能用来表示经常性的行为，也不能表示状态，因此能用在这一结构中的形容词或名词是有限的。

(例) He is being modest. 他此刻倒挺谦虚。

He is modest. 他很谦虚。(一种品德)

3-2 have

1 have 的变化(用作助动词)

	肯定式	肯定式的缩略形式	否定式的缩略形式
现在式	I / we / you / they have	I / we / you / they 've	I / we / you / they 've not / haven't
	he / she / it has	he / she / it 's	he / she / it 's not / hasn't
过去式	各人称 + had	各人称 + 'd	各人称 + 'd not / hadn't
现在分词	having		
过去分词	had		
动名词	having		

- be 和 have(有时也可能是 does)的第三人称单数的缩略形式相同，都是 's，因此 he's 有可能是 he is，也可能是 he has(不能代替 was)，要注意判断。
- have 的过去式的缩略式与 would 的缩略式相同，都是 'd，因此 he'd 有可能是 he had，也可能是 he would，也要注意判断。

2 have 用作助动词

have 作为助动词可以用来构成以下时态：

完成时态	have + 过去分词
完成进行时态	have + been + 现在分词

（例）**I've written the letter now.**

现在我已经把信写好了。

I hadn't seen him before that day.

那天以前我没见过他。

Next June I shall have been living here for five years.

到明年六月，我就在这儿住满五年了。

I asked him what he'd been doing since I'd seen him last.

我问他自上回见面之后，他一直在干什么。

I've been working for three hours.

我已经干了三个小时了。

have 也可用来构成被动语态的完成式：**"have been + 过去分词"**

（例）**Many of the old houses have been repaired.**

旧房中有许多都重新修过了。

Many changes have been made.

发生了许多变化。

"have + 带 to 不定式"表示义务、必要性或者推论

（例）**You have to be joking!**

你是在开玩笑吧！

I had to go there alone.

我得一个人去那里。

You'll have to study harder next year.

你明年要更加努力学习。

"have to"和"have got to (do)"含义上的差别

"have got to(do)" 及其缩略形式 **"'ve got to (do)"** 或 **"'s got to(do)"** 为 **have to** 的变体，但两者之间还是有差别的。

have got to	更强调客观的、他人的要求。多表示特定情况下的一次性动作，或者表示一种必然的结论。
have to	多用于长期的、习惯性的活动；当然也可表示一次性的动作。

（例）**You've got to do it at once.**

你得立刻做这件事。

- We don't have to work on Saturdays. 星期六我们不必工作。
- We haven't got to work this afternoon. 今天下午我们不必工作。

have (got) to 的否定式和疑问式

两种构成方法：可以按照助动词的规则构成或按普通动词的规则构成。

肯定式	否定式	疑问式
have / has (got) to	haven't / hasn't (got) to	have / has + 主语 + (got) to...?
	don't / doesn't have to	Do(es) + 主语 + have to...?
had to (不用 had got to)	hadn't to	Had + 主语 + to...?
	didn't have to	Did + 主语 + have to...?

- 按普通动词的规则构成的疑问式和否定式使用得更经常些，特别是在表示经常性、习惯性的动作时。
- **got** 只能用在按助动词规则构成的疑问式和否定式中。
- **have got to** 不能用在其他助动词之后，因此，不能有将来式、进行式或完成式，但 **have to** 却可以用这些形式。

(例) **I will have to stop at the next gas station.**
我得在下个加油站停下来。

本句中不能用 **will have got**

- 与 **got** 连用时，**have** 常常用缩略形式，但 **have to** 不用缩略式。
- **have got to** 多用在口语中，而 **have to** 多用在书面语中。
- **have to** 的否定式不同于 **must not**，前者意为"不必要"(表示没有必要性)，后者意为"不得"(表示禁止)。

3 have 用作普通动词

have 作"有"解

- **have** 用于这一含意时，在英国英语中多按助动词的规律构成否定式和疑问式，在其他情况下，均须按普通动词的规则变化。
- 不用于进行时和被动语态，也极少用于祈使句。
- 不用或少用肯定的简略式，尤其是第三人称要用完全形式。否定式通常都用缩略式。

(例)
- **He has a bike.**
- **I haven't/hadn't a bike.**

- 注意 **have** 和 **there be** 的区别：

have	表示一种领属关系，宾语属于主语所有
there be	表示存在，在某地、某时“有……”。

(例)
This room has large windows.
这房间有很大的窗子。
There are large windows in the room.
这间屋子的窗子很大。

- 有时，特别是在口语中，常在 **have** 之后加上 **got**。**got** 没有具体含义，**have** 和 **have got** 一般可以任意选用；但在简短的回答和疑问尾句中不能用 **got**；**have** 与 **got** 连用时，通常用缩略形式。

(例)
— Have you got a bike?
— Yes, I have.
你有自行车吗？
我有。

You've got a bike, haven't you?
你有一辆自行车，是吧？

- 要注意 **get**(得到)的完成式与 **have got** 的区别。

举例	说明	中文含义
I've got a bike.	**have got** 作“有”解，**got** 无实质含义。	我有一辆自行车。
	have 为助动词，**got** 为一实义动词，作“弄到”解。	我弄到了一辆自行车。

have 作“吃”、“喝”、“度过(时间)”等解

- 可以用于各种时态。
- 要借助于助动词 do(does, did) 构成一般时态的疑问句和否定句。
- 一般现在时和一般过去时都不能用缩略的形式。

常用的短语有：

- **have breakfast** 吃早饭
- **have lunch** 吃午饭
- **have supper** 吃晚饭
- **have dinner** 吃正餐
- **have a snack** 吃快餐
- **have a meal** 吃一餐饭
- **have a sandwich** 吃三明治
- **have a drink** 喝一杯(饮料)
- **have tea** 喝茶
- **have coffee** 喝咖啡
- **have a beer** 喝啤酒
- **have a nice day** 度过美好的一天
- **have a holiday** 度假
- **have a good time** 过得很愉快
- **have a glass of wine** 喝一杯葡萄酒

"have+ 动词转化来的名词"表示短暂的行为

have a look 看一看	have a wash 洗一洗	have a bath 洗个澡
have a ride 乘车	have a sleep 睡一会儿	have a shower 洗个淋浴
have a talk 谈一谈	have a nap 打个盹	have a shave 修一下脸

have 常与有关"旅行"的词连用

have a trip 旅行	have a journey 旅行	have a flight (乘飞机)飞行
have a lift 搭车	have a camp 设营地	have a picnic 野餐

have 常与有关"天气"的词连用

have bad weather 天气不好	have a lot of rain 多雨	have a lovely day晴天
have a humid climate 气候潮湿	have a dense fog 有浓雾	

have 也用于疾病

have a cold 感冒	have a headache 头痛	have a pain 疼痛
have a cough 咳嗽	have a temperature 发烧	have a fever 发烧
have flu 患流感	have a injection 打针	have aches 酸痛

3-3 do

1 do 的变化

	肯定式	否定式
一般现在时	do 用于除单数第三人称以外的所有人称 does 用于单数第三人称	do not / don't does not / doesn't
一般过去时	did 用于所有人称	did not / didn't
现在分词 / 动名词	doing	
过去分词	done	

2 do 用作助动词

do 作为助动词用来构成一般现在时和一般过去时的疑问式和否定式；也可用于一般现在时和一般过去时的简略答语中。

一般现在时和一般过去时的疑问式	Do/Does/Did + 主语 + 动词原形 +…?
一般现在时和一般过去时的否定式	主语+do/does/did + not +动词原形+…

(例)

He does not speak English.

他不会说英语。

They didn't say anything.

他们什么也没说。

—Do you see the trees on the hill?

— Yes, I do. / No, I don't.

你看到山上的树了吗？

是的，我看到了。/ 不，我没有看到。

但是，当疑问句的主语为疑问词或包括有疑问词时，不需加助动词 do。

(例) **Who did it?**
谁干的？

Which one is yours?
哪一个是你的？

do在疑问尾句中代替前面陈述句中的一般现在时或一般过去时的谓语动词。

主语 + 谓语(一般现在时或一般过去时)+……，+ do(es)/did + 代词？

(例) **You like it, don't you?**
你喜欢它，是吧？

You didn't get up early, did you?
你没有早起吧？

do 用来构成否定的祈使句。

(例) **Don't do that again.**
不要再干了。

Don't be silly.
别傻了。

Don't give up hope.
不要灰心。

Don't scrabble on the wall.
不要在墙上乱写乱画。

do 用在肯定的祈使句中，用以加强语气，增强说服力。

(例) **Do stay a little longer.**
请再多呆会儿吧。

Do come in.
请进，请进！

Do be quiet.
务请安静。

Do be careful!
一定要小心点！

do 用来强调肯定句中的一般现在时或一般过去时的谓语。

- **do 要重读，以加强肯定的含义。**
- **do有人称和时态(一般现在时和一般过去时)的变化，其后的原谓语动词要用动词原形。**

(例) **I remember it quite well.** (没有强调)
我清楚地记得这件事。

I do remember it quite well. (强调)
我确实清楚地记得这件事。

You do look nice today. (强调)
你今天看上去真漂亮。

do 用作“代动词”代替前面已出现的动词或动词短语，以避免重复。

(例) **— Why don't you answer?**
— But I did.
你为什么不回答？
可我回答了啊。

— Do you smoke?
— Yes, I do.
你吸烟吗？
是的，我吸烟。

You love her better than I do.

你比我更爱她。

Last year I visited Paris, which I seldom do.

去年我去了巴黎，我很少到那儿去。

do 用在某些“倒装结构”中

用否定词、**only** 和 **so** 等开头的句子需要倒装，也就是说，要把谓语中的(第一)助动词放到主语前面去。如果谓语中没有助动词，就要在主语之前加上**do**，**does**或**did**，而原来的谓语动词要用原形。

[否定词 / so / only] + [do / does / did] +主语+动词原形+其他

(例) **Rarely do I go there.** 我很少到那儿去。

Never did I know such a fool.

我从没见过那样的傻瓜。

So deeply did he sleep that our knocking could not wake him up.

他睡得那么熟，我们的敲门声都没把他弄醒。

Only yesterday did I know what happened.

直到昨天我才知道发生了什么事。

3 do 用作普通动词

do 用作及物动词

- **do** 用作及物动词的主要含义为“做……”、“干……”。
- 由于**do**既可用作助动词，也可用作普通动词，所以就可能在一个句子中同时出现两个**do**。

(例) **Don't do your worst!**

别捣蛋!

What do you do in the evening?

你晚上(一般)干什么?

How did you do it?

你是怎么做的?

Don't do things by halves.

做事不要半途而废。

do(+限定词)+动名词

用来谈论某件需要一段时间或反复进行的活动。

- **do one's shopping** 采购
- **do my washing** 洗衣服
- **do the ironing** 熨衣服
- **do a lot of swimming** 常游泳
- **do the cleaning** 打扫
- **do the sewing** 缝纫
- **do some reading** 读些书
- **do the sweeping** 扫除
- **do the cooking** 烧饭

what(+ be 的各种形式 + 主语) + doing... +?

这种用法含有“非难”的意思。

(例) **What's that knife doing on my chair?**

那把刀子怎么放在我的椅子上啦?(放得不是地方)

What are you doing up so late at night?

你夜里怎么睡得那么晚?(不赞成)

do 的一些固定搭配

■ **do one's assignment** 做作业	■ **do business with sb.** 与……作生意
■ **do one's lesson** 做功课	■ **do damage to sth.** 对……造成损害
■ **do the dishes** 收拾碗碟	■ **do good** 做好事
■ **do one's best** 尽全力	■ **do harm to sb.** 加害于(某)人
■ **do one's duty** 尽职	■ **do the bed** 整理床铺
■ **do sb. a favor** 帮某人忙	■ **do flowers** 插花
■ **do a job** 干工作	■ **do credit to sb.** 为……带来信誉
■ **do the laundry** 洗衣服	■ **do one's hair** (女性)做头发

4 情态助动词

情态助动词主要用来表达看法或意见，提出建议或表现说话者的态度、礼貌等。因此，用错情态助动词很可能造成说话者和听说者间的误解，或引起反感。使用情态动词上的极细微的变化，都会造成态度和含意上的巨大差别。

4-1 情态助动词的共同特点

- 除**could, might, should, would**有时(如在间接引语中)被看作是**can, may, shall, will** 的过去时外，情态助动词本身没有时态变化。
- 单数第三人称不加 **-s**。
- 除 **will('ll)** 和 **would('d)** 之外，都没有肯定的缩略形式。
- 没有不定式、现在分词、过去分词和动名词形式。
- 情态助动词总是位于实义动词和所有其他助动词之前。
- 情态助动词不能重叠使用，一次只能用一个。
- 除 **ought to** 之外，都只能接无 **to** 的动词不定式。
- 每个情态助动词都有自己的基本词义。
- 除 **shall** 外，都可以用来表示说话者对某种可能性的推测(从不很肯定到几乎可以肯定)。

- 所有的情态助动词都可以表示直接的现在或将来。情态助动词只有在间接引语中才能表示过去。
- 都可以倒装到主语之前去，构成疑问句；都可以直接加上 **not** 构成否定句。

疑问句	(疑问词+)情态助动词+主语+动词+……?
否定句	主语+情态助动词+**not**+动词原形+……
否定疑问句	情态助动词+主语+**not**+动词+……? 情态助动词的否定缩略形式+主语+动词+……?

- 在省略的答句或疑问尾句中，情态助动词可以单独用作谓语(省去主要动词)。

4-2 情态助动词的用法

1 will 和 shall

will 和 shall 的用法可分为两个方面：
- 表示将来
- 表示说话者的语气和态度

A 表示将来

① shall 用于第一人称主语
② will 用于其他人称以及“第二、三人称+第一人称”主语

现在倾向于所有人称都用 **will**。

(例) **We shall be very happy to see you.**

我们将非常高兴见到你。

By then you'll have forgotten this.

到那时你将忘掉这一切。

Mary and I will take the four o'clock train.

我和玛丽乘四点的火车。

B 表示建议或征求对方意见

① shall I/we...
② shall+第三人称 ...

(例) **Shall we go out for a walk?**

我们出去散步好吗?

Shall my son carry those bags for you?

(我)让我的儿子帮你拿那些提包好吗?

C 表示决定、决心

第一人称 + shall + ……

表示现在作出的对未来的决定。

(例) I shall come home every week.

我要每周回家。

We shall go, rain or shine.

不管下雨还是晴天，我们都要去。

D 表示允诺、威胁、规定、命令

第二、三人称 + shall + ……

表示说话者的决心或决定，暗示说话者决心使所说的内容实现。

(例) He shall suffer for this.

他必将自食其果。

You shall do it immediately.

你要立刻做。

E 表示请求、建议

Will you...?

(例) Will you pass me the salt?

请把盐递给我好吗？

Will you like a cup of tea?

喝杯茶吧？

F 表示对未来的决定、意愿

各人称 + will + ……

表主语的决定特别是一些不必经过事先计划的、主动的决定。“第二、三人称 + will”也可表讲话者，而非句中主语的意志，这种意志让人感觉会得到服从。

(例) —I' ve left my watch upstairs.

—I'll go and get it for you.

我把表放在楼上了。

我去替你取来。

He will not repair this radio.

他不修理这台收音机。

You will leave this house at once.

你立刻离开这座房子。

G 表示判断、猜测

第二、三人称 + will + ……

表示对现在或未来情况的预测。

(例) This will be our train, I fancy.

我想，这就是我们要乘的火车了。

It will be snowing in Beijing now.

现在北京该下雪了。

H 表示现在的习惯性或可能性

各人称 + will + ……

- 这种用法指现在或到现在为止的事情，而不能指将来；
- 是动作发出者的特征，而不是动作本身；
- 多用于概括性陈述。

(例) He will often sit up all night.

他经常彻夜不眠。

Accidents will happen.

事故总会发生。

The hall will hold a hundred people.

这大厅能容下 100 人。

I 表示主语的意志、主张

各人称 + will + ……

表示主语"执意要干某事"。

(例) The door will not open.

门打不开。

He will not consent.

他就是不答应。

J 表示命令

第二、三人称 + will + ……

- 这种用法相当于 must，用于正式的、不含个人成分的命令。
- 说话者确信命令一定会得到执行。

(例) You will stay here till you are relieved.

你要在这儿守到有人来接班。

2 should 和 would

should 和 would 的用法可分为两个方面：

- 作为 shall 和 will 的过去将来时
- 用来表明说话者的语气和态度

注意：would 的缩略形式为 'd，should 无缩略形式。

A 表示过去将来

① 第一人称 + should + ……

② 第二、三人称 + would + ……

(例) I supposed that we should do it after supper.

我想我们晚饭后做这件事。

I thought (that) you would come.

我想你会来。

B 表示请求、建议、邀请或征求意见

① Would you...?

② Would you like...?

③ Wouldn't you...?

④ Should I...?

与 will you... 没有时间上的差别，但语气比 will you... 更委婉客气。

(例) **Which one should I buy?**
我买哪个好呢?

Would you like a drink?
想喝点什么吗?

Would you mind waiting for a moment?
请等一下好吗?

C 表示愿望

① "would + like + 带 to 不定式" 表示现在或将来的愿望。
② "would + like + to have + 过去分词" 表示过去没有实现的愿望。
③ "would + have liked + 带 to 不定式" 含意与② 相同。

这组词的语气比 want 更委婉，在表示第一人称时也可以用 should。

(例) **I'd very much like to be a guitarist.** 我真想成为一个吉他手。
I should have liked to see her. 我曾想见见她。
I'd like to have seen her face when she opened the letter.
我真想看看她打开这封信时的脸色。
I'd (I should / I would) like to live on Mars.
我真想住到火星上去。

不能实现的愿望，不能用 want 代替。

D 表示义务、职责、劝告

① "各人称 + should + ……" 表示现在。
② "各人称 + should + have + 过去分词……" 表示过去应做而没做到。

should 可与 ought to 互换，但 should 多表示主观的看法，而 ought to 多反映客观的情况。

(例) **Children should be taught to speak the truth.** 要教孩子们说老实话。
You shouldn't have laughed at his mistakes. 你本不该嘲笑他的错误。

E 表示过去的习惯

各人称 + would + ……

- would 有时可以与 used to 换用，但在用法上有下列不同：

would 表示的是着重主语特征的、过去的习惯、重复的动作；而 used to 在表示过去重复的动作和习惯时，暗含着与现在的对比；

used 还可与表示状态的动词连用，would 却不可以；

used to 的主语可为人或物，而 would 的主语只能为人；

used 之后可加动词不定式的被动式，would 通常不这样用。

- 两者都不能与表示动作发生的次数或具体时间段的时间状语连用。

(例) **When we were children we would go swimming every summer in that river.**

我们小的时候，夏天总到那条河里去游泳。

He would sit for hours doing nothing.

他过去总是一坐几小时，什么也不干。

F 表示坚持、固执、强烈的意志

各人称 + would + ……

(例) **He would go in spite of our warning.**

尽管我们警告他，他还是要去。

The door wouldn't shut.

门关不上。

The patient just wouldn't take any medicine.

这个病人就是不吃药。

G 表示决定、允诺

各人称 + would + ……

(例) **I would give up smoking.**

我要戒烟。

I would do that for you.

我要为你做这件事。

H 表示推测、判断(可能性)

各人称 + should + ……

(例) **I should think he is over forty.**

我想他有 40 多岁了。

You should be able to see the Apls from here.

你从这里能看到阿尔卑斯山。

3 can 和 could

A 表示现在或将来的能力

can + 动词原形

can 可指体力，技能和智力。"can + 动词原形" 相当于 be able to，但 be able to 不用来说明说话时正在发生的事，很少用于现在时。

(例) **He can't drive a car.**

他不会开车。

This car can hold five persons.

这辆车能坐 5 人。

B 表示过去的能力(或经努力获得的技能)

could + 动词原形

▪ 相当于 used to be able to，但 could 不能表示在一具体场合或某一具体时间做某事的能力，在这种情况下，要用 was/were able to；如果用于否定句 couldn't 却可以。

(例) **He could drive a car by the time he was sixteen.**

他十六岁就会开车。

He felt rested and could at last get to work.

他觉得已经休息过来，总算可以恢复工作了。

C 表示现在或过去的可能性

can / could + be + 形容词 / 名词

用来推断人或事物的特性。不能用 be able to 代替。

(例) **The news cannot be true.**

这消息不可能是真的。

You can't be serious.

你不会是当真的。

D 表示理论上的可能性

① can 表示现在或将来的可能性

② could 表示过去的可能性

表示可能发生，但不涉及实际真的是否发生，只是指一般的、理论上的可能性。

(例) **Accidents can happen.**

事故可能发生。

One can travel to Tibet by air.

可以乘飞机去西藏。

Mary can be very unpleasant at times. 玛莉有时很令人讨厌。

E 表示（某事有发生的）可能性，但不太肯定

could 表示现在，将来

可用 may / might 替换，但 may / might 表示的可能性更大。

(例) **According to the radio it could rain this evening.**

根据电台预报今晚可能有雨。

You could be right, but I don't think you are.

你可能是对的，但我并不这么认为。

F 表示过去未实现的能力

could + have + 过去分词

表示过去有能力做到，但没有做。

(例) **I could have lent you the money. Why didn't you ask me?**

你为什么不向我借，我本来可以借钱给你的。

In those circumstances we could have done better.

在那样的情况下，我们本可以做得更好些。

G 表示对过去某事的猜测、推论

could/couldn't
can/can't
+ have + 过去分词

- can't 只能用于否定句和疑问句，couldn't 无此限制。
- couldn't 的程度较 can't 小。

(例)

The rumor cannot have been true.

那传闻不可能是真的。

Where can she have put it?

她能把它放到哪儿去呢？

Where could he have gone?

他能到哪儿去了呢？

He couldn't have seen it yesterday.

他昨天不可能看见它。

H 表示对现在的猜测

can't + be + 现在分词 + ……

(例)

He can't be working at this time of the night.

在夜里这个时候，他不可能还在工作。

I 表示请求允许或允许(他人)(现在或将来)

can
could
+ 主语 + ……?

could 较 can 客气。也可用 may 和 might，后者更为客气

(例)

Can I take this one?

我可以拿这个吗？

Can I use your telephone?

我可以借用你的电话吗？

— **Could I smoke here?**

— **No, you cannot.**

我能在这儿吸烟吗？

不，请不要吸烟。

J 表示请求、命令和提议

can / could

(例)

Can you open the door, please?

请你打开门，好吗？

Can I carry your suitcase?

我帮你提衣箱好吗？

If you don't behave, you can leave the room. 你表现不好，就出去。

K 表示不允许、不准

can't / cannot

(例)

You can't park your car in this street.

你不可以将车停在这条街上。

(例) **Visitors cannot litter the ground with paper.**

游客不得随地乱扔纸屑。

You can't smoke here.

你不能在这儿抽烟。

L 表示一种状态或说话时正在发生的事

could / can + see 等感觉动词及 remember 等

can 的含义已弱化到几乎没有意义。

(例) **I can hear the noise.**

我(能)听到喧闹声。

比较：**I hear the noise.**
我听见喧闹声。(瞬时动作)

I could see the mountain in the distance.

我看到远方的山。

4 may 和 might

A 表示现在或将来的可能性

may / might + 动词原形

- **might 的可能性比 may 要小一些。**
- **may 只能在疑问词之后构成疑问句，在句首用 can 代替。**

(例) **He may/might go abroad.**

他可能出国。

It may/might rain tomorrow.

明天可能下雨。

Things might not be so bad as they seem.

事情可能不像看上去那么糟。

What may be the result?

后果会怎么样?

B 表示现在正在发生或持续的可能性

may + be + 现在分词

现在分词如为有关旅行方面的词，则可表示将来。

(例) **He may be arriving this evening.** 他可能今晚到。

He might be waiting at the station.

他可能正在车站等着呢。

He may be travelling around the world.

他可能正在周游世界。

C 表示推测过去的可能性

may / might + have + 过去分词

- might 的可能性比 may 小些。
- might 可用 could 代替。

(例) **He may have said so.**

他可能这么说过。

He may have received our letter by now.

他现在可能已经收到我们的信了。

She might have dropped it somewhere.

她可能把它丢在某个地方了。

D 表示过去可能发生而没发生的行为

might + have + 过去分词

不能用 may；might 可用 could 替代。

(例) **You might have helped us when we asked you.**

我们请你帮助时，你本能够帮助我们。

You might have told us earlier.

你本来可以早点告诉我们。

E 表示批评或谴责、非难或不满

第二、三人称＋ might

这种用法不用 may。

(例) **You might at least help us.**

你至少应帮帮我们。

He might pay us.

他应付钱给我们。

You might listen when I am talking to you.

我跟你说话的时候，你应该听着。

You might see the difference.

你该看出这种差别来。

F 表示比较随便的吩咐或友善的指示

You might...

这种用法只用于肯定句，确信要求或指示会得到执行。

(例) **You might post the parcel for me.**

你替我把邮包寄了吧。

You might help me to lift the bag.

帮我把这口袋抬起来。

G 表示现在或将来的请求或允许

may / might + 动词原形

对请求允许的回答		
肯定（允许）	may	注意 **might** 不用来表示允许
否定（不允许）	must not	

(例) **You may use it during the holiday.**

你在假日里可以用它。

May I eat this apple-pie?

我可以吃这个苹果派吗？

Might I see you for a few minutes, please?

我可以占你几分钟吗？

H 表示禁止

may not 和 might not

must not 比 **may not** 的语气更强烈。

(例) **Nothing may be contained in or attached to this letter.**

信上不得附加任何东西。

You might not borrow any money from him.

你不可以向他借钱。

I 表示警告

might + 动词原形

(例) **Look out! You might be knocked by a car.**

小心！你会被车撞着。

J 表示希望、祝愿

may + 主语 + 动词原形

(例) **May you be happy!**

祝你幸福！

May all your dreams come true.

愿你梦想成真。

K 表示让步

may / might + …… + but + ……

这种用法意为：可能……，但……。

(例) **She may/might be very clever, but she hasn't got much common sense.**

她可能很聪明，但没多少常识。

5 must

Ⓐ 表示现在或将来的必要性、义务、或强调性的劝告

must + 动词原形

- 这种用法表示说话者的看法或意志，或者是客观的要求。
- 表示过去的义务要用 **had to**。
- 表示没有义务或必要时用 **needn't**，**do not need** 或 **do not have to**。

(例) **You must do as you are told.**
告诉你怎么做，你就要怎么做。

We must be leaving.
我们该走了。

We must work to earn our living. 为了谋生，我们必须工作。

Passengers must cross the line by the footbridge.
行人必须走人行天桥。

In China traffic must keep to the right.
中国是右侧通行。

Ⓑ 表示过去的必要和义务

must + 动词原形

这种用法只能用在间接引语中。

(例) **She told me that I must do it myself.**
她告诉我说我必须自己做此事。

I told John that he must be very careful.
我告诉约翰要特别小心。

Ⓒ 表示禁止、制止

must not 或 mustn't

(例) **You must never do such a thing.**
你决不可做那种事情。

The patient must not be disturbed.
不得打搅病人。

Visitors must not feed the animals.
游客不得给动物喂食。

Ⓓ 表示对现在情况较有把握的推测

① must + 动词原形
② must + be + 现在分词

这种用法通常不用于疑问式和否定式。

(例) You must be tired.

你一定是累了。

There must be something wrong.

一定有什么不对的地方。

They must be in bed already at this time of the night.

这么晚了，他们一定早已睡下了。

The teacher must be joking.

老师一定是在开玩笑。

Freda isn't in class. She must be sick.

费莉达没来上课，她一定是病了。

E 表示对过去情况较有把握的推测

must + have + 过去分词

- 这一结构用在间接引语中时，可表示过去的过去。
- 否定式用 can't 或 could not。

(例) Mrs. Longmans must have been a pretty girl in her youth.

朗曼斯夫人年轻时一定很漂亮。

I said he must have lost his way.

我说过，他一定是迷了路。

F 表示询问对方的愿望和意图

Must + 主语 + ……?

- 肯定的回答用 must。
- 否定的回答用 need not。

(例) Must we do it ourselves?

我们要自己做吗?

Must you go now?

你现在就得走吗?

Must I wash the dishes at once?

我必须立刻洗盘子吗?

—Must I tell him all about this?

—Yes, you must. / No, you need not.

我要把这一切都告诉他吗?

是的，你要。/ 不，你不必。

G 表示必然性

must + 动词原形

(例) All men must die.

人必有一死。

Bad seeds must produce bad corn.

劣种长不出好庄稼。

Without water, plants must wither.

没有水，植物就要枯萎。

Unit 9 助动词

H 表示建议

You must + 动词原形

(例) **You must come and have tea with us.**

你该来和我们一起喝杯茶。

You must get your hair cut.

你该理理发了。

6 need

- **need** 可以用作情态助动词，也可以用作普通及物动词。
- **need**作为情态助动词通常只用于否定句和疑问句，不用来直接构成肯定句，**need** 作为情态助动词使用的场合要少些。

A **need** 用作情态助动词表示现在或将来的必须性、义务

- 否定句：needn't / need not
- 疑问句：Need + 主语 + ……

肯定句一般用**must**，**have to**或**should**等取代**need**。

(例) **She need not do it herself.**

她不需亲自做。

Need I go right now?

我必须马上走吗？

I've bought a car, so I need never go to the office by bus.

我已买了车，因此我再不需要乘公共汽车去上班了。

B **need** 用作情态助动词表示与过去的事实相反

need not have + 过去分词

表示不必要做，但已经做了。

(例) **She need not have come.**

他本不必来。

Need you have made that remark yesterday?

你昨天发表那些意见，有必要吗？

C **need** 用作及物动词的用法与一般及物动词一样

- 有时态、语态变化
- 用 do 构成否定式和疑问式
- 其后可跟宾语或带 to 的不定式

(例) **This house needs painting.**

这房子需要粉刷。

He didn't need to be told twice.

他不需要人告诉他第二次。

This will need some explanation. 这事需要说明。

D 关于 need 用法的几点特别注意

不能把 need 作为情态助词的用法和作为及物动词的用法混同。

(例) **don't need do sth.(×)**

don't need to do sth.(○)

don't need 为及物动词用法，need do 为情态动词用法，不能混同。

注意"didn't need"和"needn't have＋过去分词"在表示过去必须性时的区别。

- **"didn't need"意为"过去无需干某事"。**
- **"needn't have＋过去分词"表示"本不需要干某事，可已经干了"。**

(例) **I know him only by sight, so you didn't need to give him my name.**

我与他只是面熟，你不需要向他提及我的名字。

I know him only by sight, so you needn't have given him my name.

我与他只是面熟，因此你本不需要对他提及我的名字。

need 用作情态动词时，不用于肯定句，但是可以用在含有否定、疑问或表示怀疑的主句之后的从句中。

(例) **I don't think I need tell him.**

我觉得没有必要告诉他。

Do you think I need tell him?

你觉得我有必要告诉他吗？

7 ought

- **ought 后面要接"带 to 的动词不定式"**
- **在省略句中，可用 ought 或 ought to，省去其后的动词**

A 表示(主语的)义务、职责，或是对主语的忠告、愿望

- ought to...
- ought not / oughtn't to...

这种用法等于 should，相似的词还有 must 和 have to	
ought to	多是反映客观的情况
should	多指说话者主观的看法
must 和 have to	都强调客观的权威

(例) **— Ought we to get up earlier?**

— Yes, I think you ought (to).

我们要早点起床吗？

是的，我认为你们应该早点起床。

They ought to do their best.

他们应尽最大努力。

We ought to go, oughtn't we?

我们应该去，是吗？

You ought not to visit such a place after dark.

天黑后，你不该去那种地方。

B 表示必要性

ought to...

(例) **Tea ought to be drunk hot.**

茶要喝热的。

C 表示对现在或将来比较确定的推测

ought to...

这种用法相当于 must(一定)，但 ought 意为"照理是，应该是"，比 must 更有根据。

(例) **He ought to know English, as he has learned it.**

他应该会英语，因为他学过。

There ought not to be lotus blooms at this time of the year.

这个时节不应该有荷花。

D 表示对过去比较有根据的推测

ought to have + 过去分词

(例) **They ought to have arrived by this time.**

他们现在应该是已经到了。

E 表示过去的义务或责任，但是没有被履行

ought to have + 过去分词

这种用法相当于"should have + 过去分词"。

(例) **I ought to have bought that dictionary last week.**

上周我真该把那本词典买下来。(可我没买)

F 表示不赞成过去做过的事

ought not to have + 过去分词

(例) **You ought not to have spent so much time in reading novels.**

你不该把那么多时间花在了看小说上。(做了一件不该做的事情)

G 表示过去的必要性

ought to...

这种用法只能用在间接引语中。

(例) **He told me that I ought to do it more carefully.**

他告诉我要更加细心地做这件事。

8 dare

A dare 用作情态助动词

- dare 与 need 一样可用作情态助动词，第三人称单数不加 s
- 疑问句与否定句不用 do(es) 构成
- dare 的后面要跟无 to 不定式

dare 作为情态助动词意为“敢于干”，表示勇气；用来指现在或将来的行为，多用于疑问句和否定句。

(例) **He dare not/daren't ask her about the matter.**

他不敢问她这件事。

“dare + have + 过去分词”表示过去。

(例) **He dare not have talked to her yesterday.**

昨天，他实在不敢跟她说话。

dare 在间接引语中，也可直接用来表示过去。

(例) **He told me that he dare not talk to her.**

他对我说他不敢跟她说话。

B dare 用作及物动词

- 过去式和过去分词为 dared；现在分词为 daring；第三人称单数要加 s。
- 疑问式和否定式用 do(es) 或 did 构成。
- 其后要加带 to 不定式，但 to 往往被省略。

dare 意为“敢于……”

(例) **Does he dare (to) go?** ← dare 用作普通及物动词

Dare he go? ← dare 用作情态助动词

他敢去吗？

dare 表示提出挑战：“激起”，“挑唆”

(例) **He dared me to climb the tree.**

他唆使我爬树。(他问我敢不敢爬树。)

C 但是也经常有混用的情况(这一点与 need 不同)

(例) **He dared not say so.**

他不敢那么说。

Do you dare tell him?

你敢告诉他吗？

How dare you to say such a thing to me?

你怎么敢对我说这种事？

5 情态助动词的主要用法总结

情态助动词用法比较繁杂，而且，其间的差别有时是非常细微的，为了便于理解和区别，我们在下面对情态助动词的用法做了一个横向的对比和总结。

5-1 请求

1 请求他人允许(做……)

- Can I ...? ⟷ 语气比较随便，常用在熟人之间。
- Could I ...? ⟷ 较为客气，略带犹豫。
- May I ...? ⟷ 比上述两种更为正式，更客气。
- Might I ...? ⟷ 最客气，相当正式，相当有礼貌。(不常用)

肯定回答：

- Certainly./Yes, certainly./Sure./Okey.
- Of course./Yes, of course./Uh-huh(语气词)
- 也可用一个如点头、摇头的动作表明态度

否定回答：

- I'm afraid I can't.
- No, I'm afraid not.

(例) — Can/Could/May I borrow your bike?

— No, I'm afraid not.

我能用一下你的自行车吗?

不，恐怕不行。

- Can't I...
- Couldn't I...

⟷ 暗示尽管存在不利条件，但仍急于要得到肯定的答复。可用来代替 can 和 could。

(例) Can't I go out and play?

我(不)能出去玩吗?

2 有礼貌地请求(他人做某事)

- Can you...? ⟷ 用于非正式的场合，比较随便。
- Will you...?
- Would you...?
- Could you...?

⟷ 较 can 更客气些。

肯定回答：

- Yes, I'd(I would) be happy to.
- Yes, I'd glad to.
- Certainly.
- Sure.

否定回答：

- I'd like to, but(I can't...)

(例) Will/Would/Could you help me to lift this box?

你能帮我抬一下这只箱子吗?

3 请求他人允许(自己做……)

- Would you mind if I + 一般过去时?
  (在非正式英语中也可用一般现在时。)
- Would you mind my + V-ing ...?

⟷ 我(做……),可以吗?(我干……,你不反对吧?)

肯定回答:
- No, Not at all.
- No, of course not.
- No, that would be fine.

否定回答:
- I'd really rather you didn't.

(例) **Would you mind if I smoked/smoke?=Would you mind my smoking?**

我抽支烟可以吗?

4 请求他人做……

Would you mind +V-ing? ⟷ 你能(干)……吗?请你……可以吗?

肯定的回答:
- No. I'd be happy to.
- Not at all. I'd be glad to.

否定的回答:
- I'd rather not if you don't mind.

(例) **Would you mind closing the window?**

麻烦你关上窗子,可以吗?

5-2 义务(必要性)和劝告

1 should、ought to 和 had better

这三个词都可表示义务意为"应该","必须","最好"

	含义比较	否定式	缩略式
should	主要表示说话者的主观看法,意为"是重要的,但不是必要的"。	should not / shouldn't	
ought to	主要表示客观的义务,语气比should强。	极少用否定式,即使用,也常省去to	
had better(do)	语气更强,更富于警告的意味。	had better not (do)	'd better / (口语)better

(例) **You oughtn't(to) smoke so much.**

你不该抽那么多烟。

You should/ought to work harder.

你应干得更努力些。

一种建议

We should not resort to violence.

我们不应使用暴力。 义务

You'd better not be late.

你最好别迟到。 警告

2 have (got) to、must 和 need

用于表示"责任感"和"必要性"

	含义比较	否定式
have (got) to	用来表示强烈的责任感和必要性	do not have to do 意为"不必"(表示没有必要)
must	可以与 have (got) to 互换，但语气比之更强烈	must not (do) 意为"不得"(表示禁止)
need	可用来代替 must，用在疑问句和否定句中	need not (do) do not need don't have to

特别注意，用于否定式时，must 和 have to 的含义不同。

(例) **I don't have to/needn't/don't need to go to the doctor. I'm feeling much better.** 我不必去看大夫了，我感觉好多了。

Jay! You must not play with sharp knives.

杰伊，别玩那些锋利的刀子。

Tigers are magnificent animals. We must not/dare not allow them to become extinct.

老虎是一种(体型)优美的动物，我们决不能让他们灭绝。

如果认为这只是一个可为可不为的问题，就可以用 don't have to 或 need not.

3 其它表达法

用　　法	含义比较
should/ought to/have (got) to/must + 动词原形	现在或将来的义务
will/shall + have/need + 带 to 不定式	明确的将来的义务
should/ought to + have + 过去分词	过去该做而没做的义务
had + 带 to 不定式(不能加 got)	过去应该，且已做过的义务

5-3 推断(可能性)

表示(有根据的，或者猜测得到的)推断的情态助动词有以下几个，它们可用来表示对现在、过去或将来的推断；并可用来进行各种不同肯定程度的推断。

must | may | might | can | could | should | ought to | will | won't

完全肯定(不需情态动词)

(例) **He is/isn't sick.**

他病了。/他没病。 对现在的判断

He was/wasn't sick.

他(不)曾病过。 对过去的判断

He will do well on the test.

他会考得不错。 将来，说话者感觉有把握

有百分之九十九的把握

(例) **He couldn't/can't be sick.**

他不可能生病。 现在，但并未证明百分百地确凿

He couldn't/can't have been sick.

他(那时)不可能生病。 对过去虽然十分肯定，但终究是推测

有百分之九十五的把握

(例) **He must/must not be sick.**

他肯定是(没)生病了。 现在

He must (not) have been sick.

他(那时)肯定(没)生病了。 对过去的很肯定的逻辑推理

有百分之九十的把握

(例) **He ought to/should have arrived by this time.**

他这时候应该已经到了。 过去

He should/ought to do well on the test.

他应该考得不错。 对未来情况很有把握

把握性不足百分之五十

(例) **He may/might/could be sick**

他可能病了。 现在肯定

He may/might not be sick.

他不太可能生病。 现在否定，不能用 **cannot**

She may/might/could have been taken ill quite suddenly.

她那时可能/也许突然病了。 过去

The house may /might /could be finished by the end of the year.

房子可能在年底峻工。 将来

要注意，由于语境或时间状语的关系，同一种用法也可能用来推断不同时间的可能性。

5-4 建议并征询对方意见

Shall I/we...?

用来提出建议，并询问对方是否赞成这一建议。

(例) **Shall I turn on the light?**

我把灯打开好吗?

Shall we go and see a film?

我们去看场电影好吗?

有时，"Shall we?"也可以以疑问尾句的形式出现在句末。

We'll go forward a little more, shall we?

我们再往前走点儿，好吗?

Shall he/she/they...

用来提议让第三者做某事，并征询对方意见。

(例) **Shall the messenger wait?**

让信使等着吗?

What shall Jane do?

让简干什么?

- Let's (+ do ...)/Let's not(do ...)
- why don't we/you (+ do ...) + …?/why not + do ...?

表示建议对方(一起)干某事。

(例) **Let's watch TV.**

一块看电视吧。

Why not get something to eat?

为什么不弄点儿吃的来?

Why don't you go home and rest?

为什么不回家去休息一下?

Why not try again?

= Why don't you try again?

为什么不再试一下?

could 和 might

也可用来提出建议，供对方考虑。

(例) **We could go to a movie.**

我们可以去看场电影嘛。

You might talk to your teacher.

你可以与你的老师谈谈。

5-5 允许(某人做某事)

表示"允许"或"不允许"

用 法	说 明
主语+can(not)+动词原形	不用 could，could 只能表示过去曾得到允许
主语+may(not)+动词原形	may 比较强调说话者个人的权威，不用 might
第二、三人称+shall+……	shall 比较书面化

(例) **You may leave the room now.**

你现在可以离开房间了。　　较为正式的用语

You can use my car tomorrow.

你明天可以用我的车子。　　非正式的允许

5-6 “情态助动词+have+过去分词”小结

许多情态助动词之后跟“have＋过去分词”时，都可能有两重或三重不同含意，因此要注意根据状语的使用、句子的结构以及语境等因素对之进行分析、理解。

1 can 和 could

公式	含意	用法
can't＋have＋过去分词	(过去)不可能……	只用否定句
couldn't＋have＋过去分词	(过去)不可能……	只用否定句
could＋have＋过去分词	(过去)可能(已经……)	有不超过百分之五十的把握的推测
	(过去)本来可以……(但没有做)	事后的建议，与事实相反

(例) **That can't have been true!**

那不可能是真的。

He couldn't have seen Ann yesterday. She's gone abroad.

他昨天不可能见到安娜，因为她到国外去了。

He could have overslept again.

他(那时)可能又睡过头了。

You were stupid to do such a thing. You could have been killed then.

你做那种事情真够蠢的了。你可能会死掉的。

2 ought to 和 should

ought to/should＋have＋过去分词

表示过去应该做而没有做(本该……)，与事实相反。

(例) They should have left this place.

他们早该离开这个地方了。(但是没有)

He ought not to have come so late.

他本不该那么晚来。

They ought to have known such a thing.

他们本该知道这种事情。

You shouldn't have laughed at his mistakes.

你不该嘲笑他的错误。

表示(过去)应该已经(做了……)，对过去有较大把握的推断

(例) He ought to have arrived by this time.

这时候他应该已经到了。

They left at ten, so they should have arrived by now.

他们十点钟动身的，现在该到了。

注意可能引起歧义的句子，如下面的例句就可能有两种含义：

(例) He ought to/should have completed it yesterday.

- 他本该昨天完成这件工作的。
- (我想)他昨天大概已经完成了这件工作。

2 may 和 might

may/might + have +过去分词

表示过去的可能性，把握性不超过百分之五十

(例) He was absent from school. He may have been ill.

他没来上学，可能是病了。

You might have dropped it somewhere.

你可能把它丢在什么地方了。

might + have +过去分词(只能用might)

表示过去可能发生而没有发生；应该做而没有做的活动

(例) It was dangerous to ski there. You might have killed yourself.

在那儿滑雪很危险，你会丧命的。

You've waked the baby. You might have been a little quieter.

你把孩子弄醒了。你本该轻点儿的。

这种表示法有时会带有轻微的感叹或抱怨的语气

How quickly time passed! It might have happened yesterday.

时间过得多快呀，一切恍如昨日。

You might have let me know before! 你早该让我知道才是。

4 must

must + have +过去分词

表示对过去的比较肯定的推断，"一定……"

(例) **I must have left my glasses in the library.**

我肯定是把我的眼镜忘在图书馆了。

He must have lost his way.

他一定是迷了路。

5 need not

need not (或needn't) + have + 过去分词

本不该做的行为，却做了，"本不必……"，"本不需……"

(例) **She needn't have helped Tom.**

她真不该去帮助汤姆。

You needn't have told them that.

你本不需对他们讲此事。

We need not have been in a tearing hurry to catch the train.

我们本不必这么急匆匆地赶火车。

6 be

be + to have +过去分词

表示计划或安排要做的事，但没有进行。

(例) **He was to have told the happy news to everybody.**

他本该把这个好消息告诉大家的。(可他没有)

I was to have left for London last week.

我本预定上周去伦敦的。(但没能成行)。

7 would like

- would like to have + 过去分词
- would have liked + 带to不定式(第一人称也可用should)

表示过去没实现的愿望

(例) **I should/would- have liked to see her. / liked to have seen her.**

我本来是想见见她的。

They would like to have seen that film last night.

他们昨晚本想去看那部电影的。

S

动词不定式

动词不定式是一种非限定动词。非限定动词是指那些在句中不能单独充当句子谓语的动词形式，非限定动词包括：动词不定式、动名词和分词。

非限定动词的共同特征是：它们不受句中主语的数或人称的制约；它们不能独立地表示出自身动作发生的时间；但它们都有语态的变化，并且有一般式和完成式等区分。动词不定式除了具有非限定动词的这些共同的特征之外，它还有自己的功能和用法。掌握不定式与另外两种非限定动词之间的用法上的差别，是学好不定式的关键。

1 动词不定式的形式和特征

不定式的形式

- 不定式可分为：带 **to** 的动词不定式(如 **to do**)和无 **to** 的动词不定式(如 **do**)。
- 不定式的否定式为：**not** +（各种形式的）不定式

不定式作为动词的一个最基本的形式，仍保留着动词的特点。

- 不定式有及物和不及物之分，可带有状语等等。不定式与它的宾语、它所要求的介词短语以及状语等一起构成“不定式短语”。
- 不定式有时态和语态的变化。

在我们谈到动词不定式的具体变化之前，先回忆一下构成动词时态和语态的三个公式：

进行式公式 = **be** + 现在分词

完成式公式 = **have** + 过去分词

被动式公式 = **be** + 过去分词

这三个公式也适用于不定式的时态和语态的变化。下面是根据这三个公式，以 **to do** 为例，列出的不定式的时态和语态的各种形式：

时态	主动	被动
一般式	**to do**	**to be done**
完成式	**to have done**	**to have been done**
进行式	**to be doing**	
完成进行式	**to have been doing**	

2 动词不定式的时态

动词不定式不能在句中作谓语，因此尽管它本身有时态的变化，但它不可能靠自己的变化表明动作发生的具体时间。动词不定式的动作发生的时间，一般只能是相对于句中谓语的时间而言的。也就是说，动词不定式要用何种时态，通常取决于该不定式与谓语的时间关系。

2-1 动词不定式的一般式

动词不定式的一般式表示不定式动作与谓语动作几乎同时发生，或不定式动作在谓语动作之后发生，或者是不强调不定式动作的时间性。

（例）

This news will hardly fail to startle him.

这个消息不能不使他大吃一惊。

不定式动作在将来与谓语动作同时发生

I helped to repair the car.

我帮助修理汽车。

不定式动作在过去与谓语动作同时发生

I've come here to work, not to play.

我是来工作，不是来玩的。

不定式动作与谓语动作几乎同时发生

To tell you the truth, I dislike him.

说句老实话，我可不喜欢他。

He didn't know whether to go.

他不知道去还是不去。

不定式动作稍迟于谓语动作

Tell your brother not to come tomorrow.

告诉你兄弟明天不要来。

不定式动作迟于谓语动作

He made up his mind to sell the house.

他下定决心要卖掉房子。

I am to go to London.

我要去伦敦。

I hope to see you soon.

我希望不久能见到你。

We all rejoiced to see you here.

能在这儿看到你，我们都很高兴。

She seemed surprised to meet us.

她见到我们似乎很吃惊。

用不定式的一般式表示原因时，不定式的动作通常发生在谓语动作之前，但这种时间差一般不是很大。如左述的两个例句。

2-2 动词不定式的完成式

动词不定式完成式的动作发生在谓语动作之前。

（例） **I'm sorry not to have come last weekend.**

很抱歉，我上周末未能来。

He seems to have finished his work.

他好像干完了他的工作。

I am very happy to have been able to help.

能帮上点忙，我非常高兴。

The rain seemed to have stopped.

看来雨已经停了。

若谓语为表示愿望、打算、意图的动词，如**hope, think, want, promise, plan, suppose, expect, mean, intend** 等时，动词不定式的用法如下：

"上述动词的现在时＋动词不定式的完成式"

- 动词不定式的动作在谓语之后，在将来发生。

（例） **I hope to have finished by the end of June.**

我希望能在六月底之前结束。

I expect to have read this book by next Tuesday.

我预计在下周二之前读完这本书。

"上述动词的过去时＋动词不定式的完成式"

- 表示本希望在过去发生的事情，但因故未能实现。

（例） **We planned to have finished the work before supper.**

我们本打算在晚饭前完成这项工作。（但是没有完成）

We meant to have stopped him from doing such a thing.

我们本想阻止他做那种事。（可是没有成功）

以"**intend**"为例，比较其与不同时态的动词不定式连用时的不同含意。

intend（用一般现在时）＋不定式的一般式，表示不定式动作在intend之后，将来发生。

（例） **What do you intend to do with your old bicycle?**

你打算怎么处置你那辆旧自行车？

intend（用一般过去时）＋动词不定式的一般式，表示过去曾有过的计划。

（例） **I intended to be a doctor.**

我曾打算当医生。（结果不明）

intend（用一般过去时）+动词不定式的一般式，表示过去没有实现的意图。

（例） **I've made a mistake, though I didn't intend to (make).**

我犯了一个错误，尽管我并不想犯错误。

intend（用一般过去时）+不定式的完成式，也可表示过去没有实现的意图。例句见下述。

intend（用过去完成时）+动词不定式的一般式，也可以表示过去未能实现的意图。

（例） **I intended to have gone to Paris, but I was ill.**

= I had intended to go to…, but I was ill.

= I intended to go to…, but I was ill.

我本打算去巴黎，但是我病了。（没去成）

2-3 动词不定式的进行式

动词不定式的进行式表示在进行、持续之中的动作。可能是在谓语动词的动作发生之时正在进行；或在谓语动词的动作之后发生并进行。

（例） **The boy was discovered to be hiding behind the door.**

原来那男孩正在门后藏着呢。

It's nice to be lying on the beach.

躺在沙滩上，真是惬意极了。

They appear to be trying to escape.

他们好像想逃跑。

The boss doesn't like you to be always coming late for work.

老板不喜欢你上班老迟到。

They seem to be getting along quite well.

他们似乎一直相处得很好。

This factory is said to be producing tractors.

据说这家工厂正在生产拖拉机。

2-4 动词不定式的完成进行式

动词不定式的完成进行式表示在谓语动作之前已开始进行的行为，到谓语动作发生时可能停止，也可能会持续下去。

（例） **He appeared to have been sleeping.**

他好像一直在睡觉。

Tom seemed to have been reading a novel.

汤姆好像一直在读小说。

He is said to have been working there for more than twenty years.

据说，他已在那儿工作二十多年了。

3 动词不定式的语态

动词不定式除了有时态的变化之外，还有语态——主动语态和被动语态——的变化。用主动语态，还是用被动语态，取决于动词不定式与其逻辑主语之间的关系。

3-1 动词不定式的逻辑主语

各种形式的动词不定式均不能在句中独立作谓语，因此就不可能有自己语法上的主语，但是，在通常情况下，我们可以推断出句中的某个词实际上与不定式有逻辑上的主—谓关系，我们称这个词为不定式的逻辑主语。

不定式在句中做状语，或做及物动词的宾语时，其逻辑主语大多为句中主语。

(例) **How can I get to know her?**

我怎么能认识她呢？

The snow began to melt.

雪开始融化了。

She came here to study, not to have a good time.

她是来学习的，不是来享乐的。

He seems to have missed the train.

他似乎是误了火车。

I don't want to go to that place.

我不想到那个地方去。

I opened the door quietly so as not to disturb him.

我把门轻轻打开，以便不惊动他。

在“动词＋宾语＋不定式(宾语补语)”中，其逻辑主语通常是其前面的宾语。

(例) **She asked us not to make any noise.**

她请我们不要弄出声音来。

A mother must teach her children to tell the truth.

母亲应该教育孩子说真话。

The man ordered me to get out.

这个人叫我出去。

Mrs. Bowers told her children to put away their toys and go to bed.

包维斯夫人告诉孩子们把玩具收起来去睡觉。

当不定式作定语时，被修饰名词通常是该动词不定式的逻辑主语。

(例) **There are many things to remind me of your mother.**

有许多东西使我想起你的母亲。

The Chinese were the first people to make silk clothing, and, for more than 2000 years, they were the only people in the world who knew how to make silk.

中国人是最早制作丝绸衣物的人，而且，在两千多年的时间里，世界上只有中国人知道如何缫丝。

动词不定式的逻辑主语也可能是作者或说话者本人，不定式用来表示说话者或作者对所谈内容的看法或态度。

(例) **To begin with, work fills a good many hours of the day.**

首先，工作占据了每天的大部分时间。

To speak frankly, she doesn't work as hard as I do (或 **as me**) **.**

坦率地说，她工作没有像我这样努力。

To tell you the truth, I hate to say it, but he is rather lazy.

说实话，我真不愿意说这种事，可他也太懒了。

常用的这类固定词组有：

- **to be honest** 老实说
- **to cut a long story short** 简而言之
- **to get(back) to the point** 回到正题
- **to put it another way** 换句话说等

如果句中没有不定式的逻辑主语，而又需要指明时，可以借助于介词引出："for / of / with / without + 名词 / 代词 + 带 to 的不定式"。

在一般情况下，不定式的逻辑主语都用 for 来引导。

(例) **Is there anything for me to eat?**

有我吃的东西吗？

He opened the gate for the car to enter.

他打开大门让汽车开进来。

It is unusual for him to be late.

他极少迟到。

There are no railroads, but roads link Andorra with France and Spain, making it easy for French and Spanish tourists to get there.

安道尔没有铁路，但与法国和西班牙有公路相通，法西两国游客到那里去很容易。

I'm waiting for the shop to open.

我在等着商店开门。

在"It is / was+形容词+of+名词/代词+带to不定式……"结构中，不定式的逻辑主语通常用of引导。

- 在这句型中用作表语的形容词必须是一些对人的行为、表现、性格、特征或品质等进行说明或判断的形容词。

这类形容词有：
absurd, artful, brave, clever, clumsy, considerate, cruel, cunning, careless, foolish, generous, good, greedy, honest, horrible, idiotic, impudent, inconsiderate, kind, lazy, modest, nasty, nice, polite, rude, selfish, sensible, silly, stupid, thoughtful, wicked 等

- 在这一句型中，动词不定式的逻辑主语，有时也可用 **for** 引出；但两者强调的重点不同；"of+逻辑主语"表示对不定式的逻辑主语进行判断；而"for+逻辑主语"表示对不定式的动作进行判断。

(例) **It's very kind of you to help me.** (意为"**you are kind.**")

真感谢你的帮助。

It was stupid of me to believe that.

我真蠢，竟然相信这种事。

It is important for you to go at once.

= It is important that you should go at once.

重要的是你得马上动身。

It was good for you to finish the work.

你把工作干完，这太好了。

It appeared silly for us to wait in the rain.

我们站在雨里等着，这看来真是傻。

"with / without +名词/代词+动词不定式"结构常用作表示原因或条件的状语，并常常用逗号分开，作独立状语。

(例) **The band played all the year round on Sundays. It was like someone playing with only the family to listen; it didn't care how it played if there weren't any strangers present.**

乐队一年到头，每逢星期天都要演奏，就象只演奏给自己家人听一样，如果没有外人在场，就不必在乎演奏的质量。

Without you to help, I would be completely lost.

没有你帮忙，我真的是不知所措了。

Factories may run without any workers, or, with only a few workers to oversee the machines which do everything once done by hand.

工厂可以在没有工人或只有少数几个工人监管机器的情况下运转，这些机器完成着以前用手工做的一切事情。

Without me to back you up, you wouldn't be able to manage.

没有我支持你，你是无法对付的。

3-2 动词不定式的被动语态

动词不定式用主动语态还是用被动语态，取决于不定式和它的逻辑主语之间的关系。如果逻辑主语是不定式动作的发出者，不定式就是主动语态；如果逻辑主语是不定式动作的接受者，动词不定式就用被动语态。

(例)

He ordered the guns to be fired.

He ordered the soldiers to fire their guns.

他命令(士兵)开火。

Do you have any clothes to be washed today?

你今天有什么衣服要洗吗？(让说话者或其他人洗)

Do you have any clothes to wash today?

你今天要洗什么衣服吗？(句中主语自己洗)

If you don't understand something the examiner says, simply ask for it to be repeated.

如果你没有听懂主考人的话，可以直截了当地请求重复不懂之处。

The amendment stated that equality of rights was not to be denied by the United States because of sex.

这项修正案规定，美国不能因性别关系而否定权利的平等。

The wells are said to have been dug years ago.

那些井据说是在几年前挖的。

Nothing seems to have been done.

似乎什么也没做。

在学习和使用不定式的主动语态和被动语态时，有以下几点需要注意：

在there be句型中，主语可用动词不定式修饰。如果句中主语为不定式动作的接受者，常常可用不定式的主动语态代替被动语态。

用主动语态的重点在于做动作的人，而用被动语态的重点在动作本身，两者在含意上没有实质性的差别。

（例）**There's a lot of water to drain (to be drained) from the play ground.**

运动场上有很多水要排出去。

There are still many important things to take care of (to be taken are of).

仍有一些重要的事情要做。

但是，如果是把to do或to be done用在something，anything或nothing之后，则其含意有很大区别。

（例）**There is nothing to do.**

无事可干。

There is nothing to be done.

没有办法了。

在"**too...to...**"句型中，也可用主动的动词不定式替代被动的不定式，除重点略有不同外，对表意没有影响。

（例）**This rock is too heavy to move (to be moved).**

这块石头太重了，搬不动。

This rock is too heavy for me to move.

这块石头太重，我搬不动它。

In some plants there is too little latex to use / to be used for making rubber.

有些植物中的胶浆太少，不能用来提取橡胶。

在"主语＋系动词＋形容词＋不定式"结构中，有时，尽管句中主语为不定式的逻辑宾语，但也不需要用被动的动词不定式。

在这种情况下，表语形容词通常说明的是不定式特征，因此，不定式不能省去；有时，表语形容词也可能是说明句中主语特征，这时，其后的不定式是可有可无的。

（例）**Some caterpillars are colored so that they are difficult to see among the leaves.**

有些毛虫的颜色使你很难在叶子中把它们分辨出来。

He is impossible to deceive.

要欺骗他是不可能的。

The coffee is bitter to taste.

这咖啡喝起来很苦。

His speech is clear and easy to follow.

他的发言很清楚，很容易理解。

A missile is easiest to attack during the first three minutes after launch.

导弹在发射后的头三分钟内最容易被击落。

若所用不定式为“动词＋介词”构成的短语动词，介词不能省略。

(例) **You are pleasant to talk with.**

与你交谈，真是令人愉快。

The Egyptians found a material that was more convenient to write on than clay.

埃及人找到了一种比粘土更方便的书写用材料。

有些动词不定式用作表语时，总是用主动形式的不定式表示被动的含意，这已成为一种习惯用法。

(例) **It is you who are to blame.**

是你该受责备。

Who is to blame for the failure?

谁应对此失败负责呢？

House to Let.

(广告)房屋出租。

This apartment is to let.

这间公寓出租。

---

take 作“花费”，“需要”解时，其后的动词不定式总是用主动的形式。

(例) **The book took me two years to write.**

我花了两年的时间写了这本书。

Today books do not take long to produce, and, consequently, they are no longer rare.

如今，出书的时间已大大缩短，因此，书也不再是稀有之物了。

This trick may take the magician and his helper many months to learn.

这种戏法需要魔术师和他的助手用好几个月的时间才能学会。

4 动词不定式的句法功能

动词不定式(短语)在句中所起的作用是多种多样的。例如，它们可以起名词的作用，在句中作主语、宾语、表语等；它们可以起形容词的作用，在句中作后置定语；它们也可以起副词的作用，在句中作状语。

4-1 不定式(短语)在句中作主语

动词不定式在句中作主语时，通常表示一个具体的、特定的行为，其谓语动词要用单数第三人称形式。

(例) **To live means to create.**

生活的意义就是创造。

To do that sort of thing is absurd.

做那种事，真是荒唐。

To make full use of the waste we throw away every day is a good idea.

充分利用我们每天丢掉的废弃物是一个好主意。

Before the invention of aeroplanes, to fly in the sky like a bird was only a dream.

在飞机发明之前，像鸟儿一样在天空飞翔只是一个梦想。

To make use of the heat in the centre of the earth is one of man's endeavours to cope with the energy problem.

利用地心热是人类解决能源问题的努力方向之一。

To know something about English is one thing; to know English is quite another.

懂一点英语是一回事；掌握英语完全是另一回事。

有时，用作主语的动词不定式可能是较长的短语，在这种情况下，我们可以把it放在主语的位置上充当形式主语，把真正作主语的不定式短语移到句末去。在现代英语中，即使不定式短语不是很长，人们也更喜欢用这种形式。

(例) **It would be better for you to go there.**

你还是去好。

It was his job to repair bicycles.

修自行车是他的工作。

It's important for us to learn English so that we can read scientific books.

It is bad taste in society to talk vainly about one's self or one's family.

在社交场合自吹自擂或者是吹嘘自己的家人，这是很不得体的。

It is difficult to keep in touch with other places from these plains, because there are few rivers and almost no railroads.

这些平原很难与外界联系，因为这儿河流极少，也几乎没有铁路。

4-2 不定式(短语)在句中作表语

主语和表语同为不定式时，通常主语表示条件，表语表示结果。

(例) **To live in hearts we leave behind is not to die.**

活在活着的人心里就是永生。

To see is to believe.

眼见为实。

若主语为一个内容不甚具体的名词时，用作表语的动词不定式通常都是对该名词作具体的说明。

(例) **Time is heavy on our hands, and the problem is how to fill it.**

我们有很多时间，问题在于怎样充分利用这些时间。

The important thing in life is to have a great aim, and the determination to attain it.

人生中的一件要事就是要有一个伟大目标，并且有实现这一目标的决心。

若主语为一个由what引导的从句，用作表语的动词不定式通常是说明what的具体内容。

(例) **What we want is for you to understand the matter clearly.**

我们要做的就是要你对此事有一个清楚的了解。

What a fire-door does is (to) delay the spread of a fire long enough for people to get out.

防火门的功能就是尽可能长时间地阻止火势蔓延，让人得以逃生。

不定式作表语时也常用来表示预定要发生的动作，或表示未来的可能性或假设。

(例) **His greatest wish was to see an end to wars.**

他最大的愿望是看到消除战争。

All you have to do is finish the job quickly.

你要干的事就是尽快把这件工作完成。

如果用作表语的不定式是解释其前面主句中 **do** 的具体内容的，就可用无 **to** 的不定式。

All I can do is just smile at him and not say anything.

我所能做的只有对他微笑，什么也不用说。

The only thing you need do is fill out this application form.

你要做的唯一的一件事就是填好这张申请表。

4-3 不定式(短语)在句中作宾语

许多动词都可用不定式作宾语，有些动词要求用带to的不定式作宾语，有些动词只能用“疑问词＋不定式”作宾语。句中的主语通常也是作宾语的动词不定式的逻辑主语。

(例) **Fred didn't have any money, so he decided to look for a job.**

弗雷德没有钱了，因此他决定找份工作。

I expect to enter graduate school in the fall.

我期望秋天能进入研究生院(学习)。

He promised not to tell anyone about it.

他答应不把这事告诉任何人。

I don't know what to say about your views.

对你的观点，我不知道要说些什么。

His father was a teacher who helped deaf-mutes learn how to speak.

他父亲是一位教聋哑人学说话的教师。

常用的可用动词不定式作宾语的动词有：
afford, agree, ask, begin, consider, claim, consent, decide, demand, deserve, expect,
fail, forget, like, hate, help, hesitate, hope, learn, manage, mean, need, offer, plan, prepare,
pretend, promise, refuse, regret, remember, seem, want, swear, threaten, wish etc.

常用的可用“疑问词＋不定式”结构作宾语的动词有：
decide, discover, forget, inquire, know, learn, remember, see, settle, think, wonder

若用作宾语的不定式短语较长，而其后又有宾语补语时，常常在宾语的位置上用一个 it 作形式宾语，而把作宾语的不定式短语后移。

(例) **I found it difficult to understand him.**

我发现很难理解他。

We do not think it proper for you to say such a thing.

我们觉得你说这种事情不合适。

4-4 不定式(短语)在句中作介词宾语

动词不定式一般不能用作介词的宾语，但有下面两点例外：

介词之后可以用“疑问词＋不定式”作宾语。

(例) **This article gives some suggestions on how to give an effective speech.**

这篇文章对如何发表精彩演说提出了一些建议。

He sat down to discuss with his father the problem of how to spend the summer.

他坐下来与他父亲商量如何度过夏天。

Bill said something to Tom about what to do.

比尔与汤姆谈到要做些什么的问题。

下列介词之后可用不定式作宾语，通常用无 to 的动词不定式，特别是主句谓语为 do 时，尤为如此。若句中谓语为其他动词，也可用带 to 的动词不定式。

- **about** 就要……(用于否定句)打定主意要……
- **but** 除……外
- **except** 除……之外
- **save** 除……外
- **save and except** 除……外
- **than** 除……外

(例) **I have done nothing except eat and sleep this week.**

这一周，我除了吃饭、睡觉，什么事也没干。

I couldn't do anything but just sit there and hope.

我除了坐等之外，毫无办法。

Surrounded by the police, the kidnappers had no choice but to surrender.

绑匪已被警察包围，别无选择，只能投降。

The enemy had no other choice than to surrender.

敌人只能投降。

It had no effect except to make him angry.

这不起作用，只能让他生气。

在下列短语中，but 之后总是跟无 to 的不定式：

- **do nothing but** 只能……
- **do anything but** 决不……
- **cannot help but** 不得不…
- **cannot but** 禁不住……
- **cannot choose but** 只得……

(例) **My grandfather could do nothing but wait for the doctor to arrive.**

我祖父没有别的办法，只好等医生来。

We'd do anything but confess our guilty.

我们决不承认自己有罪。

She could not help but be laugh at his joke.

她的笑话让他不由得笑了出来。

I cannot but admire his courage.

我不能不钦佩他的勇敢。

He could not choose but love her.

他不禁爱上了她。

4-5 不定式(短语)在句中作宾语补语

- 英语中有很多动词的用法是："动词＋宾语＋宾语补语"，宾语和宾语补语之间是一种逻辑上的主谓关系。如：**I often hear her sing**（作宾语的 **her** 实际上又是宾语补语 **sing** 这一动作的发出者。）
- 宾语和宾语补语合起来被称作复合宾语。
- 能用不定式作宾补的动词很多，根据它们的用法，我们可以把它们分为以下几类。

动词＋宾语＋带 to 的动词不定式

(例) **She asked me to stay there.**

她要我留在那里。

Allow me to introduce Mr. White to you.

请允许我向你介绍怀特先生。

Mr. White persuaded Tom not to smoke anymore.

怀特先生劝汤姆再不要吸烟。

I, who cannot see, find hundreds of things to interest me through mere touch.

我这个盲人，仅靠触摸，就发现数以百计的东西让我感兴趣。

在变为被动句时，由于句中的宾语成为主语，宾语补语也变成了主语补语，直接置于已变为被动语态的谓语之后。

(例) **They were warned not to cross the old bridge.**

已警告他们不要走那座旧桥。

The driver was ordered to stop.

那位司机被命令停车。

Residents are not allowed to keep pets in our apartment building.

在我们这座公寓大楼里，住户不得养宠物。

能这样用的动词很多，常用的有：

advise, allow, ask, beg, cause, challenge, convince, dare, drive, encourage, expect, forbid, force, hire, instruct, intend, invite, need, order, permit, persuade, remind, require, teach, tell, urge, want, warn etc.

表示见解、看法的动词＋宾语＋带to的动词不定式

（例）**I consider him to have acted disgracefully.**

我认为他的行为不光彩。

We found the rumor to be true.

我们发现这个传闻是真的。

How did you know him to be the criminal?

你怎么知道他是罪犯的？

He understood the message to mean that she was not coming.

他认为这个消息就意味着她不来了。

She was thought to have left the job.

据信她已辞去了工作。

这类动词之后的用作宾语补语的不定式常用to be，而to be往往都被省略掉了。即使这类动词变为被动语态，to be也可省略。但是，如果用作宾语补语的to be是除一般式之外的其他形式时，不能省略。

（例）**He considers himself (to be) very important.**

他认为自己非常了不起。

He is considered (to be) one of the leading statesmen of our country.

他被认为是我国重要的国务活动家之一。

We knew her to have been a singer.

我们知道她曾是一个歌手。

注意know的用法

- **know** 用于主动语态，特别是用于一般过去时或完成时态时，其后用作宾语补语的不定式在英国英语中可以省去 **to**。这样用时，其意相当于 **have seen / heard.**

(例) **I have never known him (to) tell a lie.**

我从未听他说过谎话。

I've never known it (to) snow in July before.

我以前从未见到七月里下雪。

I never knew her complain.

我从未听她发过怨言。

I never knew him do anything without a very good reason.

我知道他做任何事情都有充分的理由。

■ 但是，当**know**用于被动语态时，用作宾语补语的动词不定式前的**to**不能省去。

I have never known that man (to) smile.
That man has never been known to smile.

(我)从未见那个男人笑过。

常这样用的动词有：

believe, consider, declare, discover, feel, find, imagine, judge, prove, suppose, think, understand etc.

知觉动词 + 宾语 + 无 to 不定式

(例) **He saw a thief rush out of a shop carrying a bag full of money.**

他看到一个贼提着一袋子钱从一家店里跑出来。

I heard the clock tick.

我听到时钟滴滴答答地走着。

I like to listen to the birds sing when I get up early in the morning.

当我清晨早早起来时，我喜欢听鸟儿歌唱。

当知觉动词用于被动语态时，一律要用带 to 的不定式。

(例) **The clock is heard to tick.**

可以听得到时钟滴滴答答地走着。

The children were seen to run down the street.

有人看见孩子们沿着街跑过去了。

We felt the house shake.
The house was felt to shake.
我们感到房子摇动。

常用的知觉动词有：

see, notice, watch, look at, observe, hear, listen to, feel, smell etc.

使役动词＋宾语＋无 to 不定式(get 之后要加带 to 不定式)

下面三个使役动词虽然都有“使……干……”的意思，但它们之间的含意有一定的差别。

	make	have	get
强调重点	“迫使”(use force)，使对方无选择的余地。	“请求”或“要求”(request or order)。	“劝说”或“哄骗”(use persuasion or perhaps trickery)。
用法区别	用于被动语态时，其后要加带 to 的不定式。	用作使役动词时，不用被动语态。	总是要用带to的不定式作宾语补语。

(例) **My boss made me redo my report because he wasn't satisfied with it.**

我的老板对我的报告不满意，让我重做。

Heat makes gas expand.

热使气体膨胀。

The boy was made to wash the windows before he could go outside to play.

那个男孩在出去玩之前，必须得把窗子擦洗干净。

I had my brother carry my suitcase.

我让我兄弟提着我的衣箱。

Shall I have him come here?

我要他到这儿来吗？

You should get your friend to help you.

你应设法让你的朋友帮助你。

I got Mary to lend me some money.

我说服玛丽借些钱给我。

The machine was at last got to start.

这台机器终于被开动起来了。

动词let的含意和用法与上面三个使役动词相近，let之后总是要跟无to的动词不定式，意为“让……”(allow)。

(例) **Don't let the children play with matches.**

不要让孩子们玩火柴。

Let it be done at once.

这件事马上就得做。

I let my friend borrow my bicycle.

我让我的朋友借我的自行车。

Will he let you try again?

他会让你再试一次吗?

表示好恶的动词+宾语+带to的不定式

(例) **I like people to tell the truth.**

我喜欢人们说真话。

Do you prefer me to do the work by myself?

你更愿意我独自做这件工作吗?

I hate them to be troubled about trifles.

我不愿他们为琐事烦心。

这类动词通常都不用被动语态。

His mother wants him to go to university.

他的妈妈想要他上大学。

这类动词中包括:		
■ **dislike** 不喜欢	■ **like** 喜欢	■ **prefer** 更喜欢
■ **hate** 不喜欢	■ **love** 喜爱	■ **want** 想要

动词+介词+宾语+带to的不定式

(例) **I count on you not to mention it.**

我期望你别提这件事。

I'm waiting for you to agree.

我等待着你的同意。

这一类动词中有些不用被动语态，即使是能用被动语态的，也要在其后保留原介词。

(例) **You can rely on Jack to help you.**

你可以放心，杰克会帮助你的。

Jack can be relied on to help you.

杰克肯定会帮助你的。

He was called (up) on to make a speech at the banquet.

他应邀在宴会上发言。

常这样用的动词有:

arrange for, ask for, call (up)on, count on, depend (up)on, long for, prepare for, rely on, wait for, wish for etc.

4-6 不定式(短语)在句中作定语

动词不定式在句中用作定语，修饰名词时，一般都是紧跟在被修饰的名词之后，作后置定语。被修饰的名词与用作定语的不定式之间可能是逻辑上的“主一谓”关系，也可能是逻辑上的“动一宾”关系。

1 用作定语的动词不定式与被修饰名词的关系

如果被修饰的名词为不定式的逻辑宾语，而用作定语的不定式又为及物动词时，其后不能再跟任何宾语。

(例) **Have you anything to declare?**

你有什么事要宣布吗？

The important thing is to get some work to do.

重要的是找个工作做。

如果用作定语的不定式为“动词＋介词”，介词不能省略。

(例) **Let's find a more comfortable house to live in. (live in a house)**

让我们找一所更舒适的房子住。

Give me a piece of paper to write on. (write on a piece of paper)

给我一张写字用的纸。

There are a lot of TV sets to choose from. (choose one from a lot of TV sets)

有许多电视机可供挑选。

有时，特别是在 **there be** 句型中，用作定语的不定式也可用被动语态。

(例) **In a camera, the lens must be focused on the object to be photographed.** (**object** 接受 **photograph** 的动作。)

照相机中的镜头必须要聚焦在要拍照的物体上。

但是，如果句中主语为不定式动作的执行者，一般不用动词不定式的被动语态。

(例) **Do you have anything more to say?**

你还有什么话要说吗？

必要时，也可用“**for**+ 名词／代词”引出用作定语的不定式的逻辑主语。

(例) **Jack is the person for me to turn to in difficult times.**

杰克是我在困难时刻可以向他求助的人。

Is this the only point for us to pay attention to?

这是我们要给以注意的唯一一点吗？

Museums are no longer places for the privileged few or for bored vacationers to visit on rainy days.

博物馆已不再是少数特权人物造访之处，或无聊的度假者在雨天消磨时光的地方。(不定式的逻辑主语用 for 引出)。

2 通常在下列特定情况下，我们才用不定式作定语：

当句中的谓语是一些特定的动词，如 be, find, get, give, have, need, want 等，它们后面的名词(宾语或表语)可以用不定式修饰："have(等)+宾语+带 to 不定式"。

(例) **They gave us a week to think the problem over.**

他们给我们一周时间来仔细考虑这个问题。

Do you have anything more to say?

你还有什么话要说吗？

We found a house to live in.

我们找到了一所房子住。

Plants need room to spread their roots to get water and to spread their leaves to get sunlight.

植物需要空间来伸展它们的根系，以便获得水分，伸展它们的叶子，以便获得阳光。

There are underprivileged people who have almost nothing to eat, little to wear and no home except the street corner.

一些贫困的人缺吃少穿，浪迹街头。

当名词有特定的定语，如 first, last, next, only, second 以及形容词最高级时，其后可用不定式修饰："first(等)+名词+带 to 不定式"。

(例) **Betty was the first girl to come. (Betty was the first to come.)**

蓓蒂是第一个来的(姑娘)。

He is the only person to know the truth.

他是唯一了解真象的人。

He will be the next person to go. (He will be the next to go.)

他是下一个要走的。

That is the best film to be produced that year.

那是那年生产的最好的一部影片。

Wool was probably the second woven material to be used for clothes.

羊毛大概是第二种用来做衣服的纺织材料。

Frequently, the cheapest place to borrow money in the United States is a credit union.

一般地说，在美国借钱，利息最低的地方是信贷会。

在there be句型中，主语之后可以接不定式：there be+主语+带to不定式。

(例) **Is there anything to eat?**

有吃的东西吗?

There is nothing to worry about.

没什么可担心的。

There is a lot of work to do.

有许多工作要做。

Is there anything to talk to?

还有什么要谈的吗?

有一些特定的名词可以用不定式修饰。

有一些名词如 chance，effort，evidence，means，measure，reason，right，time 等，从含义上看，它们与行为或活动有密切的关系，因此常需要有一个动词不定式来修饰，充实或说明它们的内容。

(例) **It is time for you to go to school.**

你该去上学了。

You have no right to speak.

你无权说话。

Juvenile delinquency shows a tendency to increase.

少年犯罪有上升的趋势。

His intention to finish by noon is surprising.

他在中午前结束的想法令人吃惊。

一些要求不定式作宾语的动词转化为名词之后，仍可带一个不定式作定语。如：agreement，attempt，decision，promise，refusal，wish，plan 等。

(例) **She has a great wish to travel around the world.**

她有一个周游世界的强烈愿望。

He must keep the promise to pay within a month.

他必须遵守在一个月之内偿付的允诺。

He asked for permission to leave.

他请求允许他离开。

He made an attempt to speed up the work.

他试图加快工作(进程)。

一些形容词可用不定式作状语，与它们相应的名词如 ability，curiosity，patience，reluctance，willingness 等，也可用不定式作定语。

(例) The children have the ability to adapt to circumstances.

孩子们有适应环境的能力。

I did not have the patience to wait any longer.

我再也没有耐心等下去了。

有些不定式作定语时，具有“将来实现”的含义。

(例) Nuclear power could be an important source of energy for many years to come.

在未来的许多年里，核能可能是一种重要的能源。

The conference to take place next month is bound to be a great success.

下个月要召开的会议一定成功。

The person for you to talk to is the manager.

你要去和他谈话的人是经理。

The scientist has been invited to a party to be held next Monday evening.

这位科学家已被邀请来参加下周一晚上要举行的晚会。

4-7 不定式(短语)在句中作状语

动词不定式在句中作状语，主要用来修饰动词和形容词，间或也用来修饰副词。在句中作状语的动词不定式的逻辑主语可能是句子中的主语，或是句子中的其他成分，不定式也可能自带逻辑主语（用 for+ 名词／代词等引出），或是在句子中没有提及(需要推断)。

1 动词不定式用作目的状语

- 不定式用作目的状语时，其动作通常迟于谓语动词的动作。

(例) I must leave now to get there on time.

为了按时到达，我必须现在动身。

句中主语为不定式的逻辑主语

I am saying this only to encourage you.

我说这些话，只是为了要鼓励你。

He stood aside for her to pass.

他站到一边让她过去。

用介词 for 引出不定式的逻辑主语

He sent his shoes to the cobbler's to be mended.

他把鞋子送到修鞋铺去修理。 逻辑主语为句中宾语 shoes

In ancient China, food was stored with ice to keep it fresh.

在古代中国，食品是用冰块储存保鲜的。(句中无不定式的逻辑主语)

作目的状语的不定式之前，常常加上 in order 或 so as，以突出或强调目的的含意。

(例) **Many people have to wear glasses in order to see distant objects clear.**

为了能看清远处的物体，许多人不得不戴上眼镜。 位置可在句首或句末

He spoke loudly so as to be heard.

不能移到句首去

他高声说话，以便让人听见。

I'm working rather hard now so as to have more time for my holiday.

为了多几天假期，我现在正在抓紧工作。 句中主语为不定式的逻辑主语

如果用否定的动词不定式，in order 或 so as 不能省去，只能用 "in order not to (do)" 或 "so as not to (do)" 形式。

(例) **You'd better repeat them every day, in order not to forget them.**

为了不忘掉，你最好每天都重复一下。

He disconnected the phone so as not to be disturbed.

他为了不受打扰，把电话线路切断了。

"for+v-ing" 也可用来表示目的，但它所表示的是典型的、一般性的目的，而动词不定式除可以表示上述目的之外，还可以表示特定情况下某一具体行为或事物的具体的目的。

(例) **Knives are used to cut or slice.** 一般性的目的

Knives are used for cutting or slicing. 一般性的目的

刀用于切割。

My brother used a knife to cut his birthday cake.

我弟弟用一把刀子切开他的生日蛋糕。 具体的目的

An encyclopedia is used for locating facts and information.

百科全书是用来查找论据和资料的。 一般性目的

I used the encyclopedia to locate the facts about India.

我在百科全书中查找有关印度的资料。 具体的目的

He opened the window to get some fresh air in the room.

他打开窗子，让新鲜的空气进到房间里来。 具体的目的

如果谓语动词为 come，go，run，try 等时，也可以用“come 等 +and+ 无 to 的不定式”表示目的。有时，特别是在美语中，and 也可以省略。

(例) **Please come (and) see us again.**

(送客时)欢迎再来看我们。

只有在祈使句中才能省去 and。

Let's try (and) swim against the stream.

咱们试着逆流游过去。

2 动词不定式用作结果状语

不定式用做结果状语时，总是出现在被修饰动词之后，并且常用下列结构：

结　　构	中文含义
so+ 形容词 / 副词 + as to (do)	如此……以致
such (+(形容词 +)名词 +) as to (do)	如此……以致
enough+ 名词 + to (do)	足够……
名词 / 形容词 / 副词 + enough + to (do)	足够……
too+ 形容词 / 副词 + to (do)	太……以致不能……

结果状语通常都放在句末。

(例) **What have I said to make you so angry?**

我说了什么话使你如此生气?

They said goodbye, never to meet again.

他们互道再见，却再也没有重逢。

What have I done to offend you?

我干什么惹你生气了?

用“so...as...和“such...as...”引导的结果状语。

(例) **The windows were so small as not to admit much light at all.**

窗子太小了，进来的光线太少。

He is not so stupid as to do that.

他还没有蠢到做那种事情。

He came so early as to catch the first bus.

他来得很早，赶上了头班车。

His illness was not such as to cause anxiety.

他的病不重，不必着急。

I am not such a fool as to believe that.

我还没有傻到会相信这种事。

用"too . . . to (do)"引导结果状语，意为"太……以致不……"。

(例) **I'm too tired to walk any more tonight.**

今晚我太累了，再也不能往前走啦。

The food is too hot to be eaten.

The food is too hot to eat.

The food is too hot for us to eat.

这食物太热，不能吃。

- 但是，如果 **too** 前有 **all**，**but**，**not**，**only** 等修饰时，**too** 的意思是"非常"、"很"，此时，即使其后跟有不定式，也不含有否定意义，不表示结果。

(例) **I was not too sorry to see them go.**

看到他们走掉，我并不特别遗憾。

I am only too pleased to help you.

我非常愿意帮助你。

Such a thing is only too likely to happen.

(十分遗憾)那种事情太可能发生啦。

only, but, all 与 **too** 连用时，有时会给句子增加一种悲观、遗憾、惋惜的感觉。

You know but too well to hold your tongue.

你深知少说为妙。

- 当 **too** 用来修饰下列形容词时，即使其后跟有不定式，也不能表示否定的概念，**too** 的含意为"很、非常"。

这些形容词是：

pleased 高兴的	**glad** 高兴	**apt** 易于……的；善于
anxious 急切的	**willing** 愿意的	**ready** 愿意的，易于……的
eager 渴望的	**kind** 好心的	**inclined** 倾向于

(例) **Food is too apt to deteriorate in summer.**

食物在夏天里太容易变质。

The girl was too ready to cry.

这女孩动辄就哭起来。

从左边的句中也不难看出，句中的动词不定式多为句中的形容词或副词的惯用搭配关系，而不是 **too** 的呼应结构。

用在 enough 之后的结果状语。

- **enough** 用来修饰名词时，可放在名词之前或放在名词之后，但用来修饰副词或形容词时，却只能放在副词之后。

(例) **He made enough noise/noise enough to wake the dead.**

他连死人都要吵醒了。

I don't know him well enough to ask him for help.

我与他不太熟，不好请他帮忙。

He was kind enough to help me.

他十分友善地对我提供帮助。

不定式短语表示结果时，常与 only 连用，暗示一种“意外的结果”。

(例) **He worked hard only to fail in the examination.**

他努力学习，结果却没有考及格。

He went to the seaside only to be drowned.

他去了海滨，结果却溺死在那里。

I had tried this years before, only to receive a polite refusal.

几年前我试过，可却被有礼貌地拒绝了。

3 动词不定式用作原因状语

动词不定式短语有时可放在谓语之后表示原因。该状语的时间一般略早于谓语动作发生的时间。

(例) **They jumped with joy to hear the news.**

听到这个消息，他们高兴得跳了起来。

The children felt happy to be with their parents.

孩子们和父母在一起感到高兴。

His wife was shocked to see how her neighbors treated their children.

看到邻居那样对待自己的孩子，他妻子感到震惊。

4 不定式用作条件状语

不定式作状语也可表示条件，而且常常出现在句首。

(例) **She would be glad to hear the news.**

她听到这一消息一定会高兴的。

He'd be stupid not to accept this offer.

他若是不接受这一提议，可是太蠢了。

To look at him you could hardly help laughing.

看到他你就会忍不住笑起来。

5 不定式表示句中主语接着进行的另一个动作

不定式表示发生在谓语动词之后的动作，相当于谓语的一个并列成分。

(例) **The music died away to rise again in a subtle trill.**

音乐声渐渐消逝，随后又徐徐地、颤悠悠地响起来。

John came home to find that somebody had forced his door open.

约翰回到家后，发现有人破门而入了。

6 不定式用作状语表示方式

不定式之前有as if，as though时，在句中作状语，表示一种比喻的关系。

(例) **He raised his hand as if to take off his hat.**

他举起手来，像是要把帽子摘掉。

She opened her mouth as though to speak.

她张开嘴，好象要说话似的。

When the young man was just about to speak, his friend looked at him as if to lock up his mouth.

那年轻人刚要发言，他的朋友看着他，好像要把他的嘴封住似的。

7 不定式修饰作表语或宾语补语的形容词

句中主语为不定式状语的逻辑主语。

(例) **I am very glad to see you again.**

能再次见到你，我真高兴。

He was upset to hear the news.

听到这个消息，他非常不安。

He was delighted to learn that his offer had been accepted.

得知自己的提议被接受了时，他很高兴。

He was quick to see industrial openings for his scientific inventions.

他为自己的科学发明迅速找到了工业出路。

I was sorry to learn that he had had an accident.

听说他出了意外事故，我很难过。

She was disappointed to hear they were not coming.

她听说他们不来了，感到很扫兴。

形容词作宾语补语时，宾语为不定式状语的逻辑主语。

(例) **I found Jane reluctant to admit the truth.**

我发现简不愿承认这一事实。

They thought you unwilling to confess the fact.

他们认为你不愿承认这一事实。

This book set Tom wild to go to China.

这本书使得汤姆急切地想到中国去。

句中主语为不定式状语的逻辑宾语。

(例) **He is difficult to convince.**

很难说服他。

English is not so difficult to learn.

英语并不那么难学。

She is easy to get on with.

她很容易相处。

在这种情况下，如果用作状语的不定式要求介词时，该介词不能省略。

The river is dangerous to swim in.

在这条河里游泳是危险的。

形容词作宾语补语时，句中宾语为不定式状语的逻辑宾语。

(例) **We found Mary hard to convince.**

我们发现玛丽很难说服。

I discovered the room difficult to heat.

我发现这间屋子不容易加温。

修饰表语形容词的动词不定式也可以自代逻辑主语。

(例) **He was unwilling for the question to be settled in that way.**

他不愿意用这种方式解决这一问题。

The lake is safe for us to swim in.

我们在这个湖里游泳很安全。

5 动词不定式的几个特殊结构

除上面所讲到的有关动词不定式的一些句法功能之外，下面的有关不定式的一些特殊结构也是应用广泛，是值得我们注意的。

5-1 疑问词＋动词不定式

“疑问词＋不定式”除保持其原有的动词性质之外，又增添了名词的性质。因此，可以像名词一样在句中作动词的宾语，作介词的宾语，作主语、表语、宾补、同位语及后置定语等。必要时，疑问词前也可加上介词。

(例) **He showed me how to paint.** 宾语

他指导我如何作画。

The question is whom to invite. 表语

问题是邀请谁。

I don't know when to start.

宾语

我不知道何时动身。

We are looking for the key with which to unlock the door.

定语

我们正在找开门的钥匙。

Karl said something to Alec about what to do.

介词宾语

卡尔对阿历克谈到有关做什么的问题。

I don't know to whom to give it (who to give it to).

宾语

我不知道该把它给谁。

How to persuade the students is the question.

主语

如何说服学生是个问题。

Where to begin is what I want to know.

主语

从哪儿开始是我想知道的(问题)。

It is not yet decided which side to support.

主语

还未决定支持哪一方。

She lacked words with which to express her thanks.

定语

她没法用语言表达自己的谢意。

Conjurers also carried a small folding table on which to perform their tricks.

定语

变戏法的人还带着个可以折叠的小桌子，好在上面变戏法。

She must have time in which to grow calm.

定语

她需要时间冷静下来。

注：**why** 和 **if** 之后不能直接跟动词不定式。

5-2 分裂不定式

组成不定式的小品词to，在一般情况下，不能与动词分开。但有时我们也会看到有些副词出现在to和动词之间，使其分离。这种现象称为分裂不定式。

(例) **Our task is to further examine it.**

我们的任务是进一步检查。

He likes to half close his eyes.

他喜欢半闭着眼睛。

They have begun to really understand the problem.

他们已开始真正理解这一问题了。

He failed to entirely understand its real significance.

他未能完全理解它的真正意义。

He failed entirely to understand its real significance.

这后一句完全可能理解为：他完全不能理解它的真正意义。

这种用法主要见于文学作品中，是修辞的需要。有时，也可能是为了避免引起的歧意。如左述例句。

常这样用的副词有：

accurately 准确地	ever 总是，曾经	half 一半地	quickly 迅速地
completely 完全地	finally 最后	long 长久地	really 真地
entirely 完全地	fully 全部地	plainly 明确地	trully 真实地

值得注意的是，这种用法并不普遍，应尽量避免。

5-3 不定式的省略

当一个不定式出现在句中时，可能会有两种省略形式：

- 省去动词，只留下 to 来代替整个不定式；
- 省去 to，只留下动词原形。

如果一个动词在前面已经出现过，而再次以不定式的形式出现时，为了避免重复，可以把不定式中的动词原形省去，只留下一个不定式的符号 to。

(例) **My son will make a trip to Europe. He'd very much like to (make).**

我儿子要到欧洲去旅行。他非常想到那儿去(旅行)。

I've explained twice and I'm not going to (explain) again.

我已经讲过两次，不想再重复了。

I wouldn't read the article if I didn't have to (read it).

除非不得已，否则我不会读这篇文章。

I get on well with him nowadays. Better than I used to.

我与他相处得很好，比以前好多了。

—— How about going for a walk?

—— Yes, I'd like to (go for a walk).

去散散步怎么样？

好的，我和你一块去。

—— Have you visited Mr. White in hospital?

—— No, but I'm going to.

你去医院看过怀特先生了吗？

没有，不过我准备去看望他。

如果不定式为 to be 或 to have(助动词)时，通常都不省略。

(例) —— **He hasn't finished that book.**

—— **He ought to have.**

他还没有读完那本书呢。

他早该读完了啦。

在某些动词之后，特别是在名词或形容词之后，常连不定式的符号to也省略了。

(例) —— **Try to solve the problem yourself.**

—— **OK, I'll try.**

你设法自己解决这一问题吧。

好吧，我一定努力。

—— **Ought she to see a doctor at once?**

—— **Yes, she ought (to).**

她应立刻去看医生吗?

是的，她应该去。

I didn't fight with them; I hadn't the courage (to).

我没有与他们对打，因为我没有勇气。

值得注意的是，want 和 (would) like 之后的 to 是不能省略的，但当它们出现在从句中时，却可能被省略掉。

(例) **Drop in on me whenever you want (to).**

高兴的时候就过我这儿来坐坐吧。

You can do what you like (to do).

你可以做你喜欢做的事。

在一些句子中，常常是省去了 to，只留下了动词原形。这种情况在前一些章节中已屡屡遇到。这里，我们对此作一个小结：

当几个动词不定式作为并列成分出现在句中时，只在第一个不定式前加上to，其他不定式前的 to 均可省略。

(例) **...At any moment he expected to hear the creature, feel it knock him to the ground, smell its breath —— meet death.**

他时时都觉得听到了那只野兽的声音，觉得它把自己打翻在地，觉得自己嗅到了它的气息——遭遇到死亡。

He doesn't know whether to get married now or to wait.

他不知道是现在就结婚，还是再等一等。

若对各个不定式进行强调对比，每个不定式前都加 to。

当知觉动词如 hear, listen to, feel, see 等以及使役动词 make, have, let 用于主动语态时，作其宾语补语的不定式前不用 to。

(例) **She liked to listen to little birds sing.**

她喜欢听小鸟歌唱。

I wouldn't have you do that.

我不愿让你做那种事。

She was observed to go out of the room.

有人注意到她走出了房间。

We observed her go out of the room.

我们注意到她走出了房间。

但是，当它们用于被动语态时，**to** 不能省略。

She was made to change her plan.

她被迫改变计划。

Nothing will make her change her plan.

什么也不能使她改变计划。

The grass was let (to) grow.

就让这些草长着吧。

let 用于被动语态时，不定式之前的 **to** 是可有可无的。

help 和 know(用于一般过去时或完成时)之后，用不定式作宾语补语时，不定式的符号 to 可加可不加。

(例) **I've never known her (to) lose her temper.**

She has never been known to lose her temper.

我从未见过她发脾气。

但是，在用于被动语态时，**to** 通常不能省略。

"Why+ 无 to 不定式"构成的疑问句，表示这一动作是没有意义的，没有必要的，甚至是愚蠢的。

(例) **Why worry about such trifles?**

干嘛要为那种琐事发愁?

Why run this risk?

为什么要冒这个险?

- 有时，也可用"**Why not + 无 to** 不定式"来提出建议或劝告。

(例) **Why not let him act as he please?**

为什么不让他按着自己的喜好行事?

Why not come with us?

为什么不和我们一块去?

■ 上述句中如果有主语(you)，就不能用不定式，而要用“**Why don't you...**”。

(例) **Why not do that right now? = Why don't you do that right now?**

你为什么不现在就干呢?

在下列短语之后，要加无 to 的不定式：	
■ **cannot help but...** 不得不……	■ **had better** 最好……
■ **cannot but**不得不……，不能不……	■ **had best** 最好……
■ **can but...** 只得……	■ **had rather... = would rather...** 宁愿
■ **might (just) as well...** 或 **may as well** 还是……的好；不妨……	■ **would rather...** 或 **would sooner... (than…)**宁愿……

(例) **I think you had better (you'd better) do it at once.**

我觉得你最好马上做。

You had better not miss the last bus.

你最好不要误了最后一班公共汽车。

Hadn't you better go to the dentist?

你是不是最好去看看牙医呢?

否定句不用 **hadn't better**。要用：**had better not (do),** 但在疑问句中却可以用：**Hadn't + 主语 + better (do)**。在口语中，有时会省略**had**如：**I better try again.** 我最好再试一下。

I couldn't but laugh to see the scene.

我看到这种场景，忍不住笑了出来。

We may (just) as well begin at once.

我们还是现在就开始的好。

I can but do so.

我只得这样做。

You might as well throw your money into the sea as lend it to him.

你把钱借给他无异于把钱扔到海里。

I would rather (sooner) not do it.

我宁愿不做此事。

在“**make believe**(假装)，**make do (with)**(将就)，**let go**(放开)，**let fly**(发射)，**hear say / hear tell**(听人说起)，**go hang**(不再被关心)”等典型的固定说法中，不能接带 to 的不定式。

(例) **The boys made believe (that) they were astronauts.**

那些男孩装扮成宇航员。

You must make do without any help.

你必须在没有任何外界帮助的情况下设法应付。

Practise your English every day, you shouldn't let it go hang.

你们要每天练习英语，不要把它荒废了。

He let fly an arrow at the target.

他向靶子射一支箭。

I've often heard say such things.

我时常听人说起这种事情。

Have you ever heard tell of such things?

你听人说起过这种事情吗?

当两个或两个以上的动词不定式由 and，but，except，or，than 等连接时，这些词后的不定式可以不加 to。

（例） **We had nothing to do except (to) read newspapers.**

我们无事可做，只能看看报纸。

It's easier to persuade people than (to) force them.

说服容易，强迫难。

用来诠释 do 的含意的不定式表语可以用不带 to 的不定式。

（例） **All that I can do is (to) wait.**

我能做的就只有等待。

All you have to do is (to) push the button.

你要做的就是按一下按钮。

SUPER ENGLISH. THE GERUND
第十二章
动名词
SPY GAME
HOW HIGH

动名词

动名词也是动词的一种非限定形式。其形式与现在分词完全一样，即：动词+ing。正因为这两种语法概念在形式上是无法区分的，所以在一些语法专著中，已把这两种语法现象合在一处讲解，从而省去了分辨语法术语的麻烦，但由于它们之间必竟存在着概念上、用法上的无法回避的差别，分与合，都各有利弊。本章仍用传统方式，分别讲述，目的是力求通过对比，使概念更加清晰。

顾名思义，动名词是由动词变来的一种名词，它既保留了原动词的许多用法和特征，也具有了名词的许多用法和特征。

1 动名词的动词特征

动名词的动词特征表现在两个方面：

动名词可以保留原动词的各种用法，例如可以带宾语、表语、状语等。

(例) **They run into constant discrimination in trying to find a job or a friend.**

在寻找工作和结交朋友方面，他们不断地遇到歧视。

Living in digs means having one room in someone's house.

寄居的意思是在别人的家里借住一间房间。

Driving fast is very dangerous.

开快车是非常危险的。

He avoided giving me a definite answer.

他避免给我一个确切的回答。

动名词的否定式为"**not+** 动名词"，例：
Imagine not knowing the answer to such an easy question!
想不到竟然答不出这么个简单的问题。

动名词的动词特征还表现在它也有时态和语态的变化。具体的变化形式如下：

	主动语态	被动语态
一般式	**V-ing**	**being + V-ed**
完成式	**having + V-ed**	**having been + V-ed**

这一表格使我们想到了动词时态和语态变化的三个基本公式：

be + 现在分词＝进行式

have + 过去分词＝完成式

be + 过去分词＝被动式，及由此推出的 **have** + **been** + 过去分词＝完成被动式。

我们只需把公式中的第一助动词变为动名词，就可得出动名词的各种形式。

1-1 动名词的时态

动名词与不定式一样，不能在句中作谓语。因此，动名词本身不能表示出动作发生的具体时间。它的时间只能是相对于句中的谓语而言。

动名词一般式表示其动作与谓语动作同时或几乎同时(稍前或稍后)发生，或者是不强调时间性。动名词完成式强调其动作在谓语之前发生。

(例) **Writing developed from drawing.**

书写是从绘画发展而来的。

Reading can satisfy the hunger that comes from the desire for knowledge.

阅读能满足求知欲所带来的对知识的渴求。

Being busy is not always the same as being productive.

忙碌不休并不一定等于卓有成效。

The boy repeated the words without knowing what their meaning was.

这男孩复述这些话，但并不知道它们的意思。

They were working on the problem of freezing cells without damaging them.

他们致力于冷冻细胞而又不损伤细胞的研究。

She swam to the shore after spending the whole night in the water.

在水中度过了一整夜之后，她游到了岸边。

We got the job finished by working sixteen hours a day.

我们一天干 16 小时，把工作干完了。

She didn't acknowledge having received my letter.

她不承认已收到了我的信。

He was accused of having committed a crime.

他被控犯罪。

1-2 动名词的语态

动名词的语态取决于动名词与其逻辑主语之间的关系。逻辑主语是动名词动作的发出者时，用动名词的主动语态；逻辑主语是动名词动作的承受者时，用动名词的被动语态。因此，正确地找出或是判断出动名词的逻辑主语非常重要。

动名词的逻辑主语就是句中的主语或宾语。

(例) **On being introduced to somebody, a British person often shakes hands.**

动名词的逻辑主语为句中主语

英国人被介绍给别人时，常常和对方握手。

Thank you for coming.

动名词的逻辑主语为句中宾语

感谢你的到来。

After being distilled, sea water is not salty at all and is good enough to drink.

动名词的逻辑主语为句中主语

在蒸馏之后，海水不再含有盐分，完全可以饮用。

On leaving the air-raid shelters, they saw that doctors were busy.

动名词的逻辑主语为句中主语

他们一出防空洞，就看到医生们在忙碌着。

句中没有动名词的逻辑主语，但根据句子的内容可以推断出可能的逻辑主语，我们称之为"语境主语"，语境主语可能是具体的，也可能是泛指的。

(例) **Don't keep laughing.**

逻辑主语是没有出现的 you

不要老是笑。

It is dangerous swimming in the sea.

泛指

在海里游泳是危险的。

Being ignored is often worse than being criticized.

泛指

被人忽视，往往比被人批评更糟糕。

It was nice seeing you.

逻辑主语为没有出现的 I

(我)见到了你真高兴。

动名词也可以自带逻辑主语，自带的方法是：

物主代词	+ 动名词
人称代词宾格	
名词所有格一's	
一般名词(通格)	

(例) **I'm surprised at your/you doing it.**

让我吃惊的是你做了这件事。

Who told you of John's/John being there?

谁告诉你约翰在那儿?

She insisted on their both accepting the invitation.

她一定要他们两人都接受邀请。

She insisted on her husband paying in cash.

She insisted on her husband's paying in cash.

She insisted on his paying in cash.

She insisted on him paying in cash.

她坚持要她的丈夫／他支付现金。

对上述动名词逻辑主语的四种表述方法的选用原则是：

逻辑主语为有生命物时，要用名词所有格或物主代词。如果动名词在句中作宾语或不在句首时，在非正式英语中，逻辑主语也可用名词的通格，即名词的一般形式，或用人称代词的宾格形式。

(例) **Mr. Carson complained about Mary's coming to class late.**

卡森先生抱怨玛莉上课迟到。

His not being able to come is disappointing.

他不能前来真令人失望。

Do you mind my/me smoking?

我抽只烟可以吗?

Your being right doesn't necessarily mean my being wrong.

你正确未必就意味着我错了。

逻辑主语为非生命物时，用非所有格形式的名词或物主代词；当动名词作宾语时，也可用人称代词的宾格形式。

(例) **I don't mind trucks shuttling to and fro on the streets outside my house.**

我不在乎卡车在我家门外的大街上往来行驶。

The children are looking forward to spring coming.

孩子们正盼着春天到来。

动名词的逻辑主语为 **anybody**，**anyone**，**nobody**，**none**，**that**，**this**，**someone**，**somebody**，以及由两个以上的名词构成的短语，或者是以"**-s**"结尾的名词等时，通常后面都不需要加"**-'s**"。

(例) **He disapproved of that being said about Jane.**

他不赞同对简的这种说法。

He was awakened by somebody singing in the street.

他被街上(有人)唱歌的声音弄醒了。

Mr. Carson complained about Tom and Mary coming to class late.

卡森先生抱怨汤姆和玛莉上课迟到。

动名词在 demand，deserve，need，require，want 等动词以及形容词 worth 之后时，用其主动的形式代替被动形式表示被动的含义。

(例) **This house needs repairing.**

这房子需要修缮。

The matter wants/requires careful handling.

这件事需要小心处理。

That boy richly deserves whipping.

那个孩子真需要用鞭子抽一顿。

His suggestion is worth considering.

他的建议值得考虑。

That is something worth doing.

那是值得做的一件事。

从这些例句可以看出，句中的主语与动名词之间存在着一种被动的关系，但却要用主动的动名词。

如果上述词之后跟不定式，在这种情况下只能用不定式的被动式。

(例) **The matter demands looking into.**

The matter demands to be looked into.

这事需要调查。

The flowers need to be watered.

这些花需要浇水了。

I think they deserved to be punished.

我认为他们理应受到惩罚。

He did not require to be told twice.

他不需要别人对他说两次。

2 动名词的名词特征

动名词是一种动词性的名词，因此，它还保留着动词的一些特征。此外，它也具有名词所具有的绝大部分特征。

2-1 动名词的复数形式

(例) **You should try not to hurt the feelings of anybody.**

你应努力不去伤害任何人的感情。

I never saw such doings.

我从未见过这种做法。

动名词通常只用单数形式，只有在需要时，才用其复数形式。值得注意的是，当一个动名词用于复数时，它常常都有与它所表示的动作相近的含义。

2-2 动名词的修饰语

动名词也可用冠词、形容词、指示词、of 短语等修饰。

(例) **There is hardly any effective advertising to help shoppers.**

对购物者有实际帮助的广告是极少的。

I have a singing in my ears.

我耳鸣。

I hate all this useless arguing.

我很不喜欢这一切无谓的争论。

They like French cooking.

他们喜欢法式菜肴。

Do you hear the bird's beautiful singing?

你听到鸟儿婉转的歌声了吗?

动名词前有冠词等修饰语时，其后就不能直接跟宾语，而应用“of+名词”结构。

(例) **Art was a craft like any other, concerned with the making of necessary things.**

艺术是一种技艺，与其它的技艺一样，也与制作必需品有关。

In the time of Archimedes, the finding of a way to write big numbers was a great discovery.

在阿基米德时代，找到一种书写大数目的方法就是一项重大发现。

The building of the bridge took place in 1980.

这座桥是 1980 年建的。

一些修饰动名词的副词状语，在很多情况下，都可用相应的形容词定语代替，这对表意没有太大影响。

(例)
Singing harmoniously is enjoyable.
Harmonious singing is enjoyable.

悦耳的歌声令人心旷神怡。

“动名词 + 宾语”有时可被“the+ 动名词 + of + 名词”替代，只是后者多了一层限定的意义。

(例)
Writing down an infinite number is an impossible task.
The writing down of an infinite number is an impossible task.

要写出一个无穷数来是不可能的事。

2-3 动名词可用代词指代

(例) Swimming is a great pleasure in life. I love it.

游泳是生活中的一种很大的乐趣。我喜欢游泳。

I think it very unwise behaving like that.

我觉得那样的表现是非常不明智的。

That is what going to war means ; it means saying that might is right.

这就是进行战争的意义，它意味着“强权就是公理”。

3 动名词的句法功能

动名词与名词一样，在句中可以承担起名词所能承担的各种句子成分，如主语、表语、宾语、介词宾语甚至定语等等。

3-1 动名词用作句子的主语

1 谓语的形式

动名词常常被看作是单数不可数名词。它作主语时，谓语用单数第三人称形式。

(例) Seeing is one thing; doing is another.

看到是一回事，做到是另一回事。

Finding a good place to live continues to be one of man's most urgent problems.

寻找一处适宜的地方居住，仍然是人类最迫切的问题之一。

Painting is an art.

绘画是一门艺术。

Fighting means killing.

战斗意味着杀戮。

Having two good eyes is important for judging distances.

有一双好眼睛对于判断距离很重要。

Devising ways of accelerating the spread of valuable knowledge to the people who most need it is one of the most important tasks facing us in the future.

想办法将宝贵的知识更快地传播给最需要这些知识的人，是我们将要面临的一个最重要的任务。

2 句式的变化

与动词不定式一样，动名词作主语时，常可用形式主语It，把动名词短语移到句末。

（例） **It's terribly tiring working late like this.**

工作得这么晚真是累死人啦。

It's nice spending the holiday at the beach.

在海滨度假真惬意。

动名词与动词不定式不同之处在于：

- "It is/was+形容词+动词不定式"说明一般的情况，或具体某一次的动作。
- "It is/was+形容词+动名词"表示说话者在谈论一个特定的处境，并想给人一个"动作在进行中"的概念。

（例） **It is great fun to go out on a picnic.** 一般情况

外出去野餐真是一件快乐的事。

It's been a lot of fun meeting you. 特定的处境

与你相会真是令人愉快。

It is dangerous to ride with a drunk driver. 一般情况

乘坐醉酒司机开的车是危险的。

Tom was drunk. It was dangerous riding with him. 特定的处境

汤姆喝醉了，坐他开的车真是危险。

It is hard for an old man to change his way of thinking. 不能用动名词取代不定式

老年人要改变自己的思维方式是很难的。

3 常用句型

It is/was + [a waste / no good/no use / hardly any use/little use / not/hardly/scarcely worth / worth/worthwhile] + V-ing（动名词）

（例） **It's no use complaining.** 也可用 There's 代替

怨天尤人没有用。

It is no good trying to explain.

辩解没有用处。

It's a waste of time doing such a thing.

做这种事情是浪费时间。

It's worth making an effort.

为此作出努力是值得的。

There is/was + [no（无法） / no sense in（没有道理） / no point in（毫无意义） / no use in（无用） / nothing worse than（没有比……更糟的）] +V-ing（动名词）

（例）

There was no knowing what he could do.

没法知道他可能干什么。

There is no point in doing so.

这样做毫无意义。

Once let this fellow start talking, there was no stopping him.

一旦让这位老兄开口，就没法让他停下。

There's never any predicting what they will do next.

永远也没法预料他们下面要干什么。

There is no hiding of evil but not to do it.

若要人不知，除非己莫为。

注意下面句子的含义：

There is no need to talk about it again.

没有必要再谈啦。

> "There's no+动名词"，也可为"There isn't any+动名词"或"There's never any+动名词"替代。

动名词常用作祈使句的主语，表示禁止。

▪ **No smoking** 禁止吸烟	▪ **No spitting** 不准随地吐痰
▪ **No littering** 禁止乱丢废弃物	▪ **No loitering** 闲人止步

如 difficult，hard 等用在 It is / was 之后作表语时，常可用动名词作实际主语。类似用法的形容词还有：

▪ **odd** 奇怪的	▪ **crazy** 古怪的	▪ **hopeless** 无望的	▪ **nice** 令人愉快的
▪ **funny** 古怪的	▪ **foolish** 愚蠢的	▪ **interesting** 有趣的	▪ **tiring** 令人厌倦的
▪ **better** 较好的	▪ **terrible** 可怕的	▪ **enjoyable** 愉快的	▪ **pointless** 无意义的

（例）

It's terrible not being allowed to go out.

不让外出真是糟透啦。

It's been nice seeing you. (=Nice seeing you.)

见到你真令人愉快。

It is absurd talking like that.

这样谈话真是荒谬。

It is hopeless arguing about it.

辩论这一问题，不会有什么结果的。

有些名词用于 It is/was 之后作表语时，可用动名词作实际主语。

类似用法的名词有：

■ **luck** 幸运	■ **disaster** 灾难	■ **experience** 经历	■ **fun** 有趣
■ **hell** 苦境	■ **catastrophe** 灾难	■ **mistake** 错误	■ **pain** 痛苦
■ **pity** 可惜	■ **pleasure** 乐趣	■ **relief** 宽慰	■ **tragedy** 悲剧

（例） **It was fun playing (to play) in the park.**

在公园里嬉戏是惬意的。

It's a wonder seeing you.

看见你真令人惊讶。

3-2 动名词用作表语

动名词在句中作表语时，多与系动词 be 连用。如果句中的主语和表语同为动词时，要注意保持两个动词在形式上的一致，也就是说，如果主语用了动词不定式，表语也应用不定式；如果要用动名词，主语和表语都用动名词。

（例） **His main hobby is collecting stamps.**

他的主要爱好是集邮。

My favorite sport is swimming.

我喜欢的运动是游泳。

The only thing that interests her is working.

她唯一感兴趣的事就是工作。

Seeing is believing. = To see is to believe.

眼见为实。

The most popular pastime is playing chess.

= The most popular pastime is to play chess.

最大众化的消遣是下棋。

Denying this will be shutting one's eyes to fact.

否认这一点就是闭起眼睛，不愿正视事实。

3-3 动词不定式与动名词作主/表语时的区别

动词不定式和动名词都可作句子的主语或表语。一般情况下，两者差别不大。但若强调具体的、一次性的或有待实现的动作，用动词不定式。而泛指动作或不强调动作，只着眼于动作的名称时，就用动名词。

(例)

It was fun playing in the park.
It was fun to play in the park.

在公园中嬉戏很开心。

Parking was difficult in the shopping centre of the city. （经常现象）
It was difficult to park in the shopping centre of the city. （可能是经常性的，也可能是具体某一次）

在市中心商业区停放汽车很困难。

My duty was to take care of the baby while she was out. （具体的动作）

我的任务是在她出去时，照看小孩。

My favorite work is teaching English. （一件工作）

我喜欢的工作是教授英语。

3-4 动名词用作动词的宾语

英语中有相当一部分动词之后，只能用动名词作宾语。

(例)

I suggest you should practise speaking English whenever you can.

我建议你尽可能练习说英语。

Excuse my interrupting you.

对不起，我打扰您一下。

I enjoy reading the newspaper while I'm having breakfast.

我喜欢在吃早饭时看报纸。

We can leave as soon as it quits snowing.

雪一停下来，我们就能离开了。

下列动词之后的动词宾语，只能用动名词形式：

admit 承认	**advise** 建议	**appreciate** 感谢	**avoid** 避免
celebrate 庆祝	**complete** 完成	**consider** 考虑	**contemplate** 打算
defer 推迟	**deny** 否认	**fancy** 想象	**finish** 结束
hinder 妨碍	**keep** 保持	**loathe** 不喜欢	**mention** 提及
mind 介意	**miss** 错过	**pardon** 原谅	**prevent** 阻止

■ **anticipate** 期望	■ **delay** 延误	■ **detest** 憎恶	■ **discontinue** 中断
■ **discuss** 讨论	■ **dislike** 不喜欢	■ **dispute** 不同意	■ **enjoy** 喜欢
■ **escape** 逃避	■ **excuse** 原谅	■ **explain** 解释	■ **imagine** 想象
■ **postpone** 推迟	■ **practise** 练习	■ **quit** 停止	■ **recall** 回忆
■ **recommend** 建议	■ **recollect** 记起	■ **resent** 对……不满	■ **resist** 抵制
■ **risk** 冒险	■ **suggest** 建议	■ **tolerate** 忍受	■ **understand** 理解

有些动词之后既可接动词不定式，又可接动名词，可把这类动词分为三种类型：两种形式意义基本相同；两种形式在意义上有所变化；两种形式所表达的含义完全不同。

两种形式所表达的含意基本相同，可以互换。这类动词有 **attempt**，**begin**，**cease**，**continue**，**intend**，**omit**，**start**，**commence**。

（例）**They ceased talking/to talk.**

他们停止说话。

Prices will continue to rise/rising.

物价将继续上扬。

She started to cry/crying.

她哭泣起来。

What do you intend to do/doing next?

你下一步打算干什么?

He attempted to better/bettering his own record, but failed.

他试图刷新自己的记录，但没有成功。

Befere you commence to study/studying music, let me give you a word or two of advice.

在你开始学习音乐之前，请听我几句忠告。

但是，要注意以下几点：

■ 在 **begin**，**cease**，**continue**，**start** 的进行式之后通常不用动名词，以避免两个 **-ing** 形式重复使用。

（例）**It was beginning to snow.**（不用 **snowing**）

开始下起雪来了。

这一原则不适用于那些只能用动名词作宾语的动词。

■ 上述词与 **know**，**understand**，**believe** 等状态动词或与 **feel** 等知觉动词连用时，通常只用不定式形式。

(例) **She began to feel hungry.**

她开始感到饥饿。

She began to believe his story.

她开始相信他所说的事情。

That department has ceased to exist.

那部门已不复存在了。

- **begin** 等的主语为无生命物时，通常用不定式：

(例) **The thermometer began to fall.**

温度计(的读数)开始下降。

Prices will continue to rise.

物价将继续上涨。

- 有些词如 **allow**，**advise**，**permit**，**forbid**，**recommend** 等，既可用动名词作宾语，也可在带有宾语的情况下，其后再跟不定式，用做宾补。

(例) **He did not allow smoking.**

他不许吸烟。

He did not allow us to smoke.

他不许我们吸烟。

- **need**，**require**，**want** 等动词在表示“需要被……”时，其后可接不定式的被动式，或者接动名词的主动式，意义不变。

(例) **This house needs repairing/to be repaired.**

房子需要修缮了。

He did not require to be told twice/a second telling.

他不需要人家告诉他第二次。

不定式和动名词所表达的含意略有变化。用不定式作宾语时，表示特定的一次性的未来动作；用动名词则表示一般的行为，或者是目前正在进行的行为。常这样用的动词有：**hate**，**like**，**love**，**prefer**，**dread** 等。

(例) **Would you like to go with me?** ← 未来的一次性行为

你想跟我一块走吗？

I like riding a horse. ← 一般的活动

我喜欢骑马。

She hates being ordered about. ← 一个事实

她讨厌让人支使来支使去。

I hate to trouble you.

我很不愿麻烦你。　一次性行为

I prefer working to doing nothing.

我喜欢工作，不喜欢无所事事。　一般喜欢的活动

He preferred to do this rather than do that.

他宁愿做这件事，而不愿做那件事。　特定的，相对于该动作的未来的行为

My daughter dreads to consult a doctor.

我女儿怕去看医生。　暗示她不敢去

My daughter dreads consulting a doctor.

我女儿怕去看医生。　每当去看医生，都害怕

但是，在would like，would love，would hate 或would prefer之后，通常要用动词不定式。

（例）**Rather than go there, I'd much prefer to stay here on my own.**

我宁愿独自呆在这儿，也不愿意到那儿去。

He would like to live in a city.

他希望住在城市里。

I would like to have been told the result earlier.

我本来想早点儿知道结果。

We'd love to see you come with us.

我们很希望看到你与我们一起来。

有些动词后面接不定式和接动名词，所表示的含意截然不同。下面，我们将一些常用动词的这种区别分别进行如下的归纳和对比：

remember/forget/regret + 不定式：	**表示不定式动作发生在上述动词之后**
remember/forget/regret + 动名词：	**表示动名词动作发生在上述动词之前**

（例）**Remember to mail this letter tomorrow morning.**

记着明天上午把这封信寄出去。

I don't remember having said anything of the sort.

我不记得说过那样的话。

Don't forget to mail this letter tomorrow morning.

不要忘了明天上午把这封信寄出去。

I shall never forget hearing her singing the song.

我永远也不会忘记听她唱这支歌时的情景。

I regret to say that you have failed in the exam.

很抱歉，你考试没及格。

He regrets having done such a thing.

他后悔做了那种事情。

> **forget**+动名词通常用在否定句或疑问句中，如果是用肯定句来谈论过去的事情，则用 **forget that**...(从句)。

"try + 不定式"	意为"努力……"
"try + 动名词"	意为"试着／尝试……"

(例) **Do try to be punctual.**

务请准时。

The baby is trying to walk.

这小孩正在学步。

He tried walking without a crutch.

他试着不用拐杖行走。

"stop + 不定式"中的不定式是 stop 的目的	意为"停下来去(干……)"
"stop + 动名词"中的动名词为 stop 的宾语	意为"把……停下来"

(例) **He felt rather tired, and stopped to drink a cup of coffee.**

他感到很累，于是停下来去喝杯咖啡。

It has stopped raining.

雨已经停了。

"mean + 不定式"	意为"打算／想要(干……)"
"mean + 动名词"	意为"意味着／意思是……"

(例) **What do you mean to say?**

你要说什么？

She means to succeed.

她立意求成。

Fighting means killing.

战斗意味着杀戮。

"propose + 不定式"	意为"想要／打算……"
"propose + 动名词"	意为"建议……"

(例) **He proposed to buy a new house.**

他打算买一座新房子。

He proposed giving a party.

他建议举行一个晚会。

“go on + 不定式”	意为“接着(干另外一件事)”
“go on + 动名词”	意为“不停地干……”

(例) **He went on to tell us about the accident.**

接着，他又向我们讲述了那场事故。

He went on dancing for hours.

他跳了几个小时舞。

“cannot help + 不定式”	意为“不能帮助(干……)”
“cannot help + 动名词”	意为“不能不(干……)”

(例) **I cannot help to repair the car.**

我不能帮助修汽车。

I cannot help laughing.

我不能不笑了出来。(我禁不住笑了出来。)

“chance + 动词不定式”	意为“碰巧……”
“chance + 动名词”	“冒……的险”,“碰运气试一下……”

(例) **He chanced to be present.**

他碰巧在场。

Should we chance getting home before it snows?

我们能冒一下险在下雪前赶到家吗?

3-5 动词不定式与动名词作宾语时的区别

动词不定式和动名词都可以用在一些动词之后作宾语。对于两者之间的区别，我们在前面已作了分项阐述。为了从理性的角度加深我们的理解，我们对此问题再作进一步的总结，提出以下的判断其区别的总原则。

动名词更富于一般性、抽象性、长期性；而不定式则倾向于具体性、短期性。

(例) **I like playing football.**

我喜欢踢足球。(这项运动)

I like to play football.

我想踢足球。(我此次的选择)

I hate seeing any living being suffer. I can't bear it.

我不愿看到任何活物受折磨。我容忍不了这种事。(这是我一贯的态度。)

I hate to see any living being suffer. I can't bear it.

我不喜欢看到活物受折磨。我受不了这种事。(我拒绝去看，我不想去看)

动名词常用来表示“已实际存在的或已经完成或做过”的事情。而不定式多表示在谓语动作之后要做的事，是相对于未来的、有待去完成的动作。

（例）**I want to have a beer.**

我想喝杯啤酒。　表示在 **want** 之后的将来的、未完成的行为

I really enjoyed jogging in the park.

我真的喜欢在公园中慢跑。　享受已经经历过的事情

When I travel, I prefer driving to taking a plane.

我在旅行时喜欢自己驾车，不喜欢乘飞机。　我从过去到现在都是如此

I prefer to drive rather than to take a plane.

我宁愿自己驾车，也不愿乘飞机。　如果让我选择，那我就开车去

I appreciate being invited to the party.

我感谢被邀请来参加这个晚会。　“邀请”是在“感谢”之前已存在的事实

She avoided giving a definite answer.

她避免给出肯定的回答。

Please excuse the child's being absent.

= Please excuse the child for his absence.

请原谅这孩子缺席。

You should practise speaking English.

你应该练习说英语。

另外，大多数短语动词(动词＋小品词)之后，也要用动名词。

（例）**You must give up smoking.**

你必须戒烟。

I've been looking forward to coming to Beijing for a long time.

好久以来我一直盼望着到北京来。

Are you interested in going to the show?

你有兴趣去看演出吗?

在不自带逻辑主语的情况下，不定式的逻辑主语多为句子的主语；而动名词的逻辑主语可能是句中的主语，也可能是其他人(或物)的行为。

（例）**I don't like to drink heavily.**

我不喜欢酗酒。　我不做这种事

I don't like drinking heavily.

我不喜欢酗酒(这种事)　任何人酗酒我都不喜欢

I hate to loiter at street corners.

我不喜欢在街头闲荡。

指自己

I hate loitering at street corners.

我不喜欢在街头闲荡(这种事)。

可能指自己，也可能泛指一般的人

3-6 动名词用作介词宾语

除了前面已经谈到的“疑问词＋不定式”可用作介词宾语之外，一般都只能用动名词作介词的宾语，但个别的介词如 **except**，**but** 等例外。

“动词＋介词＋动名词”

(例)

I'm accustomed to sleeping with the window open.

我习惯于开着窗子睡觉。

英式英语中用to sleep

I am not used to being spoken to like that.

我不习惯别人对我那样说话。

We are all looking forward to meeting you.

我们都盼望着与你相会。

The rain prevented us from completing the work.

下雨妨碍我们完成工作。

She complains of the book being too difficult.

= She complains that the book is too difficult.

她抱怨这本书太难。

He objected to my marrying her.

他反对我与她结婚。

下面一些短语中的**to**都是介词：**accustom oneself to** 习惯于，**face up to** 勇敢面对，**be reduced to** 减小为，**resign oneself to** 顺从于，**resort to** 诉诸，**sink to** 沉入。

“形容词＋介词＋动名词”

(例)

Ally isn't interested in looking for a better job.

阿莉对找一件更好的工作不感兴趣。

I know who is responsible for breaking the window.

我知道窗子是谁打的。(是谁要对打破窗子负责。)

I'm excited about going to Beijing.

要去北京，我感到特别高兴。

“名词＋介词＋动名词”

(例)

There are many ways of doing it.

有许多方法可以做这件事。

也可用 to do it

They did not go out for fear of raining.

他们因为怕下雨就没有出去。

There is no harm in your sleeping late on Sunday.

你星期天起得晚点儿也没什么害处。

Personal relationships are the key to doing business in Arab countries.

在阿拉伯国家，私人关系是做生意的关键。

The invention of writing made an enormous difference to communication.

书写的发明使信息交流发生了巨大的变化。

there be 和 it is 也可变为动名词 there being 和 it being 与介词连用。

(例) **The car stopped because of there being no fuel in the tank.**

因为油箱里没有油，所以汽车停了下来。

What's the chance of there being a plebiscite?

举行公民投票的可能性有多大?

If I bring in my suit for dry-cleaning, is there any chance of it being ready by tomorrow?

我若是把套装送来干洗，明天能取吗?

"介词＋动名词"也可在句中作状语，表示时间、条件等等。

常用的介词有：
about, at, after, before, by, besides, for, from, in, on, upon, with, without etc.

(例) **You can't make an omelette without breaking eggs.**

打不破鸡蛋，做不成蛋饼。(有所得，必有所失。)

One man cannot hold another man down in a ditch without remaining down in the ditch with him.

一个人想把别人拖进泥坑，自己也必须同他一块站在泥坑里。

On leaving school, he went into business.

一离开学校，他就投身到商业中去了。

on + V-ing=一……就……

In trying to take the kettle from the stove, he received an electric shock.

他把水壶从电炉上拿开时，被电击了一下。

in + V-ing=在……的过程中

3-7 动名词用作名词的前置定语

动名词也可置于名词之前，作名词的前置定语，通常表示被修饰名词的用途或性能。

■ **frying pan** 煎锅	■ **writing table** 写字台
■ **freezing point** 冰点	■ **sleeping car** 卧铺车
■ **walking stick** 手杖	■ **waiting room** 候车室

3-8 动名词的惯用搭配关系

"do + the + V-ing" 意为"做……"表示从事一项需要一段时间或需要重复的活动。此句型中的"**the**"也可为限定词 **some**，**my**，**a lot of** 等取代。

(例) **I' ll do the cooking for you.**

我来给你烧饭。

The girl did a lot of/no washing yesterday.

那女孩洗了很多东西 / 没洗东西。

常与 **do** 搭配的动名词有：

■ **reading**	■ **studying**	■ **thinking**	■ **washing-up**
■ **telephoning**	■ **knitting**	■ **shopping**	■ **sightseeing**
■ **ironing**	■ **swimming**	■ **talking**	■ **typing**

"have+fun/pleasure/a good time/trouble/difficulty+(in)+V-ing"

(例) **The children were having a lot of fun playing with the toys.**

孩子们玩那些玩具，玩得很开心。

When we were in New York, we had a good time sightseeing.

我们在纽约时，到处观光，过得非常快活。

I have trouble understanding Mr. Nicol when he talks too fast.

尼科尔先生讲得太快的时候，我很难听懂。

We had no difficulty (in) finding the station.

我们没费劲就找到了车站。

"There is + difficulty/trouble/pleasure + (in) + V-ing"

(例) **Will there be any difficulty (in) getting a driving license?**

领取驾驶执照有困难吗?

There was some trouble (in) reading her handwriting.

她的字迹有点儿难认。

"be busy + (in)V-ing."

(例) **Most of us when not busy working are busy playing.**

我们中大多数人不是忙于工作，就是忙着玩乐。

"What/How about + V-ing..."(用来征求意见或询问消息)怎么样?

(例) **What about having a game of table tennis?**

来打一盘乒乓球怎么样?

How about going on a picnic?

去野餐一次怎么样?

"go+ 动名词"意为"去(干……)",其后的动名词多与休闲娱乐的户外活动有关。这一词组可用来表示"邀请"或"提出建议",也可用来叙述一个事实。

常用于 go 之后的动名词		
boating 划船	**camping** 露营	**climbing** 爬山
driving 驾车兜风	**dancing** 跳舞	**hiking** 徒步旅行
hunting 打猎	**fishing** 垂钓	**running** 跑步
jogging 慢跑	**ridding** 骑马	**sailing** 航行
shopping 采购	**sightseeing** 观光	**skating** 滑冰
swimming 游泳	**walking** 散步	**window shopping** 逛街

(例) **We went boating yesterday.**

昨天我们划船去了。

Come dancing this evening.

go 有时也可为 come 所替代。

今天晚上来跳舞吧。

一些语法研究者对这一结构中的 **V-ing** 的性质争论不已,一些人认为是动名词,也有一些人认为是分词。我们姑且将其列在这里,与"**do+the V-ing**"互相参照。

SUPER ENGLISH. THE PARTICIPLE.
第十二章
分词

分 词

分词也是动词的一种非限定形式，因此，它与前面讲到的动词不定式和动名词一样，不能单独作谓语，也没有人称和数的变化。分词有两种形式：现在分词和过去分词。现在分词由动词加上词尾**-ing**构成，过去分词由动词加上词尾**-ed**构成(不规则动词例外)。现在分词本身有时态和语态的变化，但过去分词却只有一种形式。现在分词和过去分词都是一种语法术语，与时间没有关系。作为一种非限定动词，分词本身兼有动词、形容词和副词的特征，故可以作状语、表语、定语和宾语补语等。

1 分词概说

分词与原动词一样，可能带有自己的直接宾语、间接宾语、宾语补语以及状语等，并与这些成分一起构成分词短语。

(例) **Looking at his watch, he saw that it was one o'clock.**

他看了看表，时间是一点钟。 分词带介词宾语

Cooked in wine, snails are a great luxury in various parts of the world.

葡萄酒烧蜗牛，这在世界许多地方都是一种奢侈食品。 分词带方式状语

There were some men digging up the road outside my house.

有几个人在我家旁边挖路。 分词带宾语和地点状语

1-1 现在分词与过去分词的区别

在语态上，现在分词表示主动，由及物动词变来的过去分词通常表示被动。

- **exciting news** 令人兴奋的消息
- **excited people** 兴奋的人们
- **boiling water** 沸腾的水
- **boiled water** 烧开了的水
- **annoying noise** 烦人的喧闹声
- **annoyed neighbors** 受到烦扰的邻居

在时间上，现在分词往往表示正在进行的动作，过去分词通常表示已经完成的动作。一些由不及物动词变来的过去分词没有被动的意义，只有“完成”的概念。

- **the exhausted man** 精疲力竭的男人
- **a faded rose** 凋谢的玫瑰
- **fallen leaves** 落叶
- **a dancing girl** 跳舞的女孩
- **a running deer** 奔跑的鹿
- **a changing world** 不断变化的世界

过去分词只有一种形式，即：**V-ed**；而现在分词还有时态和语态的变化。

现在分词的变化形式与动名词完全相同：

时态 \ 语态	主动语态	被动语态
一般式	**V-ing**	**being V-ed**
完成式	**having V-ed**	**having been V-ed**

1-2 现在分词的时态

现在分词本身不能表示具体的时间概念，其动作发生的时间只能是相对于句中的谓语时间而言的，这一点与动词不定式和动名词相同。

现在分词一般式的动作通常与谓语动作同时发生或几乎同时发生，或是在谓语动作发生时，现在分词的动作正在发生过程中。

（例）**Looking back, I realize that at that moment we underwent a profound experience.**

与 **realize** 同时发生

回首往事，我认识到，那时我们的经历是意义深远的。

Seeing that it was a rainy day, Tom put on his raincoat.

与 **put on** 几乎同时发生

汤姆看到天在下雨，便穿上了雨衣。

She smelt something burning.

smelt 发生在 **burning** 的过程中

她闻到有东西烧焦了。

Will the people sitting at the back please keep quiet?

先于 **keep** 存在，**keep** 在其过程中开始

请坐在后面的人保持安静。

现在分词完成式的动作发生在谓语动作之前。

（例）**Having walked for two hours, we were looking for a place to have breakfast.**

发生在 **were looking for** 之前

走了两个小时之后，我们就寻找一个吃早饭的地方。

Not having received an answer, I wrote again.

发生在 **wrote** 之前

(由于)没有收到回信，我又写了一封信。

如果时间先后的概念比较明确，通常可以用现在分词的一般式代替现在分词的完成式。但是，如果两个动作之间隔了一段时间，或者是分词的动作持续了一段时间，就只能用现在分词的完成式。

（例）**Putting down his newspaper, he walked stiffly over to the window and leaned over the sill.**

与谓语动词 **walked** 等一前一后，连续发生

他放下报纸，腿脚不灵便地走到窗前，俯身到窗台上。

Not having seen that film, I am afraid I cannot say anything about it.

我没有看过那部电影，恐怕谈不出什么来。 与 cannot say 有一段时间间隔

Having been exhausted by the journey, he went straight to bed.

由于旅途困顿，他直接去睡了。 为一个持续了一段时间的动作

1-3 现在分词的语态

用现在分词的主动语态还是被动语态，取决于现在分词与其逻辑主语间的关系。

- 现在分词的主动语态表示逻辑主语是现在分词动作的发出者；
- 现在分词的被动语态表示其逻辑主语是分词动作的承受者。

(例) **Entering the room, I found Jack already waiting.**

我走进房间，发现杰克已经等在那儿了。 逻辑主语为I(=I entered...and found...)

I know the men sitting in the room.

我认识坐在房间里的那些人。 逻辑主语为men(=the men who are sitting...)

Having been caught in that situation before, I knew exactly what to do. 逻辑主语为I(=I have been caught...)

因为从前遇到过那种情况，所以我完全知道该怎么办。

1-4 分词的逻辑主语

从1-3中可以看出，分词的语态取决于它的逻辑主语，因此，准确无误地找出其逻辑主语是正确理解和使用分词的关键之一。

如果分词(短语)在句中作定语，其逻辑主语为被其修饰的名词。

(例) **On one side of the window stood two tables loaded with newspapers.**

窗子一侧摆着两张桌子，桌子上堆满了报纸。

A barking dog seldom bites.

爱叫的狗不咬人。

I need a book dealing with anti-pollution problems.

我需要一本阐述反污染问题的书。

English is the language spoken in Australia.

英语是澳大利亚通用的语言。

如果分词在句中作表语，其逻辑主语通常为句子的主语。

(例) **The news was exciting.**

这消息令人振奋。

The cup was broken.

杯子是破的。

如果分词在句中作宾语补语，其逻辑主语为句中的宾语。在被动句中，宾语变为句中的主语，原来的宾语补语成了主语补语，其逻辑主语便是句中的主语。

(例) **His words set me thinking.**

他的话引我深思。

They kept everything locked.

他们把样样东西都锁起来。

The Spanish warships were seen approaching.

人们看到西班牙舰队开近了。

如果分词在句中作状语，其逻辑主语通常为句子的主语。

(例) **At last, tired of waiting, I went away.**

我等得不耐烦，最后干脆走了。

Once seen, it can never be forgotten.

一见难忘。

The young people, having explored the nearby regions, began to go on longer trips.

这些青年游历了附近的一些地区之后，开始进行较远的旅行。

People have known for more than 200 years that certain materials when rubbed become charged with electricity.

人们早在200多年前就知道某些材料摩擦会产生电。

Not knowing what to do, he came to me for help.

他不知道如何是好，于是来找我帮助。

分词用作状语时，有时其逻辑主语并不是句子的主语，在这种情况下，分词必须自带逻辑主语。分词与其逻辑主语一起构成“独立分词结构”，其形式为“名词或代词＋分词”，也可以在名词之前加上介词 with 或 without。

(例) **His work done, he went out for a stroll.**

工作完了之后，他便出去散步了。

A man came in, his face hidden by an upturned coat collar.

进来一个男人，竖起的外衣领子遮住了他的脸。

He sat reading, with his wife sewing beside him.

他坐在那儿读书，而他的妻子坐在他身边缝纫。

Without a word more spoken, they went away.

没再说一句话，他们就走了。

With English-language schools being set up everywhere, the need for qualified English teachers has created a boom industry.

随着英语学校在各地的建立，对合格英语教师的需求又开创了一个兴旺的行业。

有一类分词短语，没有带自己的逻辑主语，而句中也没有它的逻辑主语，这种短语已被看作是固定的惯用语，在句中起插入语的作用。

(例) **Generally speaking, this book is not difficult.**

总的说来，这本书并不难。

常常这样用的习语有：

- **talking of...** 谈到……
- **considering...** 考虑到……
- **judging from/by...** 根据……判断
- **roughly speaking** 大致说
- **strictly speaking** 严格地说
- **frankly speaking** 坦白地说
- **generally speaking** 一般地说
- **broadly speaking** 泛泛地说
- **allowing for...** 考虑到……
- **honestly speaking** 老实说

2 分词与分词短语的句法功能

分词(现在分词和过去分词)除了能与助动词连用，构成各种时态或语态之外，还可在句中作定语、表语、宾语补语、状语等。

2-1 分词用作定语

现在分词和过去分词都可用作名词的定语。被修饰的名词是分词的动作发出者时，用现在分词；被修饰的名词是分词的动作承受者时，用过去分词。

- **improved methods** (被)改进了的方法
- **the boring speaker** 令人厌烦的讲演者
- **the weeping girl** 哭泣的女孩
- **the bored student** 感到厌烦的学生

作定语的分词，有时可以放在被修饰名词之前，称之为前置定语，有时必须放在被修饰的名词之后，称之为后置定语。

分词作前置定语时，通常表示一种相对的持久性、一种特征，分词的形容词性质胜于其动词性质。单个分词或者只带有一个副词的分词多用作前置定语。

- **a solved problem** 一个解决了的问题
- **running water** 流水
- **newly invented machine** 新发明的机器
- **freely falling body** 自由落体

分词作后置定语时，比较突出分词的动作。分词短语通常都用作后置定语。

- **the boys playing in the garden**
  在花园里玩耍的男孩子们
- **the man sitting next to her**
  坐在她旁边的人

个别单个的过去分词用作前置定语和后置定语时，可能有不同的含义。

前置定语	后置定语
a concerned look 关切的神色	**the authorities concerned** 有关当局
an involved sentence 复杂的难句	**the people involved** 有关人士
wanted person 被通缉的人	**jobs wanted** 需要的工作
in a given condition 在一定条件下	**a doll given by my aunt** 我姑妈给的玩偶
a used car 一辆旧汽车	**the knife used for cutting paper** 裁纸刀

现在分词短语作定语时，其动作通常是在谓语动词的动作发生时正在进行。分词的动作也可在谓语动作之前或之后的现在进行。分词定语也可表示存在的状态或经常性动作。现在分词的完成式不能用作名词的定语。

（例） **Do you know the man talking to my sister?**

你认识和我姐姐谈话的那个人吗？

The young man sitting in the third row will be a physician.

坐在第三排的那位年轻人将成为一位内科医生。

He was a short man, walking with a disproportionately long stride, which caused him to roll like a lugger making into a head wind.

他个子不高，走起来步子大得不成比例，就象一艘顶风行驶的小帆船一样左右摇摆。

现在分词短语用在特指的名词之后作定语时，通常只含有"正在进行"的意思。但用在一个泛指的名词之后作定语时，可以表示"进行"的意思，也可以表示一般的情况。

（例） **The students working in the factory will be back tomorrow.**

特指，正在进行

正在工厂劳动的学生们明天回来。

Matter is anything having weight and occupying space.

泛指，表示一般情况

凡是物质，都具有重量，并占有空间。

Some poets have called butterflies and moths "flying flowers".

泛指，正在进行

一些诗人称蝴蝶和飞蛾为"飞舞的花朵"。

being所引导的分词短语不能作定语，但现在分词的被动语态"**being+v-ed**"不在此列。

（例） **Did you see that car being repaired?**

你看见那辆正在修理的汽车了吗？

In Europe there are very few wooden houses being built today.

在欧洲，目前很少有人在建木头房子了。

现在分词与动名词都可用作前置定语，两者的区别在于：

- 现在分词与被其修饰的名词之间存在着逻辑上的主—谓关系，也就是说，被修饰的名词通常为现在分词的逻辑主语，现在分词用来说明被修饰名词的动作；
- 动名词用作定语时，与被修饰名词之间没有这种关系，动名词只是用来说明被修饰名词的用途或性质。

现在分词与动名词作前置定语的区别	
现在分词	动名词
the sleeping dog 睡着的狗 **(=the dog who is sleeping)**	**the sleeping bag** 睡袋 **(=the bag for sleeping)**
a waiting maid 侍女	**a waiting room** 候诊室
flying fish 飞鱼(文鳐鱼)	**flying time** (飞行员的)飞行时间

2-2 分词用作表语

作表语的分词相当于一个形容词，动作的意义大大减弱，只表示一种状况，或者表示主语的性质和特征。

现在分词用作表语时，通常都表示句中主语所具有的特征；而过去分词用作表语时，往往表示主语所处的状态。

(例) **The journey was very tiring.**

这次旅行真令人疲劳。

Japan is located in East Asia.

日本位于东亚。

The explanation is confusing.

这种解释令人迷惑。

He is married.

他已婚。

"be+V-ing" 在不同的句子中，语法功能和含义可能有很大的差别。**"be+V-ing"** 可能表示以下几种概念：

- 用作进行式，表示谓语动作"正在进行"，**V-ing** 为现在分词。

(例) **Warmth and rain are encouraging the growth of plants.**

温暖的天气和雨水促进着植物的生长。

- **V-ing** 起形容词的作用，用作 **be** 的表语，**V-ing** 为现在分词。

(例) **The success is encouraging.**

这一成功是鼓舞人心的。

- **V-ing** 为动名词，用作 **be** 的表语。

(例) **What the mother should do is encouraging her boy in his studies.**

母亲应该做的就是在学习方面鼓励自己的孩子。

"be + V-ed" 在不同的句子中，在用法和含义上也可能有很大的差别。

"be + V-ed" 可能表示以下概念：

- 表示被动，**V-ed** 为过去分词，重点在"动作"。主语是动作承受者，施动者可由 **by** 引出。

(例) **The pitcher fell and was broken to pieces.**

水罐掉下去被摔得粉碎。

- **V-ed** 用作系动词 **be** 的表语，重点在"状态"，表示动作在此之前已经发生。过去分词只是描述动作发生后留下的状态或境况，此时，过去分词相当于一个形容词，其后不能跟被动式常用的 **by** 短语，但可以跟除 **by** 以外的其他介词短语。

(例) **I just closed the book.** 我刚把书合上。

The book was closed (by me). 书(被我)合上了。(动作)

Now the book is closed. 书现在是合着的。(状态)

He broke a window. 他打破了窗子。

The window was broken by him. 窗子被他打破了。(动作)

Now the window is broken. 窗子现在是破的。(状态)

The window is stuck.

这扇窗子卡住了。

Ralph is dressed in his best suit .

拉尔夫穿着他最好的西装。

He is disappointed with himself.

他对自己失望了。

That girl is terrified of dogs.

那个女孩害怕狗。

有一类过去分词只能用作表语，不表示被动，这些词已基本上形容词化了。

(例) **I don't know where I am. I'm lost.**

我不知自己现在何处。我迷路了。

We are done with our homework.

我们已把作业做完了。

The clean air was gone, and the clean lake water was gone.

没有了清新的空气，也没有了清澈的湖水。

What's done cannot be undone.

事已成定局，无可挽回。(覆水难收)

I'm finished for today.

我已把今天的工作干完了。

Those days are past and gone.

那种日子已一去不返了。

常用的能作表语表示状态的过去分词
accomplished, accustomed, acquainted, amused, astonished, bent, blocked, broken, closed, completed, complicated, confined, confused, connected, contented, covered, crowded, dedicated, delighted, devoted, divorced, disappointed, discouraged, done, dressed, drunk, exhausted, faded, finished, frightened, gone, hurt, injured, insured, interested, killed, known, learned, loaded, lost, made, married, opposed, painted, pleased, puzzled, qualified, recovered, related, satisfied, saved, scheduled, shut, spent, stuck, spoiled, surprised, surrounded, tired, typed, unknown, upset, won, worried 等

2-3 分词用作宾语补语

只有几类动词能用分词作宾语补语。

常用分词作宾语补语的动词

知觉动词:	see, watch, notice, observe, find, think, feel, hear, smell, listen to, look at 等
使役动词	have, make, get 等
表示“愿望”的动词	want, wish, expect, like 等
表示“致使”的动词	set, keep, catch, leave 等
表示“认为”的动词	regard, accept, think of, describe 等

分词作宾语补语时，其逻辑主语为其前面的宾语，因此，如果宾语是分词动作的发出者，要用现在分词，如果宾语要接受分词的动作，就用过去分词。

(例) **I stood on the bridge and watched the boats passing by.**

我站在桥上看着船只来来往往。

His remark left me wondering.

他的话让我惊讶。

I hope I haven't kept you waiting too long.

我没让你等太久吧。

We saw her walking alone.

我们看到她独自走着。

I want these things changed.

我要把这些东西换掉。

Why don't you get it done by somebody else?

为什么不叫别人做呢？

She found a car abandoned by the roadside.

她发现有一辆汽车被抛弃在路边。

在一些知觉动词之后，常用无 to 不定式或现在分词作宾语补语。

- 动词不定式强调动作的结果、动作的完成或一次性动作；
- 现在分词着重动作的过程、动作的进行，或反复的动作，现在分词的动作可能已经完成，也可能尚未完成，尚在进行过程中。试比较：

(例) **I saw them come across the street.**

我看见他们穿过了大街。

I saw them coming across the street.

我看见他们正在横穿大街。

I heard somebody singing.

我听见有人在歌唱。

I heard a bird sing.

我听到有只鸟儿鸣叫。

如果宾语补语所描写的是一个比较短暂的动作，可以用无 to 不定式，也可以用现在分词。但是，如果宾语补语所表示的是一个特别短暂的、不能延续的动作，就只能用无 to 不定式。

(例) **I saw Jane entering/enter her office.**

我看到简走进办公室去。

The police caught him stealing/steal a car.

警察发现他偷汽车。

I heard the door shut with a bang.

我听到门砰地一声关上了。

I saw a car crash into a tree.

我看到一辆车猛地撞到树上。

如果宾语补语包括几个并列的动词时，一般要用无 to 不定式。

(例) **They saw the boy jump down from the roof and enter the house.**

他们看到那个男孩从屋顶上跳下来，进到房子里去了。

知觉动词之后可以用现在分词的被动式或过去分词作宾语补语，但不用被动的不定式。其他一些动词如 make, get, have, like, want 等也可以用过去分词作宾语补语。

(例) **I saw the child being brought home by the police.**

我看到那孩子被警察带回家去。

I am going to get my car washed.

我要把车子送去洗洗。

She felt a great load taken off her mind.

她觉得思想上去掉了一个重担。

I found the boy changed.

我发现那男孩变了。

"have+ 宾语 +V-ed" 在不同句子中，含意可能有所不同。

- 让别人做某事(有意的安排)

(例) **I had the fence painted white.**

我让人把栅栏刷成白色的了。

I had my dress mended.

我让人把我的衣服修补了一下。

- 遭遇到(意外的损失或不幸)

(例) **He has had his hands burned.**

他把手烫伤了。

I had my pocket picked in the bus.

我在汽车上遭到扒手的扒窃。

- 句中主语自己完成或参与完成

(例) **Have your work done by noon.**

中午之前要把你的工作做完。

They had some money saved .

他们把一些钱攒了起来。

2-4 分词用作状语

在讨论这个问题之前，让我们首先再简略地提一下前面已阐述过的与此有关的重要条件：

- **用作状语的分词(短语)的时态要根据分词与句中谓语的时间关系确定。**
- **用作状语的分词(短语)的语态要根据分词与句中主语的关系确定。**
- **如果分词(短语)的逻辑主语不是句中的主语时，必须要自带。自带的方法是："(with/without)+ 名词 / 代词 + 分词(短语)"。这种结构通常被称为"独立分词结构"。**

分词(短语)在句中作状语，用来进一步说明谓语动词的动作，或者说明整个句子所表达的概念。分词(短语)作状语时，可以表示时间、原因、方式、结果、目的、条件、伴随情况等。分词状语的位置比较灵活，可以置于句首、句中或句末，有时用逗号分开，也可不用逗号。

表示时间

(例) **Heated, the metal expands.**

金属受热要膨胀。

Living in the country, the children had a lot of fun.

住在乡下时，孩子们玩得非常开心。

Turning about, she saw her husband.

她转过身来，看见了自己的丈夫。

Having finished my shopping, I went home.

买完东西，我就回家了。

His work finished, he prepared to return home.

做完工作，他准备回家了。

The shower being over, we continued working.

阵雨过后，我们继续工作。

为了突出时间的概念，常常在分词短语之前加上表示时间的连词，如 **when, while, once, as, whenever** 等。

(例) **Most living beings that exist under warm conditions die when frozen.**

大多数温热带的生物受冻就会死亡。

When pulling off a nylon shirt in dry weather, you sometimes hear cracking as it passes over your head.

在干燥天气里脱下尼龙衬衫时，你有时会听到衬衫经过头部时发出噼噼啪啪的声音。

While setting up the station, we also carried out surveys of the surrounding Antarctic Ocean.

在建立考察站的同时，我们还对周围的南极海洋进行了考察。

Once deprived of oxygen, the brain dies.

一旦没有了氧气，大脑就要死亡。

表示原因

(例) **Ranch life is in fact a hard business, demanding strength and a great deal of work.**

牧场生活实际上是很艰苦的，需要有体力，而且劳动量也很大。

Greatly frightened, the man ran into a room back of the workshop.

那人大吃一惊，跑进车间后面的屋子里去了。

Not having tried his best, he failed in the exam.

他因为没有太努力，考试没能及格。

No decision having been arrived at, they resolved to call another meeting.

由于没有作出任何决议，他们决定再开一次会。

Almost untouched by man, the Antarctic is the only continent in the world that has kept its primitive ecological balance.

几乎无人涉足南极大陆，因此它是世界上唯一一片尚保持着原始生态平衡的陆地。

The bus being very crowded, he had to stand.

因为公共汽车里很挤，他只好站着。

表示条件

(例) **Working hard, you will surely succeed.**

如果努力工作，你一定会成功。

United, we stand; divided, we fall.

团结一致，我们巍然挺立；各自为政，我们一事无成。

The ship will sail tomorrow, weather permitting.

如果天气允许，船明天启航。

He's never happy unless working.

有事可干，他才高兴。

With them helping us, we can do it better.

如果有了他们帮助，我们能把这事做得更好一点儿。

Given better attention, the flowers could have grown better.

如果照管得好一点儿，这些花会长得更好一些。

表示让步

(例) **The two Yemens, though not yet using the metric system, say they intend to.**

两个也门共和国虽然尚未使用公制，但他们说他们准备采用。

Given all these facts, I still have not been convinced.

尽管有这么多事实，我还是没有被说服。

Although working very hard, she failed her G.C.E in two subjects.

尽管她非常努力，她的义务教育证书考试还有两科不及格。

表示目的

(例) **He worked for three hours running, trying to solve the problem.**

他连续工作了三个小时，试图解决这个问题。

They stayed by the river, looking for wild animals and birds to shoot.

他们呆在河边，想找野物和鸟类来射猎。

He went to Paris, hoping to go on to Egypt to join a scientific expedition.

他去了巴黎，希望继续前行到埃及去参加一个科学考查队。

表示方式

(例) **Tom went away without a word more spoken.**

汤姆一句话没说就走了。

The little boy came running to meet us.

那小男孩跑过来迎接我们。

Relying on our own efforts, we overcame all the difficulties.

我们依靠自己的努力克服了所有的困难。

Just then an old man entered, supported by a girl.

这时，一位老人在一个女孩的搀扶下走进来。

表示结果

(例) **The child slipped and fell down, hitting his head against the door.**

那孩子滑了一跤，头碰到了门上。

Dust from the streets seems to cling to the drab wooden buildings, emphasizing the faded and listless quality of life.

街上扬起的灰尘似乎粘在了那些无生气的木屋上，更突出了生活的惨淡和无精打彩。

表示伴随情况

在下列情况下，可用分词短语表示次要的动作，表示伴随情况。

如果一个主语要做两个动作，常常要视情况将其中的一个较次要的动作用分词表示，其位置可在谓语动词之前，也可在其后。

(例) **Standing on the tower, we could see the whole town below us.**

站在塔顶上，我们能俯瞰整个城镇。

如果两个动作是一个接一个发生，通常用分词表示前一个动作，并且要放在句首。

(例) **Entering the dark room, he felt for the light switch.**

他走进黑暗的房间，摸索着寻找电灯开关。

如果后一个动作实际上是前一个动作的结果时，通常用分词表示第二个动作。

The satisfactory results were obtained, relieving me from anxiety.

得到了满意的结果，这解除了我的焦虑。

独立分词结构也可用来表示伴随的情况。

(例) **The dispute being settled, they were all satisfied.**

纷争已经解决，他们都很满意。

At last he stopped running, sweat streaming down his face.

他终于不再跑了，汗水顺着他的脸往下淌。

Most houses were built of bricks made of dried mud, with a roof supported by palm tree trunks.

大多数的房子都是用泥砖造的，房顶用棕榈树干支撑着。

Food chains are made up of a number of organisms in order, each being the food of the one following it.

食物链由若干按顺序排列的有机体组成，每一种都是其后面一种的食物。

2-5 独立复合结构在句中作状语

在我们谈到“独立分词结构”作状语时，我们不禁会想到，还有其他不包含分词的“独立复合结构”，也常用在句中作状语。许多研究语法的人认为，多数“独立复合结构”都是省略了 **being** 的“独立分词结构”，但也有人认为不必作这种无益的推断。无论如何，我们愿意把这种“独立复合结构”的一些主要形式列出来，以供学习、比较。

名词／代词＋形容词

(例) **A snake slipped quickly out of his path, its body as thick as an arm.**

一条蛇飞快地从他走的小径上溜开，它的身子足有胳膊粗。

He entered the room, his nose red with cold.

他走进房间，鼻子冻得通红。

名词／代词＋介词短语

(例) **He lay on his back, his hands behind his head.**

他双手垫在头后，仰卧着。

He surfaced, a fish in his hand.

他浮出水面，手中抓着一条鱼。

名词＋名词

(例) **It was a jaguar, its head and flank a reddish brown broken by black spots.**

那是一只美洲虎，它的头部和侧身是一种略微发红的棕色，上面分布着黑色的斑点。

with＋名词／代词＋介词短语

(例) **Modern jet airliners can fly high up in the blue sky with clouds and thunderstorms far below them.**

现代的喷气客机飞在高高的蓝天上，云层和雷雨都被远远地抛在了它们的下面。

He was asleep with his head on his arms.

他头枕着胳膊睡着了。

with + 名词 / 代词 + 副词

(例) With John away, we've got more room.

约翰离开了，我们的地方宽敞多了。

The silence was suddenly broken when a large car, with its headlights on and its horn blaring, roared down the arcade.

当一辆大型汽车亮着前灯，响着喇叭，呼啸着穿过商业街时，寂静突然被打破了。

形容词或形容词短语用作独立状语

有时，特别是在文学著作中，常常会看到形容词或其短语在句中像分词一样用作独立状语。

(例) Nervous, she opened the door.

她神经紧张地打开门。

Thirsty for knowledge, she was reading books one ofter another.

她怀着求知的渴望，不停得一本本地读书。

2-6 两个常用的分词固定表示法

sit/stand / lie 等 + 地点状语 +V-ing

坐 / 站 / 躺在……(干……)

(例) Jean is lying in bed reading a novel.

简正躺在床上读小说。

The children sat on the floor playing.

孩子们坐在地上玩耍。

spend/waste + 表示时间，金钱、精力等的词 +V-ing

花 / 浪费……(干……)

(例) Caterpillars spend much of their time eating.

毛虫的大部分时间都在吃。

You wasted your money going to that movie.

你去看那种电影真是浪费金钱。

2-7 现在分词用作形容词的状语

有时，也可把现在分词置于形容词之前，说明形容词的程度，强化形容词所表达的特征。如果要把这种“分词 + 形容词”短语置于名词之前作前置定语时，通常要在分词与形容词之间加上连字符，以免造成歧意。

常这样用的搭配有：

burning hot	steaming hot	raging mad
blazing hot	biting cold	raving mad
boiling hot	freezing cold	dazzling white
scorching hot	piercing cold	soaking wet

(例) **The water was boiling hot.**

这水滚烫。

What biting-cold weather!

天气真是刺骨的凉！

3 非限定动词小结

非限定动词(不定式、动名词、现在分词)除在句中的句法功能不同之外，在其他许多方面都是一样的，下面对其三个主要方面作一个小结。

- 非限定动词的时态和语态变化(以 **do** 为例)

时态 \ 语态	主动语态		被动语态	
	不定式	动名词和现在分词	不定式	动名词和现在分词
一般式	to do	doing	to be done	being done
完成式	to have done	having done	to have been done	having been done
进行式	to be doing	—	—	—
完成进行式	to have been doing	—	—	—

由上表可以看出，无论是动词不定式，动名词还是现在分词的时态和语态的变化基础都是我们一再提到的三个基本公式：

进行式：**be+** 现在分词　完成式：**have+** 过去分词　被动语态：**be+** 过去分词

只要在公式的(第一)助动词之前加上 **to**，即构成各种时态和语态的动词不定式；只要在上述公式的(第一)助动词之后加上 **-ing** 词尾，即构成各种时态和语态的动名词或现在分词。

- 非限定动词(不定式、动名词、现在分词)的时态是相对于句中谓语而言的。一般时态表示与句中谓语动词同时，或者几乎同时发生；完成时态强调动作发生在句中谓语动作之前。
- 非限定动词(不定式、动名词、现在分词)的语态是相对于它的逻辑主语而言的。逻辑主语是非限定动词动作的发出者时，要用主动语态，逻辑主语是非限定动词动作的接受者时要用被动语态。

SUPER.ENGLISH.PREPOSITIONS.
第十三章
介词

介 词

介词是英语中一个十分活跃的词类，在句子的构成中起着非常重要的作用。介词也是英语中的一个最少规则可循的词类。几乎每一个介词都可用来表达多种不同的含意；不同的介词往往又有十分相似的用法。因此，要学好介词，最好的方法就是在掌握常用介词的基本用法的基础上，通过广泛阅读去细心地揣摩，认真地比较、归纳不同的介词的用法，方能收到良好的效果。我们在任何一本英汉词典中都可查到关于介词的，可能表示的含义，因此，本章的重点是介绍介词的一般用法，以及常用介词的用法比较和辨析。

1 介词和介词宾语概述

介词属于虚词，在句中不能单独使用。介词之后必须要跟有宾语，即介词宾语。介词与其宾语构成介词短语。介词的作用则是表明其宾语与句中其他词的关系。

2 可以充当介词宾语的词类

能用作介词宾语的通常为名词、代词或其他一些具有名词功能的词或短语，有时也可以是一个 wh- 从句。

2-1 名词、动名词及wh-从句等作介词宾语

(例) **The subway runs under this street.**

地铁就在这条街下面。 （名词作介词宾语）

I have no money about me.

我身上没带钱。 （代词作介词宾语）

I am all for going skiing.

我完全赞成去滑雪。 （动名词作介词宾语）

I have no interest in what he said.

我对他说的话不感兴趣。 （**wh-** 从句作介词宾语）

注意：介词之后不能跟 **that-** 从句，但 **except**，**but** 和 **in** 不在此例。因为 **except that**，**but that** 和 **in that** 已被看作是复合连词。

(例) **Nothing was decided except that some step had to be taken at once.**

意为"除去……之外"

除了认为要立即采取一定措施之外，没作出任何决定。

I know nothing but that he is a Russian.

意为"除……之外"

除了他是一位俄罗斯人之外，我一无所知。

Human beings differ from animals in that they can think and speak.

意为"因为"

人区别于动物是因为人能思考，能说话。

2-2 "疑问词+动词不定式"作介作宾语

(例) **The discussion centred on what to do next.**

讨论集中在下一步要干什么上。

注意：除了少数几个介词，如 except，but，about 等之外，介词之后不能用没有疑问词的不定式作宾语。此时的"疑问词+动词不定式"已相当于一个名词。

(例) **Something terrible is just about to happen.**

可怕的事情就要发生了。

注意：用在 do nothing but 或 not do anything but 之后的不定式常常省去 to.

We couldn't do anything but just sit there and hope.

我们除了怀着希望坐等之外，别无办法。

2-3 副词作介词宾语

(例) **A stone fell from above.**

一块石头从上面掉了下来。

He did not come until late in the evening.

直到晚上很晚的时候他才回来。

注意：不是任何副词都能作介词宾语。能作介词宾语的副词多是表时间和地点的副词，而且其中有些已转化为名词。

常用的这类表示地点的介词短语还有：

along / around
down / up
in / on
near / over / under / from
} + here/there

from + {
above / below
inside / outside / indoors / outdoors
abroad
}

常用的这类表示时间的介词短语还有：

after/before/by/from +	**now / then** **today / yesterday / tomorrow**
for +	**today / yesterday / tomorrow** **ever / now / then / once**
until/till +	**today / yesterday / tomorrow / Wednesday** 等 **now / then / lately / recently / too late**

2-4 形容词作介词宾语

有时形容词也可用作介词的宾语。这种结构通常都被视为“习语”，人们已不再去考虑介词宾语的词性了。

- **in brief** 简言之
- **far from perfect** 远非完美
- **in general** 大体上
- **far from satisfactory** 远不能令人满意

2-5 介词短语作介词宾语

在 but，except，until 等介词之后，有时也可用一个介词短语来充当它们的宾语，但这种情况并不多见。

(例) **The weather was good, except in the south.**

除南部之外，天气都是晴好的。

We stayed up until after midnight.

我们直到午夜之后才睡。

He has travelled everywhere but in Alaska.

除阿拉斯加外，他所有的地方都去过。

3 介词的位置

介词通常都必须位于其宾语之前，但在下列情况下，可以例外。

3-1 介词在 wh- 疑问句中的位置

在wh-疑问句中，因为作介词宾语或介词宾语一部分的疑问词必须位于句首，所以介词可置于疑问词前（和疑问词一起置于句首），通常也可出现在句末。

(例) **Whose sister are you talking about?**

你们在谈论谁的妹妹？

Who/Whom did you give the money to?

To whom did you give the money?

你把钱给了谁？

who 紧跟在介词之后时，必须用宾格形式 whom。否则，可以用主格也可用宾格。

Of what use is it to know such a thing?

知道那种事情有什么用？

介词不能移至句末去，因为 of...use 为一个固定搭配，为 is 的表语。

3-2 介词在形容词从句中的位置

在由 which,who(m)，whose 等关系代词引导的形容词从句中，关系代词用作介词的宾语时，介词可出现在关系代词之前，也可放在从句之末。

(例) **This is the garden (which) Mary is very proud of.**

= This is the garden of which Mary is very proud.

这就是玛莉非常得意的那座花园。

注意，当介词出现在从句末尾时，关系代词可以省略。如果用 that 引导这样的形容词从句，介词只能放在从句末尾。

3-3 介词在 what 引导的从句中的位置

在以 what 引导的从句中，如果 what 用作从句中介词的宾语时，介词要置于从句之末。

(例) **What Mrs. Smith is most proud of is her son's success.**

史密斯夫人最感到自豪的是她儿子的成功。

He repeated what he had spoken of the day before.

他重复了他前一天所谈到的事。

That's just what we were looking for.

那正是我们要找的东西。

3-4 介词在以 what 开头的感叹句中的位置

在以 what 开头的感叹句中，what 如果用作句中介词的宾语，或介词宾语的一部分，那么该介词要放在句末。

(例) **What a lot of trouble I am in!**

我碰到了多少麻烦啊！

What a mess she was in!

她陷入了怎样的一种困境啊！

What a difficulty he was in!

他的处境有多困难啊！

What a bad mood Sue was in!

苏的情绪多差啊！

3-5 介词在“动词+介词”中的位置

“动词＋介词”在变为被动语态时，介词要留在动词的被动式之后。

(例) **The house looked well cared for.**

这房子看来照料得不错。

The little baby was closely looked after by her.

那婴儿受到她周密地照看。

He hated being laughed at.

他讨厌被人嘲笑。

当“动词＋介词”用作定语，而被定语修饰的名词在逻辑上又是“动词＋介词”的宾语时，介词应留在不定式动词之后。

(例) **Apart from you, I have nobody to talk to.**

除你之外，我无人可交谈。 nobody 是 talk to 的宾语

There are too many difficulties for us to deal with.

我们要解决的困难太多啦。 difficulties 是 deal with 的宾语

4 常用介词的用法比较和辨析

判断在句子中要用哪个介词，通常要从以下几个方面去考虑：

- 我们要表达什么意思；
- 要作介词宾语的词或短语能否与该介词连用；
- 介词与句中其他词，特别是动词，形容词和名词，是否有固定的搭配关系。

正如以上所说的，有很多的动词、形容词或名词之后，常常要求跟特定的介词，即形成固定的搭配，方能表达一个特定的含义。这就意味着有时在表达同一个意思时，可能有几个介词供我们选择。这时，我们必须细心地比较它们的异同，才能选择最恰当的介词。

4-1 表示空间关系的介词

1 in，on，at 和 inside(of) 表示“处所”，“位置”

A in

in 的重点是把一个地方看作是一个圈封起来的处所，强调在此范围之内，或被一个空间范围围绕起来。其反义词为 out of。

- in the room
- in the lake
- in the cage

■ in the cupboard	■ in the garage	■ in the sky
■ in the street	■ in the town	■ in the garden

(例) **Einstein was born in a city in southern Germany.**

爱因斯坦出生在德国南部的一个城市里。

范围从小到大

B on

on 强调覆盖、接触、或支撑在一个表面上。如果想要表示“在某物的上面或顶上”，或“在一条线上”时，就要用 on。其反义词为 off。

■ on the roof	■ on the ceiling	■ on the river
■ on the wall	■ on the shelves	■ on the coast
■ on the desk	■ on the floor	■ on the mountain
■ on the street	■ on the line	■ on one's face

(例) **Is my purse on the desk or in the desk?**

我的钱包在桌子上面，还是在桌子(的抽屉)里？

on 表示“在…表面”

She sat in an armchair with a smile on her face.

她面带微笑坐在扶手椅里。

That is a town right on the Yellow River.

那是一座紧靠着黄河边上的小镇。

C at

at 着重把处所看作是一个点或地点，而不是对确切的位置(“在……内”或“在……上”)感兴趣。其反义词为 away from。

■ at home	■ at the crossroads	■ at the station
■ at the office	■ at the bus-stop	■ at the airport
■ at school	■ at the university	■ at the restaurant

(例) **He stayed at a hotel by the lake.**

He stayed in a hotel by the lake.

他下榻在湖边的一家宾馆里。

当你把旅馆看作是一个地点时，用 **at**；当你强调住在一个建筑物内时，用 **in**。

We stopped at Paris on the way to London.

在去伦敦的途中，我们在巴黎停了一下。

The post office is at the fourth intersection from here.

邮局在从这里算起的第 4 个十字路口。

这里 at Paris 暗示说话者把巴黎看作是旅途中的一个点，而不强调在这个城市之中，试与下面例句做比较：

(例) **They lived in Paris.**

他们曾住在巴黎。

> 在建筑物或地名前，往往是既可用 **in**，也可用 **at**。

D inside(of)

inside(of) 强调"在……里面"，多用于较小的物体。**inside of** 主要用在美语中。

(例) **The money is inside (of)/in the envelope.**

钱在信封里面。

There's something hard inside of the bag.

袋子里有什么硬东西。

He is waiting inside the tent.

他在帐篷里等着。

2 on 和 on(the)top of 表示"在……上面"

on (the) top of 在表示处所时，常常是 **on** 的强调形式，但与 **on** 不同的是，它更多用来表示叠加在(同类)物品之上，或表示在某物的最高处。

(例) **The cat is on/on(the) top of the roof.**

猫在屋顶上。

Put one on(the) top of the other.

一个一个地摞起来。

3 near，by，beside，by/at the side of 和 on 表示"在…旁边"

A by, beside 和 near

by(= next to) 意为"紧挨"，"在……旁边"时，可与 **beside** 换用。**by** 还可以与动态动词连用，意为"从……旁边经过"，但 **beside** 却只能与静态动词连用。**near(= not far from)** 则表示"在……附近不远处"，暗示距所指出的人，物或地点尚有一定距离，这段距离在说话者看来是近的。

(例) **There is a big oak tree by/beside/near the house.**

房子附近有一棵大橡树。

> **by** 指房子的前后或左右的位置；**beside** 通常指横向的左右位置；**near** 意为：**not far from...**。

He sat down just by the door.

他坐在门旁边。

He sat down beside the door.

他坐在门旁边。

He sat down near the door.

他坐在门附近。

> **near** 可以用 **very** 来修饰，而 **by** 却要用 **just**、**close** 或 **right** 来加强语气。

B by the side of 和 at the side of

by/at the side of 意为"在……旁边"，强调"在……的一侧，与……并列"(= beside)；或"在……附近"(= near)。

(例) **His mother was by/at his side during his illness.**

在他生病期间，他的母亲一直呆在他身边。 by one's side 表示"在某人旁边"

There was a garden at the side of the house.

房子旁边有一座花园。

C on

on 与表示带状地点的名词连用时，也可表示"靠近"，在……旁边"(= next to 或 beside)。

(例) **The tall building is right on the river/road.**

那幢高大的建筑物耸立在河边／路边。

4 before，in front of 和 in the front of 表示"在……前面"

A in front of

in front of 通常指位置"在……的前面／正面"，表示建筑物或无生命物的具体位置时更常用 in front of。其反义词为 behind。

(例) **A gay and noisy crowd was gathered in front of the Tower of Pisa.**

在比萨斜塔前聚集了欢欣喧闹的人群。

There is a bank in front of the hotel.

旅馆前面有一家银行。

We couldn't read the notice on the board because several people were standing directly in front of it.

我们看不清布告板上的通知，因为有几个人正站在它前面。

B before

before 在表示空间位置时，与 in front of 的含义基本相同，但是 before 通常表示"在……面前／眼前"，多与抽象概念连用，暗示在地位或威望相对比较高者之前，或用来表示顺序在前。常与 before 连用的动词有：come，go，lie，stand，appear，speak，be，bring(+ 宾语)，stop，have 等。

(例) **V comes before W in the alphabet.**

在字母表中，V 位于 W 之前。 表示顺序在前

I'll wait for you in front of the station.

我将在车站前等你。 表示具体位置，不用 before

I stood before the court/the teacher/the queen. 表示在地位威望高者面前

我站在法庭/老师/女王之前。

You mustn't use such words in front of ladies. 表示具体位置

你不该在女士面前用那种词语。

如果用于隐喻，或用于大面积的地理区域或正式场合时，before和in front of可以换用。

(例) **A car parked before/in front of the gate.**

一辆车停在大门前。

A bright future lies in front of/before us.

光明的前途在我们的前面。

C in the front of

in the front of与in front of的基本含义一样，都表示"在……面前"，但前者指的是在一个处所的范围之内的前面，而后者指的是在一个处所所包括的范围之外。

(例) **He sat in the front of the classroom/the bus.**

他坐在教室(里)的前面/汽车(内)的前头。

There is a park in front of the house.

在那个房子的前面有一个公园。

The car in front of me stopped suddenly.

我前面那辆车突然停了下来。

5 after，behind和at the back of表示"在……后面"

A after

after主要用来表示安排的前后，排列的顺序，难度的大小，或程度的轻重等，偶而也可表示地点前后，但也是基于强调前后的顺序。

(例) **Shut the door after you when you go out.**

出去时，请随手关上门。

After you. (= Please enter before me.)

请先走。

He is the most powerful man in the country after the president.

在这个国家里，他的权势仅次于总统。

She lives in the house after the church.

她住在教堂后面的房子里。

B behind 和 at the back of

behind 与 at the back of 表示地点“在……的后面”时，可换用。其反义词为 in front of。

(例) **There is a hut behind/at the back of the church.**

教堂的后面有一间小屋。

但要注意区别 in the back of “在(一个范围内的)后部”与 on the back of “在……的背面”的不同。

(例) **sit in the back of the car**

坐在车子的后座上

write on the back of the envelope

在信封的背面写

6 between，among 和 in the middle of 表示“在……中间”

A between

between 表示在两者或两组(人，事或时间)之间，但偶而也用于两者以上，这样用时的重点是把人或物两个两个地分开来看待，并常可与 among 互换。

(例) **This express runs between Beijing and Shanghai.**

这列快车在北京和上海之间行驶。

The tables in that restaurant are so close together that there's hardly room to move between them.

那家餐厅里的桌子摆得太密，桌子之间几乎没有地方供人走动。

Switzerland is between France, Germany, Austria and Italy.

瑞士位于法国，德国，奥地利和意大利之间。

B among

among(个别时候可用amongst)之后接复数名词，通常用于三个或三个以上的人或物，并且暗示我们认为不要或不能把他／它们彼此分隔开来看待。有时，among 之后的宾语并不很具体。

(例) **There was a village among the hills.**

群山中有一座村庄。

The teacher was sitting among the boys.

老师坐在男孩子们中间。

C in the middle of

in the middle of指位置时，总是强调在一处地方的中心或中心附近的位置。

(例) **The car came to a sudden halt in the middle of the road.**

那辆汽车突然在路中间停了下来。

7 above 和 over 表示"在……上方","高于"

在表示位置高于(但没有接触到)某物时，above和over常常可以换用。但是over强调"直接或垂直在上"的意思，而above强调从位置或水平的高低上考虑。

(例) **Our plane was flying above/over a desert.**

我们的飞机正在一片沙漠上空飞行。

A lamp was hanging over/above the table.

桌子上方吊着一盏灯。

The water was soon over/above my knees.

很快水深就过膝了。

over还可以表示与某物的表面接触，即部份、或全部地覆盖某物，在这种情况下，不能用above替换。

(例) **We spread the nylon cloth over the grass and sat on it.**

我们把一块尼龙布铺在草地上，并在上面坐了下来。

over和above都可用于比喻，但over强调直接的支配关系，而above则意味着"在官职、级别、或身份、地位方面高于……"

(例) **He is over me in the office.**

他是我的顶头上司。

A captain is above a sergeant.

上尉的军阶高于中士。

over和above都可用来表示"在数目或度量方面高于……"，above主要用来表示与最低量或标准量的关系，而over无此含义。

(例) **My work at school was well above average.**

我在学校的成绩远在平均数以上。

He's over sixty.

他六十多岁了。

over与动态动词连用，表示"越过"或"在较远处或在某物的另一侧"时，不能用above替换。

(例) **The horse jumped over the fence.**

那匹马跃过栅栏。

He threw a ball over the wall.

他把一个球扔到了墙那边去。

8 under，below，beneath 和 underneath 表示"在……下面"

under 为 over 的反义词，强调位置"在……之下"，可以是接触的，也可以是不接触的。below 为 above 的反义词，强调位置低于一个基准物。underneath 主要用于表示空间关系，比 under 更强调完全覆盖，而且可以是接触的，也可以是不接触的。beneath 则多用于书面语，可代替 under 或 underneath。

(例) **There is a large cellar beneath/below/under the kitchen.**

厨房下面有一间很大的地下室。

He wore a vest under/beneath his coat.

他在外衣的里面套了一件马甲。

We stopped below/under/underneath the summit.

我们在山顶下停了下来。

below 和 under 都可以表示数量或水平低，意为"在……以下"，二者可以换用。

(例) **All the children were under seven years of age.**

All the children were below the age of seven.

所有这些孩子都在七岁以下。

There is nothing below/under one dollar in this department store.

这家百货店里的商品没有一美元以下的。

He cannot support his family because his monthly income is under/below 500 dollars.

因为他的月收入不到 500 美元，所以他养活不了一家人。

在此例句中，under 暗示不足；below 暗示比一定标准低。

below，under 和 beneath 都可表示地位，此时 below 强调上下级的关系；under 暗示一种支配、监督关系，而 beneath 则暗示能力或地位低下，并略含轻蔑之意。

(例) **He is below/under/beneath me.**

他(的职位或地位)在我之下。

Her recent book is beneath criticism.

她最近的那本书不值一评。

As a scholar, he is far beneath his brother.

他作为一个学者，远远在他兄弟之下。

9 throughout 和 over 表示"遍及"，"贯穿"

throughout 强调"深入到各个区域或部分，而 over 强调"遍及某地或覆盖某物或某处"。在不作特别强调的情况下，两者可以互换。

(例)

all over the world
the whole world over
throughout the world

全世界

It's raining (all) over the region.

整个地区都在下雨。

Dead leaves lay (all) over the ground.

枯叶铺满了整个地面。

The good news spread throughout the country.

这个好消息传遍了全国。

There are people and cars all over the place.

到处都是人群和车流。

The fire spread throughout the house.

火焰蔓延到整栋房子。

当 over 与 stroll，wander 等表示无特定目的地的动词连用时，也可表示无目的地到处走动。

(例)

They are always wandering over the fields.

他们总是在田野里游荡。

10 over 和 beyond 表示"在……的那边"，"在远处"

两者都表示"在远处"，但 over 强调"在某物的对面"、"越过某物""在……的另一侧"；而 beyond 强调的是"比某物更远"。over 多与道路，河流，山，海，境界等连用，但 beyond 应用的范围相对要广一些。在不特别强调各自独特含义的情况下，两者可以互换。

(例)

The church is just over the road.

教堂就在马路对面。

过了马路就是教堂

They live just over the river.

他们就住在河对面。

They lived beyond the sea.

他们住在海外。

比海远

I want to visit the lands over the sea.

我想到海外的国家去旅行。

在海的另一边

We talked over the fence.

我们隔着篱笆交谈。

over 不能用 beyond 替代

11 to，for，toward(s)，at 和 against 表示“朝着……”

A to，for 和 toward(s)

to 和 for 的宾语都是运动的目的地。但 for 侧重于目的地的方向，而 to 侧重于到达点。在无特殊偏重的情况下，两者可以互换。toward(s) 则是指明总的方向，与到达点无关，也不一定越过全程。在美语中 toward 用得要比 towards 多些。

(例)

Is this train for Beijing?

这次火车是开往北京的吗？

I am going to walk to the office.

我准备步行去办公室。

He dashed for/to the door.

他快步向门口走去。

Frank ran toward(s) the orchard.

弗兰克朝着果园方向跑去。

Our plane is flying toward(s) the south.

我们的飞机正向南飞。

B to，at 和 against

to，at，against 都可与 throw 一类的动词连用，表示动作瞄准的目标或目的地，但三者有以下几点差异：

- to 只表示动作要达到的目的地或目标；
- at 在此基础上还常暗示一种侵犯的意图。
- against 没有“瞄准”的意思，只强调接触，意为“碰上”。

(例)

He threw the ball to Henley. （目的是让亨利接住）

他把球抛给亨利。

He threw the ball at Henley. （意图是要伤害他）

他把球向亨利扔过去。

He threw the ball against the wall. （球撞到了墙）

他把球扔到了墙上。

They began to throw stones at the policemen.

他们开始向警察扔石头。

She shouted to him to be careful.

她大声叫他小心。

Don't shout at me.

别对我大喊大叫。

The horse flung its rider to the ground.

马把它的骑手抛到了地上。

12 across，through 和 over 表示“穿越……”

A across 和 through

这两个介词都表示“从一侧(端)到另一侧(端)”。across 通常指横越一个平面；而 through 通常指通过中空的东西(如：管道等)，或者是立体的空间或物体(如：树林，人群等)，through 也可用来表示穿越一个障碍物(如：门、窗，海关等)。

用 across 还是用 through 在很大程度上取决于说话者对所谈事物的看法(即，认为是平面的还是立体的)。

(例)

They ran across the street.

他们跑到了街对面。

They marched through the street.

他们齐步走过大街。

把街道连同其两侧的建筑物看成是立体物

They walked through the woods.

他们穿过树林。

不能用 across 代替

They walked across/through the park.

他们穿过公园。

B over

over 也可表示“从一侧到另一侧”，特别是当我们所谈的对象为带状(如：road，frontier 等)时。但要注意，over 不能与宽阔的地域连用。

(例)

The little girl walked over the street.

The little girl walked across the street.

over 侧重于“越过”

across 侧重于横穿

那小女孩走过大街。

They are laying a pipeline across Siberia.

他们在铺设一条横穿西伯利亚的管线。

不能用 over 替代

The prisoner escaped over frontier.

那个囚犯逃出了边界。

over 在表示“从上面越过”或“从…边缘落下”时，不能用 across 替换；也就是说，across 不能表示“由下到上，再由上到下”的运动。

(例)

The boy climbed over a wall.

那男孩爬过一堵墙。

We must go over the mountain.

我们必须翻过这座山去。

The child fell over the balcony.

那孩子从阳台上掉了下去。

A rabbit jumped over the stream.

一只兔子跳过那条小溪。

13 from...(to) 和 off... 表示“从……离开”

两者都有“离开”的意思，但 from 着重于“始发点”、“出处”，而 off 着重于“离开”、“从……表面落下”。因此，可把 off 看作是 on 的反义词。

(例) **The rain ran off the roof.**

雨水从屋顶上流下来。

They started from New York.

他们从纽约出发。

比较 on 和 off 在下列词组中的含义：
- **get on a train** 上车
- **get off a train** 下车

Bees fly from flower to flower.

蜜蜂在花间飞舞。

从一朵飞到另一朵

The paint scaled off the wall.

油漆从墙上剥落下来。

14 by 和 past 表示“从……旁经过”

这两个介词都可与动态动词连用，所以常常可以换用，但 past 更常用些。

(例) **He run past/by me without stopping.**

他从我旁边跑过去，没有停下来。

The car sped by/past my house.

汽车从我房前急驶而过。

by 除表示上述含义之外，还有“经由”的意思 (= by way of)

(例) **She came by the nearest road.**

她是走最近的路来的。

The visitor came by (way of) Hong Kong.

游客们是途经香港来的。

15 out，out of 和 outside 表示“向……外”，“从……里出来”

out of 与动态动词连用时，是 into 的反义词，意为“从…里面出来”，“在…之外”。out 偶而也用作介词，与 out of 同义，多与 door，gate，window 等连用，但不太正式。outside 有时也可代替 out of，与动态动词连用。

(例) **Don’t throw scraps of paper out (of) the window.**

别把碎纸屑扔到窗外去。

Don’t smoke here. Please go outside the room.

不要在这里吸烟，请到屋外面去。

但是要注意，因为 outside 多用于表示地点而不是运动的方向，所以如果没有进一步的说明，有时可能产生歧义。如：

(例) **The dog ran outside the house.**

狗从房子里跑出来。

也可能是"狗在房子外面跑

16 into 和 inside 表示"向……之内"

into 和 inside 分别为 out of 和 outside 的反义词，因此，使用时的注意事项也相同。

(例) **The girl threw a stone into the river.**

那女孩把一块石头扔进河里。

He saw a man look inside/into/in the house.

他看到一个人往房子里看。

17 around，round 和 about 表示"在……各处"，"到……各处"

这三个词不仅可表示地点，也可与动态动词连用，表示方向；都可表示在一定范围之内的、不定向的、或没有确定地点的运动，也都可表示在一定范围内，但没有确定地点的，不规则分布的位置。在表示这种含义时，三个词可以换用。round 和 around 的含义相同，只是 around 多用于美语中。

(例) **They are running around/round/about the playground.**

他们在运动场上跑动。

He was fooling about/(a)round the town.

他在城里闲荡。

但在表示有一定目的性的活动，或成环形分布或运动时，或者表示在一个区域之内，有一个确定的地点，既使是一个未知的地点时，也只能用 round 或 around，而不用 about。

(例) **He lives somewhere (a)round Boston.**

他住在波士顿一带。

不能用 about 替代

I lost my key (somewhere) about here.

我把钥匙丢在这附近了。

The students were dancing about the campfire.

学生们在营火周围跳舞。

The villagers formed a circle and started moving around me, dancing and singing.

不能用 about 替代

村民们围成一圈，环绕着我又跳又唱起来。

The earth moves around the sun.

地球环绕着太阳运行。

18 along，down 和 up 表示“沿着……”

这三个词都可与come，go等动词连用。当后面的宾语为带状地点时，意为“沿着”。along 侧重“从一端向着另一端运动”，”沿着一侧向前运动“；down 和 up 都表示向着说话者的方向运动。此时两者虽略有差别，但可以换用。

(例) **They were walking up/down/along the road.**

他们正沿着大路走来／走着。

She fell down the stairs.

她从楼梯上掉了下来。

Jack climbed up the tree.

杰克爬上树去。

在一些语境中，**down** 还有“向下”，**up**“向上”的意思。

这三个词也都可以用来表示地点。这时，down 的意为“在下”，up 的意为“在上”，“在较远处”，而 along 却仍保留“沿着”的意思。

(例) **My uncle lives up the road.**

我叔叔住在街那头。

I have a pain down my leg.

我小腿痛。

There are trees all along the banks.

两岸绿树成行。

up 和 down 有时还可表示“向远处”的意思，特别是与 go 连用时。

(例) **The couple went down the garden.**

夫妇二人向花园深处走去。

He whistled as he went up the path.

他吹着口哨沿着小路向远处走去。

4-2 表示时间的介词

1 at，in 和 on 表示“在……时”

at，in，on 都有“在…时”的意思，但能与它们搭配的、表示时间的名词却各不相同。

Ⓐ at

at 表示时间点

at + 钟点

- **at half past six** 在六点半
- **at seven a.m.** 在上午七点

at +…+ time	
at that time 在那时	at the same time 同时
at a time 每次	at one time 从前，曾经

at + 一些特定的表示时间的名词	
at dawn 在黎明	at night 在夜里
at midnight 在午夜	at noon 在中午
at the moment 在此刻	at the beginning of May 五月初

注意：在英语中用 at the weekend，在美语中则用 on the weekend 表示“在周末”。

at + 年龄	
at sixteen 在十六岁时	at the age of ten 在十岁时
at your age 在你这个年龄	at birth 出生时

at + 节日	
at the New Year 在新年	at Christmas 在圣诞节期间
at Easter 在复活节	at festival times 在节日期间

B in

in 表示在一段时间内

in + 月份 / 年份 / 世纪	
in May 在五月	in 2000 在 2000 年
in the year 2001 在 2001 年	in the twentieth century 在 20 世纪

(例) **In which month were you born?**

你的生日是哪个月？

in + 季节	
in (the) spring 在春天	in the rainy season 在梅雨季节
in this season 在这个季节	in the football season 在足球赛季

in + 一些特定的表示时间的名词	
in the morning 在上午	in the afternoon 在下午
in the evening 在傍晚	in the past 在过去
in the future 在将来	in the week 在平日(周一到周五)
in the daytime 在白天	in (= during) the night 在夜里

(例) **I often wake up in / during the night.**

我夜里常常醒来。

C on

on 表示“在……时候”，“在……后立即”

on + 日期

- **on July5** 在七月五日
- **on(the)22nd** 在二十二日

on + 周日

- **on Monday** 在星期一
- **on Sundays** 每逢星期日

on + day（包括假日和一些节日）

- **(on)the following day** 在第二天
- **on that day** 在那一天
- **on holiday** 在度假
- **on Christmas** 在圣诞节那天

注意：on Christmas 指 12 月 25 日当天，at Christmas 指 12 月 24 日 –1 月 6 日期间。

(例) **Did you go to Italy on holiday?**

你去意大利是度假吗？

在美语中用 **on vacation**

注意：表示“在某人生日时”，也用介词 on，即 on one's birthday。

on + eve

- **on New Year's Eve** 在除夕
- **on Christmas Eve**在圣诞前夜
- **on the eve of victory** 在胜利前夕
- **on the eve of election** 在选举前夕

on + 带修饰语的时间名词

- **on Sunday afternoon** 在星期日下午
- **on that evening** 在那个傍晚
- **on the morning of the 5th** 在 5 日上午
- **on a rainy night** 在一个雨夜

(例) **I left this city on the afternoon of July 15.**

在七月十五日下午，我离开了这座城市。

注意：如果有 early 或 late 修饰时，我们要说：

(例) **in the early morning**
= early in the morning
在清晨时

in the late morning
= late in the morning
在快晌午时

In the early morning of the 10th there was a big fire here.

在十日清晨这里发生了一场大火灾。

“on+ 动名词或表示动作的名词”表示“一……（就…）”，“当……时候”，“在……后立即……”

(例) **On arriving/my arrival in Boston, I called on him.**

我一到波士顿就去拜访了他。

on request 应要求 ⋮ on call 随叫随到

2 from 和 since 表示"从……时起"，"从……开始"

from 之后用 to、till 或 untill 表示截止时间。from 的起点可以是过去，现在或将来的某一时间；而 since 的起点只能是过去某一时间，截止时间只能是现在(不需要再作说明)。因此 since 作状语时，谓语动词通常都用现在完成时，而 from 无此限制。

(例) **We work from 8:00 a.m to/till/until 5:00 p.m.**

我们从上午 8 点工作到下午 5 点。

I have not heard from him since last fall.

从去年秋天以来(至今)我一直没有收到他的信。

From the moment he saw her, he fell in loved with her.

他对她一见钟情。

注意：from 表示地点时，只能用 from...to...。

3 to，till，until，by 和 before 表示截止时间

A to

to 用来表示一段时间的终点时，通常只用来与 from 呼应，否则，只能用 till、until 或 up to。

(例) **He will be working from January to May.**

他将从一月工作到五月。

B till 和 until

till 和 until 都表示动作延续到某时为止，意为"直到……"。till 多与一些短小的语句或短语连用，而 until 多用于较长的语句或短语，也比较常用些。

(例) **Good-bye till tomorrow.**

明天见。

I waited until/till noon.

我一直等到中午。

We stayed up until after midnight.

我一直呆到午夜之后才去就寝。

C by

by 表示的是时间的限制，意为"不迟于…"，"在…之前"。

(例) **I'll be here by five.**

我五点前到这儿。

I'll be here till/untill five.

我将在这儿呆到五点。

I slept **until midnight**.

我一直睡到了午夜。

表示动作延续到午夜，不能用 by

He will come **by midnight**.

他在午夜以前到来。

表示动作的时间限制，不能用 until

D before

before 意为“在…之前”，指的是动作具体发生的时间，而不是动作延续的时间(如 until)，也不是动作的最迟的时间限制(如：by)。

(例) **I haven't been here before now.**

我以前没来过这里。

He didn't go to bed before midnight.

他过了午夜才去睡觉。

He didn't go to bed until midnight.

他直到午夜才去睡觉。

4 for，during，through，throughout，between...and，over 和 by 表示“在……期间”

A for

“for＋时间段”表示动作延续或持续的时间长度，意为“共计(多少)时间”、“用(多少)时间”，但没有指明具体(发生的)时间。

(例) **He was in prison for twenty years.**

他在狱中蹲了 20 年。

Could you wait here for a minute please?

请稍等一会儿，好吗？

B during

“during＋时间段”意为“在…期间”。表示动作可以贯穿这段时间的始终，也可以表示发生在这段时间中的某个时刻，“during＋时间段”所指出的时间是特定的，具体的。

(例) **He remained silent during dinner.**

在吃饭过程中他一直保持沉默。

I saw them often during the summer.

夏天时，我常见到他们。

We talked about our tour during the meal.

在吃饭时，我们谈到了我们的旅行。

C through

"through+时间段"强调从头到尾，或直到…(某一时刻为止)。

(例) **We stayed there through September.**

我们在那儿呆到九月末。

We camped there through/during the summer.

我们一夏天都在那里露营。

We have classes from Monday through Friday.

我们从星期一到星期五都有课。

包括星期五在内

D throughout

"throughout+时间段"强调在整个一段时间之内，比 through 的语气更为强烈。

- **throughout one's life**在…的整个一生中
- **throughout the day** 一整天
- **throughout the war** 在整个战争过程中
- **throughout the night** 一整夜

E between...and...

"between...and..."与时间名词连用时，意为"在…到…之间"。表示动作在此时间段内的某个或某些时候发生，但没有指明具体发生的时间点，只是一种大概的说法。

(例) **It happened between 5 a.m. and 7 a.m.**

这事发生在上午 5 点至 7 点之间。

Between May 1 and September 30, there were 150 car accidents in our city.

在5 月 1 日到 9 月 30 日之间，我们城里共发生了 150 起车祸。

We'll be there between 6 and 7.

我们将在 6 点到 7 点之间到达那里。

F over

"over+能表示一个时间段的名词"可表示下面两种意思：

- "在……期间"—— 强调两件事情同时进行或发生。
- "在……的时候"—— 一件事情发生在另一件事情的过程中。

(例) **They discussed what to do next over dinner.**

他们一边吃饭一边讨论了下一步干什么。

I got to know him well over the years.

在这些年中，我愈来愈了解他了。

It was a chance meeting over coffee in an espresso bar.

那是在咖啡馆里喝咖啡时的一次偶然相遇。

C by

"by + day/daylight/night/moonlight"等短语的意思是"在……期间"、"每逢……的时候"，强调在某种特定环境下从事某事。

（例）Some wild animals sleep by day and hunt by night.

一些野生动物白天睡觉，夜晚觅食。

They prefer to walk by moonlight.

他们更喜欢在月光下散步。

5 after，in 和 over 表示"在……之后"

A after+时间点或时间段

after是以除现在以外的一个具体时间为基准的，动作在那个基准点之后发生。

（例）Call me again after 10 o'clock.

以将来时间为基准

十点以后再给我打个电话。

He'll leave after breakfast.

先吃早饭，后动身

他将在早饭以后动身。

It is unwise to swim immediately after a meal.

经常性的前后顺序

饭后马上游泳不合适。

After leaving university, he went abroad.

以过去时间为基准

大学毕业后，他去了国外。

B in + 时间段

"in+ 时间段"也可表示"在…之后"，但 in 是以现在为基准来计算时间的。in 指需要过多长时间，动作才能发生，即动作将在所提出的那段时间结束时 (at the end of it) 发生。因此 in+ 时间段总是与将来时态连用。

（例）It's 5 o'clock; I'll come back in an hour(= at six o'clock).

即我六点钟回来

现在是五点钟，我一个小时之后回来。

We'll meet in two months' time.

等于 in two months from now

我们两个月后会面。

He came back after three days.

以过去时间为起点

三天之后，他回来了。

He'll come back in three days.

以现在为时间起点，需要等三天

他三天之后回来。

● over + 时间段

over 也可表示"到……之后"，通常强调一个动作要持续到某特定时间段之后，暗示动作到所说的那段时间结束为止。

(例) Can't you stay over Christmas?

你不能过了圣诞节再走吗?

He won't live over tonight.

他活不过今夜了。

6 toward(s) 和 near(er) 表示"快到……时"

toward(s)为动态介词，强调逐渐接近所指的时间点。故常译为"快到…时"；而near和nearer是静态介词，强调距所指出的时间点很近。在很多情况下，两者可以互换。toward 多用于美语中。

toward(s)/near(er) + 时间点

(例) Please phone again near(er) the end of the month.

要到月末时再打个电话。

It occurred toward(s) the end of the war.

那件事发生在战争快要结束的时候。

It was near midnight when he arrived.

他到达的时候，已快到午夜了。

It stopped raining toward(s) midnight.

接近午夜时分，雨才停下来。

7 about 和 around 表示"大约"

这两个词都可和表示时间点的名词连用，表示一个不太确切的时间，可互换。

(例) The fax was received about/around noon.

传真是在中午前后收到的。

He'll see you around 10 o'clock.

他大概在十点钟左右与你会面。

很多人认为about和around这两个词是副词，因为它们与时间有关系，我们且将其列在这里。

4-3 表示论及、牵涉等的介词

1 about，on 和 over 表示"关于……"

Ⓐ about 和 on

about 和 on 都有"关于"的意思。about 比较通俗，而 on 较为正式，并且多与有关知识，学术方面的词连用。

(例) There is a book on Chinese art.

有一本论述中国艺术的书。

a lecture on French history

关于法国历史的讲座

I've read many books about China.

我读过许多有关中国的书。

an article on economics

有关经济学的文章

a book on birds.

论述鸟类的书。

暗示可以从中获得更多的科学知识

a book about birds.

有关鸟类的书。

着重书所涉及的内容

At our next meeting Dr. J. B. Whiteley will speak on the Effects of Alcohol on the Heart.

在我们的下次会议上，J.B. 怀特利医生将就酒对心脏的影响这个问题做报告。

B over

over也可表示"关于"，多用在argue、argument、concern、dispute、quarrel、fight 等含有某种冲突，对抗意味的词后，over 常暗示动作要延续较长时间。

over 也可与一些表示感情的词连用（如 mourn，happy，grieve 等）。此时，over 常可与 about 换用。

(例) **She is fretting over/about trifles.**

她一直在为一些微不足道的事情烦恼。

I talked over the matter with him.

我与他细谈了这件事情。

Don't grieve over/about the past.

不要为过去(的事)伤心。

She felt very happy over the good news.

这个好消息令她欣喜不已。

2 concerning 和 regarding 表示"关于"

concerning，regarding表示"关于"时强调"涉及"、"提及"，语气比 about 要强烈些。

- **concerning 和 regarding 多用于商业，政治等较为正式的文体中。**
- **concerning 和 regarding 不能直接用在不及物动词之后，也不能出现在句尾，其后面必须要有宾语。**

(例) **She said nothing regarding your complaint.**

对于你的意见，她什么也没说。

He spoke to me regarding his future.

他向我谈到了他的将来。

Concerning his disappearance, I can't think of any convincing reason.

关于他失踪的事，我想不出任何有说服力的理由。

I'll write to you later regarding your recent inquiry.

关于你最近的询问，我以后再写信告诉你。

4-4 表示依据的介词

1 according to 和 by 表示"根据……"

A according to

according to所引导的词组通常多出现在句首，其后面所接的名词或代词都是有权威的第三者的看法，不能用第一，第二人称的看法或意见做其宾语（但可以说：in my/your opinion）。

- **according to the newspaper** 根据报纸
- **according to the time table** 根据时间表
- **according to the forecast**根据天气预报
- **according to the report** 根据报道

有时，我们也可以用 according to... 来发泄自己的不满。

（例）**According to Jane, I told a lie to her.**

按着珍妮的说法，我是对她说了谎啦。

B by

by 也可以用来表示判断的基准。它所依据的信息来源应该是非常具体的（如 by a clock，by the timetable 等）。在这种情况下，多可与 according to 互换。但 by 之后通常不与表示人的词连用，如不能说 by him 等。

（例）**It's five o'clock by/according to my watch.**

我的表现在是五点钟。

Don't judge people by first impressions.

不要根据第一印象来判断人。

4-5 表示原因的介词

1 because of，on account of 和 for 表示"因为"

A because of 和 on account of

because of 和 on account of 可以互换，但 because of 较为普通，而 on account of 多用在较为正式的文体中。

（例）**Because of his wife's being there, I said nothing about it.**

因为他妻子在那儿，我对此什么也没有说。

The game was delayed on account of the snow.

因为下雪，比赛被推迟了。

B for

for 侧重行为或情感产生的依据，或因此带来的结果，且多用在较正式场合。

（例）**jump for joy**

高兴得跳起来

grief for one dead friend

为死去的友人哀伤

I could hardly see anything for the dense fog.

由于浓雾，我几乎看不见任何东西。

He was rewarded for saving the child's life.

他因为救了那孩子的命而受到了奖赏。

2 due to，owing to 和 out of 表示"由于"

A due to 和 owing to

两者都可用来提出原因，意为"由于"，"因为"。due to 强调起因，多用在 be 之后作表语。owing to 更多地用来作动词的状语，可用 because of 取代。

（例）**Our delay was due to the heavy fall of snow.**

我们迟到是因为雪下得太大。

Owing to the heavy fall of snow, all flights have been cancelled.

因为大雪，所有的航班都取消了。

上面所谈的只是它们各自的侧重面，实际上，两者在很多情况下都可互相取代，也可与 because of 换用。

（例）**He lost his job due to/owing to/because of his carelessness.**

他因为自已的粗枝大叶而失去了工作。

The banks were broken due to a heavy rain.

因为大雨，河堤崩溃了。

Their late arrival was owing to the rain.

因为下雨，他们晚到了。

B out of

out of也可用来表示原因，它的着重点是行为的动机或出于行为者的内心感受。

do sth out of curiosity/embarrassment/kindness

出于好奇心／窘迫／好心（而做某事）

（例）**I helped her out of pity.**

我是出于怜悯，才帮助他。

She cried out of sympathy.

她因同情而哭了出来。

3 of 和 from 表示"因……而……"

of 和 from 都可用来说明死亡的原因。

die of 多用来指出造成死亡的直接原因，是身体内部变差的结果。

- **die of cancer** 死于癌症
- **die of old age** 老死
- **die of hunger** 死于饥饿
- **die of smallpox** 死于天花

die from 多用来指明造成死亡的外在的间接原因。

- **die from a wound** 因伤致死
- **die from overwork** 因过度劳累而死
- **die from eating too much** 撑死
- **die from malnutrition** 死于营养不良

(例) **die of a loss of blood/malnutrition**

= die from a loss of blood/malnutrition

但在实际应用中，人们往往不注重这种区分。

4 with 和 through 表示"因……而……"

A with

with 多用来表明身体或精神产生变化的原因。

- **shake with cold** 冷得发抖
- **green with envy** 妒火中烧
- **white with fear** 吓得脸色发白
- **jump with excitement** 兴奋得跳起来
- **blue with cold** 冻得脸色发青
- **mad with grief** 悲痛欲绝
- **red with anger** 气得满面通红
- **half dead with fatigue** 累得半死
- **tremble with rage** 气得浑身发抖
- **pale with fear/fright** 吓得面无人色

B through

through 多用来表示不良原因，而这种原因多造成不良后果。

- **through carelessness** 由于粗心
- **through misunderstanding** 由于误解
- **through idleness** 由于懒散
- **through ignorance** 由于无知

(例) **He succeeded through a mixture of lies and deceit.**

他的成功是用谎言和欺骗弄到手的。

I was lost through not knowing the way.

我因不认路而迷了路。

4-6 表示让步的介词

1 in spite of, despite 和 notwithstanding 表示"尽管"

三者都有"尽管"的意思，可以互相替代，并且多用在比较正式的文体中。

(例) **We failed despite our efforts.**

我们尽管很努力，但还是失败了。

In spite of poor health, he was always cheerful.

他尽管身体欠佳，但仍是很快乐。

We went on, notwithstanding the storm.

= We went on, the storm notwithstanding.

虽然暴风雨肆虐，我们还是前进。

notwithstanding 也可用于句末，从而使文体更加显得正式。

2 for all 和 with all 表示“尽管”

for all 和 with all 也可用来引出让步状语，表示“尽管”，但不如前三个词正式。

(例) With all her faults, I love her still.

尽管她有缺点，但我仍然爱她。

For all his wealth, he is not happy.

他尽管很富有，但却不幸福。

但是 with all... 也可表示“考虑到……”的意思，要注意上下文的影响。

(例) With all this rain, there'll be a good crop.

有了这场雨，一定会有好收成。

With all the work I have to do, I can hardly take a holiday now.

考虑到我必须得做的这些工作，我现在很难休假。

4-7 表示排除的介词

1 表示“排除在外”的介词

A except 和 but

这两个词都表示“除…之外，”意为把 except 之后的人或事物排除在外，也就是说，不把他们包括在前面所谈论的人、事或物之内。

(例) You can take your holidays at any time except in July.

除了七月之外，你什么时候休假都可以。

What can we do but sit and wait?

我们除了坐等外，还能做些什么呢？

except 之后除了要跟名词，代词或从句作宾语之外，还可以跟介词短语，动词不定式等。动词不定式前的 to 常常会省掉，特别是当动词不定式的逻辑主语为句中主语时，to 多半要省略掉。

except 所引导的短语，不能用于句首。

(例) Everyone was present except him.

代词作宾语

除了他之外，大家都出席了。

I walk to school except when it rains. 从句作宾语

除了下雨天，我都是步行去上学。

She did nothing except(to) complain all the time. 不定式作宾语

她除了不停的抱怨之外，什么也不干。

The windows were never opened except to air the room for a few minutes in the morning. 不定式作宾语

除了清晨让房间通几分钟的风之外，这些窗子从不打开。

I walk to school except on rainy days. 介词短语作宾语

除了雨天，我都步行去上学。

---

but的含义与except相同，可以互换，但but之前必须要有no，none，never，all，every，any，疑问代词，疑问副词、形容词或副词最高级，first，last，next，以及由no-，every-，any与-body，-one，-thing，-where等构成的不定代词或不定副词与其呼应，否则只能用except。

but引导的短语也不能用在句首。

（例）**That cat ate nothing but fish and bread.**

那只猫只吃鱼拌面包。

That is the highest mountain but one in this country.

那是这个国家的第二高山。

Everybody but you seems to know it.

除你之外，似乎人人都知道这件事。

Who but a fool would do such a thing?

除了傻瓜，有谁会干这种事？

与except一样，but之后也可接介词短语或不定式；动词不定式前的to在do nothing but或there is nothing to do but之后常可以省略。

（例）**Put it anywhere but on the floor.**

把它放在什么地方都行，只是不要放在地上。

We have no choice but to go.

我们除了去之外，别无选择。

With the exception of (= except)

（例）**I invited everybody with the exception of James.**

I invited everybody except James.

除了詹姆斯之外，我都邀请到了。

C excepting

excepting (= except) 多用于句首，较为正式，其前常加 not，always 等。

(例) **The whole exploration party, not excepting the leader, were killed in the accident.**

全体探险队员，包括队长在内，都在事故中死去了。

D excepted

excepted (= except) 也常与 not 连用，而且通常位于名词之后（句末）。

(例) **Everyone did their best, Dean not excepted.**

包括迪安在内，人人都尽了最大努力。

E exclusive of

exclusive of 主要用在计算，统计方面。

(例) **There are twenty-six days in this month, exclusive of Sundays.**

这个月除去星期天，一共有 26 天。

F excluding(= exclusive of)

(例) **This book has 300 pages excluding the appendix.**

这本书不算附录，共有 300 页。

G saving/save

saving/save(= except) 多用于正式文体中。"save and except + 宾语"用于加强语气。saving 和 save 都是较为陈旧的词，应少用。

(例) **Answer the last question save one.**

回答倒数第二题。

H beyond

beyond(= except) 表示"除…之外"时，只用于否定句，疑问句中。

(例) **I know nothing beyond this.**

除此之外，我一无所知。

2 表示"排除一些细节"的介词

A except for

except for"除……之外"，"若是不……"与 except 一样，表示把所涉及的人或事排除在外，但两者之间存在着很大差别：

- 在表意上，**except for** 用于对已说明的情况作细节上的修正或补充，使所谈内容更精确，更无懈可击，而 **except** 只着重于对事实的叙述。
- 在用词上，**except for** 所排除的内容往往是与整体有关的一个或几个细节，而

except 的宾语与未排除的人或物是属于一类的。

- 在位置上，**except for** 可出现在句首，也可出现在句末，但不能直接置于被修正的整体情况后，而 **except** 引导的短语，不能用在句首。

（例）**They all went except Tom.**

除了汤姆之外，他们都去了。 （Tom 与 they 属同一类）

We come to school every day except Sunday.

我们除了星期天外天天到校上课。 （every day 与 Sunday 属同一类）

The room was empty except for a shabby bed.

除了一张破旧的床外，室内空空如也。 （不属于同一种类）

Except for one minor incident, he seemed to be in excellent health. （在句首，不能用 except）

除了有一件小事故外，他似乎身体很健康。

The road was empty except for a few cars.

除了几辆汽车之外，路上空荡荡的。

B barring 和 short of

barring 和 **short of** 的含义和用法与 **except for** 相同。

（例）**Barring accident, you might even win and represent our region at the national spelling bee in Washington.**

除非发生意外，否则你甚至有可能赢得这次比赛，并代表地区去华盛顿参加全国的拼字比赛。

I can't think what to do with these papers, short of burning them.

我想不出该如何处理这些文件，除非把它们烧掉。

They will take all measures short of war.

他们将采取除战争以外的一切手段。

Short of crime, I would do anything to succeed.

我为求成功，除了犯法之外，做什么都愿意。

3 表示包括在内的介词

A in addition to

in addition to 的意思是"除……之外，还有……"，也就是说，把 **in addition to** 后的内容也包括在前面所谈内容之内。

（例）**In addition to the rough seas, they had a thick fog.**

除却海涛汹涌之外，他们还笼罩在浓雾之中。

B on top of

on top of (= in addition to) 也表示"除……之外，还……"

(例) On top of everything else, he also lost his wallet.

除这一切之外，他还把钱包也丢了。

If you go by the train, you have to pay a special fee, on top of the ordinary fare.

如果你乘这趟火车去，除一般车费外，你还要付一笔附加费用。

On top of her other talents, she sings well too.

除了其他天资之外，她歌也唱得很好。

4 既可表示"排除"又可表示"包括在内"的介词

A besides

besides 用在肯定句中时，其含义与 in addition to 相同。

(例) He bought some canned foods besides a bottle of wine.

除买了一瓶葡萄酒之外，他还买了一些罐头食品。

Besides knowing some Greek, she was fluent in Italian.

她除了懂些希腊语之外，意大利语也很流利。

当 besides 用于否定句和疑问句中时，其含义等于 except。

(例) He has no friends besides me.

除我之外，他没有其他朋友。

What has she done, besides watching TV?

她除了看电视，还干了些什么呢？

B apart from(英)/aside from(美)

这两组词的用法和含义一样。它们在句中都可能表示两种截然不同的含义——或是排除，或是包括。这要根据上下文或句子本身的内容来定。(参见besides)

(例) Apart from them, I had no one to talk to. 排除在外

除他们之外，我无人可交谈。

There are other problems with that car apart from its cost. 包括在内

除了费用之外，这辆车还有其他一些问题。

None, aside from him, could answer the questions. 排除在外

除他之外，无人能回答这些问题。

Apart from a flat tyre, we had faulty brakes. 包括在内

除了轮胎跑气之外，我们的刹车也出了毛病。

Aside from being fun and good exercise, swimming is a very useful skill.

游泳不仅是一种有趣的活动和有益的锻炼，而且还是一种有用的技能。

4-8 表示方法、手段等的介词

介词 at，by，with，in，on 都可以用来表示行为的方式。在大多数情况下，它们都有各自的搭配关系，即使可以换用，也多半要有一些含意上或结构上的变化。

1 at

表示行为或做事的方式

- **at random** 任意地，胡乱地
- **at one's will** 随意地
- **at length** 详细地
- **at a trot** 快步地
- **at a guess** 猜(测)起来
- **at risk** 冒险
- **at/by wholesale** 批发，成批地
- **at/by retail** 零售
- **at a/half price** 以高价／以半价
- **at cost** 原价，实价
- **at a bargain** 廉价地
- **at a stroke/blow** 一下子
- **at a draught** 一下子
- **at a gult** 一饮而尽，一口吞下

表示身心的状态或处境

- **at liberty** 自由地，闲暇
- **at large** 自由自在地，逍遥自在地
- **at peace** 心情平静地
- **at home** 舒适自在地
- **at a loss** 茫然地
- **at fault** 不知所措地，感到困惑地

表示按他人的意愿，要求行事

- **at/by sb's request** 应邀
- **at sb's command** 听……的吩咐
- **at sb's beck and call** 任……支使
- **at sb's disposal** 由……支配，作主
- **at sb's service** 听候……的吩咐
- **at sb's summons** 听候……的支使

2 in

表示书写、绘画、音乐、印刷、说话等的方式，手段或材料

- **write in ink/in pencil** 用钢笔／用铅笔
- **write in biro** 用圆珠笔写
- **write in code** 用密码写
- **write in shorthand** 速记书写
- **print in italics** 用斜体字印刷
- **print in capitals** 用大写字母印刷
- **speak in whispers** 低声说
- **in other words** 换言之
- **in short** 简言之
- **paint in oils** 画油画
- **paint in watercolours** 画水彩画
- **paint in Chinese ink** 画水墨画

- **print in small letters** 用小写字母印刷
- **speak in low voice** 低声说
- **speak in a few words** 简短地说
- **a symphony in C minor** C 小调交响曲
- **a concerto in D major** D 大调协奏曲
- **in chorus** 合唱

表示心理活动(如情绪，心情，态度等)

- **in high feather** 精神饱满地
- **in a good humour** 情绪很好
- **in a bad/ill humor** 情绪不好
- **in high spirits** 兴高采烈
- **in poor/low spirits** 意气消沉
- **in spirits** 兴致勃勃地
- **in a good temper** 心情好
- **in a bad temper** 心情不好
- **in anger/a rage** 盛怒，愤怒地
- **in despair** 绝望地
- **in comfort** 安逸地
- **in the blues** 闷闷不乐地
- **in tears** 哭泣
- **in horror** 恐惧地
- **in/with fear** 恐惧地
- **in a fog** 困惑不解地
- **in wonder** 惊奇地
- **in a good mood** 心情好
- **in a bad mood** 心情不好
- **in distress** 苦恼地
- **in alarm** 惊恐地
- **in astonishment/surprise** 惊奇地
- **in doubt** 怀疑地
- **in earnest** 认真地

表示有意采取的方式

- **in full dress** 盛装
- **in disguise** 乔装打扮
- **in secret** 秘密地
- **in public** 公开地
- **in haste** 匆忙地，草率地
- **in this way** 用这种方法
- **in a careless manner** 漫不经心地

3 by

表示交通、运输、通讯等工具(通常不加冠词)

- **by land** 由陆路
- **by car** 用汽车
- **by ship** 乘船
- **by post** 用邮寄(方式)
- **by telegram** 用电报
- **by wire** 用电报
- **by sea** 由海路
- **by bus** 乘公共汽车
- **by plane** 坐飞机
- **by letter** 用通信(方式)
- **by telegraph** 用电报
- **by special delivery** 用专递
- **by air** 空运
- **by train** 乘火车
- **by bicycle** 骑自行车
- **by telephone** 用电话
- **by air mail** 用航空信
- **by express** 用快件

交通工具等前有冠词，或带有修饰语时，介词大多要改变，比较：

(例)

in an airplane 乘坐飞机
by/on the 5:50 p.m. train 乘下午五点五十分的火车

表示达到目的方法，方式

- heat by oil 用油取暖
- by check 用支票
- learn by heart 背下，记住
- by persuasion 靠说服
- do sth by turns 轮流(做……)
- by all means 用一切手段
- by force 用武力
- by virtue of 凭借……，靠……(的力量)

(例) **The machine is driven by steam/electricity.**

这台机器是靠蒸汽/电驱动的。

He earns his living by teaching.

他靠教书谋生。

Please pay by check.

请用支票支付。

比较：in cash 用现金

表示客观偶发的情况

- by chance 偶然地
- by (good) luck 侥幸地
- by accident 意外地
- by mistake 错误地

表示判断的标准或行为的依据

- by sb's appearance 根据外表(判断等)
- know sb by sight 与…面熟(并不相识)
- by/with your leave 劳驾
- sell sth by the dozen 按打出售
- by/with sb's consent 经……同意
- by rule 按照规则
- charge by weight/volume 按重量/体积收费
- rent sth by day/week/month 按天/周/月租用……

(例) **He is a carpenter by trade/profession.**

他的职业是木工。

Never judge a man by his looks.

绝不要根据外表判断一个人。

What time is it by your watch?

你的手表几点啦？

表示渐进

- little by little 一点点地
- day by day 一天天地
- bit by bit 渐渐，一点点地
- year by year 年复一年
- inch by inch 一点点地
- two by two 两个两个地，一对一对地
- step by step 逐步地
- one by one 一个一个地

比较：in threes and fours 三三两两地

4 with

表示"用……工具"

cut...with a knife 用刀子切	write...with a pen 用钢笔写
kill...with an arrow 用箭射杀	beat...with a stick 用棍子打
chop...with an ax 用斧头砍	dry...with a handkerchief 用手帕擦干

表示伴随动作的态度，表情，心境等。这样用时，大多有相对应的副词。

with ease (= easily) 容易地	with disapproval 不赞同地
with courage (= courageously) 勇敢地	with joy 高兴地
with diligence (= diligently) 勤奋地	with surprise 惊奇地
with (great) care (= carefully) 小心地	with enthusiasm 热情地
with pleasure (= pleasantly) 愉快地	with open arms 热情地
with (great) interest 感兴趣地	with a will 起劲地
with a heavy heart 心情沉重地	with calmness 冷静地
with reluctance 不情愿地	speak with a frown 皱着眉说
with curiosity 好奇地	greet with a smile 微笑着打招呼
with scorn 轻蔑地	greet with a nod 点头打招呼
with envy 妒忌地	say... with a sigh 叹口气说
go with heavy steps 脚步沉重地走	with difficulty 困难地

5 on

on 与一些名词连用时，也可用来表示"方式"，"方法"。这些词组常常让人或多或少地体会到介词 on 的本意"在…上"还在起作用。

表示行为所处的状态

on edge 紧张不安地(在边缘上的感觉)	on the watch 戒备地
on thorns 焦虑不安地(在荆棘上的感觉)	on fire 愤怒地
on pins and needles 坐立不安地	on the alert 警惕地

表示行为所抱的态度

on purpose 故意地	on principle 按原则
on the sly 秘密地	on schedule 按预定时间
on the dot 准时地	on the quiet 私下地

表示行为的方式，手段

play... on the piano(在)钢琴(上)演奏	go on foot 步行去
talk on the telephone 在电话上交谈	run on gasoline 以汽油作(行驶的)燃料

（例） I heard the news on the radio.

我从收音机上听到了这一消息。

You can watch a football game on television.

你可以在电视上看足球赛。

cut one's finger on a knife.

手指被刀子划破了。 可能是不小心

cut one's finger with a knife.

用刀子划破了手指。 有意的或故意的行为

4-9 表示组成、构成等的介词

of，out of，from，with 都可与 make (be made)，build，construct 等连用，表示构成某物的原料或组成部分。

1 be made of

be made of后跟的原材料通常没有发生质地上的变化，是可分辨或辨认出来的。

（例） It is made of wood/iron/stone.

它是由木头/铁/石头制成的。

She likes dresses made of velvet.

她喜欢用天鹅绒做的衣服。

2 be made from

be made from 之后所跟的原材料因为被加工，使质地或外观发生了变化，因而不易辨认。

（例） Paper is made from wood.

纸是用木头造的。

Wine is made from grapes.

葡萄酒是用葡萄酿造的。

3 be made out of

be made out of 常用于口语中，可用来替代 be made of 或 be made from。

（例） Flour is made out of wheat.

面粉是用小麦辗出来的。

Bricks are made out of clay.

砖是用粘土制的。

4 be made with

be made with 通常暗示“包含有……”的意思，因此常常用来表示从构成某物的多种成份中，识别出一种或几种主要成份来。

（例） Salad is often made with lettuce and tomato.

色拉常用莴苣和西红柿做。

The sauce is made with fresh cream.

这种调味汁是用鲜奶油做的。

SUPER.ENGLISH.SIMPLE SENTENCE.
第十四章
简单句
E.Neuman
"Just-Us"
LEAGUE
of Stupid Heroes
S

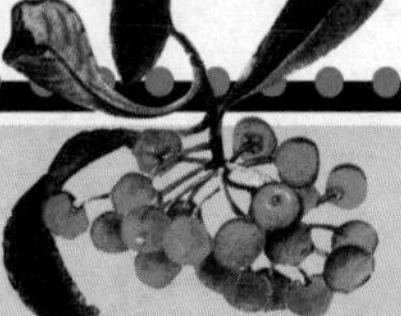

简单句

句子是一个能相对独立地表达出一个完整思想的语言单位。简单句是只包括一组“主—谓结构”的句子。我们可以用简单句进行陈述(陈述句)；进行提问(疑问句)；发出请求或命令(祈使句)；或表示感叹(感叹句)。在第一章中，我们已对英语简单句的构成方式作过阐述。在本章中，我们将对前面没有涉及或涉及较少的问题——疑问句，否定句，感叹句和祈使句进行讲解。值得注意的是，不论句子的结构如何变化，这种变化都是在第一章中所叙述的基本句型的基础上进行的。因此，在学习本章之前重温第一章的内容是必要的。

1 疑问句

疑问句有四种形式：一般疑问句，特殊疑问句，选择疑问句和疑问尾句。

1-1 一般疑问句

1 一般疑问句的构成

A 一般疑问句的基本结构 助动词(或情态动词)＋主语＋……?

动词 be 作谓语时，只要把 be 倒装到主语之前去就可以构成疑问句。

(例) **Were they present at the meeting?**

他们出席会议了吗?

Are the students your friends?

这些学生是你的朋友吗?

如果谓语中包括一个或几个助动词时，将(第一)助动词移到主语前去。

(例) **Will the construction have been completed by the end of the month?**

这一建筑工程能在月底前完工吗?

Can you be there in ten minutes?

你能在十分钟内到达那儿吗?

Has the postman been yet?

邮递员已经来过了吗?

如果谓语中不包含助动词(如一般现在时和一般过去时)，则要借助于助动词 do 来构成疑问句，句中原来的谓语动词要用原形。

(例) **Does he want the pail?**

他需要这只桶吗?

Did you all go straight home after school?

放学后，你们直接回家了吗?

have 作为一个及物动词，作“有”解时，可以将其倒装到主语之前，或用倒装助动词的方法构成疑问句，在其他情况下，要用倒装助动词的方法构成疑问句。

(例) **Has she / Does she have any children?** 她有孩子吗?

Did you have a talk with him? 不能说 **Have you a talk ...?**

你与他谈过了吗?

Have you had your breakfast?

你吃过早饭了吗?

B 否定疑问句的构成

完全式	助动词 + 主语 + **not** + ……?
简略式	助动词的否定缩略式 + 主语 + ……?

(例) **Is he not / Isn't he a doctor?** 他不是医生吗?

Does Helen not / Doesn't Helen like chocolate? 海伦不喜欢巧克力吗?

Will he not / Won't he go with you? 他不和你一块儿去吗?

C 否定疑问句的感情色彩

否定疑问句并不单纯表示提问，它常常带有感情色彩。否定疑问句的完全式比简略式所表达的语气更强烈些。

在一些情况下，否定疑问句和肯定疑问句几乎可以表示同样的含义，但是，用否定疑问句可显出更多的关切、更大的兴趣。

(例) **Will you come for a walk with me?**

要和我一块去散散步吗?

Won't you come for a walk with me?

不和我一块去散散步吗?

Am I not permitted to go out? **am** 没有缩略形式

我不能出去吗?

否定疑问句常常带有惊异、赞叹或责难等语气。

(例) **Does he not want it?**
他不需要它吗?

Won't he come?
他不来啦?

Haven't you read the newspaper?
你没读过这份报纸呀?

Can't you drive a car?
你不会开车呀?

否定疑问句有时暗示提问者期待着肯定的回答。

(例) **Shouldn't we start now?**
我们现在是不是该动身了?

Wasn't it a marvelous concert?
那音乐会是不是很精彩?

否定疑问句有时用来表示邀请或建议。

(例) **Wouldn't you like to go with me?**
你不想和我一块儿去吗?

Won't you have a cup of coffee?
你不喝杯咖啡吗?

2 一般疑问句的回答

回答一般疑问句时，通常用简略答语。

肯定的回答	Yes + , + 主语 + 助动词(或情态动词)的肯定式
否定的回答	No + , + 主语 + 助动词(或情态动词)的否定式

(例)

Are the children in the garden?
孩子们在花园里吗?

- **Yes, they are.** 是的，他们在那儿。
- **No, they aren't.** 不，他们不在那儿。

Do you like to swim in rivers?
你喜欢在河里游泳吗?

- **Yes, I do.** 是的，我喜欢。
- **No, I don't.** 不，我不喜欢。

Yes 和 **No** 的用法与中文不同，用 **Yes** 还是用 **No**，与疑问句本身没有任何关系，完全取决于答语，肯定的回答用 **Yes**，否定的回答用 **No**。这种情况在回答否定疑问句时表现得最为明显。

(例)

Don't you like ice-cream ?
你不喜欢冰淇淋吗?

- **Yes, I do.** 不，我喜欢。
- **No, I don't.** 是的，我不喜欢。

Has he not arrived yet?
他还没到吗?

- **Yes, he has.** 不，他到了。
- **No, he hasn't.** 是，他没有到。

也可以用其他一些表示肯定和否定的词来回答：

肯定的回答	certainly, of course, I think so, all right, with pleasure
否定的回答	certainly not, not at all, never, sorry, not yet, I'm afraid not

（例）

Will you lend me some money? 你能借给我点儿钱吗？	Can you come here at once? 你能马上到这儿来吗？
Certainly. 当然可以。 / Certainly not! 当然不行。	All right. 是的，没问题。 / I'm afraid not. 恐怕不能。

1-2 特殊疑问句

特殊疑问句中要包括有疑问词，因此，在讨论特殊疑问句的构成之前，要先了解疑问词的用法和种类。

1 疑问词的种类

疑问词分为疑问代词和疑问副词。

A 疑问代词包括：

疑问代词	意 义	用法	备 注
who	谁	代词	①指人(单数或复数，男性或女性) ②在口语中常用来代替 **whom**，但不能用在介词之后
whom	谁	代词	为 **who** 的宾格形式，用作动词或介词的宾语
whose	谁的	代词或形容词	用作疑问代词时指人 用作形容词时表示所属，为 **who** 所有格
which	哪个 哪些	代词或形容词	用作代词时指人或物，可用作单数或复数 用作形容词时，可修饰单数或复数名词
what	什么	代词或形容词	用作代词时指物或人；可指单数，也可指复数 用作形容词时，可修饰表示人或物的名词

疑问代词没有性和数的变化，除 **who** 之外，也没有格的变化。

B 疑问副词包括：

when 何时　**where** 何地　**why** 为什么　**how** 如何

C 由疑问词构成的缩略式

在非正式英语中，疑问词常与助动词构成缩略式：

助动词的缩略形式	常用的疑问词＋助动词的缩略式
's=is 或 has	who's, what's, when's, why's, where's, how's
'd=had 或 would	who'd, why'd, where'd, how'd
'll=will	who'll, what'll, when'll, which'll, why'll, where'll, how'll
've=have	what've, when've, which've, where've

2 特殊疑问句的构成

A 特殊疑问句的一般结构　疑问词 + 助动词（或情态助动词）+ 主语……？

（例）**What are you doing?**

你在干什么呢？

When did you see him last?

你最近一次见到他是什么时候？

Where is my hat?

我的帽子在哪儿？

In whose room was it found?

在谁的房间里找到它的？

Whom do you want to see?

你想找哪一位？

Which did he choose?

他选了哪一个？

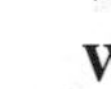

B 对主语部分提问的特殊疑问句

如果疑问词用作主语或主语的一部分时，要用陈述句的词序，这种疑问句中的谓语根据情况，可能是单数，也可能是复数。

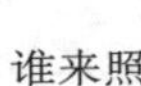

（例）**What makes you think so?**

是什么让你这么想呢？

Who's going to look after the children?

谁来照看孩子们呢？

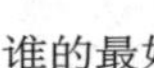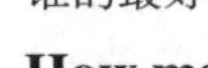

Whose was the best?

谁的最好？

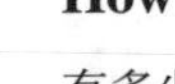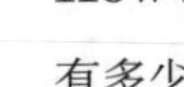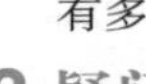

How many students will attend the meeting?

有多少学生要参加这次会议？

3 疑问代词与疑问副词的用法判别

who, whom, whose, which, what 用作代词

who,whom　一般用来指人，代表单数或复数，并且不限制选择答案的范围。

（例）**Who knows what has become of her?**

谁知道她的情况怎样了？

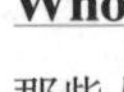

Who are those men?

那些人是谁？

Who(m) do you mean?

你指谁？

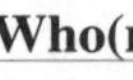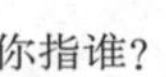

Who(m) are you writing to?

你在给谁写信？

To whom did you give the money?

你把钱给了谁？

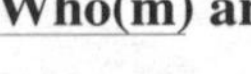

由左边的例子可以看出，在一般情况下，可用 **who** 代替 **whom** 在句中作宾语，但是，如果紧跟在介词之后时，只能用 **whom**。

which	可用来指人或物(单数或复数),在(明确提出或暗示出的)一定范围限制之内进行选择时,用来代替 what 或 who。

(例) **Which do you like better, apples or pears?** 你喜欢苹果还是梨?

With which shall we dig this ditch?

我们用哪一个工具挖沟?

Which of the two is the prettier?

两人中哪一位更漂亮?

what	通常指物(单或复数),也指人。一般用在未指出或暗示出范围的情况下。

(例) **What do you know about it?**

有关此事你都知道些什么?

What will it cost?

这要花多少钱?

What did you go there for?

你为什么要到那儿去?

What is he like?

他是怎样的一个人?

whose	用来提问所属关系。

(例) **Whose are those shirts?**

那几件衬衫是谁的?

Whose will last longer?

谁的要持久些?

which, what 和 whose 用作形容词,在句中作定语。

(例) **Which answer is correct?**

哪个答案正确?

What person made the decision?

什么人作出了这个决定?

Whose side are you on?

你站在谁那一边?

What size shoes do you wear?

你穿多少号的鞋?

what用来提问的内容比较多些,如时间、种类、天气、颜色、度量等。"what+名词"在意义上等于"how+形容词或副词"结构或副词。

- **what time/date/year = when**
- **what age = how old**
- **what size = how big**
- **what length = how long**
- **what height = how high**
- **what depth = how deep**

who, what, which 用来询问有关人的情况。

who	用来询问对方身份。

举例	译文	说明
Who are you?	你是谁?	询问陌生人
Who is it?	哪一位?	询问敲门人
Who is this?	你是哪一位?	在电话中问对方

who	用来询问他人身份。		
举例	译文	说明	答语
Who is he?	他是谁?	提问身份或名字	He is Tom.
What is he?	他是干什么的?	询问职业或身份	He is a lawyer.

who 询问的重点是人，而 what 询问的重点是工作，语气较为生硬。

what+ 表示人的名词 询问人的身份和类别，常与"what kind of..."同义。

(例) **What people (What kind of people) belong to that club?**

这个俱乐部的成员都是什么人?

which+表示人的名词 表示从限定的可能情况中选择。

(例) **Which children have won the prizes?**

哪些孩子得了奖?

when 用来询问时间

疑问副词 when 用来询问过去、现在或将来的时间，与 (at) what time 同义。

(例) **When will she return?**

她何时回来?

When did they get married?

他们何时结的婚?

有时，when 可用在 till, untill, since, from 之后。

(例) **Till when is he going to stay here?**

他打算在此逗留到什么时候?

From when does it date?

(它的)日期从什么时候开始?

where 用来询问地点

where 用来询问具体的或一般的地点，意为"哪里、从哪里、到哪里"，与 in/from/to what place 同义。

(例) **Where are the children?**

孩子们在什么地方?

Where are you getting off?

你在什么地方下车?

Where are you going?

你要到哪儿去?

> where 常与 from 和 to 搭配，强调来处或去处。例如：
> **Where are you going to?**
> 你要到哪儿去?
> **Where have you come from?**
> 你从哪儿来?
> **Where do you come from?**
> 你是哪里人?(你府上在哪里?)

why 用来询问原因，可用 because 回答。

(例) **Why does fire burn?**

火为什么会燃烧?

Why didn't you go to work this morning?

你今早为什么不去上班?

"Why don't you/we...", "Why doesn't she/he...", "Why not..."

用来提出建议或劝告。

(例) **Why don't you (Why not) ask him?**

你为什么不去问问他呢?

Why doesn't she play table tennis?

她为什么不打打乒乓球呢?

Why +动词 意为"为什么要……","何必……"。(暗示我认为不该)

(例) **Why trouble yourself with such a trifle?**

为什么要为这样的小事烦恼?

how 用来提问方式、手段等

how 用来对手段、方式、工具以及程度、距离、时间等进行提问,可以单独用,也可以与副词或形容词连用。

(例) **How did the criminal escape?**

这个罪犯是怎么逃走的?

How shall I do it?

我该怎么干呢?

How was she dressed?

她的衣着怎么样?

How was he looking?

他看上去还好吗?

How is your sister getting on?

你姐姐日子过得怎么样?

How are things?

情况如何?

how 可与许多副词或形容词搭配使用。

用法	释义	说明
■ **how old**	多大	询问年龄
■ **how much/many**	多少	询问数量
■ **how far**	多远	询问距离
■ **how long**	多长?多久?	询问时间的长度或距离
■ **how often**	多长时间一次	询问频率
■ **how soon**	多久	询问时间
■ **how else**	用什么别的办法	

How about... = What about... 用来表示提议、询问办法或看法。

(例) **How about (What about) this bike?**

这辆自行车怎么办?

How about (What about) a glass of beer?

喝杯啤酒怎么样?

有时，在一个疑问句中，可以用两个或两个以上的疑问词。

(例) **Where and when did they get married?**

他们是在何时何地结婚的？

疑问词可与 else 连用，但 which, whose 和 when 少用。

(例) **What else can it be?**

它还能是什么呢？

Who else is coming?

还有谁要来？

How else can it be done?

还能用别的方法做吗？

Where else did you go?

你还去了什么地方？

"疑问词+ ever+...？"表示强调

(例) **What ever do you mean?**

你到底是什么意思？

Why ever didn't you say so?

你究竟为什么不那么说呢？

Which ever way could he go?

他能走哪条路呢？

Where ever have you been?

你到底去哪儿了？

疑问词用作"动词＋介词"的宾语

疑问词这样用时，通常是把介词留在句末，有时，也可放在疑问词之前。

(例) **Who(m) are you looking for?**

你在找谁？

To whom did you give the bag?

你把书包给了谁？

4 对特殊疑问句的回答

特殊疑问句的答语的重点是对疑问词的回答，因此，不再需要用 **yes** 或 **no**。在回答时，可以用一个词或词组，也可以用一个较为完整的句子。

对特殊疑问句的回答		
问句	答语	整句答语
Who has borrowed my bike? 谁借了我的自行车？	**Jack.** 杰克。	**Jack has borrowed your bike.**
When did he borrow my bike? 他什么时候借去的？	**This morning.** 今天早晨。	**He borrowed your bike this morning.**
Where is he? 他现在何处？	**At the office.** 在办公室。	**He is at the office.**
What is he doing there? 他在那儿干什么呢？	**Working.** 工作。	**He is working.**
Whose bike is this? 这辆自行车是谁的？	**Mr. Smith's.** 史密斯先生的。	**It's Mr. Smith's bike.**

1-3 选择疑问句

选择疑问句是要从借助or所提供的两个或两个以上的答案中选择一个，回答方法与前一节基本相同。

由一般疑问句演化而来的选择疑问句

(例) **Is it right or wrong?**

是对还是错？

Were you or he there?

是你还是他在那儿？

Are they reading, chatting or watching television?

他们是在看书、聊天，还是在看电视？

Do you want to go there by land or by air?

你将乘车还是乘飞机去那儿？

由特殊疑问句演化而来的选择疑问句

(例) **Which do you like better, coffee or milk?**

你更喜欢喝什么，咖啡还是牛奶？

What colour is it, red, blue or yellow?

它是什么颜色？红的，蓝的，还是黄的？

Where are you going, to the classroom or to the library?

你要去哪儿，教室还是图书馆？

How shall we go, by sea or by land?

我们怎么去，走水路还是陆路？

1-4 疑问尾句(反意问句)

疑问尾问是附加在陈述句后的一种简短的问句。

1 疑问尾句的构成

疑问尾句的基本句式为：

"陈述句(主＋谓＋……)，＋助动词或情态助动词＋代词？"

疑问尾句中的主语必须要用人称代词，如果陈述句中主语是代词，就用该代词。如果陈述句中的主语是一个名词，就要用相应的代词指代该名词。

(例) **He is your teacher, isn't he?**

他是你的老师吧？

People shouldn't drop litter on the pavements, should they?

人们不该在人行道上乱扔东西，是吧？

构成疑问尾句的助动词应该是陈述句谓语中的(第一)助动词或情态助动词，或是动词**be**。陈述句的谓语不包含助动词或情态助动词时，要用相应的**do/does/did**代替陈述句的谓语。在构成疑问尾句时，要特别注意以下几点：

- 肯定的陈述句＋否定的疑问尾句；
- 否定的陈述句＋肯定的疑问尾句；
- 疑问尾句的时态必须与陈述句的谓语一致。
- 否定的疑问尾句必须用助动词和**not**的缩略式。

陈述句	疑问尾句	译文
Lizzie hasn't got a TV set,	has she?	莉齐没有电视机吧？
They couldn't finish their work,	could they?	他们完不成自己的工作吧？
Josh didn't want to come,	did he?	约希不想来，对吗？
You found your key,	didn't you?	你找到了钥匙吧？
Joe's heard the news,	hasn't he?	乔听到这个消息了吧？

2 构成疑问尾句的几点注意

陈述句的谓语动词为 have 时

如果**have**作“有”解，疑问尾句可能有两种形式。

(例) **They have a house in town, haven't they?**
They have a house in town, don't they?
他们在城里有一栋房子，是吧？

如果 have 用于“有”以外的含意时，就只能用 do 的适当形式。

(例) **You always have milk in your tea, don't you?**

你的茶里总要加些牛奶，是吗？

The boy has to clean his room, doesn't he?

那孩子必须打扫自己的房间，是吧？

陈述句的谓语为 am 时

疑问尾句只能用“**aren't I?**”，因为**am**不能与**not**构成缩略式。

(例) **I am right, aren't I?**

我对了，是吧？

I'm your friend, aren't I?

我是你的朋友，不是吗？

陈述句的谓语中包括有 need, dare 和 used to 时

在这种情况下，疑问尾句中的助动词通常也有两种形式，这是因为它们既可用作情态动词，也可用作行为动词。

陈述句	疑问尾句	译文	说明
You need the job,	**don't you?**	你需要这份工作，是吗？	**need** 为及物动词
You needn't do it,	**need you?**	你不需要做，是吗？	**need** 为情态动词
He doesn't dare to come,	**does he?**	他不敢来，是吗？	**dare** 为及物动词
He dare do it,	**daren't he?**	他敢做这事，不是吗？	**dare** 为情态动词
You used to live in Paris,	**didn't you?**	你从前住在巴黎，对吧？	**used to** 为及物动词
He used to smoke,	**use(d)n't he?**	他过去抽烟，是吗？	**used to** 为情态动词

谓语中包括 -'d 时

当谓语中包括 **'d better**，**'d rather**，**'d like** 时，注意 **'d** 是代表 **had** 还是代表 **would**。

(例) **They'd rather go by bus, wouldn't they?**

-'d 代表 **would**

他们要坐公共汽车去，是吧？

You'd better change your wet shirt, hadn't you?

-'d 代表 **had**

你还是把湿衬衫换掉，好吗？

He'd like to join our discussion, wouldn't he?

-'d 代表 **would**

他想参加我们的讨论，不是吗？

谓语中包括 ought to 时

当谓语中包括**ought to**时，疑问尾句也可能有两种形式：**ought you/oughtn't you** 或 **should you/shouldn't you**。

(例) **She ought to see a doctor at once, shouldn't she?**

She ought to see a doctor at once, oughtn't she?

她应该立即去看医生，不是吗？

谓语为 wish 时

当谓语为 **wish** 时，疑问尾句应为“**may+** 代词”。注意，陈述句和疑问尾句的谓语都要用肯定式。

(例) **I wish to say a few words, may I?**

我想说几句话，可以吗？

谓语中包括 must 时

陈述句的谓语中包括情态动词 **must** 时，疑问尾句用何种助动词，与陈述句中的整个谓语所表达的含意有关。因此，要对具体的句子作具体的分析。

(例) **You must be joking, aren't you?**

must 表示对现在情况的推断

你在开玩笑，是吧？

She must have finished her work, hasn't she?

她一定是已经完成工作了，不是吗？

must 表示对过去的推断

You must go home, needn't you?

你应该回家去，是不是？

must 意为"应该"

We mustn't be late, must we?

我们不可以迟到，对吗？

mustn't 意为"不得"

陈述句的主语为不定代词时

陈述句的主语为 **neither of, none of, nobody, no one** 等时，疑问尾句中的代词用**they,** 助动词用肯定式；陈述句的主语为**somebody, someone, everybody, everyone** 等时，疑问尾句中的代词也要用 **they,** 但助动词用否定式。

陈述句	疑问尾句	译文
Neither of them came,	did they?	他们谁也没来，是吗？
None of the students liked it,	did they?	学生们都不喜欢它，是吧？
Nobody's been informed,	have they?	没人得到通知，是吧？
Somebody's got to do the job,	haven't they?	得有人去做这项工作，对吧？
Everyone knows the answer,	don't they?	大家都知道答案，不是吗？

nothing, everything, something 用作陈述句的主语时

nothing 作陈述句的主语时，疑问尾句的助动词用肯定式；**everything, something**用作主语时，疑问尾句的助动词用否定式。指代它们的代词均用**it**。

(例) **Nothing he did was right, was it?**

他做的事没一件是对的，是吧？

Everything is ready, isn't it?

一切都准备就绪了，不是吗？

this / that 用作陈述句的主语时

陈述句的主语为 **this / that** 时，疑问尾句的主语代词用 **it**。

(例) **That's nice, isn't it?**

那很好，是吗？

This is the place, isn't it?

这就是那个地方，对吧？

陈述句中包括有否定意义的词时

陈述句中包括有 **hardly, scarcely, seldom, never, few, little, rarely** 等含有否定意义的词时，疑问尾句中的助动词要用肯定式。

(例) **Frank hardly ever goes to parties, does he?**

弗兰克很少去参加晚会，是吧？

He has few friends, has he?

他几乎没有什么朋友，是吗？

祈使句之后跟疑问尾句时

“祈使句＋将来时肯定的疑问尾句”表示“请求”；“祈使句＋将来时否定的疑问尾句”表示“提示”、“暗示”。一般情况下，区别不大。

(例)

Go home now, will you?

回家吧，好吗？

Go home now, won't you?

你该回家啦，是吧？

Let's go, shall we?

我们走吧，好吗？

Let's go, shan't we?

我们走吧，好不好？

要注意：

Let me 和 Let us 为第二人称祈使句，其疑问尾句应该是 will/won't you?

(例)

Let me go, will you?

让我走吧，行吗？

Let us go, won't you?

让我们走吧，可以吗？

如果是否定的祈使句，其后只能用“will you?”作疑问尾句。

(例)

Don't forget to pay your income tax, will you?

别忘了交所得税，好吗？

跟在祈使句后面的疑问尾句中，助动词也可能用 would、can、could，目的是使语气更加客气、委婉，常可译为“请……”。

(例)

Close the door, can you?

Close the door, can't you?

请把门关上，好吗？

感叹句之后跟疑问尾句时

感叹句之后跟疑问尾句时，助动词要用be的一般现在时，而且只能用否定式。

(例)

What a stupid fellow, isn't he?

他真蠢，是不是？

What a nice day, isn't it?

天气真好，是吧？

陈述句为 there (...) be 句型时

陈述句为 there be 句型时，疑问尾句为“be 的相应形式 +there”。

(例)

There wasn't enough time, was there?

没有足够的时间，是吗？

there和be之间如果还有其他助动词，那么在疑问尾句中就要用其他助动词。

(例)

There won't be any danger, will there?

不会有什么危险的，是吧？

There used to be a tower here, didn't there?

There used to be a tower here, use(d)n't there?

这地方曾经有一座塔，是吧？

陈述句为复合句时

陈述句为复合句时，要注意分析疑问尾句属于主句还是属于从句。在大多数情况下，疑问尾句与主句的主语和谓语呼应，但也不乏例外。

(例) **He was punished because he violated the regulation, wasn't he?**

他因违反规章受了处分，是吧？

You never told me that you had been ill, did you?

你没有跟我说过你生过病，是吧？

如果引导宾语从句的谓语为一些提出看法和表示推断的动词，如：believe, imagine, reckon, suppose, think 等，而且是用于否定式时，疑问尾句中的代词和助动词应与上述词之后的宾语从句中的相应成分呼应，但是要用肯定式。这是因为否定的转移，表面上看是否定了主句，实际上是否定了从句。

(例) **I don't think he can drive a tractor, can he?**

我想他不会开拖拉机，是吧？

I don't suppose anyone will volunteer, will they?

我想不会有人自愿，会有人自愿吗？

3 对疑问尾句的回答

疑问尾句主要有两种用途：寻求支持或确认(谈话者对所谈的问题比较有把握)；征求意见或答案(说话者对所谈内容有疑问，不敢肯定)。这两种用法都是通过语调来表示的。

寻求支持时用降调

"肯定的陈述句＋否定的疑问尾句"期望肯定的回答。	"否定的陈述句＋肯定的疑问尾句"期望得到否定的回答。
"They went home, didn't they?" ↘ "他们回家了，是不是？" **"Yes, they did."** "是的。"	**"They didn't go home, did they?"** ↘ "他们没有回家，是吧？" **"No, they didn't."** "是的。"
"It's a nice day, isn't it?" ↘ "真是个好天气，是吧？" **"Yes, it is."** "是啊。"	**"It isn't a nice day, is it?"** ↘ "天气不好，是吧？" **"No, it isn't."** "是的。"

征求意见或答案时用升调

在这种情况下，答案可能是肯定的或是否定的，与疑问尾句的结构没有关系。

(例)

"He is coming tonight, isn't he?"
"他今晚要来，对吧？"

"He isn't coming tonight, is he?"
他今晚不来，是吗？

是的 不 不 是的

"Yes, he is."
"他要来的。"

"No, he isn't."
"他不会来啦。"

1-5 用陈述句提问

在日常对话中，人们常用陈述句来提出问题。这种问句总是要用升调读出。当人们想要证实一下自己认为十有八九是事实的事情，或者是对存在的事实感到吃惊时，常常用到这种提问方法。

(例)

She is your sister?
- 她是你妹妹吧？（我觉得她是，但我想得到你的确认）
- 她是你妹妹呀？（我真没想到，我还以为她是……）

Is she your sister? 她是你妹妹吗？（我不知道是不是，我想确定这一信息）

2 否定句

我们可以通过增加起否定作用的词语，把肯定句改变成否定句。否定词本身的性质，否定词在句中的位置，否定词与其他词类的搭配关系都可能影响到整个句子的含意，因此要注意理解和分析。

2-1 用 not 构成否定句

not 是副词，通常用来否定动词、副词或形容词等。

用 **not** 构成否定句的一般结构

主语 + 助动词 + **not** +

如果谓语中包括几个助动词，可以把 **not** 直接置于第一助动词之后。

(例)

He is not back yet.
他还没回来。

He won't go, but they will.
他不去，但他们去。

We have not been invited yet.
我们还未接到邀请。

Money could not buy happiness.
金钱买不到幸福。

如果谓语中不包括助动词，则需用"**do(es)/did** + **not** + 动词原形"。

(例)

You don't ask for much.
你要得不多。

My cat didn't catch rats.
我的猫不捉老鼠。

not 否定谓语之外的其他成分

not 也可用来否定除谓语之外的其他成分，只需将其置于被否定的句子成分之前就可以了。**not** 也可用来引导一个对比结构。

(例) **Not all the students like the subject.** 否定主语

不是所有的学生都喜欢这一学科。

Henry, not Mike, was responsible for what had happened. 对比

是亨利，不是迈克，要为所发生的事情负责。

Such things have happened not infrequently. 否定状语

这样的事情已屡见不鲜。

It has given me not a little trouble. 否定直接宾语

它给我带来不少麻烦。

— Do you go shopping today?

— Not today. I'll go tomorrow. 否定时间状语

你今天去采购东西吗？

今天不去，我明天去。

I believe he will succeed, though not without some difficulty. 否定介词短语

我认为他会成功，尽管肯定会有困难。

not 否定非限定动词

not 用来否定非限定动词，通常置于非限定动词之前。

(例) **I begged her not to go out.**

我恳请她不要出去。

He said he deeply regretted not being able to help.

他说，他为爱莫能助深感遗憾。

Not knowing what to do, Shelley asked advice of her friend.

谢莉不知道该做些什么，于是她去征求朋友的意见。

He reproached me for not having told it to him.

他责备我没有把这件事告诉他。

"Don't + 动词原形"构成否定的祈使句

(例) **Don't tell me how hard you work. Tell me how much you get done.**

别告诉我你工作多努力，告诉我你已经干了多少。

用 not 构成省略结构

not 用在**I think, I hope, I fear, I guess, I suppose, I believe, I expect, I**

fancy 以及 **I'm afraid** 等之后，代替一个否定的从句。

（例） **— Will it snow today?**

— I hope not. (I hope it will not snow.)

今天会下雪吗？

我希望不会下。

2-2 用 no 构成否定句

no 为形容词，用来否定名词，这一点与 not 不一样。

"no+名词"

"no+名词"（名词为单数或复数，可数或不可数）可用来替代"not a+单数名词"或"not any+名词"，但比后者有更强的否定含意。

（例） **He is not an indecisive man.**

他不是一个优柔寡断的人。

He is no indecisive man.

他决非优柔寡断的人。

在 no 和名词之间不能加冠词、指示代词、物主代词以及 much, many, any, some, enough 等限定词。

（例） **No really intelligent man thinks he knows everything.**

没有一个真正有理性的人认为他无所不知。

No machine would work for long if it were not properly lubricated.

如果不进行适当的润滑，没有任何机器能长期工作。

The nations of Europe and America have found that no country can produce all its needs without trading.

欧美国家已发现，没有一个国家不需进行贸易，就能生产出自己的全部必需品。

"no+表示人的职业、身份等的名词"往往含有贬意，强调是"外行"，无资格。

（例） **He is not an artist.**

他不是艺术家。（可能是工程师）

He is no artist.

他决不是艺术家。（无论如何也算不上是）

no 常与 other, different, good 等连用

（例） **He was branded as no good.**

他被看作是不中用的人。

Take that towel; I have no other.

就用那块毛巾吧，我没有别的了。

The sample was no different from the goods furnished.

样品与所提供的货物一样。

no 也可用作程度副词，与形容词或副词比较级连用。

(例)

Things are no better than before.

事情一点儿也没有好转。

You are no longer a child.

你已经不是孩子了。

He looks no older than fifty.

他看上去不超过五十岁。

I can walk no farther.

我再也走不动了。

no 也常用在 there be 句型中：

There be no/not/not any ＋主语

(例)

There were hardly any trees on the island and there was no water.

岛上几乎没有树木，而且也没有水。

"There is + no + V-ing"意为"不可能……"。

(例)

There is no knowing what will happen.

世事难料。

There is no telling when he will arrive.

无法知道他何时到达。

"no+V-ing" 表示"禁止"

(例)

No waiting.

禁止(车辆等)在此等候。

参见"动名词"的有关章节。

2-3 用某些副词构成否定

我们也常用具有否定意义的副词never, seldom, rarely, hardly, scarcely, barely, little, few 等构成否定句。

(例)

Mirror tells only the facts, never the poetry.

镜子反映的只是事实，决不是诗意。

I can seldom find time for reading.

我很少有时间读书。

I slept little last night.

昨晚我睡得很少。

在含有上述词的句子中，常用 **any, anything** 等。如果需要加上疑问尾句，则应用肯定式。

(例) **She hardly eats anything.**

她几乎什么也没有吃。

Scarcely anybody believes it.

几乎没有人相信这种事。

Your mother is seldom ill, is she?

你母亲很少生病，是吧？

He's never read the book, has he?

他从没读过这本书，是吗？

2-4 用否定代词或否定副词构成否定

用否定代词 **nothing**, **nobody**, **no one**, **none**, **neither (of)** 和否定副词 **nowhere** 等也可以构成否定句。

(例) **Nothing in the world moves faster than light.**

世上没有什么能比光传播得更快。

The rumor came from nowhere.

谣言无中生有。

nobody 与 no one

nobody 与 **no one** 用法和意思相同，前者不太常用。

(例) **No one can yet explain exactly what hypnosis is.**

没有人能解释催眠术是怎么回事。

No one has ever solved the puzzle.

没有人解开过这一难题。

none

none 可用作代词，代替人或物，意为“没有一个”，“没有一点儿”，常常用在“none of...”或“none at all...”短语中。

- **none** 用来指不可数名词，作主语时，谓语动词用单数第三人称；
- **none** 用来指可数名词，作主语时，谓语动词可用单数(较正式)，也可用复数(非正式文体)形式。

(例) **None but fools have ever believed it.**

只有傻子才相信它呢。

None of these projects were adopted.

没有一个方案被采纳。

指可数名词

It's none of your business.

这事与你无关。

指不可数名词

none 也可用作副词，常与比较级或 so，too 等连用，意为"一点也不"。

(例) **The salary they pay me is none too high.**

他们付给我的薪水一点儿也不高。

His understanding was none of the clearest.

他的认识一点儿也不清楚。

neither

neither 可用作代词，意为"两者中任何一个都不……"，也可用作形容词。

(例) **Neither answer is right.**

两个答案没有一个是对的。

Neither of them can drive a car.

他们两个人中谁也不会开车。

2-5 用否定的连词构成否定

用表示否定的连词 neither... nor...（既不……也不），not... neither...（不……也不），not... nor（不……也不）以及nor（也不……）等构成否定句。

(例) **Air is neither a solid nor a liquid.**

空气既不是固体也不是液体。

They did not wait for you, nor for me, nor for anybody.

他们没等你，没等我，没等任何人。

The first one was not good, and neither was the second.

第一个不好，第二个也不好。

2-6 用形容词构成否定

有些形容词可以用来表示否定概念。

- **far from** 一点也不
- **free from / of** 不受影响，没有……
- **safe from** 免于……
- **deficient in** 缺少……的
- **short of** 缺少……
- **ignorant of** 不知道
- **blind to** 对……视而不见
- **impatient of** 对……不耐烦

(例) **Nothing can be free of imperfections.**

任何事情都有不完美的一面。

He is ignorant of the world.

他不谙世事。

This farm tractor is far from being satisfactory.

这台农用拖拉机远不能令人满意。

2-7 用介词构成否定

介词 without，instead of，but for，beyond 等也可以，表示否定的概念。

(例) **Computers can store huge amounts of data without any trouble at all.**

计算机能毫不费力地储存大量信息资料。

He stayed at home all day instead of going out.

他整天都呆在家里不出门。

But for friction, even walking would be impossible.

如果没有摩擦，甚至无法走路。

Such things are beyond my ability.

那样的事情是我力所不及的。

2-8 具有否定意义的动词和动词短语

有些动词或动词短语本身就含有否定意义，不需再加 not 等否定词。

■ **miss** 未达到	■ **live up to** 不辜负	■ **protect. . .from. . .**使……不受
■ **deny** 否认	■ **keep out** 不得进入	■ **save ... from...** 使……不受
■ **keep off** 不接近	■ **fall short of** 缺乏	■ **turn a deaf ear to** 置若罔闻

(例) **Danger! Keep out!**

危险，切勿入内！

Keep off the grass!

勿践踏草地！

The farmers must protect plants from the cold.

农民们必须保护作物不受冻害。

He saved me from many annoying questions.

他使我避免了许多恼人的问题。

2-9 用肯定的形式表示否定的概念

有些英语句子从形式上看是肯定的，但所表达的含意却是否定的，这种情况主要出现在一些固定的句型或词语中。

too ... to (do) ... 太……以致不能……

(例) **The problem is too complicated for us to solve in a few hours.**

这个问题太复杂，我们用几个小时解决不了。

He was too embarrassed to say anything to his wife about his job.

他感到很为难，以致没有对他的妻子说任何有关他工作的事。

anything but ... 绝不……，一点儿也不……

(例) **He is anything but polite.**

他一点儿也不礼貌。

I will do anything but that one you told me.

我决不干你说的那种事。

2-10 用否定的形式表示肯定的概念

英语中也有一些句子，表面上看是否定的，但实际上表示的是肯定的概念。

cannot ... too ... 越……越好

(例) **You cannot be too careful.**

你越小心越好。

A man can never have too many friends.

一个人的朋友愈多愈好。

no ... but ... 都……，没有……不……

(例) **There is no man but has his faults.**

人非圣贤，孰能无过。

never ... but ... 没有……不是……，总是……，必定

(例) **Justice is never done but some people will be found to complain.**

裁判再公，仍要有人不平。

nothing (...) but ... (nothing else but / than ...) 只不过……，只有……

(例) **I am nothing but a teacher.**

我只不过是一位教师。

It was nothing else but (than) my own shadow.

那只不过是我的影子。

I had (There was) nothing for it but to obey.

(我)只有服从。

cannot (...) but ... 只有……，只好……

(例) **I couldn't but laugh to see the scene.**

看到这种景象，我禁不住笑了出来。

not ... until ... 直到……才……

(例) **She did not arrive until the concert was over.**

她直到音乐会结束才来。

2-11 部分否定

all, every, both 以及 everybody, everyone, everything, everywhere 等表示总括意义的词用于否定句时，常常不是表示全部否定，而是表示只否定了其中的一部分。

- **all ... not ... = not all ...** 未必全部都……，并不是全部……都……
- **both ... not ... = not both ...** 并不是两者都……
- **every ... not ... = not every ...** 并不是每一个……都……

其他如 **everybody, everything** 等的用法也是如此。

(例)

I don't remember all these names.

这些名字我并非全记得。

All is not gold that glitters.

闪光的并不都是金子。

I don't know both of his sisters.

他的两个姊妹我并不都认识。

It is not found everywhere.

并不是到处都可以看到这种事。

部分否定与全部否定的比较	
部分否定	全部否定
All the answers are not right. 不是所有的答案都是对的。	**None of the answers are right.** 答案中没有一个是对的。
Both radios were not satisfactory. 并不是两个收音机都令人满意。	**Neither of the radios were satisfactory.** 两台收音机都不令人满意。
I don't like both of the dictionaries. 这两本辞典我并不都喜欢。	**I like neither of the dictionaries.** 这两本字典我都不喜欢。
Both of the instruments are not useful. 并不是两种仪器都有用。	**Neither of the instruments is useful.** 两种仪器都没有用。
Every man cannot be a writer. 未必所有的人都能当作家。	**Nobody can be a writer.** 没有人能当作家。
Everybody cannot be a hero. 不是人人都能当英雄。	**Nobody can be a hero.** 无人能成为英雄。

应该注意的是，上述表示总括意义的词，并不是在任何情况下都表示部分否定。如果否定的意义不是通过对谓语的否定，而是通过其他的含有否定意义的词表示出来，或者谓语本身具有否定的词义时，整个句子表示的仍是全部否定。

(例)

Everybody disliked that kind of work.

人人都不喜欢那种工作。（谓语本身具有否定意义）

Both schemes have come to nothing.（否定不是由谓语表示）

两项计划都没实现。

All stars are invisible behind the clouds.

由于有云，所有的星星都看不见了。

2-12 否定的转移

在一些否定句中，表面上看是否定了一个句子成分，但实际上却是否定了另外的成分，这种情况称之为“否定的转移”。

由表示个人见解的词引出否定的宾语从句

一些表示个人见解的词如**think, believe, suppose, feel, see, expect, imagine**等引出否定的宾语从句时，习惯上都是把**not**放在主句中由上述词构成的谓语中，从形式上看，否定的是上述词，实际上否定的是后面的宾语从句中的谓语。

（例）**I don't imagine he'll enjoy it.**

我想他不会喜欢的。

I don't expect she'll come.

我估计她不会来。

I don't think you are in the right.

我认为你不对。

I don't believe he's at home.

我认为他不在家。

用 no 或 neither 等否定主语

用 **no** 或 **neither** 等否定主语，译成中文时，往往是把否定转移到谓语上。

（例）**No energy can be created, and none destroyed.**

能量不能创造，也不能消灭。

Neither you nor I nor anybody else has seen it.

你、我以及其他任何人都没见过那东西。

用否定的状语，实际上可能是否定了谓语

（例）**Under no circumstances will China be the first to use nuclear weapons.**

中国在任何情况下都不首先使用核武器。

You must on no condition tell him what happened.

你在任何情况下都不能告诉他发生了什么事。

否定可从一个动词转移到另一个动词

（例）**He shot him, and it didn't seem to bother him.**

他开枪打死了他，而且这似乎并没有使他感到不安。

值得注意的是，对于 seem 来说，not 的位置变换，并不影响句意：

（例）**I can't seem to understand that theory.**

It seems that I can't understand that theory.

看来我不能理解这一理论。

用 not 否定谓语，实际上可能是否定了句中的状语或状语从句

例) **I did not solve this problem with a computer.**

我没有用计算机解这个问题。

The motor did not stop running because the fuel was finished.

发动机不是因为燃料用尽而停止运转的。

Just because I don't complain, you mustn't suppose that I'm satisfied.

你不可只因为我不发怨言，就认为我满意了。

否定的宾语也可能把否定转移到动词上

例) **You have the right to say no such thing.**

你有权不说这类事情。

To tell the truth, I really know nothing about it.

说实话，关于此事我确实一无所知。

3 感叹句

感叹句用来表示说话时的一种较为强烈的感情，如：喜悦，赞叹，惊异，愤怒，厌恶等。感叹句末要用感叹号。

3-1 用 how 引导感叹句

how 引导感叹句的基本句型	
句　　型	举　　例
how＋形容词 ＋主语＋谓语	**How clever you are!** 你多聪明呀！
how＋形容词＋a(n)＋单数名词＋主语＋谓语	**How pretty a flower this is!** 这花多漂亮啊！
how＋副词 ＋主语 ＋谓语	**How fast the train is moving!** 这列车开得多快呀！
how＋主语 ＋谓语	**How you've grown!** 你都长这么大啦！ **How it blows!** 风刮得多厉害啊！

使用这种句型时，要注意以下几点：

How 与其后的副词或形容词组成短语，在句中充当状语或表语。因此，How 与其后的副词或形容词是不可分隔的。

例) **How well she can skate!**

她滑冰滑得多好啊！

这种感叹句中的谓语不能用否定式，要表达否定概念时，需用其他的方式。

(例) **How unwise (it was) of you to go there alone!**

How unwise you were to go there alone!

你独自到那儿去是多么不明智啊！

不能说**How wise you are not...!**

"How + 形容词"之后不跟复数名词。

(例) **What pretty dolls you have!**

你的玩具娃娃多可爱啊！

不能说**How pretty dolls you have!**

"How + 副词 + 主语 + 谓语"所表达的内容，如果没有副词也十分清楚时，副词可以省略。

(例) **How (hard) it blows!**

风刮得多厉害呀！

How (fast) the dog ran!

那狗跑得多快呀！

在表意清楚时，感叹句中的主语和谓语有时也可省去。

(例) **How nice (it is) of you!**

你真是太友善啦！

How encouraging (all these are)!

多么令人鼓舞啊！

3-2 用 what 引导感叹句

what 引导感叹句的基本句型	
句　　型	举　　例
What+(形容词+)不可数名词(+主语+谓语)	**What good news (it is)!** 多好的消息啊！
What+a(n)+(形容词+)单数名词(+主语+谓语)	**What a clever boy (you are)!** 你真是聪明的孩子！
What+(形容词+)复数名词(+主语+谓语)	**What pretty flowers (these are)!** 多美的花呀！
What+主语+谓语	**What she suffered in the past!** 她过去吃过多少苦啊！

在用这一句型时，要注意以下问题：

- "**what**+(形容词+)名词"短语在句中通常用作宾语或表语。
- 在表意清楚的情况下，主语和谓语常常被省略。
- **what**之后没有形容词，而所跟名词又没有明确的或褒或贬的含意时，要根据具体的上下文或语境来理解其含意。在不同语境中，含义可能截然不同。

(例) **What a question!**

多妙的问题啊！/多蠢的问题啊！

What an idea!

多怪的念头啊！/多妙的主意啊！

- **what** 可用作代词，在句中单独作动词的宾语，参见上表中第四种句型。
- 有时，同样一种感情，既可用 **what** 引导的感叹句，也可用 **how** 引导的感叹句表达，但要注意两种感叹句的结构不同。

例）

How tall (a boy) Tom is!
What a tall boy Tom is!
汤姆长得多高啊！

What fools they are!
How foolish they are!
他们多愚蠢啊！

3-3 用 if only 引导感叹句

用 **if only** 引导的感叹句通常表示一种强烈的愿望，特别是表示对一些不能实现的或没有实现的愿望的遗憾感。因此，这种感叹句中的谓语动词多用虚拟语气。有时，也可用一般现在时或一般将来时。

表示现在或将来的愿望时，可用下面的句型：

句　　型	举　　例
if only ＋主语＋一般过去时或 were	**If only I knew her telephone number!** 若是我知道她的电话号码就好啦！ **It's a pity John's away. If only he were here!** 真遗憾，约翰不在。他若是在该多好啊！
if only ＋主语＋ could/would＋动词原形	**If only the weather would change!** 但愿天气能转好！
if only ＋主语＋一般现在时或一般将来时	**If only he comes in time!** 但愿他能及时赶到！ **If only he will listen to her!** 但愿他能听她的话。

表示对过去没能实现的愿望的遗憾，或希望过去已发生的事情有不同的结果时，用下面的句型：

句　　型	举　　例
if only ＋主语+had+V-ed	**If only you had worked with greater care!** 你要是更小心些工作就好啦！
if only ＋主语+could/would +have+V-ed	**If only we could have gone to the party!** 若是我们能去参加那次聚会就好啦！

在这类感叹句中，**only** 并不总是要跟在 **if** 之后，有时，也可把 **only** 放在主语之后，或放在第一助动词之后。

（例）

If only I knew more about it!
If I only knew more about it!
若是我对此有更多的了解该多好啊!

If only he could come!
If he could only come!
多希望他能来呀!

If only my father would agree!
If my father would only agree!
若是我父亲同意该多好啊!

If only I had told her about it!
If I had only told her about it!
要是我把这件事告诉她该多好啊!

4 祈使句

祈使句主要用来表示请求、命令、建议、号召、祝愿或叮嘱等。

4-1 用动词原形作谓语，构成祈使句

这类祈使句中通常不出现主语，但为了加强语气，或为了明确指出是向谁提出请求或命令，主语 you 也可以表示出来。必要时，也可在句中增加呼语。

（例）

Sit down.
坐下吧。

You be quiet!
你安静点儿吧!

Be quiet, girls!
姑娘们，安静点儿!

Have a good holidy!
(祝你)假日愉快!

使用这类祈使句要注意以下几点：

这类祈使句的否定式为：Don't / do not + 动词原形

（例）

Don't be in such a hurry.
别那么匆匆忙忙的。

Don't care what she thinks.
不要在乎她想些什么。

do、always 或 never 等在祈使句中的应用

有时，也可用 **do** 或 **always** 来加强肯定的祈使句的语气，用 **never** 来加强否定的祈使句的否定含意。

（例）

Do be quiet a moment.
务请安静一会儿。

Never judge from appearances.
绝不要以貌取人。

Always remember all your aunt has said, and be a good girl.
要永远记住你姑妈的话，做一个好姑娘。

Never trouble trouble till trouble troubles you.
麻烦不来找你，千万别去自找麻烦。

please 在祈使句中的应用

如果在这种祈使句中加上**please**，可使其变得更有礼貌，更客气，也更委婉些。

please 可以放在谓语之前，不用逗号分开，也可置于句末，要用逗号分开。

例) **Pass me the pepper, please.**

请把胡椒粉递给我。

Please don't forget the meeting.

请别忘记开会。

"get + V-ed" 与"get +副词(+ 介词短语)"

- "**get+V-ed**" 可用来构成第二人称祈使句的被动语态。
- "**get+** 副词(+介词短语)" 在口语中也常用祈使语气。

例) **Get out of the way!**

走开！

Get down on your knees!

跪下！

Don't get caught in the storm!

别让大雨淋着！

Get organized!

组织起来！

Let's have a drive and get cooled off!

我们去开车兜兜风，凉快一下吧！

4-2 用"Let ..."构成祈使句

"Let me + 动词原形"

"**Let me+** 动词原形" 意为"请让我……"。

例) **Let me carry the box for you.**

让我替你拿着这只箱子吧。

Let me through.

请让我过去。

有时，也可用 **Let's** 表示 **Let me;**

例) **Let's give you a hand.**
Let me give you a hand.
我来帮你一下吧。

"Let's + 动词原形"

"**Let's+** 动词原形" 意为"让我们……"，表示建议或请求，通常把对方也包括在内。其否定式为 "**Let's not+** 动词原形" 或 "**Don't let's+** 动词原形"。美语中也可见"**Let's don't+**动词原形"，但并不是所有人都认为后者是正确的。

例) **Let's not think about it.**

我们别再想这件事啦。

Let's do it ourselves!

让我们自己来做吧！

—Let's dine out tonight, shall we?

我们今晚出去吃饭，好吗？

— Yes, let's. (肯定回答)

— No, let's not. (否定回答)

Let's 也可表示一种语气较为柔和的叮嘱或命令。

例) **Let's do our homework.**

我们来做作业吧！

Let's be quiet!

咱们得安静点！

"Let us + 动词原形"

"Let us+ 动词原形"在不同的语言环境中可能有不同的含意。

Let us = Let's，即把谈话的对方也包括在内。

(例) **Let us not spend our time arguing about the matter.**

我们别再花时间争论这件事啦。

Let us 意为"请让我们……"，表示希望得到对方允许，但并不包括对方。

(例) **Please let us buy you a drink!**

给你买杯饮料吧！

Let us go. (Don't stop us going.)

请让我们走吧。

为了加强语气，也为了区分上面的两种不同的含意，在这种祈使句末，常常加上疑问尾句"**will/won't you?**"或"**shall/shan't we?**"

(例) **Let us finish the work, will/won't you?**

让我们把这件工作结束了，可以吗？(不包括对方)

"Let + 第三人称单、复数宾语 + 动词原形"

"**Let+** 第三人称单数或复数宾语 + 动词原形"意为"让……"，表示愿望、命令或允许。

(例) **Let her come if she insists.**

她若坚持就让她来吧。

Let every man do his best.

让人人都尽自己的最大努力。

注意包括 there be 的句子中的词序：

(例) **Let there be no mistake between us.**

在我们之间千万不要产生误解。

Please God, don't let there be an accident.

求求上帝，可千万别出事呀。

4-3 "副词 + with + 名词或代词"

这种祈使句主要用来提出要求或愿望。常用的副词有：**away, back, in, off, on, out, up** 等。在这样的祈使句中不需要出现谓语动词，也不需要有主语。

(例) **Down with corrupt politicians!**

打倒贪官污吏！

Away with you!

去你的吧！

Up with the anchor!

起锚！

Out with it!

说出来吧！

On (Off) with your coat.

穿上(脱掉)你的外衣。

Into the dustbin with all this junk.

把这些废物通通扔到垃圾箱里去。

第十五章 倒装和强调

SUPER ENGLISH · INVERSION & STRESS ·

倒装和强调

在第一章中，我们已经介绍了英语句子的基本结构和组成英语句子的自然语序，即：主语＋谓语(＋宾语等)。但是，在实际的语言实践中，由于语法结构的要求，或是由于修辞的需要，往往要改变句子的自然语序，把一些本应置于主语之后的句子成分提前。我们称这种词序的变化为“倒装语序”。这样的倒装语序可能使句子的内在含义产生细微的、甚至明显的改变。只有注意观察引起倒装的原因，才能更确切地理解句子的含义。为了使句子的某成分突出，我们还会使用强调，而倒装语序大多数都用于强调。

1 倒装语序

倒装有时是必需的，是语法上的要求，故通常是有规律可循的。但有时是因为写作者或说话者想用倒装来表达一种特别的含义。

1-1 主语和谓语的倒装

主语和谓语的倒装，是一种最常见的倒装形式。倒装的方法有两种：

- 部分谓语倒装：把谓语中的(第一)助动词或情态助动词倒装到主语之前去；将谓语的其余部分留在主语之后。如果谓语中没有助动词，则需在主语之前加上 **do/does/did**, 原谓语动词仍留在主语之后，用无 **to** 不定式形式，即：

助动词＋主语＋……

- 全部谓语倒装：把整个谓语倒装到主语之前去，即：

谓语＋主语＋……

不同的句子结构要求不同的倒装方法，所以应注意区分。

1 部分谓语倒装

- **助动词＋主语＋谓语的其余部分＋……**
- **Do/does/did＋主语＋无 to 不定式＋……**

用这种方式倒装的句型主要包括下面几种：

疑问句的语序：“(疑问词＋)(第一)助动词＋主语＋……”

(例) **Has he left already?**

他已动身了吗?

Won't you have some tea?

你不喝点儿茶吗?

Are you going to take part in the debate?

你要参加这一讨论吗?

Did he park his car in front of my house?

他把车子停在我家房前了吗?

How long will it take you to finish?

你还要多久才能结束?

(参见第十四章疑问句部分。)

If 从句的谓语中若包括有助动词 had, were 或 should, 可将其倒装到主语前去, 把 if 省略掉。

Had/should/were + 主语 + 谓语的其余部分 + ……

例) **Had I not helped him, he would have failed in business.**

= If I had not helped him, he would have failed in business.

如果不是我帮了他一把, 他的买卖早就垮了。

Should I be free tomorrow, I will come.

= If I should be free tomorrow, I will come.

明天我万一有空, 我就过来。

Were she my daughter, I could suggest a different plan.

= If she were my daughter, I could suggest a different plan.

如果她是我的女儿, 我会提出不同的计划。

为了强调"only + 状语", 将其放在句首时, 也要把助动词倒装在主语前去:

- **Only + 状语 + (第一)助动词 + 主语 + 谓语的其余部分 + ……**
- **Only + 状语 + do/does/did + 主语 + 动词原形 + ……**

例) **Only in recent years have women begun to catch up with men in this area.**

只有在近几年, 妇女在这一领域里才赶上了男人。

Only a week later did I received an answer from him.

= It was only a week later that I received an answer from him.

一周之后, 我才得到了他的回音。

Only after an operation will he be able to walk again.

只有在手术之后, 他才能再走路。

Only when you are forty and looking back does youth look blissful.

只有当你四十岁时，回首往事，青春年华看起来才是无比快乐的。

Only when scientists can understand all this can the full potential of hypnosis in medical treatment be exploited.

只有科学家们找到了这一切的答案，才能在医疗上充分利用催眠的潜力。

Only in this way can we finish our work in time.

只有用这种方法，我们才能及时完成工作。

为了强调，常把一些具有否定意义的词或词组放在句首。在这种情况下，也要把助动词倒装到主语之前去：

- 否定词或词组+(第一)助动词+主语+谓语其余部分+……
- 否定词或词组+ do/does/did +主语+动词原形+……

我们把一些常置于句首，引起倒装的否定词或词组，按其含意或句法功能分为以下几组：

表示否定意义的副词
not, never, nor, neither, nowhere 等。

(例) **Never did I dream of seeing him in America.**

我真没想到会在美国见到他。

The first one wasn't good, and neither was the second.

第一个不好，第二个也不好。

Not a single word did she say.

她一言不发。

I do not believe it, nor can you make me believe it.

我不相信这种事，你也不能使我相信。

Nor was this all.

(= And this was not all.)

不仅仅如此。(这也不是全部。)

Never before have so many people applied such abstract mathematics to so great a variety of problems.

以前从没有如此多的人把那种抽象的数学应用在如此多的问题上。

Nowhere could I see him.
I couldn't see him anywhere.

我到处都找不见他。

If you do not go, <u>neither shall I</u>.

如果你不去，我也不去。

<u>Nowhere could</u> I find the wallet.

我到处都找不到那个皮夹子。

含有否定词的介词短语		
■ **by no means** 决不	■ **in no time** 立刻，很快	■ **at no time** 决不，任何时候都不
■ **in no case** 决不	■ **on no account** 决不	■ **in/under no circumstances** 决不
■ **no longer** 不再……	■ **in no way** 一点也不	■ **on no condition** 无论如何也不

(例)

<u>By no means should</u> we look down upon the people who are inferior to us.

我们决不应该瞧不起那些地位比我们低的人。

<u>In no case do</u> I want to argue with you.

我决不想与你争辩。

<u>In no time will</u> she be here.

她马上就到。

<u>In no other way can</u> the matter be explained.

没有其他方法可以说明这件事。

<u>No longer will</u> I believe a word you say.

我再也不信你说的任何话了。

<u>At no time did</u> anyone write such a story.

决没有人写过那种故事。

<u>Under no circumstances should</u> you repeat this to anyone.

你决不能将此事泄漏给任何人。

<u>In no case are</u> you to leave your post.

你决不可离开你的岗位。

半否定副词
seldom, rarely, little, hardly, scarcely 等。

(例)

<u>Seldom did</u> he contend with others.

他很少与别人争论。

<u>Rarely have</u> I seen such beautiful handwriting.

我很难得见到如此漂亮的笔迹。

> 当否定词修饰句中主语(如下例)，或不在句首时，不需倒装。
> **Hardly anybody can understand you. =Few people can understand you.**
> 几乎没有人能理解你。

Little did she dream that she would marry him.

她想不到会嫁给他。

Hardly did I think it possible.

我几乎认为这是不可能的。

含有否定词的连词

■ **no sooner...(than...)** 刚…就	■ **hardly/scarcely...(when/before)**刚…就
■ **not until** 直到…(才)	■ **not only...(but also...)** 不仅…而且…

(例)

No sooner had I hung up than the phone started to ring again.

I had no sooner hung up than the phone started to ring again.

我刚挂断电话，电话马上又响起来了。

Not until he was five did Tom start to read.

Tom didn't start to read until he was five.

直到五岁，汤姆才开始读书。

Scarcely/Hardly had he started to speak when/before she slammed down the receiver.

(= He had scarcely/hardly started ...)

他刚一开口说话，她就把电话砰地一声挂断了。

Not only can the computer gather facts, it can also store them as fast as they are gathered and can pour them out whenever needed.

计算机不仅能搜集事实论据，而且能以同样的速度将其存储起来，并且还能在需要时将其输出。 (参见复合句部分)

---

so 位于一句之首时，在下列情况下也要倒装：

So ＋形容词或副词＋助动词＋主语＋……＋ **that……**

■ **so** 在这一句型中表示程度，意为“(到)如此(程度)”。

(例)

So earnestly did the boys beg that their father gave his permission.

= The boys begged so earnestly that their father gave his permission.

孩子们如此诚挚地乞求，使得他们的父亲同意了。

So rough was the sea that the ship couldn't get into the harbor.

海上波涛汹涌，使得船无法进港。

So terrible was her concert that half the audience left.

= Her concert was so terrible that half the audience left.

她的音乐会是如此糟糕，以致一半的听众都走掉了。

主语+肯定的谓语+……+ and + so +助动词+主语

- 在一句型中，so 用来代替前句话中的形容词、副词、名词或动词，其含义为“同样”，“也”。

(例) **Men smoke in England and so do women.**

在英国，男人吸烟，女人也吸烟。

I was tired and so were the others.

我累了，其他人也一样(累了)。

My father was a doctor and so am I.

我的父亲曾是医生，我现在也是医生。

> so 后的助动词通常要与前一句中的助动词一致，但要根据 so 后的主语和具体情况变化。前一句中如没助动词，so 后要用 do/does/did。

在对话中，“So +助动词+主语”用来与前者说的话(肯定句)呼应，表示前一句所谈的内容也适用于本句所谈到的人或者物。

(例) **— I like coffee.**

— So do I.

我喜欢咖啡。

我也是(喜欢)。

— I went to the movies.

— Oh, did you? So did I.

我去看电影啦。

噢，是吗?我也去啦。

— Karl speaks German.

— So does his sister.

卡尔会讲德语。

他妹妹也会。

— Sophia can swim.

— So can I.

索非亚会游泳。

我也会。

值得注意的是，so 用于其他含意，如：“因此”，“非常”等时，或用来表示对前一句话赞同时，即使是在句首，也不需要倒装。

(例) **It was late, so we went home.**

天已很晚了，于是我们就回家去了。

I said I would help you, and so I will.

我说过我要帮助你，我就肯定要帮助你。

— Josephine is getting married.

— So I heard.

约瑟芬要结婚啦。

我也听说啦。

“Such + is/was 等 + 主语 + that……” 意为 “如此(……)竟使……”。

(例) **Such was my joy that I could not sleep.**

我高兴得睡不着觉。

Such was my anger that I lost control of myself.

(=My anger was such that... = So great was my anger that...)

我是如此气恼，以致失去了自制。

如果把 to such a degree，to such an extent 或 to such lengths 等放在句首时，也要倒装。

(例) **To such a degree was she terrified that she could not say a word.**

= She was terrified to such a degree that she could not say a word.

她吓得一句话也说不出来了。

To such lengths did he speak that everyone got bored.

他讲得太繁琐，使得大家都烦了。

一些副词或副词短语用做频率状语或方式状语出现在句首时，有时也会因为强调而引起倒装。常见的这类副词有：

well often always once many a time 等。

(例) **Well do I remember the scene.**

我清楚地记得那一景象。

Often did it snow there.

那里常常下雪。

Many a time has he given me good advice.

他曾多次给我提出了非常好的建议。

Bitterly did we repent of our carelessness.

我们对自己的粗心大意深感懊悔。

Not once in recent years have I changed my address.

这些年来我一次也没改变过地址。

这类句子也可不用倒装语序。如：

(例) **Quite often she walked around here.**

她常在这附近走动。

"May + 主语 + 动词原形 + ……" 表示祝愿，希望，或祈求，意为"愿……"；"祝……"。

(例) **May you succeed!**

祝你成功！

May you be happy!

愿你幸福！

May you have a very happy married life!

祝你的婚姻生活幸福美满！

2 全部谓语倒装

(全部)谓语 + 主语 +……

用这种方式倒装的句子主要包括以下几种：

用 there 作引导词的句子

There be(的各种形式)+ 主语(+ 地点或时间状语)

(例) **There are birds singing in the tree.**

鸟儿在树上歌唱。

There was a drop in the temperature.

温度下降了。

There's been no news from her lately.

近来没有她的消息。

there之后也可用exist, appear, live, lie, occur, rise, stand或happen等表示存在或出现的动词。

(例) **There appear dimples on her cheeks when she smiles.**

她笑的时候，面颊上就露出一对酒窝。

There occurred a catastrophe last year.

去年出现了特大灾难。

There happened to be a meeting on that day.

那天碰巧有个会。

There once stood a little village by the river.

河边曾经有过一个小村庄。

There once lived in Greece a very wise man.

从前，在希腊曾有一个大贤人。

here, there, now, then, hence, thus等副词出现在句首时，通常都把原谓语倒装到主语之前去。这类句子中的谓语多为go, come, be等，主语为名词。在这类句子中，除then后用一般过去时外，其余多用一般现在时。

(例) **Now came the moment of decision.**

决定的时刻到了。

Then came the revolution.

接踵而来的是一场革命。

Now comes your turn.

现在轮到你啦。

如果主语为代词时，就不需要倒装。试比较下面两组句子：

(例)

Here comes the bus!
Here it comes!
公共汽车来啦！

There goes the last bus.
There it goes.
最后一班车开啦。

注意区别**there be**句型中的**there**与本句型中的**there**：前者为引导词，没有具体词义，不需重读，而后者为副词，强调地点，要重读。

地点状语位于句首时，常把谓语移至主语之前去。这种倒装句中的谓语多为以下不及物动词：

come **lie** **stand** **walk** 等。

(例)

Elsewhere in Vatican Palace are museums that contain priceless collections of art from ancient times.

梵蒂冈宫的其余地方是博物馆，馆内收藏着价值连城的古代艺术品。

Among them will be her mother, who swam the channel when she was a girl.

他们中有一位是她母亲，她年轻时曾横渡过英吉利海峡。

North of the Himalayas lies the great tableland of Tibet.

喜马拉雅山之北是辽阔的西藏高原。

Dancing is most likely the oldest art of all and out of it have grown acting and, most probably, music.

舞蹈很可能是最古老的艺术；表演，很可能还有音乐，都是由舞蹈发展而来的。

当句中谓语为"不及物动词+副词小品词"时，常把副词小品词提到句首去，即：

副词小品词+谓语动词+名词主语+……

- 用这种语序主要是为了增强语言的效果，使描述更为生动，或用来表达一种略带亲热或诙谐的感叹或命令。常放在句首的副词小品词有：

away **down** **in** **off** **out** **up** 等。

(例)

In went the others!
In they went!

其他人也一下子闯了进去。

Off came the wheel!
Off it came!

轮子掉啦！

Out was the nail taken.
Out it was taken.

这个钉子给拔掉了。

Down came the hammer and out flew the sparks.

铁锤砸下，火星四溅。

但是，如果主语为代词，就不能用这种倒装语序。

有时，为了强调be后的过去分词或现在分词，也可把分词移至句首去。这样就形成了以下的倒装句式：

过去分词或现在分词＋be的各种形式＋主语＋……

(例) **Scattered on the floor were several books and magazines.**

地上散放着几本书和杂志。

Written on the label is the model of the machine.

标签上写着机器的型号。

Enclosed is return postage with this letter.

随信附上回信的邮资。

Marching at the head of the parading procession was a brass band.

走在游行队伍前头的是一个铜管乐队。

1-2 宾语和表语的倒装

出于强调，或修辞上的考虑，有时可以把句中的宾语或表语提到句首来，使其占据更为突出的位置。

1 把表语置于句首的原因

- 主语过长，而系词和表语相对要短些；
- 强调或突出表语所表示的状况。

系动词可能倒装到主语之前去（特别是在主语较长的句子中）。

(例) **Especially popular are the singers.**

歌手们特别受欢迎。

Happy were the children who had got permission to play in the garden.

被允许在花园里玩耍的孩子们非常高兴。

Gone are the days when China had to depend on foreign oil.

中国依赖外国石油的日子已一去不返了。

系动词也可能仍留在原来的位置上（使表语更加突出）。

(例) **Remarkably fine it is.**

天气异常晴好。

He was born poor and poor he remained all his life.

他出身贫寒，而且一生清贫。

系动词有时也可以省略掉。

(例) **Happy (is) the man to whom it is granted to make even one such discovery.**

人只要能有一个这样的发现，也就够幸福的了。

2 把宾语或宾语从句倒装到句首的原因

- 强调宾语的内容；
- 通过宾语的提前，使后一句与前一句的联系更为紧密；
- 增加句子的节奏感和表现力。

(例) **This he was unable to do, but in his experiments he made an interesting discovery.**

这一点，他未能办到，但他在自己多次的实验中，却发现了一个有趣的现象。

All of these we may define as our needs.

所有这一切，我们都可将其确定为必需品。

What they were asked to do in ten days, they finished in three.

要他们干十天的工作，他们三天就干完了。

This is certainly the case but whether it is a defect or not I don't quite know.

情况确实如此，但是，是优是劣，我还不很清楚。

宾语有时也可能放在宾语补语之后去，这主要是因为宾语太长，而宾语补语又太短的缘故，这种位置的调整可使句子的结构保持平衡。

(例) **She made clear her objections to my proposal.**

她清楚地表明了她反对我的提议。

He flung open the door to the backyard.

他用力把通往后院的门推开。

倒装的语序也用在一些状语从句中，如让步从句，比较从句等。在这种情况下，倒装语序已具有了全新的含意，形成了固定的用法。因此，有关这方面的问题，我们将在主从复合句部分逐一阐述。

2 强调

所谓强调，就是指要突出句中的某一个部分，使其显得更加重要。前面讲述的倒装语序其实就是强调的手段之一。除此之外，我们还常用以下的几种方法来达到强调的目的。

2-1 用 it 引导的部分强调句

It is/was + 被强调部分 + that + 句子的其余部分

(例) **My mother met Tom in the street yesterday.**

我母亲昨天在街上遇见了汤姆。

我们可以把上面句子改作如下的强调句：

被强调部分	被强调部分在句中的位置	对比中文的不同译法
主语	**It was my mother that met Tom in the street yesterday.**	是我母亲昨天在街上遇见了汤姆。
宾语	**It was Tom that my mother met in the street yesterday.**	我母亲昨天在街上遇见的是汤姆。
时间状语	**It was yesterday that my mother met Tom in the street.**	我母亲是昨天在街上遇见了汤姆。
地点状语	**It was in the street that my mother met Tom yesterday.**	昨天，我母亲是在街上遇见汤姆的。

用这一强调句型时，要注意以下几点：

- 这一句型可以用来强调句中除谓语之外的任何部分；
- 不论强调句子的哪一部分，都可用 **that** 连接句子的其余部分；
- 被强调部分指人时，可用 **who** 取代 **that**，指物时，有时可用 **which** 取代 **that**；
- 如果被强调部分指人，并且为后面句中的宾语时，也可用 **whom** 代替 **who**；
- **that**，**who** 等常常被省略掉，特别是在口语中，在强调直接宾语或间接宾语，时间或地点状语时；
- 如果被强调的主语为人称代词时，可用主格，也可用宾格形式；
- 被强调部分通常不能用不定代词，除非其后还有定语；
- 如果被强调部分在后面的句子中为定语时，要用 **whose** 引导后面的句子；
- 在强调介词宾语时，介词常置于 **who** 等之前(介词+**whom**)，但也可把介词放在其宾语之前，或放在句末；
- 如果强调的是主语时，**that(who** 或 **which)** 之后的谓语的人称和数要与被强调的主语保持一致，但在口语中的个别情况下，也可能遇到与 **it** 一致的现象。

(例) **It' s me that has to give it up.**

我不得不将它放弃。

- It之后的be的时态通常要与that之后的谓语呼应或一致；
- 这一句型通常不能用来强调由since，as，why，although，whereas等引导的从句。

1 强调主语或宾语

(例) **It is he / him who is to blame.**

应该受责备的是他。

It is I who / that am to blame.

应该受责的是我。

It is him who(m) I want to invite.

我想邀请的是他。

It was my car that / which was stolen.

是我的车子被偷了。

It was the price that / which frightened me.

是那价格令我生畏。

2 强调介词宾语

(例) **It was Jack in whom she had her faith.**

= She had her faith in Jack.

她信赖的是杰克。

It's you whom (=that) I'm concerned about.

我关心的是你。

It's Thailand that my family are going to on holiday.

我们家人要去度假的地方是泰国。

It was Dick with whom he wanted to cooperate.

他想合作的人是迪克。

3 强调状语

(例) **It was in that very place that the storekeeper sat down.**

强调地点状语

店主就坐到了那个位置上。

It was in surgery that the results of that discovery were obtained, and It was there that the bottle between the new idea and the old prejudices was fought out most dramatically.

强调地点状语

那项发现的成果是在外科医学中获得的，也正是在那里，新思想和旧偏见用最富戏剧性的方式解决了战斗。

It is only when we cannot see perfectly that we realize how important our eyes are. 强调时间状语从句

只有当我们看不清楚的时候，我们才意识到我们眼睛的重要性。

It was on May 15 that the meeting took place. 强调时间状语

会议是在五月十五日召开的。

It was vociferously that they argued. 强调方式状语

他们大吵大嚷地争论着。

It was because of her illness / because she was ill (that) we decided to return. 强调原因状语(从句)

正是因为她病了，我们才决定回来的。

It may not be until quite late in one academic year that the fees for next academic year become known. 强调时间状语从句

要到一学年要结束的时候才能得知下一个学年的收费标准。

4 强调宾语补语或表语

（例）**It's light green that I painted the door.** 强调宾补

我把门漆成淡绿色的了。

It was a doctor that she eventually became. 强调表语

她最后当了医生。

5 这种强调句型的否定式和疑问式

（例）**It was not Olivia but her sister that I saw.** 否定式，强调宾语

我看见的不是奥莉维亚，而是她的妹妹。

It was not for several years that I had an opportunity of seeing him again. 否定式，强调时间状语

(= I did not have an opportunity... for several years.)

我有好几年没有机会再见到他。

It was not until Wednesday that I phoned the office. 否定式，强调时间状语

(= I did not phoned...until...)

直到星期三我才给办公室打去电话。

Was it you that broke the window? 一般疑问句

是你把窗子打破了吗?

Where exactly was it that they lived? 特殊疑问句

他们倒底住在什么地方?

What was it that made you so happy?

使你这么高兴的到底是什么？ 特殊疑问句

What kind of work is it that you want?

你想要哪种工作呢？ 特殊疑问句

It was Owen (that) said this, wasn't it?

是欧文说的这事，不是吗？ 反意疑问句

要注意 It 之后的 be 与 that 之后的谓语动词在时态上的呼应：

（例）

It was on Sunday morning that all this happened.

这一切都发生在星期天的上午。

It is only when one is ill that one realizes the value of health.

人只有生了病才意识到健康的价值。

It was she who had been wrong.

是她错了。

It will be the poor countries whose populations will go hungry.

是那些穷国的人民要忍饥挨饿。

2-2 what 引导的部分强调句

- 这种结构只用来强调句中的主语和宾语。

（例）

Mrs. Calder is proud of her son's success.

卡尔德夫人为她儿子的成功感到骄傲。

What Mrs. Calder is proud of is her son's success.

卡尔德夫人引以为骄傲的是她儿子的成功。 强调介词宾语

His bad manners made his mother sad.

他的恶劣态度使他母亲伤心。

What made his mother sad was his bad manners.

使他母亲伤心的是他那种恶劣的态度。 强调主语

Caroline likes chocolate cake.

卡罗琳喜欢巧克力蛋糕。

What Caroline likes is chocolate cake.

卡罗琳喜欢的是巧克力蛋糕。 强调宾语

What you need to do is (to) choose two men. (=you need to choose...)

卡罗琳喜欢的是巧克力蛋糕。

2-3 用助动词do强调

如果陈述句中的谓语为简单谓语，并且是肯定式时，可用助动词 do 来强调这一谓语：“主语 + do/does/did + 动词原形 +……”

这种强调方式多用于强调说话者感受的执着，认知的确实，或者是强调两种情况的对比。此时，其前常伴有“but...”。

(例) **I do want to see him.**

我确实想见到他。

I do remember it quite well.

我真的记得很清楚。

I do paint, but not very well.

我是画画，只是画得不太好。

—— Why didn't you come yesterday?

—— But I did come.

你昨天怎么没来？

可我确实来啦。

I know that you didn't expect me to go, but I did go.

我知道你没有想到我去，不过我确实是去了。

However, this generation does seem to be facing many critical moments that were never even imagined in former years.

但是，这一代人的确似乎是正面临着从前所不能想象的关键时刻。

这种强调方式也常用来表示期望中的事情真的发生了，愿望终于实现了。

(例) **So I did see you!**

我果然见到你啦！

Yet it (the earth) does move.

但是，它(地球)真的在动。(伽利略语)

The letter I was expecting did arrive yesterday.

我一直期待的那封信昨天终于到了。

do 也常用在祈使句的句首，使邀请的语气更诚挚，热情，友好，客气；或是使命令或要求的语气更为加强。

(例) **Please do sit down.**

快请坐。

Do come!

一定要来呀！

Do be quiet!

快静一静！

Do be careful!

千万要小心啊！

2-4 其他一些常用的强调方法

在句中增加一些能加强语气的词来达到强调目的。

如 surely really certainly definitely utter sheer such so 等

(例) **Do you really mean that?**

你真是那个意思吗?

You ought really to have asked me first.

你实在是应该先问一下我。

She will surely succeed.

他一定会成功。

I have had such a busy morning.

我这一上午真是忙坏了。

I'm so sorry.

我真是非常抱歉。

有时改变这些词的位置也可使强调语气的重点发生变化。

The magazine was devoted entirely to brides.

这杂志是专供新娘阅读的。

重复一些要特别强调的词，以此来加重其语气。

(例) **I'm very very fond of you as a friend.**

作为一个朋友，我非常，非常喜欢你。

"Do you have any idea how offensive you're being? Many, many, many things are good about Henry! Yes," she said, "and many, many, many things are probably bad too, But That isn't any of your business. I love Henry, and I don't have to argue his merits with you!"

"你知不知道你现在是多么无礼吗?亨利有许多，许多的优秀品质!是的，"她说，"可能也有许多，许多的不足之处。可这与你没任何关系。我爱亨利，我不必与你争论他的优缺点。"

在口语中，通常用加重被强调部分的读音的方法，将其突出出来．在印刷品中，也可以用黑体字母，大写字母或斜体字母把这些要重读的部分表示出来。

(例) **Mother made ME a new coat.**

母亲给我(而非其他人)做了一件新外衣。

It's YOUR task, Anna, to escort this officer to the frontier.

安娜，你的任务是把这个军官护送到边境去。

SUPER.ENGLISH.COMPLEX SENTENCE.
第十六章
复合句

复合句

在本书的第一章和第十四章中，我们已对简单句作了阐述。如果一个句子中只有一个主—谓结构，不论是短是长，它都是简单句。但是，我们常把两个或两个以上的简单句通过一定手段连接在一起，从而构成一个包含有两个以上主—谓结构的句子，这就是复合句。复合句可分为并列复合句和主从复合句两种。不论是何种类型的复合句，它们都是各种语法知识的综合体现。因此，我们在前面各章节中所讲述的各种语法现象，都会在复合句结构中得到具体的反映。较为熟练地掌握最基本的词法知识和简单句的构成知识，是学好本章的基础。

1 并列复合句

- 并列复合句由两个或两个以上的独立分句组成，各分句处于彼此平等、互不依从的地位。
- 并列复合句的各分句之间可用标点符号、起连接作用的副词或并列连词来连接。

(例) **Put your coat on, <u>or else</u> you'll catch cold.**

穿上外衣吧，不然你会感冒的。

1-1 连接并列复合句的标点

值得注意的是，并不是任何标点符号，在任何情况下都可用来连接两个并列的句子。常用的能把两个句子连接起来，构成并列复合句的标点符号有分号和冒号。

(例) **There are two things for which the English seem to show <u>particular ability: one</u> is mechanical invention, the other is literature.**

看起来英国人对两样东西表现出了其特殊的才能：其一即是机械的发明，其二即是文学。

If a danger is avoided, we need to release the energy mobilized to deal with it. <u>Some people cry; others laugh</u>.

如果避免了一场危险，我们需要把为应付这场危险而调动起来的能量释放掉。有些人会大哭，也有一些人会大笑。

1-2 连接并列复合句的连词和副词

下面表中介绍了一些常用的能连接并列复合句的连词和副词：

能连接并列复合句的并列连词

- 表示对比：**but**（但是）/ **while**（而）/ **yet**（然而）/ **nevertheless**（然而，不过）/ **still**（虽然……，）还是
- 表示增加、连续：**and**（和，以及，又）
- 表示原因：**for**（因为）
- 表示选择：**or**（或者）
- 表示结果：**so**（因而，所以，结果是）

能连接并列复合句的复合连词

- 表示增加、连续：**and that**（而且）/ **not only...but (also)**（不仅……而且）/ **and then**（此外；然后，于是）
- 表示选择：**either...or**（或者……或者）/ **neither...nor**（既不……也不……）/ **or else**（否则，要不然）

能连接并列复合句的副词

- 表示增加、连续：**furthermore**（而且，此外）/ **besides**（而且，还有）/ **moreover**（加之，而且）/ **again**（还有，而且；另一方面，然而）
- 表示结果：**therefore**（因此，所以）/ **accordingly**（因此，从而）/ **thus**（因而，从而）/ **hence**（由此，因此）/ **consequently**（因而，所以）/ **then**（然后，于是）
- 表示对比：**however**（可是）
- 表选择：**otherwise**（否则，要不然）

and 和 and that

（例）**Her father is a surgeon and her mother is a writer.**

她父亲是位外科医生，而她母亲是位作家。

Many people thought Caesar was too ambitious and that he wanted too much power for himself.

许多人认为恺撒太野心勃勃，而且他也爱专权。

He told her something and she smiled.

他对她讲了些什么，她笑了。

在 and 所连接的两个句子中，有一个为祈使句时，and 可使前面的祈使句具有条件的含义。

（例）**Work hard and you will pass the examination.**

只要用功，你能考及格的。

One more step, and you are a dead man.

再走一步，就要了你的命。

and 也可用来表示形成对照的结果。

(例) **She tried hard and she failed. (=She tried hard only to fail.)**

她十分努力，结果却没有成功。

and 也可在平行、顺接的基础上增加因果的含义。

(例) **He did a good job, and so she deserved to be praised.**

他干得不错，值得赞扬。

---

but 和 while

(例) **His wife likes opera, but he doesn't.**

他妻子喜欢歌剧，但他不喜欢。

A few other creatures yield oil, but none so much as the whale.

其他几种生物也能炼出油脂，但都没有鲸多。

Generally, butterflies are seen in the daytime while moths are seen as the evening sky darkens.

一般地说，在白天能看到蝴蝶，而蛾子只能在晚上天黑时见到。

but 引导的句子也可能是对前一句中所谈情况的一种补充说明，是其产生的原因或理由。

(例) **I'm sorry I am late, but there's been a lot of work to do.**

对不起，我迟到了,(因为)要干的工作太多啦。

but 常常用来引导一个可能令人不快，但又不能不说的内容。

(例) **I'm sorry, but I won't be able to go with you.**

很抱歉，我不能与你一块去了。

Excuse me, but will you tell me the way to the station?

对不起，请问去车站怎么走?

---

nevertheless

(例) **We thought it would rain; nevertheless, we started on our trip.**

我们认为要下雨，不过我们还是动身上路了。

nevertheless 常与 but 或 although 配合使用，这样便多了一层让步含义。

(例) **It was raining, but nevertheless she went out to look for her missing dog.**

尽管天在下雨，她还是出门去寻找那只失踪的狗了。

yet

(例) **He was angry, yet he listened to me patiently.**

他很生气，但他还是耐心地听我说。

I felt like crying, yet I tried not to let my emotion appear on my face.

我觉得自己要哭出来了，但我努力不让自己的感情流露在脸上。

still

still 本身就是在让步基础上引出后面句子；并常与 but 搭配，使转折更突出。

(例) **Everyone knew I was wrong; still, no one said a word.**

人人都知道我错了，但谁也没说。

This house is not perfect; still, it is very good.

这幢房子虽然不是完美无缺，但已经够好了。

(例) **Proof was given, but still they doubted.**

已经把证据提出来了，但他们还是怀疑。

or

(例) **He must have had some accident on the way, or he would have been here by now.**

他一定是在路上出了事儿，否则他现在应该已经到这儿了。

Will you come to see me, or shall I go there?

是你来看我，还是我去你那儿呢?

or 之前也常用祈使句。

(例) **Hurry up, or you'll be late for school.**

快点，不然你上学就迟到啦。

Lay down your arms or die!

缴枪不杀!

so

(例) **I was tired, so I went home early.**

我累了，于是我早早就回家了。

He told me to do it, (and) so I did it.

他告诉我做，我就做了。

so 有时也暗示目的，这时，so 前通常不加逗号。

(例) **Check the list carefully so there will be no mistakes.**

把这份目录仔细检查一下，以防有错。

not only... but (also)...

（例） **Not only did I hear it but I saw it.**

对此，我不仅听见了，而且也看见了。

Not only did he refuse my request, but he did so in a very rude manner.

他不仅拒绝了我的请求，而且他的态度也十分无礼。

and then 和 then

（例） **The car swerved, and then it crashed into a wall.**

那辆汽车突然转弯，接着猛地撞到了一堵墙上。

I don't have the time to do the work, and then, it's not my responsibility.

我没有时间做这项工作，此外，这也不是我的任务。

First the bridge collapsed, then the river flooded.

先是桥梁倒坍，接着是河水泛滥。

either... or... 和 neither... nor...

（例） **Either Tom is at fault or Susie is.**

要么是汤姆错了，要么是苏西错了。

Either you come in person, or you entrust someone with the matter.

或者是你亲自来一趟，或者是你托一个人来办这件事。

Neither he is to blame, nor I am.

他不应受责备，我也不该受责备。

or else

or else 多用来提出告诫。

（例） **You tell him or else I will.**

你告诉他吧，不然我就告诉他啦。

Hurry, or else you'll be late.

快点，要不然你就迟到啦。

moreover

moreover 常与 and 一起出现在句中。

（例） **I like him, and moreover, I believe in him.**

我喜欢他，而且我也信任他。

The day was cold, and moreover it was raining.

天很冷，而且还下着雨。

furthermore

（例） **The room is too small and dark, furthermore, it is in a bad location.**

这房间又小又暗，而且位置也不好。

furthermore常与and搭配使用。

(例) **The house isn't big enough for us, and furthermore, it's too far from the town.**

对我们来说，这房子不够大，而且离城也太远。

besides

(例) **It is too late to go out now; (and) besides it's raining.**

现在出去太晚了，而且天还在下雨。

Planes are more comfortable; (and) besides, they're faster.

坐飞机比较舒服，而且也快些。

again

again之前常加上and，but，or，there，then。

(例) **Jay is usually cheerful; sometimes, again, he is despondent.**

杰伊一般总是高高兴兴的，可他也有沮丧的时候。

I thought you told me about it, but again it could have been Tom.

我认为这件事是你告诉我的，不过也可能是汤姆。

It might rain, and again it might not.

可能要下雨，也可能不会下。

I might go and (there/then) again I might not.

也可用or again

我可能去，也可能不会去。

Ally is very clever, and again, she is very kind.

阿莉很聪明，她也非常善良。

however

(例) **He didn't want to go; however, he went (=he went however).**

他不想去，但他还是去了。

Air travel is fast; sea travel is, however, restful.

乘飞机旅行快捷，但乘船旅行更为安适。

otherwise

(例) **My plane was three hours late; otherwise I could have done some sightseeing of the city.**

我的飞机晚到了三个小时，要不然我会参观一下这个城市。

Leave home by 6:15, otherwise you'll miss the 8 o'clock train.

六点一刻前就得从家里出发，否则你就赶不上8点钟的火车了。

Note down the number, otherwise you may forget it.

把这个号码记下来，不然你会忘掉的。

therefore 和 consequently

(例) **I think, therefore I exist. (=I think, therefore I am.)**

我思故我在。

It rained; therefore the game was called off.

由于天下雨，比赛取消了。

The city is situated near the sea and consequently enjoys a healthy climate.

这座城市位于海滨，因此它的气候有益于健康。

accordingly

(例) **It was raining; accordingly I canceled my customary stroll and read a book instead.**

天在下雨，因此，我取消了通常的散步，用读书来取代。

It is very difficult to master a foreign language; accordingly you must study as hard as you can.

掌握一种外语很难，因此，你必须尽可能努力学习。

thus 和 hence

(例) **You failed all your tests; thus you can't graduate.**

你所有的考试都没及格，因此你毕不了业。

He has neither ear nor voice, hence he cannot sing.

他不会欣赏音乐，也没有好嗓音，因此他不会唱歌。

for

(例) **You must be ill, for you look so pale.**

你一定是病啦,(因为)你的脸色非常苍白。

I say no more, for I detest explanations.

我不再说了，因为我憎恶解释。

在并列复合句第一分句后通常用一个逗号；若两分句都较简短也可不用逗号。

2 主从复合句

一个句子除了主语和谓语之外，往往还要有宾语、定语和状语。我们通常是用一个词或者是一个短语来担任这些成分。例如，我们可以用一个名词或名词短语作句子的主语、表语或宾语，用形容词或形容词短语作定语，用副词或副词短语作状语。必要时，我们也可以用一个句子来充当这些成分，这种句子叫做从句，因为它们只是附属于一个主(要的)句(子)的成分，不能独立存在。含有一个以上从句的句子叫做主从复合句。构成主从复合句，要注意以下几点：

- 从句要通过从属连词、关系代词、关系副词等与主句连接起来。
- 如果从句的主语与主句的主语相同，则从句主语要用相应的代词代替。因为从句有时出现在主句之前，所以代词可能先于被指代的词出现。
- 可根据从句的语法功能将其分为名词性从句、形容词性从句和副词性从句。

3 名词性从句

名词性从句通常包括以下几种从句：

- 主语从句——从句在句中充当主语。

(例) **How this might be done varies from one person to another.**

如何才能做到这一点，是因人而异的。

- 宾语从句——从句在句中充当动词或介词的宾语。

(例) **He denied that he had stolen the money.** 动词宾语

他否认偷了钱。

He has sometimes been annoyed by what he regards as nagging. 介词宾语

他往往为那些他认为是唠叨的话发烦。

- 表语从句——从句在句中充当系动词的表语。

(例) **That is what education is all about.**

这就是教育的全部意义。

- 同位语从句——从句在句中作名词的同位语。

(例) **I've spent much of my time trumpeting the fact that alcohol is a drug.**

我用很多时间去宣传酒精是毒品这一事实。

- 补语从句——从句在句中用作形容词的补语

(例) **I am sure it will be fine tomorrow.**

我肯定明天是个好天。

3-1 用来引导名词性从句的词

可用来引导名词性从句的有：

连词	连接代词	连接副词	关系代词	关系副词

1 常用的连词、连接代词、连接副词和关系代词、关系副词的说明

A 连词 that

引导从句的类型

主语从句 / 表语从句 / 宾语从句 / 同位语从句 / 形容词补语从句 / 介词 **except** 和 **in** 的宾语从句

注意事项

- **that** 只起连接作用，没有词汇意义。
- 一般情况下，**that** 可以省略，但在以下几种情况下不能省略：

  a **that** 引导的主语从句位于句首。

  b **that** 之后紧跟着另一个连词或连接代词等引导的从句。

  c 句子结构复杂，容易引起混乱。

  d 同位语从句一般也很少省略 **that**。
- **that**引导的从句不能充当介词宾语(**except**和**in**除外)，也不能充当宾语补语。

B 连词 whether 和 if

引导从句的类型

宾语从句 / 主语从句 / 表语从句 / 介词宾语从句 / 同位语从句 / 形容词的补语从句(用在 **(not) certain**，**(not) sure**，**(not) clear** 或 **(not) important** 等之后)

注意事项

- **whether** 和 **if** 都有词汇意义，都可译为："是否……"，但都不作句子成分，也都不能省略。
- 注意 **whether** 和 **if** 的区别：

  a **if** 不能引导位于句首的主语从句，除非有形式主语 **it**。

  b **if** 不能引导表语从句、介词宾语从句、同位语从句，但 **whether** 可以。

  c 两者都可用来引导宾语从句。

  d **if** 之后不能紧跟 **or not**，但可以说 "**whether or not**"，两者都可以说："**whether / if... or not**"。

  e **if** 引导的从句可以用否定的谓语，**whether** 却不能用否定的谓语(引导 **wonder** 的宾语从句时除外。)

  f **if** 之后不能接动词不定式，**whether** 却可以。
- 在 **whether** 引导的名词从句中常用现在时指将来。

C 连接代词和连接副词

who	whom	whose	which	what	when	where	how	why

引导从句的类型

主语从句 / 表语从句 / 宾语从句 / 介词宾语从句 / 形容词补语从句 / 同位语从句（少用）

注意事项

- 不仅起连接作用，还有词汇意义。
- 在从句中充当一个句子成分。
- 连接代词用作介词宾语时，介词可在连接代词之前，也可在句末。
- 不能充当间接宾语。

D 关系代词和关系副词

who	what	whoever	whichever	whatever	when
where	how	why	whenever	wherever	

引导从句的类型

主语从句 / 表语从句 / 宾语从句 / 介词宾语从句

注意事项

- 任何一个关系代词都具有两个作用：既充当主句中缺少的一个句子成分，又在从句中作句子成分。如：

what	= the thing(s) that	when	= the time when
whichever	= anything which / anyone who	where	= the place where
whoever	= anyone who	how	= the way in which
whatever	= anything that	why	= the reason why

- **whatever**和**whichever**除用作代词单独使用外，也可用作名词的前置定语。
- **what**引导名词从句时，既可用作连接代词，也可用作关系代词，要注意区分其不同用法。其他的连接代词和连接副词偶而也有类似用法。
- 关系代词引导的从句不能以介词开头。

2 关系代词、关系副词与连接代词、连接副词的区别

关系代词、关系副词与连接代词、连接副词的区别在于它们在句中所起的语法作用不同。

- **所谓连接代词或连接副词，它们不仅起连接的作用，而且还是从句的一个句子成分。**
- **而关系代词或关系副词，除起连接作用和用作从句的成分之外，还要充当主句中所缺少的句子成分。**

（例）The captain went down to see what had happened.

船长走下去看看发生了什么事。 what 为从句的主语，整个从句用作 see 的宾语

What is important to you is also important to me.

(= The thing that is...is important to...)

对你重要的事对我也是重要的。 what 是从句的主语，实际上也是主句的主语

I wonder who finished the work first.

我不知道谁第一个结束了工作。 who 为从句主语，整个从句为 wonder 的宾语

Who is not for us is against us.(= He who is not for us is...)

谁不拥护我们，谁就是反对我们。 who 为从句主语，同时也是主句的主语

3 what，whatever 和 who，whoever 的用法

what 和 whatever，who 与 whoever 等都可用作关系代词，它们之间的区别就在于 -ever 使与它合成的疑问词增加了泛指的含称。

whoever 意为	“任何人”，“凡是……的人”
whatever 意为	“任何什么”，“凡是……的事物”

（例）He did what I asked him to do.

他做了我让他做的事。

He did whatever I asked him to do.

凡是我让他做的事，他都做了。

3-2 名词从句分类详述

1 主语从句

A 用 that 引导主语从句

在that引导的主语从句中，谓语动词几乎总是系动词be，seem，appear等。

（例）That he is a doctor is true.

千真万确，他是医生。

that 引导的主语从句出现在句首时，that 不能省略。

（例）That he will come is certain.

他要来，这是肯定的。

关于形式主语 it

主语从句放在句首往往显得头重脚轻，因此，在大多数情况下都是在主语的位置上用一个形式主语 it，把主语从句移到句末去。在这种情况下，特别是在比较短小的句子中，that 往往被省略掉。

例) **It was true that women had not had the same opportunities as men in many fields.**

过去在许多领域中，妇女没有和男人享有同样的机遇，这是事实。

It is probable that the changes that will take place in the next few decades will be far greater than these.

很可能，在未来几十年中将要发生的变化要比这些变化大得多。

It is often said that we are living in an age of information explosion.

人们常说，我们是生活在信息爆炸的时代。

如果主句的谓语为seem，appear，happen等时，只能用有形式主语it的结构。

例) **It now appears that they are in urgent need of help.**

看来他们急需帮助。

It generally happens that the prettiest birds are the worst singers.

往往是最漂亮的鸟儿也是最差劲的歌手。

在“it+ 系动词 + 表语 +that...”句型中，常用来作表语的词可有下面一些：

常用作表语的名词(例如，It's a fact that...)
good news, common knowledge, an honour, a pity, a shame, no wonder, a mystery等
常用作表语的形容词(例如，It's obvious that...)
fortunate, possible, (un)likely, strange, probable, true, doubtful 等
常用作表语的过去分词(例如，It's not known that...)
said, believed, reported, pointed out, discussed, proved, decided 等

在“it+ 系动词 + 表语 +that...”结构中，除了系动词 be, seem, appear 之外，it 之后也可用其他一些动词，如：

turn out	chance	happen	follow	strike sb	occur to sb

有些主语从句中的谓语常要用“should+ 动词原形”，should 可以省略：should主要用来表示说话者的看法。如果只是叙述事实，也可不用should。这种情况主要出现在下面两个方面：

“It is / was + 过去分词 + that + 主语(+ should)+ 动词原形”

常用于这一句型的过去分词有：
advised, asked, argued, arranged, begged, commanded, concerned, decided, demanded,
desired, determined, insisted, ordered, promised, proposed, recommended, resolved,
requested, required, suggested, urged 等

"It is / was+ 形容词 + that + 主语(+ should)+ 动词原形"

常用于这一句型的形容词有：

advisable, anxious, amazing, appropriate, astonishing, better, desirable, eager, essential, imperative, important, insistant, keen, obligatory, natural, necessary, possible, preferable, probable, reasonable, ridiculous, strange, unthinkable, urgent, vital 等

(例)

It is natural that he does not help her with her work.

→对客观事实的单纯叙述

It is quite natural that he should not help her with her work.

→说话者对此持赞成、支持的态度

他没有帮助她工作是自然的。

It is suggested that we (should) take the bus.

有人建议我们乘公共汽车。

It is very important that we (should) ask advice of other people.

重要的是我们应该征求他人的意见。

It is right that one (should) speak well of the absent.

不在背后诋毁人是对的。

B 用 whether 引导主语从句

(例)

Whether or not these books are satisfactory is uncertain.

还不能确定这些书是否令人满意。 不能用if替代

It's not clear to me whether/if she likes to join our discussion.

我不知道她是否想参加我们的讨论。 主语从句不在句首，可以用if替代whether

C 用连接代词或连接副词引导主语从句

How a book will sell depends much on the reviewer.

一本书的销售量在很大程度上取决于书评作者。

Who will take charge of the task has not been decided.

由谁来负责这项任务，还没有决定。

Whose bag was stolen is not known.

谁的手提包被偷了，尚不得而知。

What heat is seems difficult to answer.

热是什么似乎很难回答。 (what为连接代词)

It's really no business of yours where I spend my summer.

我在哪儿过夏，实在是不关你的事。

Ⓓ 用关系代词或关系副词引导主语从句

(例) **What's done cannot be undone. (=The things that are done...)**

事已定局，无可挽回。

Whatever I have is yours. (=Anything that I have ...)

我所有的一切都是你的。

Whoever comes will be welcome. (=Anyone who comes ...)

谁来都欢迎。

Whichever of you comes in first will receive a prize.

你们中获得第一名的人将会得到奖品。

2 表语从句

从句在句子中充当系动词的表语。

Ⓐ 用 that 引导表语从句

(例) **The reason seems to be that different periods are related to different kinds of achievement.**

原因似乎是不同的阶段与不同的成就有关。

Perhaps the greatest advantage of glass is that its constituent parts are inexpensive and can be found all over the world.

也许玻璃的最大优点就是它的组成成分便宜，在世界各地都能找到。

The fact is that computers are of great aid to the development of science and technology.

事实是计算机十分有利于科学技术的发展。

用 that 引导表语从句，that 常常被省略掉。

(例) **My opinion is (that) he really doesn't understand you.**

我认为他确实没有理解你的意思。

Ⓑ 用 whether 引导表语从句

(例) **The question is whether it is true or not.**

问题在于这是真的还是假的。（whether 不能用 if 替换）

What I really want to know is whether you will marry her.

我真正想要知道的是你是否要与她结婚。

Ⓒ 用连接代词或连接副词引导表语从句

(例) **That is what the story of mankind has on the whole been like.**

人类的历史大体上就是如此。

The problem is who will take care of these children.

问题是由谁来照顾这些孩子。

That was why it was barely moving.

这是它几乎不移动的原因。

Things were not as they seemed to be.

事情不是象看上去的那个样子。

The question was how the bird got out of the cage.

问题是鸟儿怎么从笼子里出去的。

D 用关系代词或关系副词引导表语从句

(例) **That is what we should do. (=That is the things we...)**

这是我们应该做的事情。

This is not what I meant. (=This is not the thing that...)

这不是我的意思。

That is just where they are mistaken. (=That's just the place where...)

这正是他们的错误所在。

3 同位语从句

同位语从句是用一个从句作其前面的名词或代词的同位语，说明该名词所指的具体内容。

能用同位语从句说明的名词有下面的一些
agreement, appeal, assumption, belief, certainty, chance, condition, decision, discovery,
doubt, fact, fear, ground, hope, idea, information, impression, knowledge, message,
news, plan, possibility, probability, promise, proof, proposal, question, reason,
recommendation, report, rumor, story, theory, thought 等

A 用 that 引导同位语从句，有时引导同位语从句的 that 也可省去。

(例) **I had no expectation that he would ever write again.**

我没有期望他会再写信来。

The news that he died was a great shock to his mother.

他的死讯对他母亲是一个很大的打击。

I later came to the realization that she was a remarkable person.

我后来意识到她是一个非凡的人。

(例) **I had no idea (that) traveling on a hovercraft would be so smooth.**

我没想到乘坐气垫船会如此平稳。

If there's possibility (that) you'll go, I'd like to go with you.

如果你有可能去，我愿意与你一起去。

如果被同位语从句说明的名词是下列的一些词时，同位语从句的谓语通常用"should+动词原形，"should 常常省略。

advice, decision, demand, idea, insistence, motion, necessity, order, preference, proposal, recommendation, request, requirement, resolution, suggestion 等

(例) **I made the suggestion that the meeting (should) be brought to an end.**

我提议闭会。

The commander gave an order that the troops (should) advance ten miles.

司令官下达命令叫军队前进 **10** 英里。

that 引导的同位语从句与 that 引导的定语从句的区别

that 引导的同位语从句	**that** 引导的定语从句
是对其前面名词的内容的一种说明或解释。	是对其前面名词进行修饰或限制。
that 是连词，没有任何词汇意义，不做句子成分，只起连接作用。	**that** 为关系代词，它要代表被修饰的词，在从句中充当一个句子成分。

(例) **I have an amusing piece of news that you may not have heard.**

定语从句——什么样的新闻

我有一个你也许还未听到过的好笑的新闻。

We heard the news that her daughter had left home.

同位语从句——消息的内容

我们听说她女儿离家出走的消息了。

B 用其它词引导同位语从句

whether 和连接代词、连接副词有时也可用来引导同位语从句，但用得不太广泛，而且多用在 question 的后面。

(例) **At the second plenary meeting, there was a real question whether the conference was going to be a success.**

在第二次全体会议上，出现了会议是否会成功这样一个实际问题。

I asked myself the question whether the research is worth the trouble.

我问自己，这种调查值得我费这么大的劲吗？

The child's question, why the sky is blue, is difficult to answer.

这孩子问为什么天是蓝的，很难回答。

I have no idea what has happened to him.

我不知道他出了什么事。

4 形容词的补语从句

用从句的形式对作表语的形容词进行说明，说明其具体内容，指明其产生的原因等。能带补语从句的形容词多为表示感情的形容词和表示肯定或信心的形容词。

常用的，能带补语从句的表示感情的形容词有：
afraid, glad, happy, pleased, sorry, angry, ashamed, surprised, anxious, content, grateful, lucky, sad, thankful 等

常用的，能带补语从句表示肯定或信心的形容词有：
aware, certain, confident, sure, determined, convinced 等

A 用 **that** 引导形容词的补语从句(参见第七章有关章节)

(例) **She was thankful that her son had been rescued.**

她感到欣慰的是她的儿子被营救出来了。

He is ashamed that he was rude.

他为自己的失礼感到羞愧。

These rules help to make sure that everyone has the same chance of winning.

这些规则有助于确保人人都有同样获胜的机会。

B 用 **whether**、连接代词或连接副词等引导形容词的补语从句

(例) **Are you quite sure what it is?**

你真的知道这是什么吗？

I am not certain whether he will succeed.

我不敢肯定他是否能成功。

I was not aware what kind of man he was.

我不知道他是什么样的人。

Those present weren't aware (of) how I felt.

那些出席者没有意识到我的感受。

5 宾语从句

宾语从句在句中作动词或介词的宾语。

A 从句用作动词的宾语

由 **that** 引导的宾语从句

(例) **The manager said that he didn't like my work.**

经理说他不喜欢我的工作。

Scientists reckon that there have been men for only one million years.

科学家们推断，人类仅仅存在了一百万年。

He told me that the firm could not afford to pay such large salaries.

他告诉我说，商行付不起那么巨额的工资。

Before age 24, we believe that our happiest years are yet to come.

在二十四岁之前，我们相信，我们最幸福的生活还在前头。

注意 hope 引起宾语从句时的时态的呼应。

例) **I hope (that) the scheme will succeed/succeeds.**

我希望这一计划成功。

在 **hope** 之后的宾语从句中，可用一般现在时表示将来。

I had hoped Jack would give me an early reply.

我原来希望杰克会早点儿给我回复的。(但是他没有)

had hoped 表示过去没有实现的希望。

由 whether / if 引导的动词宾语从句

例) **Mary asked if/whether you had ever been abroad.**

玛莉问你是否去过国外。

He asked his doctor to tell him whether/if his operation had been successful.

他要医生告诉他，他的手术是否成功了。

How can we tell whether/if animals are intelligent?

我们怎么知道动物有没有智能呢？

Do you care whether/if you win or not?

你对自己是否会赢很介意吗？

注意下面的句子中不能用 whether 代替 if。

例) **I don't care if he doesn't come.**

我才不在乎他来不来呢。

不能用 **whether**，因为从句谓语是否定的。

if 引导的宾语从句多用在 ask, doubt, know, see, tell, wonder 等动词之后，在其他情况下，最好用 whether。

例) **I wonder if it will rain tomorrow.**

我不知明天是否会下雨。

由连接代词或连接副词引导的宾语从句

例) **We don't realize how much we depend on the earth's gravity until we are deprived of it.**

直到失去了地心引力的时候，我们才知道我们对这一引力的依赖有多大。

I don't know whose straw hat it is.

我不知道这是谁的草帽。

Tell me which of the two cameras is the better one.

请问这两架照相机哪一个好些。

Ted wondered why he was wanted by the police.

特德不知道警察为什么要他去。

Throughout history, people have been interested in knowing how language first began, but no one knows exactly where or how this happened.

在整个的历史过程中，人们一直想知道语言是怎么起源的，但是，没有人确切知道这是在什么地方或者是如何发生的。

The man laughed when he realized what had happened.

这个人知道发生了什么事之后，笑了起来。

当连接代词在从句中作介词宾语时，介词可放在连接代词之前，也可放在句末。

（例）

I don't know in which apartment my uncle lives.

I don't know which apartment my uncle lives in.

我不知道我叔叔住在哪套公寓里。

由关系代词或关系副词引导的宾语从句

（例）

You can invite whomever you like. (=anyone who...)

你喜欢请谁就请谁。

Take whatever measures are considered best. (=any measures which...)

什么办法最好，就采取什么办法。

You may choose whichever you like.

你喜欢哪一个，就选哪一个。

Scientists explore what exits and engineers create what never existed before.

科学家探索存在的东西，而工程师创造前所未有的东西。

Three years ago, Oxford published what it called the *Oxford American Dictionary*.

三年前，牛津出版社出版了一本名叫《牛津美语词典》的书。

Science advances both by finding out what is true and by eliminating what is false.

科学的进步，既有赖于发现真理，又有赖于摈弃谬误。

关于形式宾语 it

在"动词＋宾语＋宾语补语"的句型中，如果宾语是一个名词性从句，常常被移到宾语补语之后去，而在宾语的位置上放一个形式宾语 it。

常这样用的动词主要有下面一些：

believe, consider, declare, discover, estimate, fancy, feel, find, guess, imagine, know, make, prove, reckon, think, understand 等。

例) **I consider it common knowledge that they did it.**

我认为他们做这件事是众所周知。

We think it a pity that a man like him should not work harder.

我们觉得像他那样的人不更加努力工作真是可惜。

We all thought it very surprising how she kept calm in the midst of such a hot discussion.

我们都感到令人吃惊的是她怎么能在如此热烈的讨论中保持冷静。

I thought it necessary that I should stay in the room till he came back.

我觉得必须在屋里呆到他回来。

He went away early, without making it clear why he had to go so soon.

他很早就离去了，走之前也没有说明为什么走得这么早。

形式宾语 it 也可能用在"动词＋宾语＋介词短语"的句型中。

例) **Keep it in mind that you have to be home by ten o'clock.**

要记住你得在十点前回家。

We took it for granted that he would come.

我们认为他来是当然的。

在一些惯用结构中，甚至在没有宾语补语或介词短语的情况下，也用形式宾语 it，句型为："hate / love / like / enjoy / take 等＋it＋that 从句"。

例) **I take it that we are to wait here.**

我想我们需要在这儿等着。

We hate it that you have to put up with so much.

我不愿你那么逆来顺受。

wish(that) 之后的宾语从句

wish(that) 之后的宾语从句要用虚拟语气，表示与事实相反的愿望或已发生的事情。

从句谓语动作发生的时间是相对于 wish 而言的	
与 wish 同时发生	wish(that)+ 主语 + 一般过去时或 were(美国用 was)
在 wish 之前发生	wish(that)+ 主语 + had+ 过去分词 / could have+ 过去分词
在 wish 之后发生	wish(that)+ 主语 + could/would+ 动词原形 / were+ 现在分词

从句中的 **that** 可以省略。**wish** 的时态取决于作出希望的时间，对 **that** 从句中的时态没有影响。

(例) **I wish it were fine today. (=I'm sorry that it isn't.)**

我真希望今天是个好天气。

She wished that she were coming with us. (=She was sorry that she wasn't...)

她真希望能跟我们一起来。

She wishes that she could have been there last night.

她真希望她昨晚能到那里去。

I wish I had been at home when my mother was suddenly taken ill. (=I'm sorry I didn't...)

我多希望我母亲突然病倒的时候有我在家里啊。

Don't you wish that it would stop raining?

你不希望雨停下来吗?

He wished he had set about the work earlier. (=He was sorry he hadn't set...)

他曾希望他早点儿开始工作。

I wish he wouldn't stay up so late. It would be bad for his health.

我但愿他不要熬夜，这会损害他的健康的。

You are making a lot of noise. I wish you would keep quiet.

你们太吵闹了 ，我希望你们保持安静。

表示"请求、建议、命令"等的动词引导的宾语从句中，谓语通常要用"**should**+动词原形"，**should** 常被省略。"**should**+ 动词原形"用来强调说话者的态度。

常这样用的动词有下面一些
suggest, order, demand, propose, command, request, desire, insist, ask, recommend,
move, require, decide, promise, arrange, consent, determine, advise, intend, agree, beg,
resolve, argue, maintain, deserve, prefer, vote, urge 等。

例) **I suggest that you all be very quiet if you want the party to be a surprise.**

如果你们想要晚会出人意料，我建议你们都别声张。

I propose to her that she (should) come with me.

我建议她和我一起来。

He demanded that he be given the right to express his opinion.

他要求要有发表意见的权利。

He insists that you be on time.

他坚持要你准时。

Experts here agree that more industries should be brought in, that training programs should be expanded.

这里的专家们同意应引进更多的工业，应扩大培养计划。

句型“suggest等(+that)+主语(+should)+动词原形”用否定式时，要在动词原形前加not。

例) **I suggested that they should not modify the plan.**

我建议他们不必修改该项计划。

如果上述动词用于其他含义或是在叙述一个事实时，从句的谓语便应根据具体情况变化，而不需遵守上述规则。比较下面的句子：

例) **I suggest (that) she should come another day.**

我建议她改天再来。（说话者的主观意见）

The dark sky suggested that it would rain.

乌云密布的天空说明天要下雨。（客观的事实）

Do you suggest that he is lying?

你是暗示他在说慌吗?

I insist that he (should) keep early hours.

我坚决要求他早睡早起。

He insisted that he was innocent.

他坚决认为自己是清白的。

宾语从句用作介词的宾语

用 that 引导介词的宾语从句

that从句通常不能充当介词的宾语，但在介词except，in和but之后却可以跟that引导的宾语从句。

(例) **I prefer his plan to yours, in that it is more practical and easier to be carried out.**

我喜欢他的计划胜于你的，因为它更实际、更容易贯彻。

He would have failed but that you helped him.

若不是你帮助他，他肯定要失败。

We know nothing except that he did not come home that night.

除了那天晚上他没有回家之外，我们什么也不知道。

如果其他介词之后必须用 that 从句时，要在介词之后加上形式宾语 it 或 this，再加 that 从句。有时也可以把介词省去，直接加 that 从句。

(例) **See to it that there is enough leeway.**

要注意留有余地。

用连接代词和连接副词引导介词的宾语从句

(例) **In selecting candidates, a university pays considerable attention to how well applicants have done in their secondary level school examinations.**

在选拔考生时，大学相当注意考生在中等学校里的成绩。

The children had a disagreement over who could play with the ball.

孩子们对谁能玩球的问题争论起来。

He thought of how hard it would be to live without hope.

他想到没有希望的生活该是多么艰难。

Tell me about who examined you and what the questions were.

告诉我是谁考你们，考些什么问题。

注意：如果介词的宾语从句是由 who 或 whoever 引导的，而这两个词在从句中又是做主语时，就只能用主格形式，不能用宾格形式。

用 whether 引导介词宾语从句

(例) **It all depends on whether we can get their cooperation.**

这一切都取决于我们是否能取得他们的合作。

They were never consulted about whether they wanted to accept white culture or not.

从未有人与他们商讨过他们是否愿意接受白人文化的问题。

We are still doubtful as to whether he is the true murderer.

对于他是否是真正凶手，我们仍心存疑虑。

注意：if 不能用在介词之后。

〈例〉 **Women should have a full share of responsibility in whatever fields they decided to enter.**

妇女应该在她们所决定进入的任何领域中完全承担起一份责任。

Enormous amounts of money poured into what had been strictly a non-commercial sport.

大量的钱流入了这项原本是地道的非商业性的运动。

Give it to whoever wants it.

把它给需要的人吧。

4 形容词从句

- 形容词从句用来修饰名词、代词或名词短语。
- 句子中的被修饰词叫做先行词，形容词从句通常要尽量靠近被修饰的先行词。
- 形容词从句由关系代词（除what外）或关系副词引导，关系代词和关系副词要尽量靠近从句句首。

〈例〉 **Do you know the man who is driving the truck?**

你认识开卡车的那个人吗？

The amount that is remembered differs a great deal with different persons.

不同的人记忆量很不相同。

I went into the room, where I found a girl sleeping on the sofa.

我走进房间，我发现有一个女孩睡在房间里的沙发上。

4-1 引导形容词从句的关系代词和关系副词

1 关系代词和关系副词的作用

- 把作定语的从句与主句中被修饰的先行词连接在一起。
- 替代主句中被修饰的先行词，并以先行词的身分出现在从句中。
- 必须在从句中充当一个句子成分。

正是由于关系代词和关系副词的这三项作用，决定了它们不可能有自己的独立的词汇意义。它们只是先行词的一个替身，先行词的含义就是他们的含义；关系代词本身也没有人称、性和数的变化，它们的人称、性和数都取决于被它们修饰的先行词。

2 关系代词和关系副词的用法

此色框中的内容表示“被修饰的先行词的类别”。

此色框中的内容表示“关系代／副词在句中可以充当的成分”。

此色框中的内容表示“所引导的形容词从句的类别”。

关系代词 who

先行词	成分	从句类别
a. 表示人的词(包括人名) b. 集合名词用作复数，强调构成集合名词的人 c. **all, that, those, few** 等指人时 d. 拟人化的动物	▪ 主语 ▪ 宾语(非正式文体) ▪ 介词宾语 (介词不能位于 **who** 之前)	▪ 限定性从句 ▪ 非限定性从句

关系代词 whom

先行词	成分	从句类别
同关系代词 **who**	▪ 宾语 ▪ 介词宾语(介词可在 **whom** 之前，也可在句末)	▪ 限定性从句 ▪ 非限定性从句

关系代词 whose

先行词	成分	从句类别
a. 表示人的词 b. 表示物的词 c. 表示动物的词	▪ 定语	▪ 限定性从句 ▪ 非限定性从句

关系代词 which

先行词	成分	从句类别
a. 表示事物的词 b. 不明性别的婴儿 c. 动物 d. 集合名词作单数，强调整体时 e. 整个主句	▪ 主语 ▪ 宾语 ▪ 介词宾语 (介词可在 **which** 之前，或在句末)	▪ 限定性从句 ▪ 非限定性从句

关系代词 that

先行词	成分	从句类别
a. 表示人的词(但不能是人名) b. 表示事或物的词 c. 动物 d. 先行词包括形容词最高级等 e. **anything** 等(d,e 两项见小注) f. 先行词含有 **reason, time, way** g. 先行词为 **the same** h. 先行词包括人和物	▪ 主语 ▪ 宾语 ▪ 介词宾语(介词不能用在 **that** 之前) ▪ 表语	▪ 限定性从句 **d** 和 **e** 两项少用 **which**，多用 **that** ▪ 非限定形容词从句不用 **that** **d** 项如果用来指人，可用 **who** 引导从句

d 项还包括：序数词(包括 **last** 等)，以及：

all	**any**	**only**	**very**	**every**	**little**
no	**much**	**few**	**some**	**single**	

e 项还包括：

anything	**something**	**nothing**	**everything**	**someone**	**everyone**
anyone	**somebody**	**no one**	**anybody**	**everybody**	**nobody**

关系词 as(本身有“像……”的含义)

a．先行词包括 **such** 和 **the same** 时 (即：**the same...as, such...as**) **b**．整个主句 **c**．先行词为人或物	主语 宾语 介词宾语(介词不能在 as 之前) 表语 ▪ 状语(用作关系副词)	限定性从句 非限定性从句

注：**as** 引导的非限定性从句常在主句之前或句中，类似一个固定搭配，例如：

as often happens	**as is often the case**
as is well known	**as we all can see**

关系代词 but(本身有否定含义)

a．先行词表示人 b．先行词表示物	主语	限定性从句(主句必须为否定句或疑问句)

关系副词 where (= at/in which)

先行词必须是表示地点的词	地点状语	限定性从句 非限定性从句

关系副词 when (= at/in which)

先行词必须是表示时间的词	时间状语	限定性从句 非限定性从句

关系副词 why (= for which)

先行词必须是 reason	原因状语	限定性从句

3 关系代词和关系副词的选用原则

在选择引导形容词从句的关系代词或关系副词时，一定要弄清楚下列三个原则：

- **要分清形容词从句是限定性的，还是非限定性的。**
- **先行词指代的内容(指人，还是指物，指时间……)。**
- **关系代词或关系副词在从句中作什么句子成分。**

4-2 限定性和非限定性从句

1 形容词从句分为限定性从句和非限定性从句两种

限定性从句对先行词提供必不可少的信息，明确先行词的意义，限制先行词的适用范围；是句子表意不可缺少的组成部分。

(例) **The bright star which is shining just above the roof is called Sirius.**

在屋顶上方闪烁的那颗明亮的星星叫做天狼星。

I have never forgotten that day and the lesson I learned.

我永远不会忘记那一天和我所得到的教训。

The people who really helped civilization forward are often never mentioned in history books at all.

那些真正推动文明向前发展的人往往在历史书中根本没有被提到。

She adopted a child whose parents are dead.

她收养了一个父母双亡的孩子。

非限定性从句是对意义已经非常明确的先行词给予补充说明，提供更多的信息，或者作一些修饰语式的注释。删去非限定性从句，主句的意思仍是概念清晰、结构完整的。

(例) **London, which stands on the River Thames, has a history of nearly two thousand years.**

伦敦位于泰晤士河上，它已有近两千年的历史了。

She is going to marry Dick, whom she does not love.

她要嫁给迪克，可她并不爱他。

We saw a church among the trees, whose tower (=the tower of which) was clear against the blue sky.

我们看到了林中的教堂，它的尖塔在碧蓝的天空衬托下清晰可见。

He came at six, when I am usually in the garden.

他是 6 点来的，这个时候我通常是呆在花园里。

They went on to Beijing, where they stayed for a week.

他们接着去了北京，在那儿呆了一个星期。

2 限定性从句和非限定性从句的区别

从结构上看，限定性从句不能用逗号与先行词分开；而非限定性从句却必须用逗号分开。引导非限定性从句的关系代词不能省略。

例) **The clock, which my great-grandfather bought, is still in good order.**

这时钟是我曾祖父买的，现在还走得很准。

最重要的区别还在于，两种形容词从句往往赋予同一个先行词以不同的含义。

例) **My sister who lives in London is a doctor.**

我住在伦敦的妹妹是医生。

“我不止有一个姐妹”。从句限定、明确了 **my sister** 的内涵。

My sister, who lives in London, is a doctor.

我的妹妹是一个医生，她住在伦敦。

“我只有这一个妹妹”。从句为 **my sister** 提供稍多一点的补充说明。

英国语法学家 **Eckersley** 父子在他们的 **“A Comprehensive English Grammar”** 一书中引用了一个非常有趣的例子，生动地说明了限定性从句和非限定性从句之间的根本区别：

- 一个不喜欢穿牧师服装的牧师说：

“I will wear no clothes which will distinguish me from my fellow-men.”

我不要穿那些使我显得与众不同的衣服。

- 这句话在报纸上刊出来时，却成了：

“I will wear no clothes, which will distinguish me from my fellow-men.”

我不要穿衣服，穿上衣服会使我显得与众不同。

非限定性从句可以把整个主句当作先行词，而限定性从句没有这种功能。非限定性从句修饰整个主句时，只能用 **which** 或 **as** 来引导。

例) **I said nothing, which made him still more angry.**

我一声不吭，这使他更加生气。

He was drunk, which seemed to make a bad impression on the policeman.

他喝醉了，这似乎给警察留下了不好的印象。

He was a Frenchman, as I could tell from his accent.

他是个法国人，我从他的口音中可以听出来。

As is true of all glass, foamglass resists heat, doesn't burn, and doesn't rot.

像所有的玻璃一样，泡沫玻璃耐热，不燃烧，也不腐烂。

上述句子都不能变为限定性从句，因为关系代词 **which** 和 **as** 指代的是全句。

4-3 关系代词和关系副词的用法实例

who / whom

例) **You'd better consult Dr. Smith, who is a psychologist.**

你最好去找史密斯博士咨询一下，他是心理学家。

They argued that those who favoured "Women's Lib" were asking too much.

他们争辩说，那些支持妇女解放的人要求太高了。

who 引导的形容词从句修饰 those。

He caught sight of a figure whom he immediately recognized as Bill.

他看到一个人影，立刻认出那是比尔。

whom 在从句中作 recognized 的宾语。

My family, who are all early risers, take two hours' exercise every day.

我家的人都爱早起，他们每天锻炼两小时。

family 为集合名词，意为"家里的人"，用作复数，因此 who 也用作复数。

He felt that his pupils, most of whom lived in the towns, should get to know the wonders of the countryside.

whom 指代 pupils

他觉得他那些大多住在城里的学生应该了解乡村的美妙景色。

There are many people available with whom students can discuss their wishes, feelings, interests or problems.

学生们可与之讨论自己的愿望、感受、兴趣或问题的合适的人是很多的。

whose

whose 总是与它所修饰的词一起出现在从句的句首。

(例) **He was soon impressed by the earnestness of his young visitor whose dark eyes blazed with excitement.**

这位乌黑眼睛里闪着兴奋光辉的年轻来访者的真诚很快就给他留下深刻的印象。

My uncle, whose son lives in Paris, is going to make a tour of France with him.

我叔叔的儿子住在巴黎，他打算与他一起在法国旅行。

My dog, whose temper is very uncertain, often bites the visitors.

我的狗的脾气非常善变，常常咬来访者。

如果 whose 所修饰的是无生命的名词，常可用"名词+of which"代替"whose+名词"。

(例) **The dictionary whose cover has come off is mine.**

掉了封皮的词典是我的。(whose cover = the cover of which)

We looked at the tower whose spire/the spire of which was golden.

我们望着有着金色塔尖的那座塔。

which

(例) **What was the origin of the oil which now drives our motorcars and aircraft?**

现在用来驱动汽车和飞机的石油是怎么起源的呢?

This is the road by which we came.

这就是我们来的路。 by which 意为 by the road。

Where is the pencil with which you were playing?

(=Where is the pencil which you were playing with?)

你一直玩弄的那支铅笔在什么地方?

He is a member of the committee which is made up of fifteen persons.

他是一个由15人组成的委员会的成员。 which 代替集合名词 committee，在从句中作主语。

These dogs, which were first brought from Asia, were used as watch-dogs.

这些狗是用来当看门狗的，它们最初由亚洲引进。

Another important source of income are the famous Andorran stamps, which most stamp collectors are familiar with.

which 代替 stamps，在从句中作 with 的宾语。

享有盛誉的安道尔邮票是另一个重要的收入来源，大多数集者都很熟悉这种邮票。

There was a lot of traffic on the road last night, which kept her awake.

昨夜，路上老是车来车往的，令她不能入睡。 which 指代前面全句的内容。

---

that

(例) **In every generation, man creates new marvels that can be added to the list of wonders of the world.**

that 在从句中作主语

人类每一代都创造出可以列入世界奇观的新的奇迹。

There is one thing that keeps worrying me.

有一件事一直使我不安。

The Titanic was the largest ship that had ever been built.

泰坦尼克号是当时造出的最大的船。

Nothing that have been learnt is ever completely forgotten.

任何学过的东西决不会全部忘记。 that 指代 nothing，在从句中作主语。

This is all that I have.

这是我的全部。 that 指代 all，在从句中作 have 的宾语。

There is no one that has such good taste as he.

没有人有他那样好的鉴赏力。

There are many ways that large pieces of rock break into smaller pieces.

大块岩石碎成小块石头的方式很多。

He is the only student that understands English well.

他是唯一一位懂英语的学生。

We like them in the same way that we like pretty flowers.

我们就象喜欢漂亮的花一样喜欢它们。

This is the last time that I shall give you a lesson.

这是我最后一次给你们上课了。

It is not a profound book that you think it to be.

这不是一本像你想象的那样深奥的书。 that 用作 to be 的表语

值得提醒的是，anything，something 等后面的形容词从句通常都用 that 引导，但偶而也可用 which 代替 that。

(例) **We have proved that anything which exists is real.**

我们已经证明任何存在之物都是真实的。

If you have something to say which is on the subject, wait till you have a chance and say it to the whole class.

如果你对所讨论的题目想发表一点意见，请等到你有机会的时候，并且要向全班讲。

The word "stimulus" means something which is the cause of activity.

Stimulus 这个词的意思是指一种促动的因素。

---

as

(例) **As I expected, he did not believe me.**

正如我所料到的，他不相信我的话。 as 引导非限定性形容词从句，指代后面整个主句的内容，并在从句中作 expected 的宾语

He is not the man as he was.

他和从前不一样了。 as 引导的形容词从句修饰 man，as 作 was 的表语

Tom is not such a man as would leave his work half done.

汤姆不是那种做事半途而废的人。 as 引导的形容词从句修饰 man，as 作从句主语

He answered with the same simplicity as he asked.

他回答问题和提出问题都同样简洁。 as 相当于 with simplicity

The first of these shelters, or youth hostels, as they are now called, was set up in 1910, in a 12th-century castle called Bury Altena.

第一家这样的住宿处，或者按现在的称呼叫做青年寄宿旅店，是1910年在一座叫做伯雷 · 阿尔特那的十二世纪的城堡里开张的。 as 代替 youth hostels，并在从句中作主语补语

---

but

but 相当于 "who... not" 或 "that... not..."

(例) **There is nobody but has his faults.**

人无完人。(没有人没有缺点。)

There was no one but knows it.

(=There was no one who does not know it.)

无人不知此事。

There are few of us but admire your determination.

(=There are few of us who do not admire your determination.)

我们很少有人不钦佩你的决心。

There is no rule but has some exceptions.

(=There is no rule that does not have some exceptions.)

有规则就有例外。

where、when 和 why

(例) **Later, man began to settle in the places where the food and water were plentiful.**

后来，人类开始在食物和水都很丰足的地方定居下来。

the places where 相当于 the places in which

That happened on the day when I saw you.

那件事发生在我见到你的那一天。

on the day when 相当于on the day on which

That's the reason why I chose it.

那就是我选它的原因。

the reason why 相当于 the reason for which

Some canals drain lands where there is too much water, or help to irrigate fields where there is not enough water.

一些运河可排掉涝地里的水，或对干旱地区进行灌溉。

English replaced German after World War Ⅱ, when scores of German scientists moved to Britain and the United States.

英语是在第二次世界大战之后才取代德语的，当时有大批的德国科学家移居到英国和美国去了。

4-4 关系代词和关系副词的省略

非限定性从句中的关系代词和关系副词不能省略

(例) **He didn't tell me any news, which upset me.**

他没有告诉我任何消息，这使我很不安。

The writer's house in Los Angeles, where he wrote many stories, has recently been repaired.

这位作家在洛杉矶的故居最近进行了修缮，他曾在那里写过许多故事。

在限定性从句中，关系代词用作动词宾语时，可以省略。

(例) **The man (whom) we met yesterday used to be my schoolmaster.**

我们昨天遇到的那个人从前是我的老师。

Nothing reveals more quickly the kind of person you are than things (that) you talk about.

再没有什么能比你的言谈内容更快地暴露出你是哪一种人。

关系代词用作介词宾语时的省略

如果介词出现在关系代词之前，关系代词不能省略。

(例) **This is the hero of whom we are proud.**

这就是我们引以为豪的英雄。

如果介词出现在句末，关系代词便可以省略。

(例) **Harvard is the college (which) he wants to go to.**

哈佛大学是他想去的学校。

They are not content to stand and look at works of art; they want art (that) they can participate in.

他们不满足于站在那儿瞧那些艺术品，他们要的是他们自己也能参与的艺术。

Many players began to win prize money they had never dreamed of.

许多运动员开始获得他们过去未曾梦想过的奖金。

形容词从句修饰reason，way以及表示地点和时间的名词时，关系代词和关系副词常可省略。

(例) **That's the place (where/that) we went before.**

那就是我们以前去过的地方。

That's the reason (why/that) I took it.

那就是我拿它的原因。

The last time (when / that) I saw her, she was quite well.

我最后一次见到她时，她很健康。

I do not like the way (that) he did it.

我不喜欢他做(这件)事的那种方式。

We see her everywhere (that) we go.

我们到任何地方都看得到她。

there be 句型中的关系代词或关系副词的省略

there be 句型之后的形容词从句中，作主语或宾语的关系代词常省略。

句型为：There+be+主语（+that）+

(例) **There's nothing (that) I can do about it.**

我毫无办法了。

There were many children (that) palyed in the park.

公园里有许多孩子在玩耍。

there be 句型用于形容词从句时，作主语的关系代词常省略。

句型为：……+ 名词(+that) +there be+ 状语

(例) **That's the only park (that) there is in the town.**

那是这镇里唯一的一处公园。

4-5 形容词从句中主语和谓语的一致

形容词从句中的关系代词作主语时，从句谓语的人称、数要与先行词一致。

(例) **People who are nearsighted can only see things that are very close to their eyes.**

近视的人只能看到离他们眼睛很近的东西。

The Grand Canal of China, which is over 900 miles long, was begun about 2500 years ago, and took centuries to finish.

中国的大运河有 900 多英里长，它始建于 2500 多年前，经几百年才建成。

as / which作主语引导非限定性从句指代整个主句时，从句谓语要用单数第三人称。

(例) **We tried to force the door open, which was found to be impossible.**

我们想用力把门打开，可却发现这是不可能的。

As is usual, Tom came to school late this morning.

像往常一样，汤姆今天早晨上学又迟到了。

先行词为“one of the + 复数名词”时，关系代词如果在从句中作主语，从句谓语动词要用复数。

(例) **That was one of the ships which were lost in the storm.**

那是在那场暴风雨中沉没的船中的一艘。

先行词为“the only one of the + 复数名词”时，关系代词如果在从句中作主语，从句谓语动词要用单数。

(例) **That was the only one of the ships which was lost in the strom.**

那是在那场暴风雨中沉没的唯一一艘船。

5 副词从句

- 整个从句起副词的作用，用作状语时，被称作副词从句或状语从句。
- 副词从句根据其作用可分为：时间、地点、原因、目的、结果、让步、方式、比较和条件等从句。
- 副词从句位于句首或句中时通常用逗号与主句隔开，位于句末时可以不用逗号隔开。

5-1 条件从句

- 能够引导条件从句的连词很多，但 **if** 是其中最主要的一个。
- **if** 条件从句有两种类型：真实条件句（可实现条件句）和非真实条件句（虚拟条件句）。
- 条件是可实现的，还是与事实相反，主要要靠从句和主句的谓语形式表达出来。

1 真实条件从句

A 真实条件句可以表示的几种含义

真实条件句可以用来表示：

属性	习惯	推论	对将来的预测

（例）**If you heat ice, it melts.** 属性

如果给冰加热，它就融化。

If he is in London, he is undoubtedly staying at this hotel. 习惯

他如果在伦敦，肯定住这家旅馆。

If businessmen want to borrow money, they go to see their bank managers. 推论

如果商人想要借钱，他们就去找银行经理。

If he breaks his promise, she'll never speak to him again. 将来预测

如果他不遵守诺言，她再不会理他。

B 真实条件句的基本结构

真实条件句用来表示“属性”

if 从句的时态（条件）	主句时态（结果）	说明
一般现在时	▪ 一般现在时 ▪ 一般将来时	条件与结果的关系是真实、必然、不可改变、也不受时间限制的。

真实条件句用来表示“习惯”

if从句的时态（条件）	主句时态（结果）	说明
▪ 一般现在时 ▪ 一般过去时	与从句时态一致	表示不受时间限制的习惯（现在或过去的）

真实条件句用来表示“推论”

if从句的时态（条件）	主句时态（结果）	说明
▪ 一般现在时 ▪ 现在进行时 ▪ 现在完成时 ▪ 一般过去时 ▪ 情态动词＋动词原形	通常与从句时态一致	如果条件出现，结果很可能产生，有具体时间局限性，因果关系明确，不能用 **when** 等代替 **if**。
一般现在时 （也可用其它时态）	▪ 一般现在时 ▪ **must / should** ＋动词原形 （表示对现在的推断） ▪ **must / should** ＋ **have** ＋过去分词 （表示对过去的推断）	由一个明确的条件，推出一个必然的结果。有具体的时间限制。主句中有明确的表示推理的情态动词。从句与主句谓语的时态不要求一致。

真实条件句表示“对将来的推测”

if从句的时态（条件）	主句时态（结果）	说明
一般现在时 （或其他现在时态）	▪ 将来时态 ▪ 祈使句 ▪ 情态动词（**can / could, may / might, would, ought to**）＋不定式	表示在一定条件下，将来有可能发生或计划要发生的事情。主句中用情态动词时，表示不太肯定。主句用祈使句形式，表示建议或请求。
should ＋动词原形	▪ 将来时态 ▪ 祈使句	**should** 削弱了 **if** 从句提供的条件，增加了条件的不确定性。
will ＋动词原形	▪ 将来时态 ▪ 祈使句	**will** 为情态动词，表示同意或愿意（也是弱化条件的一种表现）。

C 真实条件句基本结构例句（这类条件句中不用将来时态，要用现在时态表示将来。）

（例）**If flowers don't get any water, they die.**

表示属性

如果得不到水，花会死掉。

If there's smoke, there's fire.

有烟必有火。(无风不起浪)

If the temperature is below 0℃, water freeze.

如果温度在0℃以下，水要结冰。

If I make a promise, I keep it.

表示习惯

我说到做到。

If I'm very thirsty, I like to drink lager.

如果我特别渴，我喜欢喝贮陈啤酒。

If you are right, I am wrong.

表示推断

如果你是对的，我就错了。

If your watch has seven o'clock, it gains a little.

如果你的表是7点，那它稍快了一点。

If he was there, he must have called on Mr. Smith.

表示对过去的推断

如果他在那儿，他肯定去拜访过史密斯先生。

If we catch the 10 o'clock train, we shall get there by lunchtime.

表示对将来的预测

如果我们赶上10点的火车，我们在午饭前就能到那儿。

If you meet some friends of mine in London, introduce yourself to them.

如果你在伦敦见到了我的一些朋友，就向他们作个自我介绍吧。

If I should be a little late coming home, don't wait up for me.

万一我回家晚了点儿，你就去睡吧，不必等着我。

If you will wait a few more minutes, the doctor will see you without your making an appointment.

如果你愿意多等几分钟，医生就给你看病，不用你预约了。

if 从句中的 **will** 为情态动词，表示“意愿”，而不是“将来”。

有一些 **if** 引导的短句已成为套语，注意理解和翻译。

(例) **If you please, I'd like to finish what I'm saying.**

对不起，我想把话讲完。

We'll have a rest here if you don't mind.

对不起(如果你不介意)，我们在这里休息一下吧。

If I dare say so.

请原谅。

If I know it.

确实。

2 非真实条件从句

Ⓐ 非真实条件句的两种截然不同的类型：

可能性很小的假设条件句	与事实相反的条件句

前者的条件尽管距事实甚远，但仍存在一定成为事实的可能性。而后者则表示是完全不可能出现的条件，是纯粹的假设。

(例) **Would you do it again if you had the choice?**

假设你有权选择，你会再做(这种事)吗？ 可能性极小

If I were you, I would help her right now.

如果我是你，我会马上去帮助她。 没有成为现实的可能性

这两种概念——“条件存在的可能性很小”或者是“与事实相反”——都是通过主句和从句谓语时态的变化表达出来的。条件句中动词的时态形式表明了说话者对“条件”的态度，与时间没有直接关系。

Ⓑ 非真实条件句的基本结构

可能性极小的假设条件句

时间	if 从句的时态(条件)	主句时态(结果)
现在	■ 一般过去时 ■ **were** ■ **could**+ 动词原形	**would** / **could** / **should** / **might**+ 动词原形
将来	■ 一般过去时(常带有表示将来时间的状语) ■ **were**+ 带 **to** 的不定式 ■ **should**+ 动词原形	**would** / **could** / **should** / **might** / **ought to** + 动词原形

与事实相反的条件从句

时间	if 从句的时态(条件)	主句时态(结果)
现在或将来	■ 一般过去时 ■ **were**	**would** / **should** / **could** / **might**+ 动词原形
过去	■ **had**+ 过去分词	**would** / **should** / **could** / **might+have+** 过去分词

- **were** 有时可为 **was** 替代，但这是非常不正式的，也不被认为是正确的。
- 主句主语为 **I** 或 **we** 时可用 **should**。
- 在口语中，常把 **would have +V-ed** 缩为 **would've +V-ed** 或 **'d've +V-ed**。

(例) **If you knew how I suffered, you would pity me.**

如果你了解我的遭遇，你会同情我的。

If you lost your way you would have to ask a policeman.

如果你迷了路，就该去问警察。

If we bought a house in the country, we'd need to buy a car.

如果我们在乡间买一座房子，我们就得买一辆汽车。

If you could help me, I would be grateful.

如果你能帮助我，我可真会感激不尽的。

If I were to propose, would you accept?

如果我提出建议，你会接受吗？

If Mary should have the time, she would go to London.

如果玛莉有时间，她就去伦敦。

If I had a watch, I could tell you the time.

如果我有表，我就能告诉你时间了。

If he were here, what would he say?

如果他在这里，他会说什么呢？

If I had known, I wouldn't have done it.

如果我知道，我就不会做了。

If he had given me his number, I could have telephoned him.

如果他把他的电话号码给了我，我就能给他打电话了。

若 if 从句中有 were，had 或 should，可把它们倒装到主语之前，省略 if。

（例） **Should you need my help again, just give me a ring.**

如果你再需要我的帮助，就给我打个电话。

Had he taken a little more time to think, he might have acted more sensibly.

如果他能多考虑考虑，他可能做得更明智些。

Were you to ask him, he might help you.

如果你请他帮忙，他可能会帮助你。

前面表格给出的时态搭配模式，只是提供最基本的互相配合的情况。当从句和主句的谓语动作发生的时间并不一致时，就要根据具体情况调整动词的形式。

（例） **If he had caught the train, he would be here by now.**

如果他(过去)赶上了火车，他现在就该到这儿了。

You would speak English well enough, if you had practised every day.

如果你(过去)天天练习，你(现在)说英语就会很流利了。

If I were you, I would have attended the lecture.

如果我是你，我肯定去听那个讲座了。

3 条件从句中的谓语用无 to 不定式(动词原形)

在表示对现在或将来的预想的条件句中，特别是在书面语中，条件从句中的谓语动词有时也可用动词原形，特别是 be。

(例) **If there be any way to help you, I shall be glad to help you. (=If there is...)**

如果有什么办法帮助你，我会很愿意帮助你的。

If this be the case, then we must help him at once. (=If this is...)

如果是这种情况，那我们必须立刻去帮他一下。

4 If it were not for... 和 but that... 引导条件从句

都可以表示"要不是……就(不)……"的意思。

由 If it were not for... 引导的从句的时态呼应		
从句	主句	说明
▪ If it were not for... ▪ were it not for...	would+ 动词原形	与现在事相反的假设
▪ If it had not been for... ▪ Had it not been for...	would have+ 过去分词	与过去事实相反的假设

(例) **If it were not for your illness, I would take you to the party. (=Were it not for...)**

要不是你生病，我会带你去参加晚会的。

If it hadn't been for the storm, we would have been in time. (=Hat it not been for...)

要不是那场暴风雨，我们就及时赶到了。

由 but that... 引导的从句的时态呼应	
主句	but that 从句
would/could have + 过去分词 (虚拟语气)	一般过去时或一般现在时 (陈述语气)

(例) **He could have failed in his business but that you helped him.**

要不是有你帮他，他的经营就失败了。

I'd have come with you but that I am so busy.

从句是事实，主句内容与事实相反

要不是太忙，我就和你一块儿来了。

But that I saw it I could not have believed it.

我若不是亲眼看到，我是不会相信的。

5 用其他连词引导的条件从句

除 if 之外，还有一些连词可以引导条件从句

▪ **in case** 万一，假使	▪ **suppose/supposing (that)** 假设
▪ **assuming (that)** 假设	▪ **provided/providing (that)** 只要
▪ **on (the) condition (that)** 假如	▪ **if only/only if** 只要
▪ **as/so long as** 只要	▪ **unless** 除非
▪ **(let's/let us) say** 假设	▪ **given (that)** 假定
▪ **now that** 既然	▪ **granted/granting (that)** 就算，假定

in case ”万一，免得，假使”

if 和 in case 的区别

- **if** 从句为主句谓语的发生提供条件；省略 **if** 从句，主句的含义会起变化。
- **in case** 暗示出主句动作的原因，建议提前做好准备；省略 **in case** 从句，主句意义不会有变化。

带有 in case 从句的复合句的时态

主句（可为陈述句或祈使句）	in case 从句	意义
▪ 一般将来时 ▪ 一般现在时或现在完成时 ▪ **should+** 动词原形 ▪ **'d better+** 动词原形	▪ 一般现在时 ▪ **should +** 动词原形	▪ 担心某事会发生 ▪ 某事有可能发生
▪ 一般过去时 ▪ 过去完成时	▪ 一般过去时 ▪ **should +** 动词原形	▪ 因为某事（当时）有可能发生

从句中用 **should** 时，使发生的可能性更小些，**should** 有时可以省略。

（例）**Take a coat in case the weather (should) turn cold.**

带上外衣吧，以防天气转冷了。

You had better be ready in case he comes.

你最好有所准备，万一他来呢。

I packed a swimsuit in case I should have time to go to the beach.

我带了件泳衣，说不定有时间到海滨去呢。

if only 或 only if “只要……就……”

- 因为连词中含有 **only**，所以使条件带有了强调的语气。
- **only** 和 **if** 可以分隔开来，不影响表意。

- **if only** 的重点在**if**，而**only if**则更加突出了**only**，意为"必须有……(条件)，才能……"。
- **if only** 和 **only if** 引导的条件从句及其主句中的谓语，可以用陈述语气，也可用虚拟语气，这要根据你要表达的内容而定；在用于感叹、表示愿望时，主句常常被省略掉。

主句时态	从句时态	意义
will/shall + 动词原形	一般现在时	表示可以实现的条件和结果
could/would + 动词原形	一般过去时	对现在情况表示遗憾
would have +V-ed	过去完成时	对过去情况表示遗憾
	would/could + 动词原形	不太可能实现的愿望

(例) **If only I had enough money, I could buy that dictionary.**

我要是有足够的钱就好了，那我就可以把那本词典买下了。

He will succeed if he only does his best (=if only he does his best).

只要尽全力，他一定会成功。

If only I had know it, I wouldn't have troubled him.

若是我早知道这些情况，我就不会去麻烦他了。

You could know your own language only if you compared it with other languages.

只有当你将自己的母语与其他的语言进行比较的时候，你才能对自己的母语有真正的了解。

If only you would try a little harder!

你要是更努力点儿就好了！

If only we could have gone to the party!

要是我们去参加了那次晚会该多好！

If only the weather would change.

但愿天气能变好！

It's a pity Tom's away, if only he were here!

汤姆不在真遗撼，他若在该多好啊！

等于省略了 **How glad I should be**

provided/providing (that) "在……条件下"、"要是"、"以……为条件"

- **provided** 和 **providing** 引导的条件从句提出规定的条件，主句内容只有在该条件实现的情况下，才能成为事实。
- 两种形式可以换用，但 **provided** 用得更经常些。

- 在一般情况下，可用 **if** 取代上述连词，但不是在所有的情况下，都可用 **provided / providing** 代替 **if**。这是因为 **provided** 和 **providing** 强调的条件是特别提出的，因而它们使用的范围也相对窄一些。

(例) **I will come providing (that) I am well enough.**

只要我身体状态允许，我就来。

Provided it is fine we shall go.

只要天气好，我们就去。

We will accept your terms provided we are not forced to pay cash.

如果不用现金支付，我们就接受你的条件。

Overseas students are eligible to apply for admission to almost all the courses in British universities, provided they have the necessary qualifications.

海外学生，只要具备必要的资格，都有条件申请学习英国大学的几乎所有课程。

on condition (that) “在……条件下”，“要是”，“以……为条件”

on condition (that) 与 provided (that) 意思相同，也是强调条件的提出，而且更加严肃。

(例) **He was employed by a company in Chicago on condition that he (should) move into the city.**

他被芝加哥的一家公司录用，条件是他得搬到芝加哥去。

I will go there on condition that you accompany me.

要是你陪我一块去，我就去。

on condition that 也可为 under (the) condition that 代替，后者更为正式。

(例) **I'll come under condition that my parents are invited too.**

在我的双亲也受邀情的条件下，我才会来。

注意：这种条件从句中的时态可用陈述语气，也可用虚拟语气。

(例) **He can go out on condition (that) he [comes / will come / (should) come] home by five.**

如果能在五点之前回到家里来，他就可以出去。

suppose/supposing (that) “假定……”

这两组词通常都是提出一个假定的条件，询问可能的解决办法或可能出现的结果，因此，主句多是一个疑问句。

(例) Supposing you were in my shoes, what would you do?

假设你处在我的地位，你怎么办?

Supposing he can't come, who will do the work?

他若是不能来，那谁来干这件工作呢?

Suppose you are in a city where you are a stranger, what will you do?

假定你到了一个完全陌生的城市里，你会怎么办?

如果假设的条件是不能实现的，就要用虚拟语气

(例) Suppose your father saw you now, what would he say?

假如你父亲现在看到了你，他会说什么呢?

这种条件句的主句也可不用疑问句，但这种情况是不多见的。

(例) Supposing that is true, you are certainly in the wrong.

假如这是真的，那你当然是理亏啦。

let's say、let us say 和 say “假设”

用法与 **suppose** 或 **supposing** 基本相同。

(例) Say it were true, what would you do?

假如这是真的，你会怎么办?

Let's say you had ten thoudsand dollars, what would you do with it?

假设你有一万美金，你会用这笔钱干什么呢?

assuming (that) “假设”

也有与 **suppose** 或 **supposing** 同样的用法。

(例) Assuming (that) this is no good, what alternative is there?

假定这个不好，有替换的吗?

Assuming (that) the rumor is true, what should we do now?

假设这个传闻是真的，我们怎么办?

granted/granting (that) “假定……”；“就算……”

这两个连词所引导的条件从句含有很浓的让步的意义，强调说话者实际上并不一定认可这些条件，因此，常可译为“姑且”，“就算是”。

(例) Granted that you have made some progress, you should not be conceited.

就算你有了一些进步，你也不应自满。

Granted/Granting that he did say so, we cannot be sure what he really meant.

就算他确实是那么说的，我们也不能肯定他的真正意思是什么。

Given that... “假设”

Given that 主要强调以假定的方式提出前题条件。

(例) **Given that this is true, what should we do?**

假定这是真的，我们该怎么办？

Given that the radius is 5 inches, find the circumference.

假定半径为 5 英寸，计算圆周是多少。

Given (that) she's inexperienced, (then) she has done well.

如果她是没有经验的，那她干得够好啦。

as/so long as... “只要”

- **as/so long as 的重点在于时间的延续性，因此，由它引导的条件从句的谓语通常都表示动作或状态会延续一段时间。**
- **as/so long as 引导的从句中可用现在时表示将来。**

(例) **You may borrow this book as long as you keep it clean.**

只要不弄脏，你可以借这本书。

Magic shows are entertaining as long as the audience does not discover how the tricks are done.

只要观众没有发现戏法是怎么做的，魔术表演就能引人入胜。

So long as there are people, my restaurant is open.

只要有人来，我的餐馆就营业。

unless “除非”

- **unless 本身就含有否定的意义，相当于 “if... not”，有时两者可以换用，但 unless 的语气更强些。**
- **unless 用否定的条件来强调条件的不可更改性。**
- **在 unless 引导的从句中，谓语不能再用否定式。**

(例) **I will go there tomorrow unless it rains.**

(= I will go there tomorrow if it doesn't rain.)

除非下雨，否则我明天去。

Unless you start at once you'll be late.

除非你立刻动身，否则你要迟到的。

One cannot derive all possible enjoyment from music unless he participates in its performance.

只有参与到音乐演奏中去，一个人才能从音乐中获得所有可能的享受。

- **unless** 不能用来指“非真实的”条件，因为 **unless** 是用否定的方式强调出一个妨碍主句内容实现的反面条件。
- 若“**if... not**”不是表达这一含义，两者不能换用。

(例) **Tell him to wait for me if he is not in a hurry.**

不能用 **unless** 替代

如果他不急，就让他等我一下。

5-2 时间从句

- 时间从句中不用将来时，如果要表示将来时间，可以用现在时态表示（如，一般现在时，现在进行时，现在完成时，现在完成进行时等）。
- 但要注意，在 **when** 等引导宾语从句中，如果主句用现在时，则引导宾语从句的 **when** 之后可用将来时。

(例) **I don't know when he'll be back.**

我不知道他何时回来。

1 when, whenever, while 和 as

when

意义	句型和注意事项
当……时	从句指一个具体的时间，可位于主句之前或之后
这时，其时	**when**引导的从句通常位于主句之后，常用逗号分开
每当	相当于 **whenever**

(例) **You will be sad when you hear what I have to tell you.**

当你听到我不得不告诉你的事情时，你会难过的。（主句动作略迟于时间从句的动作）

It is cold when it snows.

下雪时天气冷。

He had just fallen asleep when someone knocked at the door.

他刚入睡就有人来敲门。（主句动作先于从句动作）

She did not even look up when I took my seat beside her.

我在她身边坐下时，她连头也没抬一下。（主、从句动作同时发生）

When the concert ended, we went home.

音乐会结束后，我们就回家了。（主句动作略迟于从句动作）

One evening little Hans was sitting near the fire when he heard a loud knock at the door. （从句动作发生在主句动作的过程中）

一天晚上，小汉斯正在炉火边坐着，这时，他听到了有人用力敲门。

When they have put up that new building, it will spoil the view.

他们把新楼建起来的时候，会破坏这儿的景观。（主、从句动作都在将来发生）

When you try to exercise, you have trouble.

你想锻炼的时候，问题就来了。（普遍的现象，意为“每当……”）

When we lived in town we often went to the theatre.

我们住在城里时，常去看戏。（主句动作发生在从句过程中）

---

whenever “每当”

(例) **Whenever we lift a heavy weight, we are exerting some effort.**

每当我们举起重物，我们都是在施加作用力。

I hope you'll come and play whenever you feel inclined.

我希望你想来的时候就来玩。

---

while “当……时”；“与……同时”

while 强调动作的延续。可以表示主句和从句两个谓语动词同时进行；也可表示主句动作发生在从句动作过程之中。这时，从句中通常用进行时态。

(例) **While the Titanic was sailing across the icy waters of the North Atlantic, a huge iceberg was suddenly spotted.**（主句动作发生在从句动作过程中）

当泰坦尼克号航行在北大西洋冰冷的水域中时，突然发现一座巨大的冰山。

While there is life, there is hope.

有生命就有希望。（主、从句动作同时发生）

While I was walking down the street, it began to rain.

我走在街上时，天下起雨来了。

She listened closely while he read.

他读的时候她仔细地听着。（主、从句动作同时进行）

While we were speaking, he was reading newspapers.

我们说话的时候，他在看报纸。（主、从句动作同时进行）

While it was snowing in Iowa, the sun was shining in Florida.

依阿华大雪纷飞之时，佛罗里达却是阳光灿烂。

---

as “当……”；“一边……一边”；“随着……”

用法相当于 **while** 或 **when**。

(例) **Just as Mrs. Richards was entering the dinning-room, there was a knock on the front door.**

理查德太太刚要走进餐厅，就听到有人敲前门。

As we age, we trade strength for ingenuity, speed for thoroughness, passion for reason.

随着年龄的增长，我们用力量换来了机敏，以速度换来了严谨，以热情换来了理智。

2 before 和 after

before “在……之前”

将来时间：主句用一般将来时；从句用一般现在时。

(例) **It will be a long time before any landing on Mars can be attempted.**

在火星上进行任何着陆的尝试都是很久以后的事情。

It will be five years before we meet again.

五年之后我们才能再相见。

过去时间：主句用一般过去时或过去完成时；从句用一般过去时。

(例) **Man had been speaking for many thousands of years before he learned to record the sounds of speech by marks that can be seen.**

人类说了几千年的话之后，才学会了用可见符号把声音记录下来。

after “在……之后”

将来时间：主句用一般将来时，从句用一般现在时或现在完成时。

(例) **After you exercise, you shouldn't be exhausted.**

你锻炼之后，不应感到筋疲力尽。

After you think it over, please let me know what you decide.

在你仔细考虑过之后，再告诉我你的决定。

过去时间：主句用一般过去时；从句用一般过去时或过去完成时。

(例) **After her husband had gone to work, she sent her children to school.**

丈夫上班去之后，她送孩子到学校去。

3 until 和 till (till=until)

到……为止；在……之前

主句动作一直延续到从句动作发生为止，主句谓语不用表示“瞬间动作”的动词。

(例) **Let's wait until/till the rain stops.**

让我们等到雨停吧。

She did not arrive until/till the concert was over.

直到音乐会结束，她才来。

现在或将来时间：主句用一般现在时、现在进行时，一般将来时或情态助动词；从句用一般现在时或现在完成时。

(例) **I'll wait until/till I hear from you.**

我将一直等到你来信。

Go straight on until you reach the church.

一直往前走，直到你到达教堂。

过去时间：主句用一般过去时或过去完成时；从句用一般过去时或过去完成时。

(例) **He did not leave his office until he had finished work.**

他把工作做完之后，才离开办公室。

It seemed that a dream had become a reality, until they tried doing the experiment again.

在他们再次做实验之前，梦想似乎已成为现实。

Until he became chief of his section, he had been very popular with his co-workers.

在他当科长之前，一直很受同事的爱戴。

强调句型为：It was not until...that...(直到……才……)

(例) **It was not until she finished reading the book that she wrote a letter thanking the man who had given it to her.**

直到她把那本书读完之后，才写信对送书人表示感谢。

4 as soon as, no nooner than, hardly/scarcely ··· when

as soon as "刚一……就"

as soon as 引导的从句中多用一般过去时或一般现在时，用完成时的情况少些。

(例) **As soon as it has stopped raining, we shall go out.**

雨一停，我们就出去。

I'll ask him about it, as soon as he arrives.

他一来我就问他这件事。

As soon as he came home, he was to be told the news.

他一回到家，就有人要把那条消息告诉他。

no sooner... than... "一……就……"

句型：主语 + had+ no sooner + 过去分词 + than + 主语 + 一般过去式

(例) **He had no sooner seen me than he ran off.**

他一看到我就跑开了。

no sooner 在句首时要引起倒装：
no sooner had+ 主语 + 过去分词……+ than + 主语 + 一般过去时

例）**No sooner had we entered the hall than the ceremony began.**

我们刚一进大厅，典礼就开始了。

hardly/scarcely... when (或 before)

句型：主语+had+ [hardly / scarcely] + 过去分词……+when+ 主语 + 一般过去时

例）**I had hardly/scarcely reached the hotel when it began to rain.**

我刚一到旅馆就下起雨来了。

也可把 hardly 或 scarcely 置于句首，这时要引起倒装：

[Hardly / Scarcely] +had+ 主语 + 过去分词 +when+ 主语 + 一般过去时

例）**Hardly/ Scarcely had I reached the station, when the train left.**

我刚一到车站，火车就开了。

注意：**as soon as** 可用来表示过去或将来的情况，而"**no sooner... than...**"和"**hardly/scarcely... when...**"只用于过去时间。

5 once, immediately, directly, instantly, the moment/minute/instant/second

once "一旦"

once之后的从句中，常常省去与主语重复的部分。从句谓语多用一般现在时或一般过去时；主句谓语用一般将来时、一般现在时或一般过去时。

例）**Once it is gone, you will never get it back.**

一旦失去，你就再也得不到它了。

Once man began to raise his own animals, he did not have to go out and hunt for his meat.

一旦人类开始饲养自己的动物，他就不需出去猎取所需要的肉食了。

Once you become physically fit, you must keep on exercising to stay fit.

一旦你有了健康的体魄，你就必须坚持锻炼，以将这种体魄保持下去。

Once the patent is granted, it is a piece of property.

专利一旦被授予，它就是一项财产。

Once started, it was hard to stop.

一旦起动，就不容易停下来。

instantly, immediately 和 directly “一……就……”

相当于 as soon as，主要用在英国口语中。主句和从句动作几乎同时发生。

(例) **I knew something was wrong immediately I arrived.**

我一到就知道出事了。

Directly I had done it, I knew I had made a mistake.

我一做完就知道自己犯了一个错误。

Let me know directly he comes.

他一来就通知我。

Instantly he heard the news, he turned pale.

他一听到这个消息，脸就白了。

the moment, the minute, the instant 和 the second “一……就……”

相当于 as soon as。主要用于美国口语中。主句和从句的动作几乎同时发生。

(例) **The moment he has arrived, I shall let you know.**

他一到我就通知你。

I knew her the minute I heard her voice.

我一听声音就知道是她。

The instant (that) he saw me, he ran away.

他一看见我就跑开了。

6 since 和 ever since (=since)

从句用一般过去时，主句用现在完成时

意义：自从……以来(到现在为止)

(例) **Since I left school, I have only seen him once.**

自从毕业以后，我只见过他一次。

从句用一般过去时，主句用过去完成时

意义：自从……以来(到过去某一具体时间为止)(要有明确的时间状语)

(例) **Until last month I had not seen him since he left school.**

自从他毕业直到上个月，我一直没见过他。

从句用一般过去时，主句用一般现在时

意义：强调主句现在的情况

(例) **Since I began to exercise I feel fit again.**

自从我开始锻炼以来，我觉得我的健康状况又好起来了。

用于句型："It is/has been + 时间段 + since + 主语 + 一般过去时……"

例) **It's ten years since I last saw her.**

我最后一次见到他至今已有十年了。

从句用一般过去时（谓语为持续性或表示状态的动词），主句用现在完成时

意义：从句谓语动作已经结束或从句谓语动作、状态已开始

例) **Since she lived in the village, we've heard nothing of her.**

自从她离开村子后，我们便没有得到她的任何消息。(自从她在村里住过之后)

从句用现在完成时，主句用现在完成时

意义：从句谓语动作一直持续到现在

例) **Since Elizabeth and her husband have lived in London, they have been increasingly happy.**

自从伊莉莎白与她的丈夫住到伦敦以来，他们越来越快乐。

The city has changed much since we have lived here.

自从我们住到这以后，这座城市发生了很大变化。

7 By the time that, each/every time 和 the next time

例) **Each time she came, Jane brought me a nice book.**

简每次来都给我带来一本好书。

By the time that the security guards had realized what was happening, the gang were already inside the bank.

等到保安人员明白发生了什么事时，那伙强盗已经进了银行。

The next time you are faced with new material you need to learn, ask yourself: what do I what to learn from reading this?

当你下一次需要学习新的材料时，你要问问自己："我要从阅读这些材料中学些什么？"

5-3 地点从句

能引导地点从句的词有：

连词	含义	说明
where	在……地方	通常表示一个确定的、非特指的地点。
wherever	无论什么地方	表示"任何地方"。
anywhere	无论何处	
everywhere	到处	

（例） **Men can build huge dams and create a lake where only a river was before.**

人们可在以前只有一条河的地方造起水坝，建起一片湖来。

Stay where you are.

原地别动。

Wherever there's plenty of sun and rain, the fields are green.

哪里阳光充足，雨量丰沛，哪里的原野就一片碧绿。

Plants will grow almost anywhere there is plenty of air, water and sunlight.

几乎任何空气、水和阳光充足的地方都有植物生长。

地点从句一般位于主句之后，但为了强调，也可以放在句首。

（例） **With a car a person can go where he pleases and when he pleases.**

有了汽车，人可以想去哪儿就去哪儿，想什么时候去就什么时候去。

And where there is shale there is likely to be oil.

哪儿有油页岩，哪儿就可能有石油。

在地点从句中用现在时态替代将来时态。

（例） **Everywhere you go, you will find the same thing.**

你走到任何一个地方都会看到同样的事情。

5-4 方式从句

方式从句常用的连词有：

as	如、像
as if	好象，仿佛……似的
as though	好象，仿佛……似的

方式从句用来说明行为的方式，说明动作是如何进行的。

（例） **He came on time as he had been asked to do.**

他按照要求，准时到来了。

I live as others do.

我像别人一样生活着。

as if 和 as though 的意义和用法

- **as if** 和 **as though** 的意义和用法相同，可以互相替换。
- 这两个连词经常用在 **be, act, appear, behave, feel, look, seem, smell, sound, taste** 及其他描写行为举止的动词之后，引导一个方式从句。

as if 和 as though 引导的从句中的时态取决于说话者对所谈内容的态度。

若说话者认为其看法是真的或可能会成为事实，从句谓语就按常规变化：

例)

That looks just as though he'll come tomorrow.

看样子，他明天会来。

He looks as if he is angry.

他看上去好象是生气了。

It looks as if it's going to rain.

看上去好象要下雨。

It looked as if there would be an exciting race.

看来要有一场激动人心的比赛。

When the spaceship leaves the earth at tremendous speed, the astronauts feel as if they are being crushed against the spaceship floor.

当宇宙飞船以巨大的速度离开地球时，宇航员们觉得自己好象正在被压向宇宙飞船的底壁上去。

- **如果从句的内容是不真实的，是与事实相反的，从句的谓语时态要用虚拟语气，按下表变化。**
- **主句谓语用现在时或过去时，对从句的谓语形式没有影响。**

类型	主句谓语时态	as if/as though 从句时态
类型 I 从句和主句谓语动作同时发生	一般现在时 一般过去时	一般过去时或者 were
类型 II 从句谓语动作先于主句谓语动作	一般现在时 一般过去时	过去完成时 (=had+过去分词)

例)

The old lady dresses as if it were winter even in the summer.

那位老太太甚至在夏季里都穿得像在冬天里一样。

The old lady dressed as if it were winter even in the summer.

那位老太太当时甚至在夏季里都穿得像在冬天里一样。

Betty looked as if she had seen a ghost.

贝蒂那时看上去就好象见到了鬼一样。

Betty looks as if she had seen a ghost.

贝蒂看上去就好象见到了鬼一样。

He acted just as if he were afraid.

他装得好象很怕的样子。

He behaves as if he were a child.

他的举止就像个孩子。

He ran as if his life depended on it.

他逃命似地飞跑。

在美国口语中，有时用 like 代替 as if / as though。

(例) **He acts like I was a worm.**

他那种举止，就像我是一条可怜虫。

5-5 原因从句

1 because, as, since 和 for

because “因为”

because 强调原因，是句子的较重要部分，因此，because 引起的从句常常放在句末。而且在很多情况下，不能用 since、for 等代替。

(例) **You can trust those products because the quality never varies.**

你可以信赖这些产品，因为他们的质量从来不变。

I haven't been to the cinema lately, because I can't afford the time.

我最近没有去看电影，因为我没有时间。

注意，当because引导的原因从句与否定的主句连用，而主句又位于句首时，because 之前如果不用逗号，这是因为主句动词否定的是其后的全部内容。为了突出 because 从句，because 之前常加上副词，如 just, only, simply, chiefly 等。在这种情况下，常常会形成否定的转移。如果是在口语中，在 because 之前要有一个停顿，才能表示出否定没有转到 because 处去。

(例) **You should not despise a man just because he is poorly dressed.**

你不应只因为一个人衣着褴褛就看不起他。

Vera is not marrying Bill because he is rich.

薇拉不是因为比尔有钱才要嫁给他。

Vera is not marrying Bill, because he is poor.

因为比尔穷，薇拉不会嫁给他。

Henry didn't go to the office because it was raining.

亨利不是因为下雨才没去办公室。

我们还经常用到这样的组合：

partly because... partly because...	半是因为……，半是因为……

(例) **He resigned partly because he was old, and partly because he was bored with the work.**

他辞职的原因部分是由于他上了年纪，也有一部分是由于他对这份工作厌倦了。

not because... but because... 不是因为……而是因为……

(例) **I didn't help him, not because I was unwilling, but because I was unable to do it.**

我没有帮助他，不是因为我不愿意，而是因为我力不从心。

as "既然，因为"

since "既然"

- **as 和 since 所提出的原因是已知的，或是句中不甚重要的部分。**
- **since 较 as 稍正式一些。**

(例) **As his flat is in a large town, he has no garden of his own.**

因为他的公寓在一座大城镇里，所以他没有属于自己的花园。

We had to walk all the way as we had no money for fares.

我们一直步行，因为我们没有车费。

Since you don't trust him, you should not employ him.

你既然不信任他，你就不该雇用他。

for "因为"

for所提出的只是对所谈内容的一种补充说明，因此for引导的句子不能放在句首，for 也被认为是并列连词。

(例) **He seldom goes out now, for he is very old.**

他现在难得出门了，因为他年事已高。

上述四个连词的强度依次是：

because	since	as	for

2 that...，not that... but that... 和 now that

上述连词都用来强调理由或根据。

that... "因为，由于"

(例) **If I find faults, it is that I want you to do better in future.**

如果我发现了缺点或不足之处，那是因为我想要你今后做得更好些。

not that... but that... "不是因为……，而是因为……"

(例) **It's not that I'm dissatisfied, but that I have my own business to attend to.**

这并不是因为我有什么不满，而是因为我有自己的事情要干。

now that "既然"

(例) Now that a tunnel has been built through the mountains, the pass is less dangerous.

因为建成了一条穿山的隧道，这个隘口就不那么险要了。

3 in that，seeing that 和 considering that

这三个词在一般情况下可以交换使用

in that	that 不能省略，而且多出现在主句之后。
seeing that	that 可以省略。
considering that	that 可以省略。

in that "因为"

(例) I like this place, but I like my hometown better in that I have more friends there.

我喜欢这个地方，但我更喜欢我的家乡，因为在那里，我有更多的朋友。

seeing that "因为，鉴于"

(例) Seeing (that) / since he was there, he may have seen her.

既然他在那里，他可能已经见到她了。

considering that "因为，考虑到……"

(例) That is excusable considering / seeing (that) he is so young.

这是可以原谅的，因为他太年轻了。

5-6 结果从句

- 结果从句通常由"so...that"或"such...that"引导。
- 在非正式英语中， that或so有时可以省略。
- 也可以用 so that 或 such that 引导。

so...that

so + 形容词 + that...

(例) Some people were so moved by the sight that they began to cry.

一些人对此情景如此感动，以致开始哭了出来。

The wind was so strong that he could hardly move forward.

风刮得如此猛烈，以致他几乎是寸步难行。

The water there is frequently so contaminated no one can drink it.

那里的水常常污染严重，没有人能饮用。

so + 副词 + that...

例) **The ball struck him so hard that he nearly fell into the water.**

球重重地打在他身上，使他几乎落到水里去。

so + 形容词 + a + 单数名词 + that

例) **It was so hot a day that they wanted to go swimming.**

天那么热，他们想去游泳。

so + many / few(+ 复数名词) + that

例) **There are so many picture-story books that the boy won't leave.**

有这么多连环画书，小孩都不想离去了。

so + much / little(+ 单数名词) + that

例) **There is so much contradictory advice about exercising that you become confused.**

对于锻炼有那么多互相矛盾的看法，以致都把你给弄糊涂了。

He gave me so little time that it was impossible for me to finish the work on time.

他给我的时间如此少，要我按时完成任务是不可能的。

---

such...that

such(+ 形容词) + 复数可数名词 +that

例) **We've such difficult problems that no one would like to solve.**

我们遇到这样难的问题，谁都不愿解决。

such(+ 形容词) + 不可数名词 +that

例) **The book is written in such easy English that beginners can understand it.**

这本书文字浅易，初学者也能读懂。

such + a +单数可数名词+ that...

例) **He said it in such a way that I couldn't help laughing.**

他说得我禁不住笑了起来。

such + a +形容词 + 单数可数名词 + that...

例) **He is such a lovely child that everybody loves him.**

他是个可爱的孩子，因而大家都爱他。

"such + a + 形容词 + 单数可数名词" 可以用 "so + 形容词 + a + 单数可数名词" 替换。

It was such a fine day / so fine a day that we had an outing at the seaside.

天气这么好，我们去海滨游览了一番。

such + a lot of + 名词 + that...

(例) **There are such a lot of work that we have to work overtime.**

有这么多工作，他们不得不加班。

在非正式英语中，that 或 so 有时可以省略。

(例) **His statement was clear that everybody was convinced.**

他的说明清楚明白，因此，大家都信服了。

用 so that 或 such that 引导结果从句

(例) **People think a great deal of these heroes, so much so that in some great cities you will find the statues of them.**

人们很尊重这些英雄，如此地尊重，以致在一些大城市里，都能看到他们的雕像。

The roof of it had fallen entirely in, so that the hut was out of use.

屋顶完全塌陷，所以小屋已不能用了。

His reactions are such that no one can match him.

他的反应如此敏捷，没有人能比得上。

两点注意

- 结果从句中不能用 **may, might** 和 **should** 。
- 一些副词，如 **so, therefore, thus, hence** 等也可引出一个结果，但它们都属于并列连词之列（参见并列句部分）。

5-7 目的从句

- **can** 和 **could** 不用于否定的目的从句。
- **so that** 和 **for fear that** 通常不用于句首，但 **in order that** 和 **lest** 可用于句首。
- 注意分辨由 **so that** 引导的目的从句和结果从句。

引导目的从句的 **so that** 可为 **in order that** 替代。

结果从句总是位于主句之后，而目的从句却可以出现在主句之前。

结果从句中不能有 **may, might** 和 **should**。

(例) **She spoke clearly, so that everybody could hear her.**

她说得得很清楚，以便人人都能听清她的话。

She warned me so that I might avoid the danger.

她警告我要注意安全。

下面介绍引导目的从句的连词及目的从句的时态形式：

(so) that "以便"

主句时态	从句时态
一般现在时 现在完成时 一般将来时	will/can/may/shall + 动词原形
各种过去时态	would/could/might/should + 动词原形

(例) **Some people eat so that they may live; others seem to live in order that they may eat.**

有些人吃饭是为了活着，而有些人似乎活着就是为了吃饭。

She worked hard so that everything would be ready by 5 o'clock.

她努力工作，以便在五点前便一切都就绪。

The door was open, so that anyone passing could look in.

门大开着，目的是让过路人都能看到里面。

I stepped aside so that he could go in.

我让到一旁让他进去。

in order that "以便"

to the end that "为……起见，以便"

主句时态	从句时态
一般现在时 现在完成时 一般将来时	may / shall + 动词原形
各种过去时态	might / should + 动词原形

(例) **He works hard in order that his family may be happy.**

为了让家人幸福，他努力工作。

He shouted at the top of his voice, to the end that (= in order that) he might be heard.

他高声呼喊，为的是让人们能听见他说话。

lest "免得"(书面用语)

主句时态	从句时态
一般现在时 一般过去时	(should) + 动词原形

(例) **I am punishing the child lest he should make the same mistake.**

我惩罚那个孩子，以免他再犯同样的错误。

She took her umbrella lest it (should) rain.

她带了把雨伞，唯恐天要下雨。

Lest the wall (should) collapse, they evacuated the building.

他们撤离了大楼，以防墙壁倒塌。

for fear (that) “以免”(相当于 lest)，“生怕”

主句时态	从句时态
现在时态 过去时态	might / should+ 动词原形

(例) **He was worried for fear (that) the child might hurt himself.**

他担心那孩子伤了自己。

in case “免得”

用法见条件句。

(例) **There's some money in case you should need it.**

这儿有一点儿钱，以防你万一需要。

5-8 让步从句

能引导让步从句的连词或句型很多，我们可把它们归纳为下面几组。

though 和 although “虽然”

- 这是最常用的一种让步句型，两个连词可以互换。
- although 的语气更强些，因此多用于句首。although 多用于真实的条件，though 多用于假定的条件。
- 主句中常用 yet, still, nevertheless 与其呼应。

(例) **My will remains firm though I must lower my physical sights.**

尽管我得降低体育(锻炼)的目标，但我的意志是坚强的。

Although a few European colonists still occupy African territory, the 1960's saw the birth of more than twenty free, black nations.

尽管仍有为数不多的欧洲殖民者盘据在非洲，但20世纪60年代又有20多个自由的黑人国家诞生了。

Though I believe it, yet I must consider.

虽然我相信这一点，但我还得考虑考虑。

The same type of populace concentration is true of other continents, although they are often far less populated.

同样的人口集中的情况也存在于其他大陆，尽管那里的人口要少得多。

while “虽然”
whereas “鉴于”

这两个词用来引导让步从句时，更加突出主句内容和从句内容的对比和差异。

(例) **While hostels may not offer the most comfortable rooms, they are convenient, inexpensive.**

尽管寄宿旅馆不能提供最舒适的房间，但那里又方便又便宜。

While I like the style of the hat, I don't like its colour.

虽然我喜欢这帽子的样式，但我不喜欢它的颜色。

He thought I was lying, whereas I was telling the truth.

虽然我说的是真话，可他却认为我在说谎。

even though 和 even if “尽管”

- **even though 等于 although，因此不能说 even although。**
- **even though 和 even if 用法相同，可以换用。**
- **这两个连词所引导的让步从句的语气有时含有“不情愿”的意思，暗示一种假想的可能性或推测。**

(例) **Even though I were starving, I would not ask a favor of him.**

即使是饿死了，我也不去求他帮助。

He seemed youthful even though he was an old man.

尽管他已是老年人，但看上去仍然是朝气蓬勃的。

Even if you've passed some of your "prime", you still have other prime years to experience in the future.

即使你已过了盛年，但未来仍有其他的鼎盛年华在等你去经历。

whether (...) or not “不管……”

因为这一连词在肯定和否定两个方面都提出了让步，所以它的语气是比较强烈的，从而也更加坚定了主句的内容。

(例) **Whether or not they win this battle, they won't win the war.**

不管他们是否能赢得这次战役，他们决不会赢得这场战争。

Whether he comes or not, the result will be the same.

他来也好，不来也好，反正结果都是一样的。

Whether we work or sleep, are earnest or idle, rejoice or moan in agony, the river of time flows on with the same resistless flood.

不管我们是在工作还是睡去，不管我们是认真还是倦怠，也不管我们是兴高彩烈还是痛苦呻吟，时间的长河总是不可阻挡地向前流逝着。

"疑问词 + ever"

whatever 无论什么	**wherever** 无论何地
whenever 无论何时	**whichever** 无论哪一个
whoever 无论谁	**however** 无论如何
whosever 不论谁的	**whomever** 不论谁

- 在上述词引导的让步从句中，有时，可用"**may** + 动词原形"代替一般现在时，但不用 **will**。
- 用上述词引导让步从句时，要根据句子的需要从中选择，因为它们不但用来引导从句，而且还要在从句中充当一个句子成分。

（例）

Anyone can discover how to make the best use of what memory he has, however poor it is.

however 作为副词，在句中修饰 poor

任何人，不管其记忆力如何差，都可以找到最佳利用其记忆的办法。

Stay calm whatever happens/may happen.

不管发生什么情况，都要保持冷静。

whatever 为代词，在从句中作主语

Whomever you (may) quote, I will not change my mind.

不管你引用谁的话，反正我不会改变主意啦。

whomever 作 quote 的宾语

Whosever it is, I mean to have it.

不管它是谁的，我反正是决意要它啦。

whosever 在从句中作 is 的表语

Whenever he comes, he brings us some presents.

他不论什么时候来，都会给我们带些礼物来。

whenever 作从句的时间状语

Wherever the man is/may be, the police will surely find him out.

不管那个男子在什么地方，警察总能把他找出来。

wherever 在从句中作地点状语

Whichever side wins, I shall be satisfied.

不管哪一方赢，我都高兴。

whichever 作 side 的定语

在这类从句中，常常省略一些对句意影响不大的成分，如 be 等。

（例）

Whatever his rank, however rich or poor, an Egyptian believed in another life after death.

不论贫穷贵贱，埃及人都相信人死后还会有另一个生命。

"no matter + 疑问词 +..."

no matter whether... or not		
no matter what	=whatever	无论什么
no matter who	=whoever	无论谁
no matter when	=whenever	无论何时
no matter which	=whichever	无论哪一个
no matter how	=however	不管怎样
no matter where	=wherever	不管什么地方
no matter whom	=whomever	不管是谁

no matter之后跟何种疑问词，也是取决于疑问词要在从句中充当什么成分。这一点与"疑问词+ **ever**"的用法相同，因此，两种连词可以互换的。

（例）**You should go to the country for a change, no matter where.**

你应该改变一下环境，到乡下去吧，到什么地方都没关系。

No matter how often we walk down the same road, over the same fields, or through the same woodland paths, there is always something new, something fresh to see.

不管我们多少次走过这同一条道路，穿过这同一片田野，走过这同一条林中小径，我们总能看到一些新鲜的东西。

When anyone does something for you, no matter how small and no matter whether he's a superior or servant, it's proper to say "Thank you".

任何人替你做了一件事，不管事情多么微不足道，也不管他是你的上司还是你的仆人，你都应该说声"谢谢"。

It is not true, no matter who may say so.

不管谁这么说，都是错的。

I'm going no matter what happens.

不管发生什么事，我都要去。

for all that 和 notwithstanding (the fact) that 以及

in spite of the fact that	despite the fact that	regardless of (the fact that)

- 上述短语含义均为"尽管"，都常用来引导让步从句。
- 从句如果在句首，要用逗号点开；如果在句末，可不用逗号分开。

（例）**For all (that) he has lots of money, he's far from being happy.**

尽管他腰缠万贯，但他并不快乐。

Regardless of whether she comes or not, we have to start tomorrow.

不管他来不来，我们明天都出发。

Notwithstanding (that) the weather was bad, we pushed on.

尽管天气恶劣，我们还是努力前进。

In spite of the fact that / Despite the fact that I am lazy, I must work.

尽管我懒散，但我必须工作。

as, though, that 引导让步从句，意为："尽管……"

用 as、though 或 that		
形容词 副词 动词 分词 名词（无冠词）	+ as / though / that	+主语+谓语+……

(例) **Small as atoms are, they are made up of still smaller units.**

尽管原子很小，但它们由更小的单位构成。

Try as he will, he never seems able to succeed.

不管他多努力，他似乎根本不可能成功。

Lover of towns as I am, I realize that I owe a debt to my early country life.

尽管我爱城市，但我知道，以往的乡村生活使我受益匪浅。

Strange as this behavior may be, there is a very good reason for it.

尽管这举止十分奇特，但那是很有道理的。

Egoist as he was, his parents loved him.

尽管他是个自私自利的人，他的父母还是很爱他。

Poor though he is, he is generous.

虽然他很贫穷，但他很慷慨。

Child that he was, he knew what was the right thing to do.

他虽说是个孩子，但知道什么是对，是该做的。

但是，值得注意的是，有时，这种结构表示原因，而不是让步。

(例) **Tired as she was, I decided not to disturb her.**

因为她累了，我决定不去打搅她。

关于比较从句，见形容词和副词部分。

Exercises & Key 练习与答案

第一章 句子的基本结构

Exercises 练习

连词成句（有效的方法是：先找出可用作谓语的动词）。

1) in a great hurry, the theatre, to, he, walked, last night
2) found, the invaders, a, village, the place, prosperous
3) went, by air, next day, they, to New York
4) the baby, 2000, on Sunday, was, January, 2nd, born, at 12:15
5) interfere, I'm, not to let, with my work, old, my troubles, enough
6) twice, during December, the postman, a day, comes
7) enabled, salary, him, his, abroad, a holiday, to have
8) Annie, a hard time,when, had, she, from the store, because, was coming home, the bag of groceries, for her to carry, was, heavy, too
9) is, in, the United States, Massachusetts, part, a state, northeastern, the, of
10) remember, I, I, clearly, carefully, kept, have, in, the tickets, the drawer
11) the boys, running, in, the corridor, are, noisily, up and down, along, and, the morning hours, the stairs
12) are, house, for, we, going, to, my parents', the weekend
13) the roads, he, that, us, warned, icy, were
14) you, me, your, spare, a, can, few, valuable, minutes, time, of?
15) pass, to, please, this, the man, note, in, the corner
16) accept, you, don't, on TV, as, everything, see, true
17) on Sundays, we, our friends, visit, like, us, to have
18) I, like, to tell, don't, people, what, me, what, and, to do, not to do

Key 答案

连词成句。

1) He walked to the theatre in a great hurry last night.
2) The invaders found the place a prosperous village.

3) They went to New York by air next day.

4) The baby was born at 12:15 on Sunday, January 2nd, 2000.

5) I'm old enough not to let my troubles interfere with my work.

6) The postman comes twice a day during December.

7) His salary enabled him to have a holiday abroad.

8) Annie had a hard time when she was coming home from the store because the bag of groceries was too heavy for her to carry.

9) Massachusetts is a state in the northeastern part of the United States.

10) I clearly remember I have carefully kept the tickets in the drawer.

11) The boys are noisily running up and down the stairs and along the corridor in the morning hours.

12) We are going to my parents' house for the weekend.

13) He warned us that the roads were icy.

14) Can you spare me a few minutes of your valuable time?

15) Please pass this note to the man in the corner.

16) Don't accept everything you see on TV as true.

17) We like to have our friends visit us on Sundays.

18) I don't like people to tell me what to do and what not to do.

第二章 主语和谓语的一致

Exercises 练习

1 选出适当的动词形式，完成下列句子。

1) Each book and magazine (are / is) listed in the card catalog.

2) Either John or his friends (are / is) going to the beach today.

3) John or George (are / is) bringing the book.

4) Writing many letters (make / makes) her happy.

5) The performance of the three clowns (were / was) very funny.

6) Everything but the eggs (were / was) in the same box.

7) The walls and the ceiling (are / is) beautifully decorated.

8) Macaroni and cheese (are / is) the cafeteria special on Friday.

9) Neither the director nor the secretary (want / wants) to leave yet.

10) Neither you nor I (are / am) wrong.

11) Not an adult nor a child (are / is) to be here.

12) (Have / Has) Ellen or Dorothy seen you?

13) Careless driving (cause / causes) accidents.

14) Writing compositions (are / is) a good way to get practice.

15) To have a reading knowledge of a language (are / is) one thing, to have a speaking knowledge (are / is) a different thing altogether.

16) What he really needs (are / is) a nice cup of tea.

17) Fifty minutes (aren't / isn't) enough time to finish this test.

18) The crowd (were / was) fighting for their lives.

19) The organization (have / has) lost many members this year.

20) The committee (have / has) different ideas.

21) Sears (are / is) a department store.

22) Every man and woman (visit / visits) a doctor occasionally.

23) Broadway at 48th street and the surrounding area (are / is) known as Tin Pan Alley.

24) Oranges, tomatoes, fresh strawberries, cabbage, and green lettuce (are / is) rich in vitamin C.

25) Almost every professor and student at the university (approve / approves) of the choice.

26) American and Dutch beer (are / is) much lighter than British beer.

27) Her face wore a puzzled, troubled, nervous look, in which (was / were) mingled fear, sorrow, depression, distrust, a trace of resentment and a trace of despair.

2 用括号中动词的适当形式填空。

1) Most of Ali's books ______ written in Arabic. (be)

2) A lot of the mail I get ______ junk mail. (be)

3) Both of my brothers ______ in school. (be)

4) Each man, woman, and child ______ protected under the law. (be)

5) Bob and his friend ______ coming to the anniversary party tomorrow night. (be)

6) Washing the dishes ______ the children's job. (be)

7) Some of the furniture in our apartment ______ secondhand. (be)

8) At least three-quarters of that book on famous Americans______about people who lived in the nineteenth century. (be)

9) Some of the cities I would like to visit______Rome and Venice. (be)

10) None of the students______late today. (be)

11) The number of the boys in this room right now______twenty. (be)

12) The United States______located in North America. (be)

13) Ten minutes______more than enough time to complete this exercise. (be)

14) Japanese______very difficult for English speakers to learn. (be)

15) The old in my country______cared for by their children and grandchildren. (be)

16) Each girl and boy in the sixth-grade______to do a science project. (have)

17) Why______Susan and Alex late for the meeting? (be)

18) There______some pens and notebooks on his desk. (be)

19) Most of the book______interesting. (be)

20) Three years in a strange land______like a long time. (seem)

21) Three fourths of the money______been recovered. (have)

22) Many a college student______to return to the easy days in high school. (wish)

23) The actress, along with her manager and some friends,______going to a party tonight. (be)

24) The author and lecturer______arriving tonight. (be)

25) More than one person______seen the accident. (have)

Key 答案

1 选出适当的动词形式，完成下列句子。

1) is 2) are 3) is 4) makes 5) was 6) was 7) are 8) is 9) wants 10) am 11) is 12) Has 13) causes 14) is 15) is / is 16) is 17) isn't 18) were 19) has 20) have 21) is(Sears是美国著名的百货公司，由美国商人西尔斯创建) 22) visits 23) is 24) are 25) approves 26) are 27) was

2 用括号中动词的适当形式填空。

1) are 2) is 3) are 4) is 5) are 6) is 7) is 8) is 9) are 10) was或were 11) is 12) is 13) is 14) is 15) are 16) has 17) were 18) are / is 19) was 20) seems 21) has 22) wishes 23) is 24) is 25) has

第三章 名词

Exercises 练习

1 写出下列名词的复数形式。

1) cliff	2) death	3) dish
4) church	5) prize	6) cow
7) loaf	8) workman	9) criterion
10) alumna	11) alumnus	12) radius
13) corrigendum	14) comrade-in-arm	15) runner-up
16) hotel-keeper	17) brother-in-law	18) walking stick
19) breakdown	20) man student	21) passer-by
22) justice-of-the-peace	23) good-for-nothing	24) gentleman farmer
25) bride-to-be	26) lady-in-waiting	27) hanger-on
28) UFO	29) OAP	30) woman teacher

2 用括号中单词的适当形式填空。

1) Tom and Bob are married. Their __________ names are Cindy and Jane, respectively. (wife)

2) __________ last name is Young. (Phyllis)

3) There are many problems in __________ world. (today)

4) It would cost me a __________ salary to buy that refrigerator. (month)

5) We had ____ for dinner. (meat, rice, bread, butter, cheese, fruit, vegetable, and tea)

6) I like to listen to ______________________________. I enjoy __________. (opera, symphony, and folk song / music)

7) A business office needs a lot of __________, such as ____. (equipment / typewriter, copier, telephone, and stapler)

8) Ronnie immediately recognized __________ talent. (Stevie)

9) Stevie would sing popular ______________________________ on the front porches of ____________________.(rhythm and blues tune / neighbors, homes)

10) ____________________ still rang in her ears. (Irene, word)

11) __________ ambition is to set a new ____________________ for 100-yard

__________. (James / world, record / dash)

12) We got there quickly because there was__________________. (little, traffic)

13) A few days ago I met a very interesting person in my__________office. (boss)

14) He invited all his____________________________to attend his wedding party. (comrade-in-arm)

15) As a safety precaution, all city cab drivers carry only enough money to make __________ for a ____________________bill. (change / ten-dollar)

16) In ________________________________, all those youngsters will become __________. (ten, year, time / grown-up)

17) The Colonel reported to the ________________________office. (chief-of-staff)

18) ____is a well-informed man. (this, old, friend, of the stewardess)

19) His landlady gave him______________________________ to leave the flat. (a, week, notice)

20) Do you know the difference between________________________________? (Tom, and, Jack, plan)

Key 答案

1 写出下列名词的复数形式。

1) cliffs 2) deaths 3) dishes 4) churches 5) prizes 6) cows 7) loaves 8) workmen 9) criteria 10) alumnae 11) alumni 12) radii 13) corrigenda 14) comrade-in-arms 15) runners-up 16) hotel-keepers 17) brothers-in-law或brother-in-laws 18) walking sticks 19) breakdowns 20) men students 21) passers-by 22) justices-of-the-peace 23) good-for-nothings 24) gentlemen farmers 或 gentleman farmers 25) brides-to-be 26) ladies-in-waiting 27) hangers-on 28) UFOs 29) OAPs 30) women teachers

2 用括号中单词的适当形式填空。

1) wives's 2) Phyllis'或Phyllis's 3) today's 4) month's 5) meat, rice , bread, butter, cheese, fruit, vegetables and tea 6) operas, symphonies and folk songs / music 7) equipment / typewriters, copiers, telephones and staplers 8) Stevie's 9) rhythm and blues tunes / neighbors' homes 10) Irene's words 11) James's / world's record / dash 12) little traffic 13) boss's 14) comrades-in-arms 15) change / ten-dollar 16) ten years' time /grown-ups 17) chief-of-staff's 18) This old friend of the stewardess's

19) a week's notice *20)* Tom's and Jack's plans

第四章 冠词

Exercises 练习

1 在必要的地方填上适当的冠词。

1) Reading can satisfy__________hunger that comes from the desire for__________knowledge.

2) There are three Susan Parkers in the telephone directory. __________Susan Parker that I know lives on__________First Avenue.

3) Butter is sold by__________pound.

4) Water is necessary to__________life.

5) In America they pay by__________week.

6) That's rather__________nuisance.

7) The whale is not__________fish.

8) ______ moon is__________satellite.

9) He has__________good knowledge of mathematics.

10) Chris excels in__________sports.

11) Gasoline used to sell for fifteen cents__________gallon.

12) Even__________child can do it.

13) He used to be__________teacher till he turned__________writer.

14) He is rather __________fool.

15) My grandfather had__________long life.

16) Nelson became__________Captain of __________Victory in 1800.

17) The use of as low__________temperature as possible is important.

18) She is too kind__________girl to refuse.

19) It was so warm__________day that we decided to go to __________ sea.

20) All __________ Bronsons have gone to visit Mrs. Bronson's mother.

21) Yesterday John went to__________ school and then studied in__________library before returning home.

22) He is__________sort of__________student that teachers are proud of.

23) He has gone to Alice Springs,__________small town in the center of Australia.

24) I went to__________church to see__________carvings.

25) I patted him on ________ shoulder.

26) ________ biology is ________ science of life.

27) I love ________ mountains, but I hate ________ sea.

28) ________ tea we got on the train was rather disappointing.

29) I often talk with John over ________ telephone.

30) They play ________ tennis after ________ school.

31) How did you like ________ film?

32) ______ Larsons live to ______ south of Mr. Smith, but to ______ north of us.

33) ______ Reading books is ______ favorite recreation for ______ New Yorkers.

34) ______ hand is quicker than ________ eye.

35) If ________ oil supplies run out, ________ man may have to fall back on ____________ horse.

2 在下列短文中的必要处填上适当的冠词。

Helen Keller was born __1)__ healthy, normal child in Alabama in 1880. However, __2)__ illness accompanied by __3)__ high fever struck her when she was still __4)__ infant, leaving her deaf, blind and unable to speak. For little Helen, __5)__ world was suddenly __6)__ dark and frightening place. She reacted by becoming wild and stubborn. Several years later __7)__ miracle came into Helen's life when Anne Sullivan became Helen's teacher. Miss Sullivan's teaching transformed __8)__ near savage child into __9)__ responsible human being. Through her help Helen Keller learned to communicate with those around her; and as she grew older, __10)__ others benefited from her __11)__ unique insights and __12)__ courage. Miss Keller died in 1968, but her spirit lives on.

Key 答案

1 在必要的地方填上适当的冠词。

1) the /- *2)* The /- *3)* the *4)* - *5)* the *6)* a *7)* a *8)* The / a *9)* a *10)* - *11)* a *12)* a *13)* a /- *14)* a *15)* a *16)* -/ the *17)* a *18)* a *19)* a / the *20)* the *21)* - / the *22)* the / - *23)* a *24)* the / the *25)* the *26)* - / the *27)* the / the *28)* The *29)* the *30)* - / - *31)* the *32)* The / the / the *33)* - / a / - *34)* The / the *35)* - / - / the

2 在下列短文中的必要处填上适当的冠词。

1) a *2)* an *3)* a *4)* an *5)* the *6)* a *7)* a *8)* a *9)* - *10)* - *11)* - *12)* -

第五章 代词

Exercises 练习

在空处填上适当形式的代词。

1) Every man and woman working here did ________ best.
2) Robert and Helen lost ________ mother.
3) Not a single student absented ________ from the lecture.
4) When a student wants to study, ________ should try to find a quiet place.
5) Nobody in a position of authority had given ________ approval of the bill.
6) Did everybody leave the dance early because ________ weren't enjoying ________?
7) Somebody left ________ book on the desk.
8) Everyone has ________ own ideas.
9) Nobody is willing to give up ________ opportunity.
10) My family is large. ________ is composed of nine members.
11) The faculty have signed ________ contracts.
12) You and Frank must make ________ respected.
13) A dog makes a good pet if ________ is properly trained.
14) The audience clapped enthusiastically. Obviously ________ had enjoyed the concert.
15) Everyone took it upon ________ to exercise.
16) Between ________, he got a lot of money from somewhere.
17) Look at the baby. Isn't ________ lovely?
18) Who is making so much noise? ________ must be the children.
19) They know ________ weak points.
20) Health is above wealth, for ________ can not give so much happiness as ________.
21) In the laboratories where astronauts are trained for their journeys, they are subjected to conditions that resemble ________ of flight.
22) Small drops of glass can be used instead of jewels in many electric instruments, such as ________ in airplanes.
23) Although aspirin was first sold by a German company in 1899, it has been

around much longer than__________.

24) They have quarrelled and no longer speak to__________.

25) They were helping__________in their work.

26) We looked at__________faces.

27) This is__________that I can do for you.

28) Each has__________own taste.

29) __________ dictionary is better than none.

30) __________ should always listen to what__________ people have to say.

31) There is__________man at the door who wants to speak to you.

32) There won't be__________trouble.

33) As both methods are efficient, she said that she would use__________of them.

34) He is the sort of person__________admires.

35) We__________have our own attitude to bringing up children.

36) They were__________praised for their suggestions.

37) The drunken men shouted__________hoarse.

38) He ordered__________a bottle of champagne.

39) Somebody is knocking at the door. I wonder who__________is.

40) He imagined__________as the saviour of his country.

Key 答案

▶ 在空处填上适当形式的代词。

1) his 2) their 3) himself 4) he或he / she或s/he 5) his 6) they / themselves 7) his 8) his / her或their 9) his或their 10) It 11) their 12) yourselves 13) it 14) they 15) themselves 16) you and me或ourselves 17) it 18) It 19) each other's 20) this / that 21) those 22) those 23) that 24) each other或 one another 25) one another 26) each other's 27) all 28) his 29) Any 30) One / other 31) some 或a 32) any 33) either 34) everyone 35) each 36) each 或 both 37) themselves 38) himself 39) he 40) himself

第六章 数词

Exercises 练习

1 读出下列数字或词组。

1) 416　　2) 2,003　　3) 17,658,321

4) 数以百计的人　　5) 第 212 页　　6) 1904 年

7) 1 / 4　　8) 1 / 2　　9) $5\frac{9}{10}$

10) 0.4　　11) 12.23　　12) 1995 年 3 月 2 日

13) 6.4.1995　　14) 第二次世界大战　　15) 三分之二的西瓜 (watermelon)

16) Chapter xix　　17) Louis xiv　　18) 81.7%

19) 9 × 7=63　　20) 125 ÷ 5=25　　21) 12:15

22) 2:30　　23) 公元前 1600 年　　24) 二十世纪六十年代中期

25) 5:45

2 **把句中的中文部分译成英文，填入句子。**

1) Rock and roll was the name given to the music that developed (在二十世纪五十年代初期) ______________________ .

2) There are ten on the list, so (你是第十一位) ______________________ .

3) Even though Christmas is not going to arrive until (十二月二十五日) ______________________, George started celebrating (在二十一日) ______________________ .

4) He was elected President (第三次) ______________________ .

5) One of you contributes $200, (第二个人) ______________________ only $50; (第三个人) ______________________ $100; and(还有一个人) ______________________ also $100.

6) She was a good-looking woman (四十多岁) ______________________ .

7) By (二十世纪六十年代末期七十年代初期) ______________________ leaders of Women's organization in America were asking for full liberation now.

8) My brother will arrive from Germany (在四月二十七日) ______________________ .

9) When he cashed his check for (两千美元) ______________________, the teller gave him (三张五百美元的纸币，九张五十美元的纸币和五张十美元的纸币) ______________________ .

10) February is (一年中的第二个月)____
________________.

11) (又点起了一堆火)____,
and the meal continued.

12) The book has (四百多页)______________________________________
______.

13) There are (大约三十左右个学生)______________________________________
____________ in the hall.

14) The newly-constructed highway is said to be (大约 20 英里)______________
______________________________________ long.

15) It will take (一年半的时间)____
_______ to finish this course.

Key 答案

1 读出下列数字或词组。

1) four hundred and sixteen

2) two thousand and three

3) seventeen million, six hundred fifty-eight thousand, three hundred and twenty-one

4) hundreds of people

5) page 212 或 page two one two

6) nineteen o four

7) one fourth 或 a quater

8) a half 或 one half

9) five and nine tenths

10) zero point four 或 naught point four

11) twelve point two three

12) March the second, nineteen ninety-five
或 The second of March, nineteen ninety-five

13) 英国读法：the sixth of April, 1995 (1995 年 4 月 6 日)
美国读法：June the fourth, 1995 (1995 年 6 月 4 日)

14) the Second World War 或 World War Ⅱ

15) two thirds of the watermelon

16) Chapter nineteen

17) Louis the fourteenth

18) eighty-one point seven percent

19) Nine sevens are sixty-three

20) One hundred and twenty-five divided by five is twenty-five

21) a quarter past twelve 或 a quarter after twelve

22) half past two 或 two thirty

23) sixteen hundred B.C.

24) the mid-nineteen sixties

25) a quarter to six 或 a quarter of six 或 fifteen minutes before six

2 把句中的中文部分译成英文，填入句子。

1) in the early 1950's

2) you are the eleventh

3) December 25 / on the twenty-first

4) for the third time

5) a second / a third / a fourth

6) in her forties

7) the late 1960s and early 1970s

8) on April 27th

9) $two thousand / three five-hundred-dollar bills, nine fifties and five tens

10) the second month of the year

11) A second fire was lit

12) 400-odd pages

13) thirty students or so

14) about twenty miles

15) a year and a half's time

第七章 形容词和副词

Exercises 练习

1 在空白处填上适当的介词。

1) He is ashamed___________himself___________wearing such clothes.

2) Are you afraid___________being bitten by the dog?

3) What's he looking so angry__________?

4) Haste may be productive__________error.

5) She was angry__________ him__________having broken his promise.

6) Your work is deserving __________ praise.

7) The English of today is very different__________the English of 500 years ago.

8) One of them was carrying a bag full__________money.

9) Bolivia has been slow__________developing, but its rock resources promise a more brilliant future in it.

10) Today books are available__________everyone because they are no longer expensive.

11) I became conscious__________the difference between play and sport.

12) He was by no means a great writer, but he was capable__________ some good writing.

13) Scientists are confident__________the formation of coal, but they do not seem so sure when asked about oil.

14) This brand of soap is inferior__________that brand of soap.

15) This car is superior__________speed __________any other machine.

16) He is faithful__________word and deed.

17) Do you think this present is suitable__________a little boy?

18) Beauty is relative__________the beholder's eye.

19) He is still strange__________his job.

20) He was ready__________his answers.

21) He was desirous__________his son's success.

22) Discipline is good__________everybody.

23) Tom was successful__________finding a new position.

24) This made the others jealous__________ Henry.

25) All the prices are subject __________change without notice.

26) There's nothing to get alarmed__________.

27) John is reliant__________his brother__________ news of the family.

28) He was wildly excited__________he news.

29) He is second only__________his master.

30) He was too intent__________watching TV to hear the phone.

2 选择填空。

1) Tom is____.

A. easy to deceive B. easily to deceive

C. to deceive easily D. to deceive easy

2) The problem is difficult____.

A. to deal B. to be dealt

C. to deal with D. to deal with the problem

3) It's____.

A. a too difficult book B. too difficult a book

C. a book too difficult D. difficult a book

4) I like____.

A. the black Spanish leather boots B. the Spanish black leather boots

C. the leather Spanish black boots D. the black leather Spanish boots

5) It is a____.

A. round big conference table B. conference round big table

C. big round conference table D. conference big round table

6) Don't speak____.

A. with your mouth full B. your full mouth

C. with you full mouth D. with full mouth

7) He____time for reading.

A. can seldom find B. can find seldom

C. could find seldom D. finds seldom

8) He____so rude to his father.

A. would never dare to be B. would dare never to be

C. could dare never to be D. would dare to be never

9) John's not been to New York, ____.

A. neither has Ben B. Ben hasn't also

C. nor is Ben D. Ben isn't too

10) Mrs. Jones does not like shopping, ____.

A. and she does like gardening B. nor she does like gardening

C. or does she like gardening D. nor does she like gardening

11) I have tea for breakfast and so____my wife.

A. have
B. has
C. do
D. does

12) Only then_____what "revolution" meant.

A. I realize
B. did I realize
C. I did realize
D. do I realize

13) Not only_____the data fed into it, but it can also analyze them.

A. can the computer memorize
B. the computer can memorize
C. do the computer memorize
D. can memorize the computer

14) So fast_____that it is difficult for us to imagine its speed.

A. light travels
B. travels the light
C. do light travels
D. does light travel

15) Sometimes the moon looks_____a plate.

A. no rounder as
B. so rounder as
C. round than
D. as round as

16) No country suffered_____England.

A. as many as
B. so many as
C. so much than
D. so much as

17) This car can run as fast_____.

A. as 150 kilometers
B. than 150 kilometer
C. as 150 kilometers an hour
D. as 150 kilometers a hour

18) I like Beijing_____New York.

A. much than
B. better than
C. as good as
D. much more than

19) The river is_____.

A. wider than it is deep
B. wider than it is deeper
C. wide than it is deep
D. wider than it is more deep

20) John is a better swimmer than_____.

A. Bill does
B. Bill
C. does Bill
D. is Bill

21) The news was more surprising to us than_____.

A. to them
B. them

C. they　　D. it

22) It is nicer to go with someone than____.

A. go alone　　B. goes alone

C. is alone　　D. to go alone

23) He knew more than I____.

A. know　　B .am

C. did　　D .do

24) The harder you work, ____.

A. the progress you will make　　B. you will make greater progress

C. the greater progress you will make　　D. the greater you will make progress

25) I like him____for his defects.

A. none the worse　　B. none better

C. much better　　D. the worse

26) Tom is the taller____the two boys.

A. to　　B. of

C. in　　D. from

27) That man's reasoning was like____.

A. a child　　B. those of a child

C. a child's　　D. those of a child's

28) Tokyo is larger than____ in the world.

A. any city　　B. any cities

C. any other city　　D. other city

29) In this country, the rich become____, the poor, ____.

A. rich / poorer　　B. richer / poor

C. rich / poor　　D. richer / poorer

30) That was the most beautiful sight____.

A. that I saw　　B. I'd ever seen

C. that I ever saw　　D. I have seen

31) He grew____.

A. more careful and more careful　　B. more and more careful

C. most careful and most careful　　D. the more careful and careful

32) She is____woman.

A. a most beautiful
B. most beautiful
C. a much beautiful
D. far more beautiful

33) The height of the tree is____the tower.

A. less than that of
B. least of that of
C. less than
D. more than

34) This is one of____I have seen.

A. the better works of art
B. the finer works of art
C. the best works of art
D. good works of art

35)____go to church____nowadays.

A. Least people / than to theaters
B. Less people / than to theaters
C. Less people / than theaters
D. More people / than theaters

36) There isn't____wind today.

A. the less
B. the least
C. less
D. least

37) She came when we____expected her.

A. least
B. less
C. much
D. most

Key 答案

1 在空白处填上适当的介词。

1) of / for　2) of　3) about　4) of　5) with / for　6) of　7) from
8) of　9) in　10) to　11) of　12) of　13) about　14) to
15) in / to　16) in　17) for　18) to　19) to　20) with　21) of
22) for　23) in　24) of　25) to　26) about　27) on / for　28) over 或 at
29) to　30) on

2 选择填空。

1) A　2) C　3) B　4) A　5) C　6) A　7) A　8) A　9) A
10) D　11) D　12) B　13) A　14) D　15) D　16) D　17) C　18) B
19) A　20) B　21) A　22) D　23) C　24) C　25) A　26) B　27) C
28) C　29) D　30) B　31) B　32) A　33) A　34) C　35) B　36) B
37) A

第八章 动词、动词时态和语态

Exercises 练习

1 选择填空。

1) The next semester____in three weeks.

A. began B. begin

C. shall begin D. begins

2) He____his keys.

A. is forever losing B. always lose

C. forever lost D. will always lose

3) We discussed the problem which we____would influence the future of the country.

A. thought B. think

C. are thinking D. were thinking

4) This house____to Mr. Smith.

A. is belonging B. was belonging

C. belong D. belongs

5) We____a very cold winter this year.

A. are expecting B. expect

C. expected D. were expecting

6) We reached home as it____dark.

A. grows B. has grown

C. was growing D. is growing

7) ____to Maxico before?

A. Have you ever B. Had you ever

C. Have you ever been D. Had you ever been

8) ____our supper before you arrive.

A. We'll have finished B. We have finished

C. We had finished D. We finished

9) I noticed that I____my umbrella at my uncle' s.

A. have left B. left it

C. had left D. was left

10) I____a pleasant trip this month.

A. have B. am having

C. have had D. will have had

11) I____her since her childhood.

A. know B. knew

C. had known D. have known

12) I____it by 3 p.m.

A. shall have finished B. had finish

C. have finished D. have been finishing

13) He____for you about twenty minutes.

A. has been waiting B. had waited

C. will have waited D. had been waiting

14) How many times____ "*Romeo and Juliet*" ?

A. have you seen B. do you see

C. did you see D. had you seen

15) He said nothing after he____the letter.

A. had read B. have read

C. had been reading D. has been reading

16) The telephone____while he was sitting there.

A. ring B. is ringing

C. rang D. was ringing

17) He____in this city before he moved to London.

A. has been living B. lives

C. had been living D. has lived

18) Tom____for four months by the time he takes his examination.

A. will have been studying B. would have been studying

C. have been studied D. was studying

19) They____there and will never go there.

A. never was B. had never been

C. have never been D. were never

20) I'd written the letter when I____you yesterday.

A. saw B. had seen

C. had been seeing D. see

21) I____an idea.

A. was struck with B. has struck by

C. am struck in D. struck by

22) He____to be rich.

A. thought B. think

C. was thought D. has thought

23)____ that he will get the job.

A. He rumored B. It rumored

C. He has rumored D. It is rumored

24) These problems____at next meeting.

A. will dealt with B. will be dealt with

C. will be dealt D. will have been dealt

25) Such success____when we first started.

A. was never dreamed of B. never dreamed of

C. was never dreamed D. had never dreamed

26) So far no decision____.

A. has arrived at B. has been arrived at

C. has been arrived by D. arrived by

27) They____to be punctual.

A. asked B. ask

C. are asked D. was asked

28) Children____in the nurseries.

A. take care of B. well taken care of

C. have taken care D. are well taken care of

29) Bad customs____with.

A. should be done away B. should do away

C. could do away D. should be doing away

2 指出并改正错误。

1) While Mary was in the library doing research, she was finding a book which contained letters the author had written to a son.

改：____

2) The plants in their garden looks unhealthy because they haven't had enough sunlight.

改：________________

3) Jareonta, the student who makes a speech right now, is majoring in drama and hopes some day to become a great actress.

改：________________

4) Even though the bankers are still arranging the loan, the architect prepares the building plans.

改：________________

5) It's a good thing that they had been wearing their seat belts when the accident occurred.

改：________________

6) Gregorio told us that he was in New Zealand on business several times.

改：________________

7) Over the past years, Marco had had the opportunity to travel to many remote areas of the earth.

改：________________

8) While his wife is away, Mr. Quinn is trying to be both mother and father to his children, but he admits, he don't always succeed.

改：________________

9) Years ago, when they lived on a farm, they were used to get up at five o'clock every morning.

改：________________

10) It was a bitterly cold day and Fred hadn't barely started the car when one of the tires became flat.

改：________________

11) Dr. Malin is a capable, dedicated doctor and his patients have missed him ever since his death.

改：________________

12) When heavy rains are threatened to flood the fields, the farmers had their crops picked earlier than they had intended.

改：________________

13) On the days that he's not busy, he liked to write poetry, or paint with water-colors or cook an unusual dish.

改：______________________________

14) He told us that he was in New Zealand on business several times.

改：______________________________

15) When I last saw Mary, she hurried to her English class on the other side of the campus and did not have time to talk.

改：______________________________

16) Apparently, the problem of unemployment will become progressively more serious unless more men and women would be given the training necessary for white-collar positions.

改：______________________________

17) It's fortunate that he hasn't never forgotten how to speak his native language as he was very young when he left his country.

改：______________________________

18) While the candidate will speak at the public meeting tonight, his campaign manager will arrange the location for his next appearance.

改：______________________________

19) Do you think that Ollie should borrow his friend's car last night when he hadn't asked his friend for permission?

改：______________________________

20) The gallery owner told us that he already returned the works of last month's exhibition to the various artists.

改：______________________________

Key 答案

1 选择填空。

1) D 2) A 3) A 4) D 5) B 6) C 7) C 8) A 9) C 10) C

11) D 12) A 13) A 14) A 15) A 16) C 17) C 18) A 19) C 20) A

21) A 22) C 23) D 24) B 25) A 26) B 27) C 28) D 29) A

2 指出并改正错误。

1) was finding → found 2) look → look 3) makes → is making 4) prepares → is preparing

5) had been wearing → were wearing *6)* was → had been *7)* had had → has had *8)* don't → doesn't *9)* were used to → used to *10)* hadn't → had *11)* is → was *12)* are threatened → were threatening *13)* liked → likes *14)* was → had been *15)* hurried → was hurrying *16)* would be given → are given *17)* hasn't → has *18)* will speak → speaks *19)* should borrow → should have borrowed *20)* already returned → had already returned

第九章 助动词

Exercises 练习

用适当的情态助动词与所给动词的适当形式填空。

1) You're always too tense. It's not good for you. You(learn) ______________ to relax.

2) When I was young, I (run)________________ten miles without stopping. But now I (not run)____________more than a mile or two.

3) In the United States, elementary education is compulsory. All children (attend) ______________six years of elementary school.

4) Excuse me, I didn't understand. (Repeat, you) ________what you said?

5) You (tell, not) ____________Jack about the party. It's a surprise birthday party for him.

6) —The line's been busy for over an hour. Who do you suppose Frank is talking to?

— I don't know. He (talk) _______________ to his parents, or he (talk)_________________ to his sister in Chicago.

7) — Where's Ms Adams? She's not in her office.

— I don't konw. She (be) ________________ at a meeting.

8) A person (eat)________________ in order to live.

9) I don't have enongh money to take the bus, so I (walk)______________ home.

10) If you don't know how to spell a word, you (look)______________ it up in the dictionary.

11) Bats see in order to avoid obstacles. They (navigate)____________ in complete darkness.

12) — Jack was absent yesterday afternoon. Where was he?

— I don't know. He (be) ________________at home.

13) She (stay up)__________too late last night.

14) Let's go to the lecture tonight. It (be) __________ interesting.

15) She (be)__________ sick yesterday.

16) ________ I (use) ________ your phone?

17) — Why didn't you come to the party last night?

— I (study)__________.

— You (come)__________. We had a good time.

18) It's not like Tony to be late. He (be) __________ here an hour ago. I hope nothing had happened.

19) — Who did it sound like? Anybody you know?

— Well, it (be) __________ Phyllis, but that's just a guess. I (ask)__________ who was calling, but I didn't.

20) — I only told Mike.

— You (not tell) __________anyone.

21) — We went to the meeting, but it had been cancelled.

— Oh, so you (go) __________.

22) — I wonder why he didn't answer the question.

— He (not understand)______it.

23) — I phoned you this morning but got no answer.

— I'm sorry, I (be)__________ in the garden.

24) You (refuse)__________her at the beginning, but now it is too late.

25) We (tell)__________him the news because he knew it already.

26) She (not leave)__________the hospital so soon, for she had not yet recovered.

27) The boy (not finish)__________to read the book so soon because it is difficult even to adult.

28) Something (go)__________wrong or they (arrive)__________ by now.

29) Candidates (not bring)__________reference books into the examination room.

30) You (wash)__________ the wound.

Key 答案

▶ 用适当的情态动词与所给动词的适当形式填空。

1) should learn 或 ought to learn 或 had better learn 或 have to learn 或 must learn

2) could run 或 was able to run 或 would run / can't run

3) must attend 或 have to attend

4) Could you please repeat 或 Would you please repeat 或 Would you mind repeating

5) mustn's tell 或 shouldn't tell 或 had better not tell 或 can't tell

6) might be talking 或 could be taking 或 may be talking

/ might be talking 或 could be talking 或 may be talking

7) could be 或 may be 或 might be

8) must eat 或 has to eat

9) must walk 或 have to walk 或 will have to walk

10) should look

11) don't have to navigate 或 don't need to navigate

12) may have been 或 might have been 或 could have been

13) must have stayed up

14) should be 或 ought to be 或 will be

15) must have been

16) May I use 或 Could I use 或 Can I use

17) had to study / should have come

18) should have been 或 was supposed to be

19) could have been 或 might have been 或 may have been

/ should have asked 或 could have asked

20) shouldn't have told

21) needn't have gone

22) may not have understood / might not have understood

23) must have been

24) ought to have refused

25) needn't have told

26) shouldn't have left

27) can't have finished

28) must have gone / must have arrived

29) may not bring

30) should have washed

第十章 动词不定式

Exercises 练习

用括号中动词的适当形式填空。

1) She does not intend ________________ for a new job. (to look)

2) ________________ in a scientific research project, one needs ________ ________ persistent. (to succeed / to be)

3) For most of them, six pence is a small price ________________ for a satisfying bar of chocolate.(to pay)

4) These apples are still too green and sour ________________ .(to eat)

5) Some trees had ________________ down to make room for houses. (to cut)

6) These tablets are ________________ three times a day before meals. (to take)

7) It would not have been necessary even for you ________________ , either by him or by me. (to tell)

8) She's nowhere ________________ .(to find)

9) He seems ________________ the train. (to miss)

10) It hurts ________________ a lecture that puts students to sleep. (to give)

11) The first thing a dog is taught is ________________ . (to obey)

12) The one thing I had to do was ________________ sure that Browning didn't drink any whisky. (to make)

13) After this discovery, all they had ________________ was ________ ________ the best kinds of materials for carrying the human voice over wires. (to do / to find)

14) The first message is expected ________________ at 7 o'clock this evening. (to arrive)

15) There are certain things which it is considered bad manners in Western countries ________________ about in society. (to talk)

16) I went to see him ________________ out what had happened. (to find)

17) ________________ into effect, the amendment had ________________ , or approved, by at least thirty-eight states by 1919. (to go / to ratify)

18) This danger is well known and steps are always taken ________________ it.

(to prevent)

19) Don't all of us want ________________ and ________________ by other people? (to love / to need)

20) I really have enjoyed our conversation, but I have to leave now. I'm very happy ________________ this opportunity ________________ you and talk with you. (to have / to meet)

21) Mr. Carson is very lucky ________________ by the committee as their representative to the meeting in Paris. (to choose)

22) It is convenient ________________ a unit neither too large nor too small for the quantity ________________. (to choose / to measure)

23) Hippocrates, in ancient Greece, understood the medical value of the leaves and tree bark which today are known ________________ salicylates, the chemical aspirin. (to contain)

24) The teacher had the class ________________ their books to page 100. (to open)

25) No one could make Ted ________________ afraid. He refused ________________ by anyone. (to feel / to intimidate)

26) My watch was found not ________________ time. (to keep)

27) Why ________________ more at other shops? We have the lowest prices in town. (to pay)

28) I had better ________________ him at once. (to ring)

29) There was no light ____________ anywhere, and only a few dim stars were shining overhead. (to see)

Key 答案

▶ 用括号中动词的适当形式填空。

1) to look 2) To succeed / to be 3) to pay 4) to be eaten 5) to be cut 6) to be taken 7) to be told 8) to be found 9) to have missed 10) to give 11) to obey 12) make 13) to do / find 14) to arrive 15) to talk 16) to find 17) To go / to be ratified 18) to prevent 19) to be loved / (to be) needed 20) to have had / to meet 21) to have been chosen 22) to choose / to be measured 23) to contain 24) open 25) feel / to be intimidated 26) to have been keeping 27) pay 28) ring 29) to be seen

第十一章 动名词

Exercises 练习

◀ 用括号中动词的适当形式填空。

1) He was too busy__________himself to diamonds to notice any pain. (help)

2) Very few people attempt__________the Pass. (cross)

3) People who are farsighted have difficulty__________a book unless they hold it at arm's length. (read)

4) We couldn't help__________doubtful about his honesty after he had lied so many times. (be)

5) I would prefer__________the weekend at home rather than__________all the way to your mother's. (spend / drive)

6) __________compositions is a good way__________practice. (write / get)

7) __________these coca leaves keeps the people from__________too hungry, thirsty, or cold. (chew / feel)

8) The tragic__________of the great liner will always be remembered. (sink)

9) __________carefully is a requirement for a good student. (read)

10) Why not__________a holiday? (take)

11) I suggest you should practise__________English whenever you can. (speak)

12) There is more and more for doctors__________. (learn)

13) It seemed cruel of the boy__________the insect. (kill)

14) What is the secret of this ability__________to such old age, and__________so well? (survive / survive)

15) Hadn't you better__________him first? (ask)

16) They will not go__________for a box they have seen earlier. (look)

17) He will have a wonderful opportunity__________the beauties of nature in a leisurely way. (enjoy)

18) In 1876, many inventors tried__________a way__________a voice over wires. (find / send)

19) From very early times, men have known how__________flax into fine linen. (make)

20) He was not always a successful man, because he was too independent

________ and ________ to governors. (bow / scrape)

21) I opened the door quietly so as not ________ him. (disturb)

22) Mrs. Bowers told her children ________ away their toys and ________ to bed. (put / go)

23) I can remembed ________ very proud and happy when I graduated. (be)

24) Go ahead and finish ________ your work. (do)

25) Did Carol agree ________ ________ with you? (go / camp)

26) I don't enjoy ________ at by other people. (laugh)

27) It was said by some ________ the site of ancient troy. (be)

28) Jack had a narrow escape. He barely avoided ________ by the speeding automobile. (hit)

29) If we find out anything about the problem, she wants ________ about it immediately. (tell)

30) That's an interesting question, I don't recall ever ________ that question before. (ask)

Key 答案

▶ 把括号中的动词变为适当的形式。

1) helping 2) to cross 3) reading 4) being 5) to spend / drive或driving 6) Writing / to get 7) Chewing / feeling 8) sinking 9) Reading 10) take 11) speaking 12) to learn 13) to kill 14) to survive / to survive 15) ask 16) look 17) to enjoy 18) to find / to send 19) to make 20) to bow / scrape 21) to disturb 22) to put / go 23) being 24) doing 25) to go / camping 26) being laughed 27) to be 28) being hit 29) to be told 30) having been asked

第十二章 分词

Exercises 练习

◀ 把括号中的动词变为适当的形式。

1) It's no use your ________ to deceive me. (try)

2) These scientists are working in a branch of computer research ________ as artificial intelligence. (know)

3) Mr. Keane insisted on ________ the whole truth. (know)

4) He pretended__________the answer to my question. (not know)

5) These young men decided to go__________. (hunt)

6) He advised me__________a new bicycle. (buy)

7) Jean advised__________ a new apartment. (find)

8) Today with more children __________ to school, how can these working mothers cope with their responsibilities? (go)

9) I admit __________a little nervous about the job interview. I don't know what __________ . (be / expect)

10) I don't like __________ __________ the room to study whenever my roommate feels like __________ a party. (force / leave / have)

11) Used to rural life, they have trouble__________to the urban areas where most jobs are found. (adjust)

12) __________by law in some fields, and by changes in customs in others, women were gaining new respect, better jobs, and better pay as well. (protect)

13) I've spent much of my time__________the fact that alcohol is a drug. (trumpet)

14) __________ economically, our coal will last for at least one week. (use)

15) When__________, a piece of wood big enough to fill a tablespoon can give enough heat to boil three tablespoonful of water. (burn)

16) The force of the water,__________from a certain height, provides a cheap way of__________electricity. (fall / produce)

17) Because of the__________use of cars, public transportation has been allowed to wither and degenerate. (increase)

18) I am one of the few people__________ . (leave)

19) He spend a week__________ready to leave on vacation. (get)

20) The meeting__________over, the delegates went out of the room.(be)

21) Sometimes I have a hard time__________ English. (study)

22) I told him__________quiet for a minute and__________to what I had to say. (be / listen)

23) The teacher had the class__________ a 300-word composition. (write)

24) The interview with the examiner usually starts with the candidate__________ a picture. (show)

25) He noticed many Indians__________ lalex. (collect)

26) ________ shopping, she went home. (finish)

27) I appreciate ________ the opportunity of meeting your father. (have)

28) I was sent abroad to study. I am very pleased ________ the opportunity to learn about another culture. (give)

29) I feel guilty about ________ to you sooner. (not write)

Key 答案

▶ 把括号中的动词变为适当的形式。

1) trying 2) known 3) knowing 4) not to know 5) hunting 6) to buy 7) finding 8) going 9) being / to expect 10) being或to be forced / to leave / having 11) adjusting 12) Protected 13) trumpeting 14) Used 15) burnt 16) falling / producing 17) increasing 18) left 19) getting 20) being 21) studying 22) to be / (to) listen 23) write 24) being shown 25) collecting 26) Having finished 27) having had 28) to have been given 29) not having written

第十三章 介词

Exercises 练习

◀ 选择填空。

1) The bus is ____ of our car.

A. in the front B. behind C. in front D. on the front

2) A good idea flashed ____ my mind.

A. in front B. in the front of C. in front of D. before

3) The secretary entered the room ____ the president.

A. after B. in front of C. behind D. by

4) The river flows ____ wooded banks.

A. between B. among C. pass D. amongst

5) She wore a coat ____ her sweater.

A. above B. over C. on D. out of

6) The part of an iceberg ____ the water is much larger than that ____ the water.

A. under / above B. beneath / on C. on / underneath D. over / below

7) The valley lies ____ two mountains.

A. among B. in C. between D. beneath

8) There is a garage____the crossroads.

A. on B. at C. along D. behind

9) The bus is parked____the road.

A. along B. past C. off D. at

10) She returned home____the same extraordinary route.

A. past B. pass C. by D. in

11) I showed her____the factory all afternoon.

A. around B. about C. throughout D. over

12) Dinner will be ready____five.

A. to B. until C. till D. by

13) They will go on working____next week.

A. until B. by C. before D. from

14) I shall come round____a day or two.

A. after B. before C. in D. by

15) The two nations had a fight____economic issues.

A. regarding B. on C. concerning D. over

16) My brother is a lawyer____training.

A. by B. for C. regarding D. from

17) Now the wood was silent____the leaves.

A. except B. except for C. in addition to D. but

18) The poor boy was trembling____terror.

A. by B. with C. in D. because

19) The police came____the request of the management.

A. at B. by C. with D. in

20) ________ farm work, they also have many household duties.

A. Aside from B. except C. but D. apart

21) I go____the country a good deal and have seen many things.

A. on B. at C. about D. to

22) A rumor is going____that you have a new job.

A. around B. about C. on D. along

23) The car suddenly lurched____the road and crashed.

A. across B. in to C. after D. by

24) The letter arrived____Monday morning.

A. at B. on C. in D. till

25) He succeeded ____diligence.

A. by B. with C. through D. because

Key 答案

▶ 选择填空。

1) C 2) D 3) A 4) A 5) B 6) A 7) C 8) B 9) C 10) C 11) A 12) D 13) A 14) C 15) D 16) A 17) B 18) B 19) A 20) A 21) C 22) A 23) A 24) B 25) C

第十四章 简单句

Exercises 练习

1 选择填空。

1) Did you____late?

A. arrives B. arrived

C. arrive D. are arrived

2) — Haven't you ever been to Egypt?

— ____.

A. Yes, I haven't. B. No, I have.

C. No, I haven't. D. Yes, I haven't been there.

3) —____going to school today?

— Yes, I am.

A. Aren't you B. Are not you

C. Were you D. Won't you

4) ____was it found?

A. Whose room B. What room

C. In whose room D. Whose

5) ____the weather like today?

A. What is B. Which is

C. Whose is D. Which was

6) ____are you going to buy?

A. Else B. Else which

C. What else D. Who else

7) ____the boys runs the fastest?

A. Which of B. What of

C. Whose of D. Whom of

8) ____are these gloves?

A. Who B. Which

C. What D. Whose

9) ____has she been ill?

A. Since when B. When

C. Until when D. Till when

10) ____did you get that bag from?

A. Where B. Place

C. To place D. When

11) ____was Tom talking?

A. Who B. Whom

C. To whom D. To who

12) Mary'd come if you asked her, ____?

A. would she B. had she

C. hadn't she D. wouldn't she

13) None of the bottles are broken, ____?

A. are they B. is it

C. aren't they D. isn't it

14) I suppose he won't come, ____?

A. am I B. is he

C. will he D. isn't he

15) Nothing was said, ____?

A. were they B. was it

C. are they D. aren't they

16) ____very well in the examination, didn't they?

A. The student did B. They do

C. The students do D. They did

17) They couldn't understand him, ____?

A. couldn't they B. could they

C. don't they D. didn't they

18) ____each other before, have you?

A. You have never met B. You have met

C. You didn't meet D. You don't meet

19) There used to be a church here, ____?

A. used they B. didn't there

C. usedn't they D. wasn't there

20) Peter doesn't smoke, ____?

A. does Peter B. couldn't he

C. does he D. could he

21) I can see you tomorrow, ____on Thursday or Friday.

A. and not B. but not

C. but no D. but never

22) He showed me____kindness.

A. not small B. no small

C. never small D. nor small

23) It was____longer a caterpillar; it was a pretty butterfly.

A. not B. nor

C. no D. never

24) ____a single word have I written.

A. Not B. No

C. Nor D. Neither

25) It is impossible____this work.

A. not to do B. to not do

C. neither do D. not do

26) The sun sets regularly on the Union Jack these days, but____on the English language.

A. no B. nor

C. never D. neither

27) I____see that I have deserved any fame and I have____taste for it.

A. do not / no B. don't / not

C. neither / nor D. do not / nor

28) ____ machine would work for long if it ____ properly lubricated.

A. No / were not B. Not / were neither

C. Neither / nor D. No / nor were

29) You have the right to say____.

A. not such thing B. no such thing

C. neither such thing D. nor such thing

30) She hasn't much time and____have I.

A. nor B. neither

C. not D. no

31) He likes Picasso but I____.

A. don't B. neither do

C. do D. nor do

32) You can find that plant in China and____.

A. nowhere else B. no other place

C. not any place D. neither other place

33) The men were not well dressed.____were the women.

A. Nor B. Neither

C. Not D. No

34) The machine____well.

A. doesn't seem to work B. seems doesn't to work

C. seems to not work D. doesn't seem work

35) He was____any more.

A. so tired to walk B. too tired not to walk

C. too tired to walk D. so tired not to walk

2 把下面表示部分否定的句子变为全部否定句。

1) All my friends do not smoke.

2) Both sisters are not at home.

3) Every student didn't answer.

4) Both of them are not my brothers.

5) I don't know everything about her.

6) All the answers are not right.

7) I do not know all of them.

8) I don't like all these pictures.

9) I don't know everybody in this town.

10) I haven't read both of these books.

11) All people do not like swimming.

12) Every tractor here is not of high quality.

13) All children do not like apples.

14) He did not answer all the questions.

15) Both of them are not bad.

Key 答案

1 选择填空。

1) C 2) C 3) A 4) C 5) A 6) C 7) A 8) D 9) A 10) A 11) C 12) D 13) A 14) C 15) B 16) D 17) B 18) A 19) B 20) C 21) B 22) B 23) C 24) A 25) A 26) C 27) A 28) A 29) B 30) B 31) A 32) A 33) A 34) A 35) C

2 把下面表示部分否定的句子变为全部否定句。

1) None of my friends smoke.

2) Neither of the sisters is at home.

3) Nobody / No student answered.

4) Neither of them is my brother.

5) I don't know anything about her.

6) None of the answers are right.

7) I do not know any of them.

8) I don't like any of these pictures.

9) I know nobody in the town.

10) I have read neither of these books.

或 I haven't read either of these books.

11) Nobody likes swimming.

12) No tractor here is of high quality.

13) No children like apples.

14) He answered no questions.

15) Neither of them is / are bad.

第十五章 倒装和强调

Exercises 练习

1 选择填空。

1) ________ my mother ________ I'm worried about.

A. It's / who 或 -　　B. It's / which

C. It was / that　　D. It was / whom

2) Under no circumstances ________ to walk on the grass.

A. visitors can be allowed　　B. do visitors be allowed

C. can visitors be allowed　　D. visitors can allow

3) There ________ when we can travel to distant planet.

A. will a time come　　B. a time will come

C. will come a time　　D. will the time come

4) ________ in this town.

A. Once lived there a rich merchant　　B. There once lived a rich merchant

C. A rich merchant lived there once　　D. There a rich merchant once lives

5) ________ discovered the great Santa Rita copper mine in New Mexico.

A. It was a Mexican who　　B. The Mexican who

C. It's a Mexican that　　D. A Mexican that

6) He thinks I don't smoke, ________.

A. but I smoked　　B .I do smoke

C. but I did smoke　　D. but I do smoke

7) ________ I know I am a careless person ________ I do not want to drive a car.

A. It is because / that　　B. It is that / whom

C. It was because / who　　D. It was because / that

8) ________ he chiefly differed from an Englishman.

A. It is here that　　B. It was here that

C. It is just that　　D. It was he whom

9) It was ________ the meeting was over ________ she turned up.

A. until / that　　B. didn't until / that

C. not until / when　　D. not until / that

10) ________you saw the old lady?

A. Where was it
B. It was where that
C. It is where that
D. Where it was that

11) She________, but she was not successful.

A. does try hard
B. did try hard
C. try very hard
D. tries very hard

12) ________such a silly thing.

A. Rarely have I heard of
B. Rarely I have never heard of
C. I rarely had heard of
D. Rarely did I hear

13) It was pollution________these fish.

A. who kill
B. who killed
C. that killed
D. which kill

14) ________you want me to say?

A. It is what
B. It was what that
C. What is it that
D. It was what which

15) In every man________that can be developed.

A. are potentialities
B. potentialities are
C. there were potentialities
D. do potentialities be

16) ________the first to use nuclear weapons.

A. In no way China will be
B. Nor China will be
C. Never will China is
D. At no time will China be

17) ________its "enemies". More than a dozen countries have tried to limit its use by their people, even to the point of banning it by law.

A. Nor is English without
B. English is without
C. English is nor
D. Nor English is

18) For thousands of years, people thought of glass as something beautiful to look at. Only recently________it as something to look through.

A. they have come to think of
B. they came to think
C. have they come to think of
D. do they come to think

19) Not only________her income-producing activities, but she must take on heavy, time-consuming housework.

A. she must continue
B. she'd better continue

C.must she continue D.can she continue

20) Only when ________ obtained, ________ possible to plan a manned trip to Mars.

A.has a great deal more information been / it will be

B.a great deal more information has been / will it be

C.a great deal more information has been / it will be

D.have a great deal more information been / wil it be

2 用给出的词语开头，翻译下列句子。

1. 我再也不信任他了。

Never ____.

2. 窗子的一侧立着两张桌子，桌上堆满了报纸和书籍。

On one side of the window ____.

3. 小山上有一座漂亮的教堂。

There ____.

4. 只有当孩子长大时，他才理解他父母的意图。

Only when ____.

5. 有一个岛国位于澳大利亚以东，那就是新西兰。

East of Australia ____.

6. 他很少给自己的朋友们写信。

Seldom ____.

7. 暴风雨是如此强烈，飞行员不能驾机从中穿行。

So severe ____.

8. 我们企图劝他把烟戒掉是白费力气的。

In vain ____.

9. 关于这个问题存在着不同的意见。

There exist ____

____.

Key 答案

1 选择填空。

1) A 2) C 3) C 4) B 5) A 6) D 7) A 8) B 9) D 10) A 11) B 12) A 13) C 14) C 15) A 16) D 17) A 18) C 19) C 20) B

2 用给出的词语开头，翻译下列句子。

1) Never will I trust him again.

2) On one side of the window stood two tables loaded with newspapers and books.

3) There stands a handsome church on the hill.

4) Only when a child grows up does he understand his parents' intentions.

5) East of Australia lies an island country. It is New Zealand.

6) Seldom does he write to his friends.

7) So severe was the storm that the pilot couldn't fly through it.

8) In vain did we try to persuade him to give up smoking.

9) There exist different opinions on this problem.

第十六章 复合句

Exercises 练习

1 选择适当的连词、连接代词、连接副词、关系代词或关系副词填入句中。

1) In the A.D.300's, a church was built over __________ was thought to be Saint Peter's tomb.

2) To know of __________ one is capable is to know the scope of one's freedom.

3) Just think about __________ we laugh when a comedian acts drunk.

4) Whenever you go surfing you notice __________ hot the dry sand is compared with the coolness of the water.

5) Practically nobody knows __________ the origin of the celebration is.

6) Look back, I realize __________ at that moment we underwent a profound experience.

7) I saw a house among the trees, __________ roof glittered in the sun.

8) I don't know__________ or not he'll be staying here.

9) We had to figure out __________ we would do.

10) How long it takes you to become physically fit depends on__________ unfit you are when you start.

11) Notice__________makes other people's conversation attractive or unattractive.

12) I don't care __________ he doesn't come.

13) She asked__________ you were tired.

14) The world is pretty complicated today compared with__________it was forty years ago.

15)__________ what you say, I won't believe.

16) You can improve__________ good you think you are.

17) There are many ways in___ large pieces of rock break into smaller pieces.

18) I must make full use of the time__________ there is left to me.

19) He had no sooner returned__________ he bought a fine house.

20) There were people__________ were jealous of the discoverer.

21) This is the hotel at __________we are staying.

22)__________ he was writing on the blackboard, the children were talking.

23)__________ good service is provided, the small motels will continue to have people who choose to stay there rather than in large motels.

24)__________ had I reached there__________ it began to rain.

25) The man laughed when he realized__________ had happened.

26)__________ they went, they were warmly welcomed.

27)__________ he had had dinner, he went to the cinema.

28) There is but __________ leaves in ten minutes.

29)__________ they were talking it began to rain.

30)__________ the inventor has a patent, anyone can copy the invention and sell it without paying the inventor a cent.

31) We found the people friendly__________ we went.

32) I'd like to live somewhere __________ the sun shines all year long.

33) He stayed in Aleko's house __________ the rain stopped.

34)__________ happened next was unknown.

35) I have to know__________the arrangement is before I can agree to do the job.

36) The man __________ could overcome this fear had a distinct advantage.

37) __________ he had read the book, he wrote a review of it.

38) __________ he should fail to come, ask Mary to work in his place.

39) __________ telephones, say I'm out.

40) __________ she starts talking, I stop listening.

41) Some people waste food __________ others haven't enough.

42) He could be a brilliant pupil __________ he would work harder.

43) __________ I try, I can not learn that poem.

44) Tell me __________ you have any news.

45) He will work __________ the people need him.

46) Tired __________ he was he offered to carry the child.

47) Today a powerful army of fire fighters stands ready to help __________ a fire breaks out.

48) __________ we turn, we see the symbolic process at work.

49) No matter __________ you come, you'll be more than welcome.

50) It was a long time __________ man began to build permanent shelters.

51) He lent me a thousand pounds, __________ was exactly the amount I needed to solve my problem.

52) This is the road by __________ we comes.

53) I used to collect stamps __________ I was a boy.

54) We had no sooner hung the picture on the wall __________ it fell down.

55) He acts __________ he were rich.

56) He ran __________ fast __________ I could not catch him.

57) It was __________ a warm day that I took off my jacket.

58) Microscopes make tiny things larger __________ we can examine them.

59) She can do better __________ she tries.

2 把括号中的动词变为适当的时态。

1) No matter how hard you try, you __________ (never lose) your English accent.

2) They rowed for a few minutes until they __________ (arrive) at a tiny island.

3) He __________ (live) in Scotland for fifteen years before he __________ (come) to England.

4) He is the man about whom we ______________ (hear) so much.

5) As I ______________ (get) on the bus, I slipped and hurt my foot.

6) After she had written the letter, she ______________ (go) to the post office.

7) Telephone me the moment you ______________ (get) the results.

8) He ______ (no sooner leave) home than it began to rain.

9) While this ______________ (go) on, Mr Taylor was upstairs.

10) No matter where you go, you ______________ (find) Coca-Cola.

11) He had hardly had time to settle down when he ______________ (sell) the house and ______________ (leave) the country.

12) I lent him some money and he said he ______________ (give) it back to me when he ______________ (get) his salary.

13) Anything that you ______________ (say) to Hilton ______________ (make) him angry.

14) Frank smiled when he __________ (remember) his hard early years and the long road to success.

15) The children ran away after they ______________ (break) the window.

16) Hardly I ______________ (finish) speaking when the door opened.

17) No matter how hard I searched, the receipt ______________ (be) nowhere to be found.

18) This is the hotel which ______________ (build) last year.

19) He looked as though he ______________ (run) ten miles.

20) He came in quietly in order that he ___________ (not wake) his wife.

21) They were so busy that they ___________ (not have) time for sports.

22) He walks as if he ______________ (be) drunk.

23) I ______________ (be) so tired that I could hardly keep my eyes open.

24) If he breaks his promise, I ________ (never speak) to him again.

25) I would be very grateful if you ___________ (can help) me find out his address.

26) If you ______________ (tell) me earlier, I wouldn't have asked him.

27) You will never pass this test if you ___________ (not work) hard.

28) He took the food eagerly, for he ______________ (eat) nothing since dawn.

29) The car ______________ (stop) when the lights changed to red.

30) You ______________ (have) to pay whether you want to or not.

Key 答案

1 选择适当的连词、连接代词、连接副词、关系代词或关系副词填入句中。

1) what *2)* what *3)* how *4)* how *5)* what *6)* that *7)* whose *8)* whether *9)* what *10)* how *11)* what *12)* if *13)* if / whether *14)* what *15)* no matter *16)* however *17)* which *18)* that (或省略) *19)* than *20)* who *21)* which *22)* While *23)* As long as *24)* Hardly... when或No sooner... than *25)* what *26)* Everywhere *27)* After *28)* that *29)* While *30)* Unless *31)* wherever *32)* where *33)* until *34)* What *35)* What *36)* who *37)* After *38)* If *39)* No matter who *40)* The minute *41)* while *42)* if only *43)* However hard 或 No matter how hard *44)* immediately *45)* wherever *46)* as *47)* the moment *48)* Everywhere *49)* when *50)* before *51)* which *52)* which *53)* when *54)* than *55)* as if *56)* so...that *57)* such... *58)* so that *59)* If

2 把括号中的动词变为适当的时态。

1) will never lose *2)* arrived *3)* had lived / came *4)* have heard *5)* was getting *6)* went *7)* get *8)* had no sooner left *9)* was going *10)* will find *11)* sold / left *12)* would give / got *13)* say / makes *14)* remembered *15)* had broken *16)* had I finished *17)* was *18)* was built *19)* had run *20)* shouldn't wake *21)* did not have *22)* was *23)* was *24)* shall never speak *25)* could help *26)* had told *27)* don't work *28)* had eaten *29)* stopped *30)* will have

本书参考书目

1. ***Practical English Usage*** *Michael Swan*
2. ***A Grammar of Contemporary English*** *Randolph Quirk* 等
3. ***Cliffs TOEFL Preparation Guide*** *Pyle and Ruñoz*
4. ***Guide to Patterns and Usage in English*** *A. S. Hornby*
5. ***English Grammar and Composition*** *John E. Warrinen*
6. ***A Grammar of English Words*** *H. E. Palmer*
7. 《现代英语用法词典》 张道真
8. ***Lighthouse English-Japanese Dictionary*** 竹林滋 小岛义郎
9. ***Genius English-Japanese Dictionary*** 小西友七

图书在版编目（CIP）数据

无敌英语语法：全范围／孟宪珍编著．—北京：外文出版社，2002.5

ISBN 7-119-03023-X

Ⅰ．无…　Ⅱ．孟…　Ⅲ．英语—语法—高等学校—水平考试—自学参考资料　Ⅳ．H314

中国版本图书馆 CIP 数据核字（2002）第 016384 号

全范围

无敌英语语法 · *SUPER ENGLISH GRAMMAR*

2002 年 5 月第一版

创意设计：台湾'SUPER'创意工作室

撰稿：孟宪珍 Jane Meng · 王渊喆 Wang Yuan zhe

总编辑：吴萎如 Charlotte Wu

责任编辑：于湘怡 Maggie Yu · 齐海光 Qi Hai guang

文字编辑：孔祥丽 Layla Corrs · 曹芸 Lynn Cao · 许文妍 Suzanne Xu

美术设计：康玫玫 Kang Mei mei

美术编辑：周尚文 Shriven Chow

出版者：外文出版社

北京市西城区百万庄路 24 号　邮编：100037

行销策划：北京光海文化用品有限公司

北京市东直门内大街 177 号 7 层　邮编：100007

服务电话：64075239、40、41

经销：各地新华书店

印刷：北京阳光彩印有限公司

版次：2002 年 8 月第 1 版第 4 次印刷

开本：889 × 1194, 1/32　20 印张　460 千字

印数：80，001 ~ 130，000 册

ISBN：7-119-03023-X/H

定价：52.00 元

法律顾问：北京文思律师事务所沈恒德律师

谢谢您！购买这本书！

本书由

北京光海文化用品有限公司

负责企划行销，

保证高质量，并提供特优服务。

倘有印刷不清、破损、装订错误，

烦请寄回本公司调换。

本公司另设有多项“读者服务”，欢迎咨询。

服务电话：(010) 64075239.40.41

服务传真：(010) 64018887

服务地址：北京东直门内大街 177 号七层

邮政编码：100007

E-mail 地址：guanghai@public3.bta.net.cn